# 아이건다 신니티
# 니니구ㄴ　구ㅇ

헤세의 정원에서

# 일러두기

1     본 책에서 언급되는 작품명, 프로그램과 영화명, 칼럼, 플랫폼명은 < >을 사용하여 표기한다.

2     전시 제목은 《 》을 사용한다.

3     저작물, 단행본, 시의 제목에는 『 』을 사용한다.

4     잡지명, 논문과 발제된 텍스트의 제목은 「 」으로 표기한다.

5     프롤로그는 미주를, 연구파트와 인터뷰, 에필로그는 각주를 사용한다.

6     각 인터뷰의 마지막 장에는 후주가 붙는다.

7     작품 캡션은 작가, 작품 제목, 작품 기법, 사이즈, 제작년도, 소장처, 저작권 소유주의 순서를 따른다.

# 축약어

**논문 약어**

Fig. (figure)

*Ibid.* (Ibidem)

n.d. (no date)

**야구 협회**

American Association, AA, 아메리칸협회

All-American Girls Professional Baseball League, AAGPBL, 전미여자프로야구리그

American League, AL, 아메리칸리그

International Baseball Federation, IBAF, 국제야구연맹

International Federation, IF, 스포츠 국제연맹

International Olympic Committee, IOC, 국제올림픽위원회

International Softball Federation, ISF, 국제소프트볼연맹

Korea Baseball Softball Association, KBSA, 대한야구소프트볼협회

Korean Olympic Committee, KOC, 대한올림픽위원회

Korea University Baseball Association, KUBA, 전국대학야구연합회

Korea Baseball Organization, KBO, 한국야구위원회

Mager League of Baseball, MLB, 메이저리그

National Association Amateur Base Ball Player, NAABBP, 전미아마추어선수협회

National Association of Base Ball Player, NABBP, 전미야구선수협회

National Association Professional Base Ball Player, NAPBBP, 전미프로야구선수협회

National League, NL, 내셔널리그

Negro National League, NNL, 니그로내셔널리그

Philadelphia Women's Baseball League, PWBL, 필라델피아 여자야구리그

Women's Baseball Association Korea, WBAK, 한국여자야구연맹

World Baseball Softball Confederation, WBSC, 세계야구소프트볼총연맹

# 목차

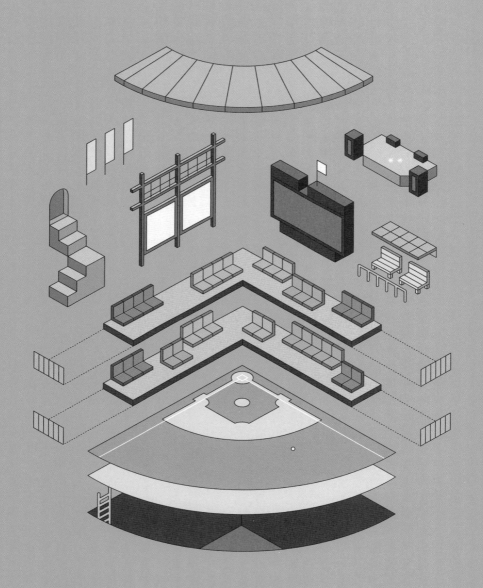

# 프롤로그
## 리부팅을 위한 준비물 '턱 괴기'

# 프롤로그

## 리부팅을 위한 준비물 '턱 괴기'

"시선을 돌려봐, 권력을 휘두르는 당신과 여기에 그려진 것을 감상할 수 있도록"
("Tournez les yeux pour admirer, vous qui exercez le pouvoir, celle qui est peinte ici")
- 패트릭 부셰론(Patrick Boucheron)[1]

턱을 자주 괸다. (이 고해성사를 병원에서 하게 된다면 의사 선생님은 고개를 절레절레하겠지만) 혹시 지금 이 책을 카페나 도서관 등 공공장소에서 읽고 있다면 잠시 주변을 돌아봐 주길 바란다. 아마 생각보다 많은 이들이 턱을 괴고 있을 거다. 대화할 때나 혼자 책을 읽을 때, 창밖을 보며 멍 때릴 때도. 본 프로젝트를 시작하고 얼마 후, '턱 괴는 자세'에 관해 지인들과 대화를 나눈 적이 있다. 웨비나를 듣는데 화면 속 참여자 6명 전원이 턱을 괴고 있었다는 어느 디자이너의 증언은 턱 괴기의 현존하는 생명력과 사용 빈도를 입증해 주었고, 어느 철학도는 이 행위를 '신체로써 생산적인 행위를 방해하는 자세'라고 정의했다. 그에게 턱 괴기는 몸 전체가 움츠러들어서 물리적 행위를 거부하는 듯한 인상을 주는데, 그 자체가 '육체와 맞닿아 있는 세계와 멀리 떨어져 그 재료들을 관조하거나 분석하거나 구성'하는 의지를 나타내는 자세라고 했다. 목과 허리에는 치명적인 이 자세에는 오랜 역사가 스며있다. 시대별로 의미가 조금씩 다르긴 하지만, 큰 카테고리에서 정지된 신체 속에 깃든 무언갈 쫓는 바쁜 정신, 즉 사색을 뜻한다. '턱 괴는 여자들(이하 턱괴는여자들)'이란 이름에는 그 사색의 역사에 조금 기대보고자 했던 마음과 더불어 현시대의 턱 괴는 의미를 표명해보고자 하는 작고 단단한 의지가 담겨있다.

여자 야구의 현주소를 드러내고 야구의 전개 과정을 점검하고 나아갈 방향을 살펴보는 리서치&인터뷰 프로젝트 《외인구단 리부팅 : 야구장 속 여성의 자리는 어디인가》는 2020년 10월부터 약 일 년이 넘는 시간 동안 진행됐다. '조회 수'와 '좋아요'의 파이가 곧 공동의 의견이 되는 현 사회 속에서 빗겨나 의문을 품고, 질문을 정제하고, 답을 구하는 과정은 사색의 의미를 단단히 연마하는 시간이 되어주었다. 프롤로그는 턱 괴기의 동시대적 중요성과 필요성을 체감한 두 저자가 함께 턱을 괴어 볼 미래의 동료를 구하는 (꼬시는) 글이다. 시대를 관통하며 역사적 인물들의 턱 괴기를 살펴보고, 턱괴는여자들이 여자 야구에 턱 괴는 지점을 이야기하며 글을 시작한다.

턱괴는여자들에게 턱 괴기란 두 가지 카테고리에서 유용하다. 첫 번째는 미술사학에서 통용되는 도상(해석)학으로써, 두 번째는 두 명의 필진이 투영하는 의미가 담긴 턱 괴기로써. 예술에 관심이 많은 사람이라면 도상학(Iconography) 혹은 도상 해석학(Iconology)이라는 단어를 들어봤을 법하다. 미술사의 주된 연구 방법론 중 하나인 도상학은 작품에 표현된 대상물이 특정한 의미를 가진다는 관점을 가지고 작품에 접근하는 것이며, 이 개념을 기반으로 해당 시대의 보편적인 특성을 파악하는 것이 도상해석학이라고 할 수 있다. 이 방법론은 화가나 조각가 등, 창작자가 작품 속 인물에게 특정한 몸짓, 손짓, 무엇인가를 바라보는 시선 등의 행동과 오브제를 쥐여주는 '이유'가 있다는 인식을 기본으로 한다. 도상학을 도구로 작품을 해석할 때에는 작품 속 모든 것에 의미가 숨겨져 있다는 의심을 자세를 취할 수도 있다. 하지만, 해부학 연구를 통해 손가락의 뼈, 근육, 손등의 핏줄 하나까지도 연습한 뒤, 작품의 제스쳐를 완성한 레오나르도 다빈치와 신체의 행위가 지닌 상징을 꾸준하게 탐색한 오귀스트 로댕의 사례는 이 방법론의 유용함을 증명한다.

## 1. 내면의 슬픔을 담아내기
미술사에서 가장 오래된 턱 괴는 행위는 넓은 범주의 '슬픔'을 나타내기 위해서 사용됐다. 슬픔을 들여다보면 정신적인 속박부터 육체적인 고통, 혹은 내밀한 우울부터 깊은 사색을 포괄하는 한 개인의 감정이 담겨있다. 신의 모습에 인간사를 내포한 고대 그리스 예술에서 죽음을 바라보며 애도하는 이는 턱을 괸다. 기원전 350년경 이탈리아 캄파니아 지방에서 제작된 것으로 추정되는 화병에는 돌로 변해가는 니오베[2]와 바로 옆에서 우울한 표정으로 제단에 앉아있는 여인이 있다. 시녀로 추정되는 여인은 망토로 가려져 있는 왼손으로 자신의 턱을 받치고 슬픔과 허망함이 공존하는 표정으로 하늘을 바라본다.[3] [fig.1] 고대 그리스 아테네 인근의 아티카(Attica) 지역에서 출토된 장례 조각에서도 비슷한 맥락의 턱 괴는 자세가 발견된다.[4] 고대 그리스에서는 지배 계급의 장례식 때 조선 시대 상여 행렬과 흡사한 의식을 행했는데, 죽은 이는 침대처럼 생긴 이동식 제단에 놓인다. 상여꾼들은 이 제단을 어깨에 메고 행렬하고, 고인의 가족, 무희와 악공 무리는 그 뒤를 따른다. 이 장면은 고인의 석관에 새겨지곤 했다. 장례 행렬이라는 레파토리는 고대 그리스의 문화를 적극적으로 벤치마킹했던 로마에 이식되며 지중해 지역에서 자연스러운 문화로 통용되었다. 덕분에 우리는 기원전 1세기 이탈리아 라퀼라(L'Aquila)에서 제작된 석관에서 턱 괴는 자세를 발견할 수 있다. [fig.2] 그런데 턱을 괸 이는 제단의 주인공인 고인이다. 죽은 이가 어떻게 턱을 괴냐고? 이 장면에서 슬픔이란 감정을 드러내기 위한 행위는 두 가지로 분류된다. 첫 번째, 두 손을 하늘로 올리거나 머리에 대는 등 소중한 이를 잃은 상실감을 적극적으로 표현하는 행위. 가족으로 추정되는 이들이 보여주는 통탄과 괴로움을 표현한다. 두 번째는 고인의 턱 괴는 모습이다. 천개가 드리워진 제단에 고인은 비스듬히 누워있다. 그 너머에 새겨진 달과 별을 통해, 어두운 밤에 고인은 침대에 누워 턱을 괴고 무언가를 생각하는 모습으로 그려진다. 조각가는 죽은 자와 산자의 시공간에 차이를 두었다. 이 장치는 숨이 멎은 순간 모든 것이 절멸하는 것이 아니라 다른 시간의 영역이 있음을 암시한다. 다른 어느 곳에선 살아있는 것처럼 말이다. 묻힐 곳을 향하는 장례 행렬에서 턱을 괸 주인공은 타인과의 관계에 연루되지 않고 혼자만의 슬픔을 경험한다.[5]

　　개인의 사물에 쓰이던 턱 괴는 도상은 이후 로마 제국 화폐에 새겨진다. 기원후 81년부터 96년까지 재임한 도미티아누스 황제는 제국 화폐를 재정비하면서 턱 괴는 자세를 사용했다. 새로운 주화의 앞면엔 황제의 측면 얼굴을, 뒷면에는 갑옷을 입은 여인이 방패 위에 앉아 턱을 괴고 있는 자세를 새겨 넣었다. [fig.3] 실제로 도미티안누스는 재임 기간 게르만 원정을 통해 영토를 확장했다. 이러한 황제의 치세는 주화 뒷면의

1 &lt;Campanian hydra&gt;, 350-325 B.C., Ceramic - clay, 42(h)x26.3(w)cm, Capua, Italy, ©Chau Chak Wing
Museum, The University Sydney

'Germanicus(게르마니쿠스, 게르만을 정복한 자)'라는 글귀와 바닥에 널부러진 창과 방패위에 주저앉아 턱을 괴는 여인으로 형상화된다. 이 여인은 패배한 게르만족 군대를 상징한다. 주화에 새겨진 글귀와 이미지는 적군의 패배를 상징하는 동시에 로마인의 승리를 부각한다. 또한, 전쟁의 결과로서 죽음과 상실은 인간의 유한성을 환기하며 로마인들로 하여금 주어진 삶에 충실하게 만드는 메시지를 내포한다.[6] 이 작은 주화는 온 나라를 떠돌아다니며 황제의 업적을 광고한다(마케팅도 이런 마케팅이 없다). 현재의 영국과 프랑스, 남부유럽과 북아프리카, 서아시아까지 달하는 드넓은 로마 제국과 그 식민지를 오가는 주화의 여정에 턱괴는 도상은 함께 했다. 이 과정에서 턱 괴기는 동시대 유럽인들에게 자연스레 스며들었고, 질긴 생명력의 기반을 마련했을 것이다.

시간이 흘러 중세 시대, 신들의 세계가 도래했음에도 턱 괴기는 살아남았다. 12세기에 지어진 프랑스 성당 벽화에는 턱 괴는 사람이 있다. 지옥에 떨어진 무리는 현세의 업보와 그 처벌의 무게에 좌절하는데, 그중 한 인물은 육체적인 고통과 좌절, 고뇌 그리고 후회를 느끼며 턱을 괸다(우리가 잘 알고 있는 '치통' 자세에 가깝다).[7] 한편 성인들도 턱을 괸다. 14세기 초반 이탈리아 북서부 작은 도시 피스토야(Pistoia)에는 그리스도의 수난을 목격한 성인의 모습을 턱 괴는 자세로 묘사한 벽화가 있다.[8] 이때의 턱 괴기는 절망과 흡사하지만, 순간적인 흥분이나 강렬함을 지양하면서, 내적인 괴로움과 고통 그리고 슬픔을 상징한다.

고대와 중세 시대에 턱을 괸 사람들은 육체적 그리고 정신적 고통과 슬픔, 상실을 표현했다(내면의 슬픔에 조금 더 무게를 두고). 그러나 곧 신의 세계의 끝에서 인간을 돌아보는 시대가 도래한다. 어원상 '부활'이나 '재생'을 뜻하는 르네상스(Renaissance)[9]를 맞이하며 턱 괴기의 의미는 크게 굴절한다.

## 2. 언제나 함께. 예술가와 사색 그리고 몽상

14-15세기 르네상스 시기의 사람들은 그리스와 로마의 고전 문화를 건져 올렸다. 고대 그리스·로마의 세계관과 가치관을 도구로 중세문화를 배격했으며, 정신적·문화적 삶 전반에서 인간 그리고 인간과 관계된 것들을 사회의 지배적 경향으로 삼았다. 인식의 전환이 하루아침에 이루어진 것은 아니다. 신을 위한 세상에서 인간을 들여다본 창작자

2     Amiternum relief, 1st century B.C., L'Aquila, Italy
©Museo nazionale d'Abruzzo

3     Aureus de Domitien, 81–96 A.D., Palazzo Massimo
alle Terme, Rome, Italy ©Greek, Roman and
Byzantine Coins

들이 있었다. 수학자 레오나르도 피보나치(Leonardo Fibonacci, 1170-1240~50), 한 인간의 천국과 지옥 여행기 『신곡』을 쓴 단테(Dante, 1265-1321)와 정면을 그리는 관습에서 탈피해 측면, 반측면 등 다양한 방향으로 인간을 그린 조토(Giotto, 1267-1337) 등이 활동하며 견고한 인식에 빗금을 내고, 인간의 특성에 한 걸음 더 진입하게 되었다. 이 시기의 턱 괴기에는 인간의 내적 활동인 '사색'과 '몽상'이라는 의미가 추가된다.

이탈리아 전역에서 새로운 예술에 대한 미묘한 진동이 일어날 무렵, 1300년대 토스카나 화파를 대표하는 화가 시모네 마르티니(Simone Martini, 1284-1344)는 새로운 사회의 목소리에 가담하는 작품을 그려냈다. 마르티니가 활동했던 시에나 공화국은 화가들에게 '종교와 무관한' 작품과 건물 벽화를 주문했다.[10] 주권이 국민에게 있는 공화국 정부에게 공공건물 벽화는 "국민 여러분, 우리 잘하고 있어요"라는 메시지를 보내기에 탁월한 매체였기 때문이다. 우리의 정치인이 자신의 행보를 알리는 매체로 인스타그램이나 트위터를 선택해 친근한 이미지와 밈을 업로드하거나 대선주자들이 메타버스 사무실을 오픈하는 것과 비슷하다.[11] 권력은 항상 시각적인 매체를 통해 '광고'되니까 말이다.

새로운 사회의 비종교적인 목소리에 응답하기 위하여 마르티니를 비롯한 시에나의 화가들은 세 가지 방법을 시도했다. 첫 번째는 정치적 알레고리 삽입하기. 두 번째는 작품 속에 (정치적인) 문장 새기기. 세 번째는 형상을 사실적으로 그리기였다. 특히 마지막 방식에서 시에나 공화국은 화가들에게 실존 인물(정치인)과의 '유사성'을 강조했다. 그러나 신의 세계에서 인간의 세계로 이행하는 과도기였다는 점에서 당대의 관습을 벗어나지 못한 작품은 종교화의 형식을 선택했다. 이런 시대적 배경에서 탄생한 마르티니의 <성 마르티노의 묵상>에서 주인공은 턱을 괴고 있다. [fig.4] 그의 모습은 고대 그리스의 턱 괴는 인물들처럼 상실의 슬픔을 수용하려는 자세인지, 무언가를 골몰하는 모습인지 분간하기 어렵다. 또한 옆에서 한 사제가 깨우려는 듯한 손짓을 취하는 것을 미루어보아, 마치 잠든 것처럼 깊은 사유의 세계로 진입한 한 인간(정치인)의 모습 같기도 하다. 종교화에 삽입된 새로운 사색의 턱 괴기는 이제 르네상스 화가들의 캔버스에 이식된다.

중세 시대 예술가의 지위는 길드에 소속된 장인이었다. 돌의 특성을 잘 알고, 깎아내는 데 재능이 있는 조각가와 벽화를 잘 그리는 화가는 불을 잘 다뤄 무기와 농기구를 잘 만드는 대장장이와 비슷했다. 작품의 주문자도 교회다. 신의 세상이니 신학만 잘 알면 됐다. 그러나 새롭게 재편된 인간의 세상에서 권력은 인간을 다루는 학문에서 나온다. 이 제 작품을 의뢰하는 것도 부를 축적한 '사람'이다. 르네상스 창작자는 인간을 알아야 한 다는 미션을 수행하며 자의적/타의적으로 신분이 상승했다. 교황청이 존립하니 꾸준히 종교화는 그려지고 있긴 하지만, 예술 분야는 학문과 정치, 경제, 사회 등 모든 분야에서 야기되는 총체적인 변화를 담아내야 했다. 시대의 흐름을 타고 예술가들은 과학, 수학, 철 학, 건축학, 수사학 등 인문학을 기반으로 창작행위를 하는 사람, 즉 르네상스 예술가로서 자신의 역할을 선양시켜야 했다. 사회적·인식적 신분 상승이라는 과제를 풀기 위해, 예술 가들은 턱을 괬다. 예를 들어, 단명한 화가 조르조네의 1502년 작품 <Double portrait>의 주인공은 눈을 뜨고 턱을 괸 '생각하는 사람'으로 묘사된다. [fig.5]

조각, 건축, 회화 등 장르를 망라하고 재능을 펼쳤던 미켈란젤로(Michelangelo, 1475-1564)도 턱을 괴는 자세를 작품에 사용한다. 르네상스 예술의 후원자 메디치 가문 의 영묘인 성 로렌조 성당 제의실 설계와 장식을 맡았을 때, 미켈란젤로는 로렌조 데 메 디치(Lorenzo di Medici)의 관에 턱 괴는 자세의 석상을 세웠다. 그와 로렌조는 오랜 인 연이 있다. 가난했던 미켈란젤로가 르네상스 예술가로서 주춧돌을 세울 수 있었던 이유 는 메디치 가문의 후원에 기반한다. 유년 시절 미켈란젤로가 메디치 가문의 학교에서 조 각 수업을 들었을 때, 그의 재능을 알아본 이가 로렌조 데 메디치였다. 어린 미켈란젤로 는 메디치가에 입양되어 신플라톤주의 철학과 미학, 그리스 로마의 고전 등 예술의 근본 이 되는 인문학을 수학했다. 그 덕분에 작품에는 고대 그리스·로마의 신화부터 단테의 『신곡』 등의 풍부한 레퍼런스가 담겨있고, 시스티나 대성당의 천장화 중 창조주와 인간 의 손가락이 맞닿는 명장면 <아담의 탄생>과 <최후의 심판>을 자신만의 재해석을 더해 창작해냈다. <아담의 탄생>과 연결되는 본래의 성경 구절은 '하느님이 아담의 코에 입김 을 불어 넣어 생명을 주었다'였고, <최후의 심판>의 예수 그리스도는 태양신 아폴론과 흡사하다.

미켈란젤로는 자신의 후원자이자 양아버지인 로렌조 데 메디치의 석관을 갑주와 투구를 착용한 고대 로마인으로 표현했다. 좀 더 자세히는 턱을 괴고 어딘가를 응시하며 골몰히 생각에 잠겨있는 장군의 모습으로 말이다. [fig.6] 로렌조는 실제로 우르비노 공

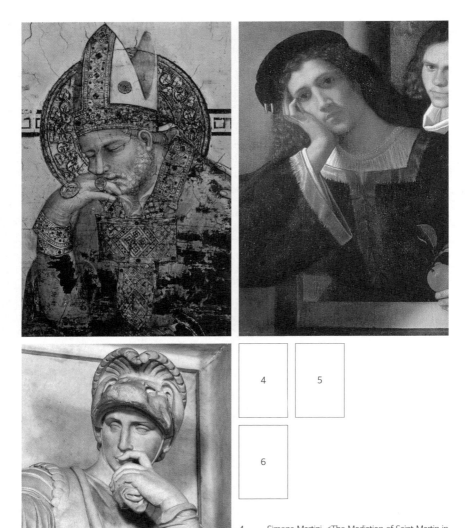

4  Simone Martini, <The Mediation of Saint Martin in
Meditation>, Fresco, 390(h)x200(w)cm, 1312-1317,
Cappella di San Martino, San Francesco, Assisi, Italy

5  Girgione, <Double portrait>, Oil on canvas,
67.5x80cm, 1502, Rome, Museo di Palazzo Venezia

6  Michelangelo, Tomb of Lorenzo de'Medici, 1518-
1534, Medici Chapel, Basilica of San Lorenzo,
Florence, Italy

국과의 전쟁에서 승리를 이끈 장군이다. 만약 '장군의 업적'을 강조하고 싶었다면 폭넓은 선택지가 있었을 것이다. 예를 들면 헤라클레스나 위풍당당하게 전차를 타고 돌아오는 개선장군 등의 클래식한 알레고리 말이다. 그런데 턱 괴는 자세라니? 사실 미켈란젤로는 공화주의자로서 피렌체의 군주로 군림한 메디치 가문에 대한 반감이 컸다. 독재 세력인 메디치가에 대항하는 공화국의 자유와 정의를 거대한 골리앗의 싸움에서 승리한 <다비드(1501-04)>로 묘사할 만큼 말이다.

이러한 이유로 미켈란젤로에게 로렌조 데 메디치는 양가적인 감정의 대상이다. 턱 괴는 자세는 감정의 메타포로써 사용된다.[12] 미켈란젤로의 명성과 미술사에 남긴 영향 그리고 정치적인 신념과 메디치와의 관계 속에서 이 은유적인 자세는 많은 학자에 의해 논의되었다. 도상 해석학자 파노프스키는 로렌조의 턱 괴는 자세를 '침묵의 사인(Signum silentill)'[13]이라고 해석했고, 르네상스 미술사학자 안드레 카스텔은 '멜랑콜리한 몽상가의 차분한 태도'[14]라고 정의했다. 하지만 경직된 얼굴과 긴장된 자세는 느슨한 몽상가의 것으로 보이지 않는다. 오히려 무슨 일이 일어나고 있는지 예리하게 파악하는 이의 모습에 가까운데, 마치 명령을 내린 후 그 명령이 집행되기를 기다리고 있는 장군처럼 말이다. 그런데 왜 침묵과 멜랑콜리, 몽상가라는 표현이 나온 것일까?

멜랑콜리(Melancholy)라는 용어는 기원전 4세기부터 사용된 용어로써, 알 수 없는 우울함이나 슬픔, 애수, 침울함 등의 감정을 의미한다.[15] 불명확한 이유로 슬프고 불행한 감정을 느끼는 병과 그 병을 앓는 환자를 뜻하는 '멜랑콜리아(Melancolia)'라는 의학 용어로 분류되었다. 멜랑콜리아 환자들은 중세시대에는 신적 의미가 가득한 세계 질서에 위협적이고 매우 비관적인 존재, 부정적인 대상으로 터부시되며, 신의 세계에 오점을 남기는 존재, 정신적으로 문제가 있는 사람으로 취급됐다. 그러나 멜랑콜리한 감정은 미켈란젤로에게 창작에 수반되는 당연한 고통이었다.[16] 그는 "회화에서 아이디어는 가장 고요하고 은밀한 상태에서 화가의 지성이라는 내면의 눈으로 보아야 하는 이미지"라고 말했다. 이 코멘트에는 두 가지 측면이 있다. 먼저, 예술의 의미가 가려져 있고 비밀스럽다는 것, 두 번째로는 묵상과 수태에는 침묵이 필요하다는 것이다. 인본주의 시기에 멜랑콜리는 창조적 상상력을 가진 지식인, 천재의 특성으로 그 의미가 변화한다. 예술적이고 과학적인 어떤 대상에 답을 논증하는 지난한 과정에 수반되는 천재의 예민함, 정신적 우울 혹은 외로움으로 의미가 전환된 것이다. 우울은 예술가의 창조적 능력에 수반되는 어쩔 수 없는 것으로 말이다(훗날 20세기의 작가이자 문화 이론가인 수전 손택은 매력이 없는 멜랑콜리가 우울증이라고 표현하기도 했다).

예술적 재능을 알아보고 키워준 후원자 겸 양아버지이자 공화정의 이상을 가로막는 독재자. 교차점이 보이지 않는 끝과 끝의 존재를 표현하기 위해 미켈란젤로는 턱 괴는 자세를 선택했다. 실제로 그는 턱 괴기의 의미를 잘 알고 있었는데, 로렌조의 석상을 제작하기 몇 해 전 완성된 시스티나 대성당 천장화에도 턱 괴는 인물이 등장하기 때문이다. 과거 이스라엘의 예언가 예레미야(Jeremiah), 당시의 종교적 박해에 굴복하지 않고 믿음을 쫓으며 기록을 멈추지 않은 이 멜랑콜리한 선지자는 시스티나 대성당에서 턱을 손에 받친 채 묵상 중이다.

이렇듯 이탈리아 르네상스의 시각 예술에서 멜랑콜리는 턱 괴는 자세로 시각화되었다. 미켈란젤로와 동시대에 활동한 독일의 화가 알브레히트 뒤러(Albrecht Dürer, 1471-1528)의 작품에도 등장한다. 뒤러 역시 기존 사회질서에 의문을 제기하며 자화상을 연대별로 남기고, 신기술에 몰두하는 르네상스 예술가 중 한 명이었다. 구텐베르크에 의해 촉발된 인쇄물 유통망을 활용해서 자신의 작품을 유럽 전역에 판매한 최초의 화가이기도 했고. 새로운 세상에 대한 민감한 촉수를 탑재한 뒤러의 <Melancolia I>에도 턱 괴기가 등장한다. [fig.7]

구, 저울, 대패, 톱, 천사, 모래시계, 컴퍼스, 못과 망치 등 작품에는 다양한 도상과 상징이 삽입된 <Melancolia I>은 예술에 관한 화가 개인의 견해를 응집한 결과로써 화가의 정신적 자화상으로 평가된다. 예를 들어 작품 왼편에 보이는 망치, 못, 톱, 집게 등의 도구들은 메커닉한 제작 시스템을 필요로 하는 예술 분야를, 구와 다각형 그리고 천사의 손에 들린 컴퍼스 등의 오브제들은 자연과학, 철학, 예술, 사회과학 등을 포괄하는 자유인문학을 상징한다. 즉, 르네상스 예술을 총망라한 상징 덩어리이다. 뒤러가 자신을 투영한 천사는 무릎 위에 팔을 걸치고 주먹 쥔 왼손으로 머리를 받치고 있다. 오른손으론 컴퍼스를 들고 무언가를 증명하려 하는데, 두 눈을 부릅뜨고 어딘가를 바라본다. 어딘가 괴팍해 보이는 턱 괴는 천사는 자신이 당면한 세계에 대해 고민하고 고뇌하는 창작자의 창조성과 우울함을 상징한다. 그리고 골몰하는 눈동자가 가닿는 곳은 육체가 속한 세계가 아니라 아직은 보이지 않는 어떤 형체 혹은 구상이다. 존재하지 않는 것을 좇는 이들에게 외로움은 필수 불가결한 감정일 것이다. 머릿속에만 떠다니니 어디 말할 곳도 없고 말이다.

## 3. 턱을 괸 이들이 바라보는 것들

"너무 밝아 눈에 보이지 않는 우울함(Melancholy)은 지혜의 검은 옷을 입고 있어요. 우울함은 내가 원하는 곳에 닿을 수 있도록 이끌어 줄 거예요. 그래서 우울함에게 평화와 침묵, 정진(精進)과 여가 그리고 사색을 여행의 동반자로 초대해달라고 부탁했어요. 작은 불씨가 있는 방에 우울한 빛이 드리우면, 그곳은 사색을 위한 훌륭한 은신처가 되어요. […] 자정 즈음에 램프를 들고 높고 외로운 첨탑에 올라가 봐요. 그곳에선 북두칠성을 응시할 수 있고, 플라톤의 사상을 좇아볼 수도, 트로이의 목마와 고대 그리스의 비극에 대해 사색해 볼 수도 있지요."
— 존 밀턴의 서정시 『Il Penserose(1644-1645)』의 일부분을 각색

한밤, 어둡고 고요한 방, 작은 향초 하나, 조금은 외롭지만 소중한 혼자만의 시간에 끄적이는 노트, 읽고 있는 책, 몇 번을 돌려 본 영화, 새벽을 위한 플레이리스트…. 지금의 우리가 새벽을 즐기는 방법과 인용시의 화자의 것은 크게 다르지 않아 보인다(새벽형 인간이 더 창의적일 것이라고 믿는 클리셰의 문학적 뿌리가 여기 있다). 그 공간 속에서 사색하는 이 중 대부분은 턱을 괼 것이고 말이다. 시의 제목도 '명상하는 사람(Il Penseroso)'이다. 밀턴의 시를 통해 우리는 명상의 과정에서 우울함의 작동원리와 주체가 골몰하는 방식을 엿볼 수 있다. 시의 화자는 어두운 밤 찾아오는 우울함은 은신처와 같다고 말한다. 집중이 잘되는 이 공간은 타임머신이 된다. 고대 그리스를 선택한 화자는 자유롭게 비극의 주인공도, 트로이의 목마 속 병사가 되기도 하고, 플라톤과 대담을 나누는 제자가 된다. 그리고 (인용문에는 없지만 시의 마지막 부분에) 여명이 밝아 올 즈음, 화자는 우울함과 밤새 만들어 낸 창조물을 가지고 돌아온다.

존 밀턴을 비롯한 동시대 네덜란드의 화가 렘브란트[fig.8], 독일의 철학자 칸트[17] 등 문인, 예술가, 지식인 그룹은 자신을 멜랑콜리 환자로 여겼다. 마치 창조적 상상력을 가진 지식인에게 정신적인 우울 혹은 외로움, 예민함이란 병은 당연한 것처럼.

그런데 이제 턱을 괴는 사회적·문화적·정치적 배경이 조금 더 인간의 '이성'을 강조하는 방향으로 굴절하기 시작한다. 빛의 시대(Siècle des Lumières), 어둠에 빛을 비추어 밝고 현명하게 계몽하는 시대가 왔기 때문이다.[18] 새로운 지식인, 예술가 그룹에게 그동안 유럽을 감싸 온 전근대적인 미신, 압제, 봉건적이고 종교적인 권위, 특권, 인습, 전통, 편견 등이 켜켜이 만들어 온 어둠을 거두어 내야 하는 미션이 주어졌다. 계몽하는 이는 이성을 척도로 이 어둠을 비판하고 밀어내야만 했다. 기존 질서에 대한 고민과 고뇌, 그리고 새로운 방향성을 제안하는 그들의 행보는 쉽지 않았을 것이다. 그 진통은 자연스레 '멜랑콜리한 감정'으로 수렴되며 몇몇 작품에서 턱 괴는 자세로 시각화되었다. 정치나 경제뿐만 아니라 과학과 철학, 사상 등 거의 모든 영역에 계몽 행위가 세력을 넓히며, 자연스럽게 턱 괴는 사람들의 직업은 예술가에서 정치인, 과학자, 사상가, 철학자 등으로 확장되었다. 스페인의 화가 프란시스코 고야가 그린 친구이자 스페인 계몽주의의 저명한 정치인 가스파르 멜쵸르 데 요벨라노스(Gaspar Melchor de Jovellanos, 1744-1811)의 초상화가 그렇다. [fig.9] 일반적으로 정치인의 초상화 속 대상은 훈장이 줄줄이 매달린 띠(마치 보이·걸스타우트의 어깨띠)를 사선으로 매고, 집무실을 배경으로 위엄있는 자세를 취한다. 그러나 고야의 요벨라노스는 수많은 문서와 은색 잉크 받침이 있는 책상에 앉아 수심에 잠긴 듯 턱을 괸다. 화가는 정치인이자 문인의 서재로 추정되는 장소, 즉 개인의 사적 공간에 그를 위치시킴으로써 구시대를 직면하는 지식인이 처한 고통, 멜랑콜리를 시각화했다. 이성과 과학으로 어둠을 밝히고자 하는 빛의 시대의 지식인과 예술가에게 멜랑콜리한 감정은 '근대적 주체의 고통'과 '방향 상실', '심리적 공황'을 효과적으로 나타낼 수 있는 추상적인 개념이다. 턱 괴는 자세는 시각적인 기호로써 그 내포된 의미를 드러낸다.

그러나 계몽주의는 이성이라는 모순으로 자멸했다. 계몽주의자의 이론대로라면 이성을 갖춘 인간은 더 나은 세상을 이룩해야 하는데, 혁명과 쿠데타, 전쟁과 살상이 야기한 수많은 희생을 설명할 수가 없었기 때문이다. 고야로부터 한 세기 후, 이성의 자리는 자본이 대신한다. 변화한 세상 속의 사람들도 계속해서 턱을 괸다. 정신과 의사, 화가의 주치의이자 동료, 인상주의의 후원자, 폴 가셰(Paul Gachet, 1828-1909)도 그중 하나. 빈센트 반 고흐가 그린 가셰의 초상화에서 주인공은 턱을 괴고 걱정스러운 눈빛으로 화면 너머의 무언가(아마도 고흐)를 바라본다. [fig.10] 한쪽으로 기울어진 고개, 괸 턱, 테이

| 7 | 8 |
|---|---|

| 9 |
|---|

7    Albrecht Dürer, <Melancolia I>, Gravure, 1514, Rome, Istituto Nazionale par la Grafica

8    Rembrandt, Jeremiah Lamenting the Destruction of Jerusalem, 1630, 58(h)x46(w)cm, Oil on panel, Amsterdam, Rijksmuseum, ©Rijksmuseum

9    Francisco de Goya, <Gaspar Melchor de Javellanos>, Oil on canvas, 205(h)x133(w)cm, 1798, Madrid, Museo del Prado

불을 받치는 손의 부동의 자세와 고흐 특유의 일렁이는 붓 터치는 화폭에서 움직임의 대조를 이룬다. 특히 걱정스러운 눈빛, 표정의 움직임 그리고 푸른색 코트와 배경의 조화는 사색으로 침전하는 가셰를 보여눈다. 고흐는 이 초상화가 "우리 시대의 황량함"을 담고 있다고 언급했는데, 실제로 가셰의 주 연구 분야는 멜랑콜리의 병리학적 상태였다.[19]

　턱 괴기의 생명력은 20세기까지 꾸준히 이어진다. 이탈리아 출신 화가 조르지오 데 키리코(Giorgio de Chirico, 1888-1978)는 1911년, 1922년 두 번의 턱 괴는 자화상을 그렸는데 그 중, "수수께끼가 아니라면 내가 무엇을 좋아할 수 있단 말인가"라는 문구가 새겨진 첫 번째 자화상이 재미있다. [fig.11] 작가의 예술적 성향이 내외부의 환경에 맞물려 굴절하는 시기를 대변하기 때문이다. 이 자화상을 그린 1911년 키리코는 뮌헨에서 학업을 마치고 당대 현대미술의 중심지인 파리로 이주한다. 그리고 그동안 그려왔던 몽환적인 도시풍경에서 더 나아가 꿈과 소외, 상실을 표상하는 실제 존재하지 않는 환상의 도시를 수수께끼처럼 은유와 비유를 통해 그려낸다. 이 초상화는 하단의 새긴 글귀처럼 한 화가의 예술적인 다짐이며 세상을 향한 조용한 공표가 된다. 그 속에서 화가는 미술사를 종횡하며 흔적을 남겼던 이전의 턱 괴는 창작자들이 그러했던 것처럼, 예민하고 고독한 창작자의 알레고리로써 턱을 괸다. 이후 키리코는 피카소와 초현실주의자들과 함께 작품 세계를 확장해 나간다.

　기원전 패배한 군인부터 예언가, 16세기 창작자와 통치자, 17세기 문인, 18세기 정치인, 19세기 정신과 의사, 20세기 화가. 시대와 직업을 막론하고 턱을 괸 이들은 자신이 직면한 시대적 상황을 탐구했다. 이제 턱 괴는 자세는 역사를 선회해 현재에 도착했다. 바통을 넘겨받은 우리는 무엇을 위해 턱을 괴고, 침전했던 심연을 더듬거리다가, 현실의 수면으로 올라왔을 때, 어떤 사색의 결과를 꺼내 놓을지 생각해볼 차례다.
　잠깐 그 전에 살펴봐야 할 이들이 있다.


## 4. 역사에서 건져 올린 턱괴는여자들
　턱괴는여자들은 시간의 종단과 횡단에서 다양한 턱 괴기를 채집했다. 그런데 이쯤에서 몇몇 독자는 눈치챘을 수도 있다. 수많은 '턱괴남'들 사이에 '턱괴녀'가 별로 없다는 것을. 절대 수의 부족을 '시대적인 한계'라는 말로 납득시킬 수도 있다. 그러나 우리가 시대적인 한계라고 부르는 (인식과 제도의) 제한선은 체계적이기보다 필요에 의한 취사 선택된 결과에 더 가깝다. 계몽주의 지식인들의 모순을 보자. 인간의 이성에 입각한 영원한 진리와 정의를 탐구하던 계몽주의자들은 근대 과학을 통해 사회를 진보시켜야 한다고 주장했다. 그들은 과학 앞에 만인은 평등하다 믿었고, 통치자는 하늘이 내린다는 왕권신수설도 종교도 믿지 않았다. 또한 계몽의 시대, 혁명가를 위한 바리케이드에는 여성의 자리가 있었다. 하지만 목적을 달성하고 난 후, 그들은 다시 가정으로 돌아가야만 했다. '평등한 과학'을 탐닉하고 이해할 수 있는 이성과 능력을 갖춘 인간의 범주에는 여성이 배제되었다. 계몽의 시대의 여성은 남성과 동등하지 않은 존재이기 때문이다.[20] 시대는 여성에게 교육의 기회를 주지 않았다. 남성과 동등한 교육을 받아본 적도 없고, 지식을 향유할 기회를 누려보지도 않았지만 세상은 여성이 남성보다 학식이 낮을 것이라고 단언했다. 이건 마치 개인 코치가 근육의 쓰임부터 식단까지 관리해주는 전문 선수와 갓 세발 자전거를 독학한 아이와의 대결이 아닌가? 동일한 조건이 보장되지 않은 판에서 동일한 이해 능력을 요구하는 상황에서 여성은 그렇게 무능력한 존재가 되었다.

지금은 너무나 당연한 여성의 고등 교육은 우리의 생각보다 최근에 이르러서 가능해졌다. 1800년대 후반까지도 여성은 제도적 차원의 교육을 누릴 수 없었다. 24살의 늦깎이 만학도로 소르본 대학교 물리학 박사과정에 입학할 수 있었던 마리 퀴리의 삶은 과학계에서 이루어진 여성의 배제를 증명한다. 여성의 고등교육이 불법이었던 폴란드에서 프랑스로 왔고, 가정교사를 하며 모은 돈으로 간신히 학비를 모아 1891년 박사과정을 시작할 수 있었다. 학교 내 단 3.3%(6,000명 중 200명)의 여성 성비로 미루어보아 그녀의 순탄하지 않았을 소르본 생활이 짐작된다. 또한 퀴리는 두 번의 노벨상을 수여 했음에도 불구하고, 1911년 프랑스 과학한림원(Académie des Sciences)의 소속 과학자로 선정되지 못했다. 여성 과학자에 대한 업계의 태도를 명징하게 드러내는 사건이었다.

미술 분야에서도 마찬가지다. 미술학도를 꿈꾸는 여학생들은 1896년이 되어서야 제한적으로 프랑스의 유일한 고등예술교육기관(École des Beaux-Arts de Paris)에 입학할 수 있었다.[21] 입학은 할 수 있었지만 참여할 수 있는 수업이 미술사 등으로 한정되었다. 풍경화나 정물화는 그릴 수 있었으나, 누드모델 수업을 수강할 순 없었다. 이 시기에 누드모델 수업은 제도권에서 창작자에게 주는 영예로운 상인 '로마 대상(Prix de Rome)'에 지원할 수 있는 기본값이었다. 로마 대상은 1663년부터 1968년까지 유지된 예술상으로, 선정되면 2년에서 4년간 로마에 머물며 작품활동을 할 수 있었다. 물론 국가에서 생활비도 지원되었다(현재의 국가장학생과 같은 개념). 매년 최대 3명의 선정자가 로마에서 예술적 자양분을 흡수하는 동시에 전 세계에서 온 창작자들과 고고학자, 미술사학 연구자 등과 교류의 장을 마련할 뿐만 아니라 로마로 유학 온 각국의 고위계층과의 커뮤니티를 형성했다. 특히 마지막 그룹은 작가의 '거래처'가 유럽 전역으로 확장되는 기회였다. 프랑스로 귀국한 뒤에는 저명한 화가의 타이틀은 물론, 굵직한 국가 발주 프로젝트를 맡거나, 고등예술교육기관의 교수로 임용되었다.

이러한 스타 등용문인 로마 대상을 준비하는 입시생에게 누드모델 수업은 필수다. 로마 대상 시험 주제는 주로 '아담과 이브의 탄생', '야곱의 죽음' 등의 종교화, '소크라테스의 죽음', '헥토르의 시신을 모시는 아킬레우스' 등 고대 그리스 로마의 역사와 신화에서 출제된다. 모든 등장인물은 인체의 비율, 양감과 질감, 해부학을 통달한 근육의 묘사 등이 베이스가 되어야 그릴 수 있었다. 따라서 누드모델을 보며 인체 데생 실력을 익혀야 그릴 수 있는 주제들이 매년 로마 대상에서 주어졌다.

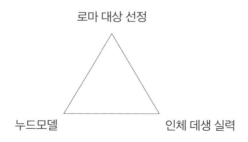

이 삼위일체에서 누드모델을 그릴 수 있는 자격이 남성 미술학도에게만 주어진 것이다. 즉, 나체의 모델을 그릴 수 있는 기회는 제도권 상위층에 안착할 수 있는 보딩패스 같은 개념인데, 고등예술교육기관의 여학도는 제도권 맨 꼭대기에 올라갈 수 있는 엘리베이터에 탑승할 수 없었던 것이다. 결과적으로 제도는 여성 미술학도에게 입학은 허락했지만, 예술계에서 상위 클래스에는 오를 수 없도록 교묘하게 빗장을 잠가 놓았다.

프랑스의 경우를 예로 들었지만, 전 유럽이 비슷한 상황이었다.[22] 제도에서 이루어진 부재와 배제의 결과는 현재까지도 영향을 미친다. 마리 퀴리, 마리아 괴퍼트 메이어 등 전체의 3%에 불과한 노벨과학상 여성 수상자. 레오나르도 다빈치, 미켈란젤로, 푸생, 앵그르, 들라크루아, 마티스와 피카소, 잭슨 폴록, 데미안 허스트 등과 비견할만한 인지도, 수상 여부, 작품 가격대를 지닌 여성 예술가의 부재. 누군가는 "단순한 능력 부족", "현재 누가 과학이나 미술을 전공하지 못하도록 막는 사람이 있나"라고 반문할 수도 있다. 미술사학자 린다 노클린은 예술계에서 제도적으로 (대놓고/교묘하게) 이루어지는 누락과 배제 속에서 '능력'을 묻는 것이 얼마나 잘못된 전제인지 짚어낸다. 왜냐하면 공동의 기회를 제공하지 않은 상태에서 능력의 잣대를 언급하는 것은 손흥민과 조기 축구 선수의 실력이 같을 것이라는 기대와 같다. 따라서 남성 예술가와 여성 예술가 그룹 사이에 주어진 조건을 파악하는 것이 우선이다.

노클린에 따르면 프랑스(유럽을 포함한)의 비틀린 예술 제도가 오랫동안 유지될 수 있었던 이유는 사회적 규범과 여성에 대한 예속 덕분이라고 한다. 여성이 다른 성에 종속되는 사회 구조 속에서 예술의 남성 중심적인 서사는 자연스레 공고해졌다. 왜냐하면 첫째, 집에만 있어야 하는/학교를 다녀도 상급반에 진급하지 못하는 여성에 비해 많은 기회를 누릴 수 있었던 남성은 예술학교 입학률이 압도적으로 높았고, 둘째, 한 쪽 성에 치우친 사회와 제도를 읽어내지 못한 당대의 비평가, 연구자, 저널리스트 등은 여성 예술가의 창작물을 공정하게 평가하지 못했고, 셋째, 당대의 신랄한 비평 혹은 무관심은 여성 창작자의 작품의 가격대가 낮게 책정되는 악순환으로 이어졌기 때문이다. 노클린은 비틀린 제도가 형성하는 '구조적인 쳇바퀴'를 주목해야 할 것을 주장한다.[23]

한겨레에서 진행하고 있는 칼럼 <임소연의 여성, 과학과 만나다>에서 다룬 뉴욕대학교 조지프 심피안 교수의 연구 사례가 남성 중심적인 서사가 만들어내는 결과를 적나라하게 드러내고 있다. 칼럼에 따르면 2020년 미국 국제 학술지 「사이언스」에 실린 조지프 심피안 교수 연구팀의 논문은 과학계의 성비불균형의 문제는 '실력'에 기인한다는 능력주의자들의 주장을 반박한다. 7년간 미국 고등학생 5,960명의 학업 성취도와 진로 선택을 추적한 이 연구는 미국 내에서 고질적으로 여학생 비율이 낮은 물리학/공학/컴퓨터과학 전공의 성비 불균형 현상에 초점을 두고, 참가자의 고등학교 수학 및 과학 학업 성취도와 대학 진학 시 전공 선택 간 상관관계를 살폈다. 결과적으로 해당 전공을 선택하는 남학생들의 고등학교 성적이 모두 좋은 것이 아니었으며, 반면 여학생은 학업 성취도가 높은 학생이 주로 이 전공을 택하는 경향이 있었다. 수학과 과학 과목에서 100명 중 20등 안에 속하는 성적 상위권의 여학생의 비율과 90등에서 100등 사이에 속하는 최하위권 남학생이 '같은 비율'로 물리학 또는 공학 계열 전공을 선택했다. 또한, 상위 10% 이내인 최상위권에서 이 전공을 선택하는 남녀 비율은 2대 1정도의 차이가 났으나 하위 10%이하 구간인 최하위권에서 물리학과와 공학 계열로 진학하는 학생수는 남학생이 여학생보다 '10배'나 많았다. 이 숫자는 같은 전공을 원하는 여학생들은 최종적으로 성적이 좋아야 (능력을 증명해야) 이 전공으로 진학함을 보여주며, 남학생들은 성적이 낮아도 혹은 애초에 물리학이나 공학 계열 전공을 완전히 선호하지 않더라도 해당 전공을 선택할 수 있는 심적인 혹은 사회적인 여유가 있다는 것을 드러낸다. 심피안 교수에 따르면 "물리학 및 공학 분야의 성비 불균형이 특히 심한 이유가 남학생이 여학생보다 뛰어나서가 아니라 이 분야에 능력이 부족한 남학생이 지나치게 많이 들어오기 때문"임을 보여주며, "연구팀은 물리학 및 공학 계열 전공의 성비 불균형을 능력주의의 결과가 아닌 오히려 능력주의에 역행하는 현상으로 결론 내린다"고 한다.[24] 그런데도 "여자가 무슨 공대나", "여자는 공대에 가면 체력이 달려서 힘들다", "결혼하려면 박사하지마, 시집 못 가"라는 코멘트는 꾸준히 들려온다.[25] 현 상황에서 실력을 인정받은 소수의 여성은 통념을 비집고 과학계에 진입한다(2019년 이공계 학과에 입학한 여학도 비율 29.2%). 그 속에서 자신의 능력을 끊임없이 입증해야 하고 때로는 능력이 부족한 자신을 탓하며 자신을 소모하다가 어느 순간 사라진다(대학 졸업 후 과학기술인으로서 관리자 직급까지 진급하는 여성 비율 10.6%).[26]

노클린과 심피안 교수의 연구는 앞서 본 것처럼 미술과 과학뿐만 아니라 이 책에서 다룰 스포츠(여자 야구) 등 다른 분야에도 접목할 수 있다. 두 학자들의 연구가 시사하는 것은 무언가를 할 수 있고, 할 수 없는 것은 능력에 의해 결정되지 않는다는 점이다. 이제 우리는 백년 전, 마리 퀴리의 박사과정 시절 여성 과학도의 비율 '3.3%'라는 숫자와 오늘날 전체 616명 중 22명이라는 여성 노벨상 수상자의 비율 단 '3%' 사이에서 백년의 시간을 선회하며 공고하게 유지되는 '구조'를 읽어낼 수 있다.

턱괴는여자들은 배타적인 역사의 비탈에서 세 명의 '턱괴녀'를 건져 냈다. 과학과 정치 그리고 음악 분야에서 한 명씩. 계몽주의 시대 최초의 여성 과학자, 에밀 뒤 샤틀레 (Émile du Châtelet, 1706-1749)의 초상화는 가부장적인 시대에 남겨진 소중한 레퍼런 스 중 하나이다. [fig.12] 공식적인 교육제도에 편승할 수 없었던 시대에 '이례적으로' 이 름을 남겼던 여인들은 두 가지 조건을 갖춰야 턱을 괼 수 있었다. 첫째, 상류층 출신이거 나, 둘째, 아버지나 남편(혹은 애인)이 해당 분야의 저명한 인사로 활동하는 동시에 그녀 의 활동을 지지해주거나(마리 퀴리의 아버지도 수학과 물리 교사였다는 점). 에밀 뒤 샤 틀레의 경우 이 둘을 모두 충족했다. 샤틀레는 딸의 교육에 관대했던 아버지 덕분에 남자 형제와 동등하게 수학, 문학, 과학 교육을 (가정 교사를 통해) 배울 수 있었다. 또한, 스페 인어, 영어, 이태리어, 라틴어, 그리스어, 독일어에 통달했다. 이러한 해박한 언어 능력은 최초의 근대 과학자가 되는데 일조한다. 샤틀레는 계몽주의 시대의 작가 겸 철학자 볼테 르의 오랜 연인이었는데, 둘은 뉴턴의 과학을 주제로 토론했다. 뉴턴의 『프린키피아』에 감명받은 볼테르가 새로운 과학을 철학으로 재탐색할 무렵, 샤틀레는 자신의 수학 실력 으로 뉴턴의 과학을 해석한 뒤, 볼테르에게 설명하며 집필에 도움을 주었다. 또한, 능숙한 라틴어와 수학으로 뉴턴의 『프린키피아』를 프랑스어로 번역한 『뒤 샤틀레 후작 부인에 의한 자연 철학의 수학적 원리』를 출판했다. 샤틀레의 번역서에는 과학자로서 직접 계산 해 증명한 방대한 주석이 달려 있다. 덕분에 프랑스 과학계는 뉴턴의 조국인 영국에서보 다 뉴턴의 과학에 대한 깊은 이해가 가능해졌다.[27]

프랑스의 마지막 여왕 마리 앙투와네트의 초상화가였던 예술가 루이즈 엘리자베 스 비제 르 브룅(Elisabeth Vigée Le Brun, 1755-1842)의 경우도 동일하다. 예술가를 양 성하는 고등예술학교에는 입학할 수 없었던 르 브룅은 왕정 화가인 아버지의 아뜰리에에 서 '예외적으로' 붓을 잡을 수 있었다.[28] 그의 아버지는 딸의 예술적 재능을 파악했다. 예 술학교가 아닌 사립 아틀리에에서 미술수업을 듣던 여성들이 주로 풍경화를 그리는데 반 해, 르 브룅은 초상화에 몰두했으며, 곧 베르사이유 궁에서 왕실과 귀족의 초상화를 맡게 되었다. 그러나 1789년 프랑스 대혁명이 터진 후, 마리 앙투와네트의 최측근이었던 르 브 룅은 프랑스에 머물 수 없었고, 12년 동안 유럽의 여러 왕실을 떠돌게 된다. 망명 중, 그녀 는 러시아에서 만난 안나 이바노브나 톨스타야의 턱 괴는 초상화를 그리게 된다. [fig.13] 러시아 왕정의 백작 부인 이바노브나 톨스타야는 국교였던 러시아 정교회를 거부하고 신

10

11

12

10    Vincent Van Gogh, <Portrait of Dr Gachet>, Oil on
      canvas, 68(h)x57(w)cm, 1890, Paris, Musée d'Orsay,
      © Musée d'Orsay, dist. RMN/Patrice Schmidt

11    Giorgio de Chirico, <Self portrait>, Oil on canvas,
      75(h)x58(w)cm, 1911, Personal Collection

12    Maurice Quentin de La Tour, <Madame du Châtelet
      at her desk>, Oil on canvas, 120(h)x100(w)cm, 1750,
      Private collection, Choisel, château de Breteuil

념에 따라 가톨릭으로 개종했기에 고국에서 떠나 평생 해외를 전전할 수밖에 없었다. 르 브룅이 이바노브나 톨스타야에게 왜 턱 괴는 자세를 부여했는지 이유를 알 수 있는 자료 는 없다(아직 발견되지 않았다). 그러나 르 브룅이 많은 여성의 초상화에 당시에는 주로 남성의 초상화에서 사용되던 '책 읽는 자세' 혹은 '개인의 서재(즉, 자기만의 방)에 앉아 있는 자세'를 삽입한 것으로 미루어보아, 동시대 여성이 쉽게 가지지 못했던 주체성을 부 여하고자 했던 듯하다.

마지막으로 오페라 가수 마리 펠(Marie Fel, 1713-1794)의 초상화. [fig.14] 과학과 예술 분야와는 다르게 오페라 가수는 남성과 여성을 막론하고 사회적인 제약에서 비교적 자유로웠다. 1700년대 유럽 전역에서 오페라는 인기와 영향력을 모두 갖춘 예술 장르 중 하나였기 때문이다. 펠이 활동했던 파리는 이미 18세기 정치와 문화의 중심지였다. 파리 오페라 하우스에 모이는 계층은 사회적 담론을 형성하는데 주요한 역할을 하기 때문에, 통치자는 오페라를 정치적 메시지를 전달하는 매체로써 강력하게 통제했다. 따라서 메 시지의 전달자인 오페라 가수의 역할이 얼마나 중요했을지 짐작할 수 있다.[29] 펠은 오르 가니스트 아버지 밑에서 작곡가 오빠와 함께 어렸을 적부터 음악을 즐기며 자랐고, 스무 살에 파리 오페라 하우스에서 데뷔한 뒤, 35년간의 활동 기간 명성을 날렸다. 그의 초상 화는 연인이자 당대 저명한 초상 화가 모리스 캉탱 드 라 투르(Maurice Quentin de La Tour, 1704-1788)[30]가 남긴 작품이다. 초상화 속에서 턱을 괴는 모습으로 표현된 펠은 펜 을 쥐고 책상에 앉아 있다. 작품의 도상을 조금 더 살펴보면 책상 덮개 장식에 그려진 큐 피드의 시선이 펠을 향하고 있고, 턱 괸 손 너머로 'Les yeux de l'amour(사랑의 심안)' 라는 제목의 악보가 펼쳐져 있다. 몇몇 독자는 이 작품을 관통하는 큰 주제가 사랑임을 파악했을 것이다. 곳곳이 비어있는 악보의 오선과 쥐고 있는 펜은 그가 작곡가라는 것을 은유한다. 또한, (연인이자) 화가는 작곡하다 잠시 지쳐 호흡을 고르는 펠을 표현했을 것이 다(우리가 보아 온 많은 예술가의 천재병이 턱 괴기로 시각화된 것처럼 말이다). 혹은 잠시 보고 싶은 이가 떠올라 쉬는 중일지도 모른다. 결론적으로, 펠의 초상화에는 화가가 숨겨 놓은 세 개의 이미지가 교차한다. 당대 최고의 인기를 누린 오페라 가수의 모습, 창 작의 고통을 감내하는 예술가의 모습 그리고 무엇보다 동시대 많은 여성이 누군가의 소 유물이었던 것과는 달리 멜로디를 만들어나가 듯 '주체적'으로 사랑을 하는 여인.

미술사의 '희귀종'인 세 명의 턱괴녀가 우리에게 시사하는 점은 변칙이나 예외, 통념에 대한 일탈이 아니다. 단발적인 이례보다 '시작점'에 가치가 있다. 다시 말해서, 동시대의 인식이라는 토양 위에 권력자가 설계한 집이 제도라면, 턱괴녀의 귀한 이미지는 그 집을 비집고 나와 '열어둔 작은 문틈'이 된다. 인식과 제도는 엉덩이가 무겁다. 이 둘을 움직이기 위해서는 열어 놓은 문틈으로 오고 가는 가벼운 행위들이 필요한데, 그 역할을 주로 창작자가 맡는다. 문인과 기자들의 펜대가 지나간 종이의 글, 화가들의 붓질이 쌓여 만든 캔버스의 이미지, 숙련된 기술을 통해 정과 끌로 정교하게 새겨진 조각, 최근엔 노트북 앞에서 한숨을 몰아쉬며 써 내려 간 원고와 수없이 찍는 사진과 유튜브 영상도 더해진다. 한 개인의 자유도에 기대어 만들어진 이미지는 시간에 비례하여 힘이 생긴다.[31] 희귀종이 열어 놓은 문틈은 사람들이 오가며 문지방이 닳는다. 동시대와 후대의 창작자는 신문을 통해 문제를 고발하거나, 최초의 이미지를 차용한 작품을 만들거나, 사회·문화적 골조를 변형시킨 픽션을 써내며 느슨한 담론을 형성한다. 이렇게 한 개인의 자유도에 기대어 만들어진 이미지는 이제 사회·문화적이며 정치적인 힘이 생긴다. 반면, 이미지가 없는 것은 또 다른 차원의 문제다. 18세기 턱괴녀가 소수인 이유는 시대가 여성을 인지적·예술적 이해와 실천 능력이 부족한 존재로 인식했고 제도로써 고등교육을 불허했기 때문이다. 즉, 해당 이미지가 뿌리 내려 발아할 수 있는 토양이 없다는 것을 의미한다. 따라서 어떤 이미지가 존재조차 하지 않는다는 것은 한 번 턱을 괴고 살펴봐야 할 지점이 된다. 토양의 부재가 동시대가 공유하는 사회·문화적인 인식의 부재에 기인한 것인지, 해당 이미지가 만들어지고 허용될 수 있는 제도 자체의 부재에 기인한 것인지 말이다.

21세기의 우리는 삶을 주체적으로 설계하고 있다는 착각에 빠지기 쉽다. 사실 우리의 삶은 보와 기둥 사이에 놓인 공간에 가깝다. 윤리와 도덕, 관습과 문화, 통념 그리고 제도가 보와 기둥이 되는데, 집의 뼈대에 따라 방의 크기와 모양이 형성된다. 설계자가 정해 놓은 골조에 따라 우리의 사고의 크기와 방향이 결정되는 것이다. 고대부터 현대까지 화폐와 초상화, 오페라, 개선문, 기술이 발전하며 사진과 메타버스가 '정치적인 당위성'을 피력하는 장이 되는 것도 설계자가 만들어내는 집의 골조와 유사하다. 이렇듯 우리 주위에 보여지는 수많은 이미지에는 숨겨진 권력이 담겨 있다. 인스타그램과 트위터에 누른 '마음'의 개수도 모이면 힘을 이룬다(커머셜 필름의 모델이 연예인에서 인플루언서로 대체되는 과정이 바로 매체와 이미지 권력의 이양을 보여준다). 이미지의 유무를 탐구하는 것은 이런 권력의 역학 관계를 읽어 내는 일이다. 어떤 이미지가 존재하지조차 않는다는 것은 여기가 턱을 괴고 살펴보아야 할 지점이란 뜻이다. 누가, 언제, 어디서, 무엇을, 어떻게, 왜 집과 사회의 골조를 짰는지 말이다.

## 5. 21세기 턱 괴기 : 여자 야구 리부팅

　　미국과 영국의 두 경제학자 스테판 지만스키(Stefan Szymanski), 앤드루 짐벌리스트(Andrew Zimbalist)는 스포츠 제도 연구를 통해 "현대인은 생각보다 만들어진 제도를 기본값으로 생각한다"고 지적한다.[32] 부동적인 존재로 보이는 제도적 시스템은 사실 사회적·경제적·정치적 맥락에서 효용성에 따라 취사선택 되거나 혹은 우연한 계기로 장애물을 만나 굴절되어 만들어진 결과물로서 항상 변화한다. 이전 장에서 언급한 것처럼 사회라는 집 속에 존재하는 통념과 가치, 문화라는 골조를 바로 알기는 어렵다. 그런데 우리에게 2019년 말, 의도하지 않은 기회가 찾아온다. 바로 Covid-19다. 코로나바이러스는 사회의 기존 시스템이 정상 작동할 수 없는 상황을 야기했다. 격리하는 동안 가족이 같은 공간에 있는 것이 얼마나 불편한 일임을 깨달았으며(이혼율 증가), 경제력에 따라 공교육과 사교육의 격차가 심화하였고(저소득층 가정 학생 학력 저하), 관광객이 끊긴 도시에선 자연이 제자리를 되찾았다(태국 푸껫 산호초 성장). 인류의 우월성을 믿고 살았던 우리는 코로나 창궐 3년 차를 맞이하며 좌절하고, 우왕좌왕하고, 희망을 품었다가 좌초되어 아연 실색하는 것을 반복하고 있다. 일상은 굴절하고 분절되었다. 턱괴는여자들은 이 혼돈의 시기가 당연한 것을 당연하게 생각하지 않을 수 있는 시각을 제련할 수 있는 기간, 즉 시스템 '리부팅(rebooting)'을 시도하는 최적의 조건이라는 것을 직감했다.

　　2020년 10월, 턱괴는여자들은 영화 <야구소녀(2019)>를 보며 턱을 괴고 질문을 던져야 할 점을 발견했다. 영화의 주인공인 주수인은 최고구속 134km를 가진 '천재 야구소녀'로 고교 야구팀에서 뛰고 있으며, 프로 야구선수를 꿈꾼다. 주수인은 "해보지도 않고 포기 안 해요"라며 주변 상황이 가로막는 프로야구지명이라는 꿈을 위해 부단히 노력한다. <야구소녀>의 최윤태 감독은 수많은 편견과 싸우는 '주체적인 여성상'으로서 주수인을 그리고 싶었고, 고정관념에 의문을 제기하며, 더 넓게는 세상 모든 약자와 소수자들에게 따뜻한 위로와 연대의 메시지이길 바랐다고 한다. 최초의 여자 야구선수 안향미의 실화를 모티프로 한 이 영화를 보며 문득 다음의 질문들이 이어졌다.

"왜 주수인이 뛸 수 있는 여자 야구팀은 없는가?"
"왜 야구는 양성의 스포츠가 아닌가?"
"왜 공정 경쟁이 이루어져야 할 스포츠에서 한 여성은 남성들의 틈바구니에서 실력을 증명해야 하는가?"

야구는 한국, 미국, 일본, 호주, 남미 다수의 국가의 국민 스포츠이자 거대 산업이지만 제도권 속 여성 플레이어가 존재하지 않는 스포츠다. 한국의 야구는 Covid-19 전인 2019년 기준으로 직접 관람객 수 7,535,075명을 기록하며 명실상부 국민 스포츠로서 인식된다. 그중 여성 관중은 45.9%이다.[33] 2020년, 바이러스로 인해 전체 좌석의 10%만 오픈하는 프로야구 직관 제도 하에서 남성은 52.9%, 여성은 47.1%를 기록했으며, 몇몇 홈구장은 여성 회원 예매가 남성 회원의 예매 수보다 많은 곳도 있었다.[34] 그러나 야구를 좋아해서 굿즈 구매력도 높은 여성에게 야구장의 자리는 정해져 있다. '관중석' 혹은 예외적으로 시구를 위한 '마운드'. 딱 두 곳이다. 더구나 후자는 유명해야 가능하다.

누군가 원래 야구는 남성의 스포츠이기 때문에 여자 야구가 없다고 한다면, 일본과 호주에는 여자실업야구리그가 운영되고 있다고 대답할 것이다. 야구판 내 유리천장이 공고한 나라, 종주국 미국에서도 2015년 대학 야구 마운드에서는 여성 승리 투수가 등장했고, 2020년 메이저리그 최초 여성 코치가 탄생했으며, 같은 해 메이저리그 최초 여성 단장에 이어, 메이저리그 최초 여성 흑인 코치까지 등판했다. 한국은 1996년까지 한국야구위원회(KBO, Korea Baseball Organization) '프로 선수 부적격 룰'에 의해 규정상 여성은 야구선수가 될 수가 없었다. 그러나 최초의 여자 야구선수 안향미가 등장하면서 이 룰이 없어졌다. 룰이 삭제되었다는 뜻은 '공식적'으로 남성과 여성 모두 프로 야구선수가 될 수 있다는 뜻이다. 그러나 룰이 삭제된 지, 25년이 넘게 지났지만, 아직도 프로야구 마운드에 여자 야구선수는 단 한 명도 없다. 이 상황에 누군가는 "성별에 상관없이 시속

150km를 던지기만 하면 구단에서 알아서 데리고 갈 것"이라고 반문할 수 있다(실제로 여러 번 들었다). 두 번째로, 평소에 여자 야구에 크고 작은 관심이 있었던 이는 "여자 야구선수는 이미 있다"고 말할 것이다.

첫 번째 대답은 두 가지 측면에서 적합하지 않다. 먼저 현상의 원인을 '실력의 부족'이라는 개인의 문제로 환원했으며, 스포츠는 체급과 성별이 분리된 순수한 경쟁의 영역임을 고려하지 않았다. 두 번째 대답은 맞다, 여자 야구선수는 있다. 그러나 이 질문의 대상은 프로 선수가 아닌 '사회인 야구선수'이다. 그들이 야구하는 목적은 다양하고, 나이대도 만 16살부터 50대까지 이른다. 야구를 하게 된 계기도 제각각이다. 유년 시절부터 야구하는 또래 남자 친구들 사이에서 같이 야구해 온 경우. 성인이 된 후, 팀 스포츠를 하고 싶어서 사회인 여자 야구팀에 등록한 경우. 학창 시절 야구부에서 선수로 뛰고 싶었지만 여성이라는 이유로 팀 매니저 이외에는 받아주지 않아 성인이 된 후 여성팀에 찾아온 경우. 또한 취미로 야구를 즐기고 싶은 소프트볼 등 타 종목 프로 선수도 있고, 엘리트 야구 선수가 되고 싶지만 제도적으로 길이 없기 때문에 사회인 야구팀에서 뛰는 학생도 있다.

현재의 야구판에서 여성은 원한다면 시간과 돈을 써서 야구를 관람할 수도 있고, 관찰자와 팬의 입장에서 나아가 시간과 돈을 더 들여서 자율적으로 유니폼을 입고 글러브와 배트를 들 수도 있다. 유소녀 선수들의 경우 돈을 내면 리틀 야구[35]에서 유소년 야구선수들 사이에서도 배울 수는 있고, 성인 여성의 경우 야구 교습소를 PT처럼 다닐 수도 있다. 이런 측면에서 보면 여자 야구는 누군가에겐 분명히 돈이 된다. 그러나 '취미'로 가능한 야구가 '직업'이 될 수는 없다. 성별과 관계없이 실력만 갖춘다면 누구나 선수가 될 수 있다고 말하지만, 실력을 갖추기 위한 배움의 기회가 동일하게 제공되지 않는다. 중·고교 야구부와 같은 프로 야구선수로 발 디딜 수 있는 엘리트 야구판에 여성이 들어갈 수 없기 때문이다. 중학교 야구부를 대신할 수 있는 유일한 선택지인 리틀 야구에서도 여성 선수는 중학교 3학년까지만 뛸 수 있다. 그 이후에는 사회인 야구팀 외에는 길이 없다. 여기서 과거의 턱괴녀들이 생각난다. 19세기 말, 고등예술교육기관에 여성으로서 '입학'할 수는 있지만, 상위 클래스로 진급할 수는 없는 그 교묘한 제도의 빗장이 21세기 야구판에서 재현되고 있다.

인식이라는 토대 위에 세워지는 것이 제도이기 때문에 둘은 함께 움직인다. 턱괴는 여자들이 만나본 여자 야구선수 중 다수는 처음에 '여자가 야구를 할 수 있다고?'라는 호기심을 가지고 용기 있게 야구계에 발을 들인 이들이다. 인식의 문을 열고 들어갔다. 하지만 여자 야구 밖 다수의 대중은 야구가 만들어온 남성 중심적인 야구 서사를 받아들여 '야구=남성 스포츠', '소프트볼=여성 스포츠'를 통념으로 여기고 산다. 여자 야구 리서치를 하며 만났던 한 초등학교 교사의 이야기가 사회 속에서 할 수 있고/없고를 결정하는 역학을 드러낸다. 몇 해 전 초등학교 5학년 담임을 맡았을 때, 반에서 유난히 체격도 좋고 체육을 좋아하던 여학생이 있었다고 한다. 그 학생은 체육 시간에 남학생들과 축구를 즐기는 수준을 넘어 다 제치고 골도 넣는 체육 유망주였다. 특히 야구를 가장 좋아했던 그 학생은 부모님과의 충돌을 선생님만 볼 수 있게 일기에 적었다. "선생님, 야구선수가 너무너무 되고 싶은데 부모님이 여자는 야구를 할 수 없다고 해요." 이러한 유형의 고백과 여자는 야구선수가 될 수 없는지를 묻는 말들은 소수일지언정 꾸준히 존재해왔다. 네이버 지식인에는 2000년대 말부터 일 년에 두세 개씩, 최근에는 더 빈번하게, 야구 경기를 할 곳을 찾는 초·중·고등학교 여학생들의 글들이 올라온다.

주체적인 체하는 현대인은 이렇듯 인식과 제도의 틈바구니에 '맞춰' 산다. 본 적이 없으면 꿈꾸지 않고, 바라는 미래가 없으니 시도하지 않는다. 살면서 여자 야구선수를 본 적 없는 부모는 딸에게 여자는 야구할 수 없다고 말하는 것처럼 말이다.

이제 이 야구판의 인식과 서사, 제도가 올바른 지 체크해볼 시간이다. 미국의 역사학자 데브라 샤턱(Debra A. Shattuck)은 지난 2017년 약 30년간 추적한 여자 야구 연구를 집대성한 책 『Bloomer Girls: Women Baseball Pioneers』를 발간했다. 저자에 따르면 미국에서 야구가 형성되었던 19세기 초부터 현재까지 여자 야구선수는 꾸준히 존재했다. 특히 19세기의 야구는 젠더와 인종 그리고 민족을 가리지 않고 즐기는 진정한 의미의 국민 스포츠였다. 그러나 어느 순간부터 법적으로 흑인과 백인은 함께 야구를 할 수 없게 되었다. 거의 비슷한 시기에 신문과 잡지는 여자 야구선수를 진기하고 신기한 존재로 표현하며 '참신한 사람(novelty)', '놀라운(extraordinary) 실력' 등의 수식어를 붙였다. 칭찬으로 보일 수도 있으나 내밀하게 살펴보면 이 수식어는 역사에 존재하지 않았던 즉, 마운드에 갑자기 튀어나온 이상한 사람(oddity)이라는 의미를 내포한다. 마운드의 주체와 객체를 나누는 영악한 표현인 것이다. 미국 야구의 서사는 '야구의 (백인) 남성화'를 원한 누군가의 큰 그림이었고, 제도(법)와 이미지(대중매체)를 통해 입맛에 맞게 만들었다. 이 지점에서 여성과 흑인은 야구의 주변부로 흩어졌다. 연구 파트에서 자세히 살펴볼 예정이다.

턱괴는여자들에게 여자 야구는 '밝은 사각지대'다. 화려한 조명이 마운드를 비추지만, 너무 밝아 사물이 안 보이는 곳 말이다. 턱괴는여자들은 엘리트 코스에 자리가 없는 복수의 여자 야구 플레이어를 '외인구단'으로 지칭하고, 수 세기를 거쳐 형성되어온 남성 중심적인 야구 제도와 서사에 '리부팅'을 시도해보고자 한다. 그 과정에서 가장 중요하게 생각했던 것은 흩어진 여자 야구의 서사와 이미지를 모으는 일이었다. 따라서 주변에서 흔히 볼 수는 없었지만 존재했었던 여자 야구를 한 권의 책으로 모으기 위한 리서치/인터뷰 프로젝트는 '외인구단 리부팅'이라는 이름을 달고 세상에 나오게 되었다. 책의 제목 『외인구단 리부팅 : 야구장 속 여성의 자리는 어디인가』를 구성하는 두 용어의 사전적 정의는 다음과 같다.

- 외인구단(外人球團) : 비주류라는 의미를 내포, 정식 야구팀이 아닌 열외 되어 있는 용병들로 이루어진 구단
- 리부팅(rebooting) : 운영체제의 설정을 바꾸기 위해 혹은 프로그램 실행에 문제가 있어 전원을 강제로 완전히 껐다가 켜는 행위

## 6. 턱 괴고 채집한 여자 야구를 위한 텍스트와 이미지

일부 독자에게는 미술사·건축사와 문화 콘텐츠 연구자 듀오가 '스포츠'를 다루는 것이 어색할 수도 있다. 고백하자면 두 연구자에게 야구에 관한 글쓰기 과정은 결코 쉽지 않았다. 스포츠에 대해 무언가 쓰는 일은 다소 독특하고, 복잡하며, 혼란스럽다. 마치 정치처럼 스포츠는 일상과 쫀득하게 붙어있기 때문이다. 매일 저녁 방영되는 스포츠 뉴스와 전문 저널리스트의 기사와 논평부터 트위터리안의 짧은 토막글과 블로거의 글까지. 하루에도 읽고 분류해야 하는 글들이 쏟아진다. 그만큼 다양한 관점으로 해석 가능한 주

제라는 뜻이다. 그러나 서점에서 만날 수 있는 책은 주로 선수나 감독 출신의 자서전이거나 경기 룰 가이드, 스포츠 만화, 구단 경영 방식 등으로 주제가 협소하다.[36] 그 때문에 연구 주제가 스포츠라고 얘기할 때, 많은 이들은 선수 혹은 팀에 대한 이야기 혹은 구단과 선수, 관중의 심리적·경제적 관계를 떠올리기 쉽다. 그러나 스포츠 연구는 스포츠과학[37] 뿐만 아니라, '사회문제를 해결하기 위한 스포츠', '문화 콘텐츠로서 스포츠', '스포츠의 사회·경제적인 불평등', '젠더와 스포츠' 등 전통적 의미의 스포츠와 사회학의 개념 범주를 거부하는 스포츠 사회학 연구도 활발하게 진행 중이다.

한편, 스포츠 하위 개념인 야구의 경우, '선수들의 사이의 관계성과 성과의 관계', '응원이 경기에 미치는 영향', '야구 로봇 심판 도입' 등 야구의 연구영역은 주로 야구판 '내부'에 머물렀다.[38] 연구 경향이 이러하니 야구에서 여성은 야구 주체이기 보다 마케팅의 대상, 보여주기의 대상으로 인식되었다.[39] 여자 야구선수에 대한 논문은 최영금 연구자의 「최초 여자야구선수 안향미의 생애사」(2009)와 「여성의 삶과 사람됨에 대한 편견의 개선과제 : 여학생 야구선수의 시련을 중심으로」(2010)가 거의 유일하지만, 최근 여자 사회인 야구를 향한 관심이 증가하는 추세이다.[40]

한편, 1980년대부터 미국에서는 스포츠는 다학제간 연구의 대상이다. 스포츠의 탐구 영역은 다음과 같다.[41]

1) 자본주의와 노동이라는 상업적 접근으로서의 산업
2) 도시연구사의 범주에 포함
3) 미디어와 스펙터클의 정치를 받아들이고 성별, 인종, 섹슈얼리티, 계급, 종교, 민족, 국적과 같은 정체성을 구성하고 경쟁하는 문화 영역
4) 선수와 관중 모두의 정신세계를 탐구하는 학문적인 영역이자, 경기를 통해 이룩하는 육체적인 성취의 영역
5) 문화·외교적 장치

위의 구분에 따르면 '문화(Culture)'의 영역에서 스포츠를 바라보는 관점이 있다. 문화를 정의하기는 쉽지 않지만, 그 기능과 같이 살펴보면 이해하기 쉽다. 문화는 한 사

회의 생활 양식과 상징이 통용되는 영역이다. 따라서 문화의 기능은 생활양식과 상징체계를 교육하는 것이다. 한 사회의 구성원이 된다는 것은 그곳에 이미 존재하는 문화를 습득하여 사용할 수 있게 된다는 것을 의미한다.[42] 예를 들어, 공공장소에서 코를 풀고, 코 푼 휴지를 주머니에 넣는 프랑스인들의 행위에 당황했다가 점차 '위생적이잖아?'라고 생각한다면, 이는 그 나라의 문화(규범과 가치)에 스며드는 것을 의미한다.

문화적 관점에서 스포츠는 한 사회가 공유하는 가치가 꾹꾹 눌러 담긴 이야기 덩어리다. 문화와 정치체계를 통해 스포츠를 연구하는 에이미 바스(Amy Bass)는 스포츠 연구에서 문화적 접근(cultural approach) 방식의 중요성을 강조한다.[43] 이는 실증주의적 사고에 대한 비판으로서, 기존 사회에서 형성된 전제를 재검토하고 상대적으로 해석하고자 하는 경향이다. 문화적 접근은 다양한 시대와 지역의 정신, 인간 활동을 대상으로 하며, 구체적으로는 가족, 계급, 인종, 젠더, 종교, 언어, 풍습, 예술, 과학 그리고 일상까지 포함된다.

기존의 정의를 '재검토'하는 새로운 분석 모드가 적용되며 미국의 스포츠 연구뿐만 아니라 야구 연구는 한 단계 도약했다. 사학자 줄스 티겔(Jule Tygiel)의 『Baseball's Great Experiment: Jackie Robinson and His Legacy(1983)』가 그 예이다. 티겔은 재키 로빈슨이 최초의 흑인 메이저리거가 될 수 있었던 상황을 '짐 크로 법'[44]이 작동하는 시대적 배경 이면의 '인종'과 '계급'의 상호작용을 통해 분석했다. 또한 데브라 샤턱의 19세기 미국의 여자 야구 연구도 같은 맥락에서 진행된 것이다.

따라서 역사적·사회적 맥락에서 시각적 이미지를 해석하고, 흩어져 있는 이미지가 지닌 메시지를 읽어내며, 문화·예술을 도구로 사회 현상을 풀어내고자 하는 턱괴는여자들에게 스포츠라는 장르는 탐구할 영역이 무궁무진하다. 스포츠와 이미지(시각예술), 대중문화가 무슨 연결고리가 있냐고 물을 수도 있다. 그러나 역사를 관통하며 존재했던 '희귀종 턱괴녀'가 의미하는 것처럼, 인식과 제도의 부재는 곧 이미지의 부재다. 이미지가 없으면 그 곳에 발 디딜 사람이 없다. 2020년 메이저리그 사상 첫 여성 단장이 된 킴 응(Kim Ng)이 첫 기자회견에서 한 말의 내재된 의미가 바로 이것이다. "볼 수 없으면, 될 수 없다는 말이 있다. 이제 여러분은 볼 수 있게 됐다."

대중이 무엇인가에 익숙해지게 만드는 것은 '시각화' 작업이다. 스포츠는 언제나 남성의 것이었고, 그 틈바구니에서 능력을 인정받은 소수의 여성은 (일종의 굴레와도 같이) 다른 여성의 자리를 만들기 위해 고군분투해왔다. 최초이자 소수의 여성 스포츠인이 열어 놓은 작은 문틈을 발견한 소수의 창작자는 이후 대중의 인식을 견인한다.

1992년 미국에서 개봉한 영화 <그들만의 리그>는 이 시각화의 중요성을 증명한다. 이 영화는 1943년부터 1954년까지 활동했고 많은 인기를 누렸던 전미여자프로야구리그 (AAGPBL, All-American Girls Professional Baseball League)를 배경으로 한다. 톰 행크스와 지나 데이비스, 마돈나가 출연하며 선풍적인 인기를 끌었던 영화는 최초로 여자 야구선수를 다루었다는 긍정적인 평가를 받았지만, 좀 더 내밀하게 살펴보면 영화의 초점은 야구 주체인 여자 야구선수가 아니라, 코치 지미 듀간(톰 행크스)을 조명한다. 이 영화는 여자 야구선수들을 통해서 한물간 야구선수이자 주정뱅이 남성 코치의 갱생기다.[45] 그러나 (최초의 이미지는 살포시 열어 놓은 문틈임을 복기하자!) 영화가 개봉된 바로 그해부터 현재까지 미국에서는 여자 야구선수의 역사, 현주소에 대한 연구가 쏟아지며 학계에 큰 변화를 이끌었다.

시각 예술 장르에서도 3D 캐릭터 디자이너 듀오 'Cabeza Patata(꺄베자 빠따따)'는 야구, 축구, 하키 등 팀 스포츠에서 여성의 빈자리를 읽어내며 짧은 리서치와 함께 강인하고 자신감 있는 여성 운동 선수의 캐릭터를 제작했다. "이미지 레퍼런스를 찾으려고 구글에 검색해봤더니, 스포츠와 관련된 여성은 다 '섹시한 운동복'을 입은 모습만 나오더라고요. 남성은 모두 스포츠를 직접 하는 이미지였는데 말이죠. 이 점에 매우 화가 났어요." 언젠가는 여성 스포츠인의 섹시한 이미지 대신 꺄베자 빠따따의 <Team Patata(2017)>과 같은 자신감 있는 캐릭터들이 구글 검색 결과에 자연스럽게 나오게 되길 바란다고도 전했다. 디자이너로서 다룰 수 있는 도구로 사회 문제를 조명하고 인식의 전환과 공감을 일으키는 이들의 행보는 이미지에 새겨진 힘을 믿는 턱괴는여자들의 지향점과 맞닿는다. 바르셀로나에 사는 디자이너 듀오의 이야기와 여자 야구선수 캐릭터는 본 책에 실려 한국 여자 야구를 위한 시각화의 토대가 되어준다.

야구와 유사한 스포츠를 다루는 작품도 있다. 필로타(Pilota, [eng] Pelota)는 작은 채로 벽을 향해 공을 튕겨 상대방을 공격하는 스페인 북부 바스크 지방의 전통 스포츠다. 역사적으로 필로타는 남성의 전유물이라는 미명하에 2005년이 되어서야 여성은 필로타

선수가 될 수 있었다. 비디오 아티스트 듀오, 세뇨라 폴라로이스카(Sra Polaroiska)는 이 여성의 타자화와 주변화가 이루어졌던 필로타의 문제를 <Pilota Girls(2011)>[46]라는 작품을 통해 드러냈다. 수많은 건물이 있는 도심을 배경으로 한 영상에는 여성이 등장한다. 콜롬비아 파스토에서 열린 필로타 국제대회 세계챔피언인 여성은 도시를 횡단하며 쉼 없이 건축의 외벽에 공을 던지고 받아낸다. 이 행위는 그와 공 사이의 관계, 그를 둘러싼 주변의 사회적·문화적 통념의 관계를 은유한다.

그럼 한국의 경우는 어떨까? 앞서 언급한 몇 개의 예시를 제외하면 야구에 관련된 문화적 접근 방식의 연구와 시각예술·대중문화사 연구는 '0'에 가까우며, 창작물 역시 '0'에 가깝다. 세계적인 현상이기도 하다. 솔직하게 말하자면 턱괴는여자들은 꺄베자 빠따따의 당찬 여자 야구선수 캐릭터를 발견했을 때 광명 찾은 느낌이었다. 왜냐하면 현대미술 플랫폼 <ARTSY>에 '야구'를 키워드로 검색하면 447개의 결과가 나는데, 이 중 여성이 등장하는 작품은 단 7개, 전체의 1.5%이기 때문이다. 그 소수의 작품에서조차 등장인물은 시구하는 배우 마릴린 먼로이거나, 화가나서 배트와 곡괭이를 들고 어디론가 걸어가는 여성이다. 마운드에 오르는 여성은 역시 유명인이고, 야구 배트는 사회의 시스템에 분개한 여성이 드는 무기다.

문화·예술비평가 겸 에세이스트 올리비아 랭은 자신의 저서 『이상한 날씨: 위기가 범람하는 세계 속 예술인이 하는 일(2021)』에서 "예술은 가능성을 향한 훈련의 장이다. 그것은 변화의 가능성을 꾸밈없이 드러내고 우리에게 다른 삶의 방식을 제안한다"고 말했다. 가장 소외된 곳을 주목하는 것이 특기인 예술가에게도 스포츠만큼은 사각지대였다. 작품이 없으니 자연스레 관련 전시도 없다. 한국의 경우, 2010년대에 이르러 스포츠를 주제로 한 국내 전시는 《스포츠와 미술 놀이》(2018 양평 군립미술관) 포함 6개 정도다. 《켄 웨스만 스포츠 회화전》(2016, 내설악 백공미술관), 《스포츠 아트 국가 대표전》(2016, 코트라아트콜라보), 《아시아 스포츠 문화축제 How fun!》(2015, 국립 아시아 문화전당 어린이 문화원), 《한국 스포츠 아트전》(2013, 스피돔갤러리). 주로 남성 스포츠 경기의 유희성과 운동성, 신체성을 단초로 기획된 전시들이며, 이러한 경향은 스포츠 내 여성의 주변화를 더욱 공고하게 만든다(2019 FIFA Women's World Cup을 기념하며 파리에서 열린 여성 축구 전시 《The Women's Game》을 제외하면 해외의 전시 경향도 크게 다르지 않다).

척박한 예술적 풍토 위에서 2017년 한국 여성 스포츠 아카이빙 전시 《여성 – 체육의 새 지평》이 기획되었다. 동시대 예술가와의 협업 등 시각예술과의 접점은 없었지만, 탄탄한 리서치 기반으로 그동안 타자화된 스포츠 내 여성들을 한 곳에 모은 전시였다. 1890년대 근대 여학교에서 도입한 체조 교육부터, 광복 이후 여성 전문 체육인의 등장과 발전, 세계적 여성 스포츠인의 등장을 시간순으로 보여주는 역사적 사료와 스포츠 종목에서 자신의 기량을 증명한 이상화, 지소연, 장미란, 김연아, 김연경 등 23명의 여성 스포츠인들의 유니폼, 기록물, 운동용품 등이 선보여졌다.[47]

영화 <야구소녀>는 '보였기에 누군가에게 질문을 심을 수 있었다는 점'에서 한국판 <그들만의 리그>와 비교할 수도 있겠다. 후자의 경우처럼 개봉한 직후, 학계의 연구가 쏟아지지 않았지만, 한국에서는 마치 우연처럼 '다수의 주수인'이 보이기 시작했다. 예능 <마녀들 1, 2(2020-)>와 <노는 언니(2020-)>, <골 때리는 그녀들(2021-)> 그리고 여성 스포츠의 현주소를 짚어낸 KBS 다큐멘터리 <국가대표(2021)>, 야구 유튜버 <썩코치의 야구쑈>, <프로동네야구 PDB>에서 다루는 여자 야구 콘텐츠 등등(일부는 여자 야구를 주제로 하지는 않지만, 비주류로 치부되던 여성 스포츠가 방송사의 콘텐츠로 방영되었다는 점에서 유의미하다). 그리고 시류를 읽어내고 파편적으로 흩어진 여자 야구의 서사와 이미지를 모으려는 시도인 『외인구단 리부팅(2022)』도 있다.

밝은 사각지대인 여자 야구에 이제 창작자들의 이미지가 채워진다. 그러나 만드는 것만큼 중요한 것은 기록하는 일이다. 역사학자 샤턱은 미국의 여자 야구사를 "최초들의 굴레"라고 지칭한다.[48] 맨 처음이라는 뜻의 단수 '최초'에 역설적으로 복수의 '-s'가 붙는 이 표현은 미국의 마운드에 약 10-20년 주기로 뛰어난 여성 선수들이 등장했지만 기록되지 못하고 잊힌 미국 여자 야구선수들을 의미한다. 이는 신대륙으로 향하는 여정을 '지도'로 남겨놓지 않아 매번 최초의 콜럼버스가 생겨나는 것과 같다. 미국보다 역사가 짧은 한국 여자 야구도 '최초들의 굴레'를 겪는다. 최초의 제도권 야구선수 안향미의 고군분투와 20년 뒤 00년생 김라경 선수의 일화는 크게 다르지 않으니 말이다.

턱괴는여자들의 『외인구단 리부팅』은 연구와 인터뷰를 통해서 존재했으나 기록되지 않고 흩어져 버린 여자 야구선수를 그러모아 입체적으로 바라볼 수 있는 시각을 제시하고자 한다. 야구라는 거대한 문화는 야구선수와 대중뿐만 아니라 제도권의 사람들, 언론인, 경제학자, 심리학자, 사학자 그리고 창작자 등 사회·문화적 맥락에서 다양한 참여자들의 발걸음이 포함되어있다. 다방면의 시각이 없다면 그 서사는 납작해진다. 그렇기 때문에 다양한 질문에 답을 내려줄 사람들, 즉 『외인구단 리부팅』의 인터뷰이 리스트는 크게 '선수', '제도권', '창작자' 그룹으로 나뉜다. 야구라는 커다란 사회 속 각각의 집단 구성원의 입체적인 관점을 채집하는 것을 큰 목표로 삼는다. 마운드를 누비는 한국의 전·현직 여자 야구선수들과 여자 야구를 통해 미래를 그리는 야구 제도권의 사람들 그리고 야구를 테마로 창작물을 제작하는 디자이너, 유튜버 그리고 예능 프로그램 제작자의 이야기를 담았다. 18명의 인터뷰이에겐 18개의 시선이 있다. 각각의 의견은 납득할만하며 정해진 우선순위도 없다. 결국 턱괴는여자들은 '여자 야구'에 대한 관심을 환기하는 역할을 할 뿐이며, '마운드'로 투영된 사회 문제를 해결할 수 있는 담론과 정책을 만들 주체는 독자라고 여긴다. 그동안 권력의 역학에서 밀려났기 때문에 이미지가 존재하지 않았다면, 이 책과 함께 턱을 괴고 들여다볼 것을, 그래서 활짝 열린 문으로 많은 사람이 오가는 여자 야구가 되기를 바란다. 이 책은 그 문고리쯤 될 것 같다.

인식과 제도의 닫힌 빗장 속에서는 턱 괴는 여성의 이미지가 만들어지지 않는 것처럼 마운드 위에서 뛰어다니는 여성의 이미지가 없는 현실은 스포츠에서 여성의 주변화를 더욱더 부추긴다. 미국에서 처음 야구가 형성되었던 1800년대 초부터 현재까지 이어져 온 여자 야구선수의 기록 부재는 쏟아지는 남자 야구선수의 기록과 대조된다. 이러한 현상은 이미 납작해져 버린 여자 야구 서사를 방해가 되는 존재로 여겨지게 한다. "어차피 없었던 거를 왜 돈을 들여서 만들어야 하지? 인프라 잘 되어있는 소프트볼 하면 되잖아?"라는 질문을 던지며 '야구는 남성의 스포츠'라는 통념에 힘을 싣는다. 그 결과, 공정성을 이야기할 때, 흔히 사용되는 '기울어진 운동장'[49]이라는 표현은 여자 야구에서는 찾아볼 수조차 없다. 그래서 더 뛰고, 더 질문하고, 찾고, 더 보고, 더 즐기고, 더 기록해야 한다.

| | |
|---|---|
| 13 | 14 |

| |
|---|
| 15 |

13　Elisabeth Vigée-Le Brun, <Portrait of Princess Anna Ivanonva Tolstaya>, Oil on canvas, 136(h) x102(w)cm, 1796, Private collation

14　Maurice Quentin de La Tour, <Portrait of Marie Fel>, Pastel on paper, 79(h)x63.5(w)cm, 1752-1753, Private collection

15　©턱괴는여자들

시선에는 힘이 있다. 사물을 바라보는 것에서 그치지 않고 그 덩어리를 분리하고 분석하고 다시 조합하고 선별하고 구성하는 개인의 힘을 발휘하기 때문이다. 따라서 턱을 괴고 응시하는 행위는 가장 미시적인 형태의 권력이자 정치다. 정지된 신체에서 발생하는 사색이 말과 글의 형태로, 퍼져 함께 턱을 괴는 동료들이 모이게 되면 이제 생동하는 권력이 된다. 그래서 이 얇고 얕은 우리의 글은 턱을 괴는 두 명의 인물과 함께 세상에 나온다. 턱괴는여자들의 로고이자 21세기 턱 괴는 도상은 복수로서 우리와 함께 턱을 괴어줄 다수의 누군가다. [fig.15] 역사를 관통하며 이루어졌던 턱 괴는 행위의 근본은 '질문하는 것'이며, 직조된 의문과 질문이 궁극적으로 지향한 것은 '변화'다. 다채로운 시선이 조명하는 여자 야구는 단단하고 입체적일 수밖에 없다. 위, 아래, 옆, 사선, 자른 단면, 투시해서 보는 내부 등 여자 야구의 다양한 면면을 바라보니까 말이다.

이제 첫 인용문의 주체는 당신이 된다.

"시선을 돌려봐, 권력을 휘두르는 당신과 여기에 그려진 것을 감상할 수 있도록"
2022년 1월, 턱괴녀로부터

1  프랑스 역사학자. 이 인용문은 시각 예술에 의도적으로 내제된 정치의 메커니즘을 밝히는 부쉐론의 논문에서 발췌했다. Patrick Boucheron, 「La fresque du Bon Gouvernement d'Ambrogio Lerenzetti」『Annales HSS』 novembre-décembre, 2005, no.6, p.1137.

2  니오베는 고대 그리스 신화에 등장하는 인물. 아테네 도시국가 테베(Thebes)의 여왕 니오베는 자신이 가진 것을 뽐내길 좋아했다. 어느 날, 니오베는 테베인들이 숭배하던 여신 레토의 자녀가 둘밖에 없는 것에 비해, 14명의 자녀가 있는 본인이 더 낫다고 으스댔다. 레토 여신의 두 자녀가 태양신 아폴론과 지혜와 달의 여신 아르테미스였는데도 말이다. 인간의 경솔함에 진노한 레토는 자신의 아폴론과 아르테미스에게 니오베의 모든 자녀를 죽이라 명했고, 스러진 자녀의 주검을 보며 니오베는 한참을 흐느끼다 슬픔을 이기지 못하고 그 자리에서 돌이 되었다.

3  A.D. Trendall, 「The Mourning Niobe」『Revue Archéologique』 vol.2, 1972, p.312.

4  Barbara Pasquinelli, 「Le Geste et l'expression」 Hazan, Paris, 2006, p.62.

5  고대 그리스인은 슬픔을 여러 단계로 구분했다. 라퀼라 석관 조각에 새겨진 살아 있는 자의 겉으로 드러나는 슬픔은 내면의 슬픔(혹은 우울)보다 낮은 단계이다. 따라서 상실이나 절망, 분개와 같이 밖으로 분출되는 슬픔과 내부에 고이는 슬픔을 대비하여 감정의 확장을 끌어내고자 했던 조각가(혹은 주문자)의 의도를 읽어볼 수 있다. 고대 그리스·로마인이 시각예술에 남긴 감정 표현에 대해서는 다음의 연구를 참조. KONSTAN, David, 『The Emotions of the Ancient Greeks』 University of Toronto Press, 2006.

6  고대 로마의 박물학자이자 정치인이었던 대플리니우스는 슬픔과 애도는 동물과 사람을 구분하는 감정이며, 슬픔을 넘어 마음의 괴로움과 고통을 포괄한다고 했다. 로마인은 슬픔(애도)을 인간의 마음을 혼란스럽게 하고, 혼란을 일으킬 수 있는 감정으로 여겼으며, 더 나아가 삶의 위태로움에서 자신을 측정하는 도구로 삼았다. Francesca Prescendi, 「Le deuil à Rome : mise en scène d'une émotion」『Revue de l'histoire des religions』 vol.2, 2008, pp.297-313 참고.

7  프랑스와 스페인 국경 인근 오퇭(Autun)지역, 생라자흐(Cathédrale Saint-Lazare)성당 삼각면 조각 <죽은 자의 부활, 지옥에 떨어진 사람들(Résurrection des morts, les damnés)>에서 턱괴는 인물을 찾을 수 있다. Barbara Pasquinelli, 「Le Geste et l'expression」 Hazan, Paris, 2006, p.57 참고.

8  Lazzarino Catelli, <Cycle de la Passion du Christ>, 1307, Pistoria, San Giovanni Fuoricivitas, ; Ibid., p.58 참고.

9  14세기 이탈리아에서 시작해 15세기 이후 알프스 이북의 유럽으로 확산된 일련의 문화적 변동을 지칭하는 개념이다. 중세문화에 반발해 고대의 세계관과 가치관을 되살리려 했던 일종의 문화운동.

10 시에나 공화국 정부는 마르티니에게 팔라초 푸블리코(Palazzo pubblico, 시민궁전)의 벽을 장식할 <마에스타>, <수태고지>가 포함된 연작을 주문했다. 당시 정치 형태를 살펴보면 종교화 속에 비종교적인 메시지를 담고자 했던 의도를 이해할 수 있다. 아홉 명의 지도자와 헌법에 의해 운영되던 시에나 공화국은 시각예술을 이용해 정치적 당위성을 보여주어야 했다. 중세 후기에서 르네상스로 이전되는 시기를 시에나 공화국의 정치적 상황과 중부 이탈리아 화가들의 관계로 잘 파악해낸 본 논문은 다음을 참조. Patrick Boucheron, 「La fresque du Bon Gouvernement d'Ambrogio Lerenzetti」『Annales HSS』 novembre-décembre, 2005, no.6, pp.1137-1199.

11 노지원, "'메타버스' 올라타며 '소통카드'찍는 대선주자들", <한겨레>, 2021.07.18.

12 최근 르네상스 피렌체 메디치 가문의 독재를 수사학을 통해 시각예술 장르와 문학에 교묘히 숨겨놓은 예술가들에 대한 연구가 출판되었다. 연구자에 따르면 미켈란젤로는 일기나 편지 등에 메디치 가문에 대한 반감

을 실랄하게 표현했지만, 메디치 가의 독재와 검열 아래, 목숨을 부지하기 위해서 정치적인 신념을 예술 작품 속에 숨겨놓기 위해 부단히 노력했다고 한다. 다음의 문헌을 참고. James O. Ward, 『Hidden in Plain Sight : Covert Criticism of the Medici in Renaissance Florence』 Peter Lang Inc. 2019.

13  Edwin Panofsky, 『Studies in Iconology』 Oxford, 1939. André CASTEL, 『Renaissance and Reformation』 『The Language of Gesture in the Renaissance』 vol.10, no.1, feb, 1986, p.16에서 재인용.

14  *Ibid.*, p.16.

15  검은색을 의미하는 그리스어 멜랑(melan)과 담즙을 의미하는 콜레(chole)의 합성어로서, '흑담즙 병'을 말한다. 용어의 어원은 고대 그리스의 의사 히포크라테스에게 있다. 그는 인체가 혈액, 담즙, 점액, 흑담즙으로 이루어졌다고 여겼는데, 불명확한 이유로 슬프고 불행한 감정을 느낄 때 흑담즙이 과도하게 분비된다고 여겼다.

16  르네상스 시대의 화가들과 미켈란젤로의 멜랑콜리한 감정을 분석한 다음의 논문을 참고. Riers D. G. Britton, 『Raphael and the bad humours of painters in Vasari's "Lives of the Artists"』 『Renaissance Studies』 vol.22, no.2, 2008, pp.174-196.

17  칸트는 이성에 대한 비판, 즉 이성의 능력과 한계에 대해 숙고한 철학자로서, 이성의 한계 측면에서 감정의 작용에 대해서 논의를 개진한다. 칸트의 '미와 숭고'에 대한 논의가 바로 그만의 멜랑콜리론을 담고 있다. 칸트에 따르면 숭고함은 대자연의 위력을 통해 우리 내부의 어떤 힘이 불러일으키는 감흥이라고 한다. 즉, 숭고함은 대자연에 있는 것이 아닌 우리의 내재적 감흥에 있는 것으로서, 칸트가 말하는 이성과 대척점에 있는 내부의 감정 '멜랑콜리'에 기인한다.

18  계몽주의는 17세기 후반, 18세기 유럽에서 형성되었던 인류의 무한한 진보를 위하여 이성의 힘으로 현존질서를 타파하고 사회를 개혁하려는 시대적인 사조. 계몽주의자들의 저서는 미국 독립전쟁과 프랑스 혁명을 비롯한 18세기 정치적 대격변에 큰 영향을 미쳤다.

19  Paul Gachet, 『Étude sur la mélancolie』 Montpellier : Imprimeur de l'Académie, Editeur de Montpellier Médical, 1858.

20  18세기 과학계와 21세기 여자 야구는 닮은 점이 많다. 계몽주의 과학자들이 주장하는 여성의 '이해 능력 부족'과 여자 야구 콘텐츠에 주로 달리는 댓글 "일단 150km부터 던져야 가능"을 비교해보면 능력주의라는 코드가 중첩된다. 이미 과학계에선 그 능력 지상주의의 허상이 드러나고 있는데 말이다. 자세한 이야기는 다음 장에.

21  프랑스 미술 제도에서 여성의 교육권 허가 과정과 야구 제도 속 여성의 부재를 비교한 글은 MMJ의 <왜 위대한 여자 야구 선수는 이제껏 없었는가?>, 턱괴는 여자들 뉴스레터 vol.4, 2021.11.02. 참조.

22  유럽의 고등교육기관에서의 여성의 참여 제한은 다음의 논문을 참고.

23  Linda Nochlin, 『Why have there been no great women artists?』 『Artnews』 January, 1971.

24  임소연, ""여자가 공대는 무슨" 오랜 편견 넘어서려면", <한겨레>, 2021.06.25.

25  2017년 페미회로, 과정남(팟캐스트, 과학기술정책읽어주는남자들) 등이 함께 진행한 <이공계 내 성차별 아카이빙 프로젝트> 사례 열람에서 발췌. 공식 페이스북 페이지.

26  한국여성과학기술인지원센터, <2010-2019 남녀 과학기술 인력 현황>, 2020.

27  정현희, "'빛의 시대'에 가장 빛났던 에밀리 뒤 샤틀레", <더사실포럼>, 2021.02.16.

28  과학도, 예술도, 현재 여자 야구선수들의 경우 역시 비슷하다. 주로 형제가 야구를 했거나, 프로야구 팬인 부모님 밑에서 자란 경우가 많다.

29 1669년, 태양왕 루이 14세의 절대 왕정은 왕실음악학교(Académie royale de Musique)를 창설하고 특별 헌장을 발행하여 파리 오페라 하우스(Opéra de Paris)를 세웠다. 프랑스의 오페라는 루이 14세에 의해 시작되고 그의 후계자들에 의해 계속하여 절대 군주제 당위성을 주장하는 예술 매체로 기능했다. 또한, 무대에서 가깝고 먼 순으로 권력자부터 모든 계층까지 즐길 수 있었기 때문에, 귀족부터 평민까지 모든 계급의 사람들에게 정치적인 메시지를 전달하는 데 매우 효과적이었다. 18세기 유럽에서 오페라의 역할을 더 살펴보고 싶다면 다음의 논문 참조. Felicity Moran, 「Scandalous by Profession: Opera in Eighteenth-Century Europe」 『Armstrong Undergraduate Journal of History』 2018.11.28.

30 프랑스의 초상화가. 파스텔을 주 매체로 사용하며 인물의 밝고 화사한 색감과 배경의 대비 그리고 장식적인 디테일이 작품의 특징이다. 루이 15세의 공식 정부 퐁파두르의 초상화도 맡아 그린 것을 계기로 귀족들에게도 많은 주문을 받았다. 에밀 뒤 샤틀레의 초상화도 라 투르 작품.

31 수많은 개인의 행위들이 직조되어야 무거운 제도의 엉덩이는 움직인다. 그렇기 때문에 건축의 변화는 문학과 예술보다 가장 변화가 늦다. 일례로 1896년 프랑스 고등예술교육기관(École superieure des Beaux-arts de Paris, section de peinture, de sculpture et d'architecture)에서 여학생 입학이 허가된 이후, 회화와 조각, 건축 분야 중, 여학생이 입학이 가장 늦었던 곳은 건축과다. 1898년 입학했던 최초의 (여성) 건축학도는 미국인 유학생 줄리아 모르간(Julia Morgan).

32 스테판 지만스키, 앤드루 짐벌리스트 『왜? 세계는 축구에 열광하고 미국은 야구에 열광하나』 김광우 역, 에디터, 2006, p.12-13.

33 문지수, "프로야구의 여성 향한 직구, '스크라이크' 성공할까", <소비자평가>, 2019.11.11.

34 최문영, "10% 직관 찐팬, 절반 육박-주목받는 여성관중", <스포츠조선>, 2020.07.31.

35 사단법인 한국리틀야구연맹에서 주관하며, 학원 스포츠와는 다르게 자유롭다. 만 14세까지 활동하는 리틀부와 만 17세까지 활동하는 주니어부로 나뉜다. 주니어부에 해당하는 나이대의 남자 선수들은 야구를 하고자 한다면 보통 고등학교 야구부에 진학하기 때문에 리틀 야구의 메인은 초등학생 나이대의 리틀부다.

36 축구 장르에서 손흥민 『축구를 하며 생각한 것들』(2020), 송영주, 이용훈, 한준, 김현미, 김정용의 『더 챔피언 : 유럽축구 가이드북』(2021), 에이든 레드넷지 『20인의 스타플레이어에게 배우는 슈퍼스타 축구 기술』(2020) ; 야구 장르는 유지 테라지마의 만화 『다이아몬드 에이스 ACT2. 26』(2021), 이와사키 나쓰미 『만약 고교야구 매니저가 피터 드러커를 읽는다면 : 이노베이션과 기업가정신 편』(2016), 일본 전국야구기술위원회 『타자를 몰아붙이는 야구 볼 배합 A to Z』(2017) 등 주로 일본 저자의 책이 많다.

37 스포츠 활동을 하는 동안 여러 가지의 법칙을 발견하고, 스포츠 현상 내에서 학문에 기초된 과학적인 사실을 이용해 생리학, 심리학, 역학적인 지식 획득을 추구하는 학문.

38 김성훈, 유병인, 「고등학교 야구선수들의 리더-멤버 교환관계(LMX), 팀 몰입, 팀 성과의 관계」 『한국웰니스학회지』 제16권 제4호, 2011; 김덕용, 이현섭, 장재열 외 1명, 「프로야구 관중의 경기장 내 응원활동에 대한 인식과 태도에 관한 연구」 『한국체육과학회지』 제30권 제4호, 2021; 문개성, 「대학야구선수의 사회적 지지가 진로결정수준과 진로준비행동에 미치는 영향 : 선수 에이전트의 역할을 중심으로」 『한국체육과학회지』 제30권 제4호, 2021; 박형질, 정영재, 「야구 로봇 심판 도입에 따른 미래 스포츠 변화에 관한 연구」 『한국엔터테인먼트산업학회논문지』 제15권 제6호, 2021; 박주영, 강성기, 「야구팀의 성취목표성향과 응집력에 영향을 미치는 지도자의 리더십 평가」 『한국사회체육학회지』 제85권, 2021 등.

39  이완영, 「프로야구 홈 여성관중의 경기장 공간 인식이 응원 팀 인식에 미치는 영향」, 『젠더와사회』 제31권, 2020; 정태겸, 「TV프로야구 하이라이트 프로그램 여자아나운서의 특성인식과 시청만족, 시청몰입 및 채널 충성도 간의관계」, 『한국체육과학회』 제26권 제4호, 2017; 민경희, 「한국 프로야구 관중의 여성화가 구단 마케팅에 미치는 영향」, 한양대학교 석사 논문, 2014; 손성이, 「의류기업의 스포츠 스폰서십이 유니폼 구매 및 소비자의 브랜드 태도에 미치는 영향에 대한 연구 : 프로야구 여성 팬을 중심으로」, 고려대학교 석사 논문, 2014; 이헌재, 「프로야구 열성 여성 관중의 관람빈도에 영향을 미치는 경기관람 만족요인 연구」, 한국체육 대학교 석사 논문, 2013; 이진경, 「구전 커뮤니케이션이 여성의 프로야구 경기관람에 미치는 영향」, 고려대학교 석사 논문, 2010 등.

40  박선영, 황향희, 「여성 사회인야구 동호인의 성역할 정체감 유형과 참여 동기」, 『한국여성체육학회지』 제31권 제3호, 2017; 김인형, 「보수적 스포츠에의 또 다른 도전 : 여성야구인들의 갈등과 대응」, 『한국체육학회』 제55권 제2호, 2016; 정하나, 황선환, 「여자야구 동호인의 레크레이션 전문화가 팀 몰입에 미치는 영향」, 『한국사회체육학회』 제56권 제1호, 2014 등.

41  Amy Bass, 「State of the Field : Sports History and the "Cultural Turn"」, 『The Journal of American History』 vol.101, no.1, 2014, pp.148-172; p.149.

42  문화(文化)의 정의와 기능. [출처 : 한국민족문화대백과사전], 조흥윤(집필, 1992), 김창남(개정, 2011).

43  이전부터 다학제간 연구는 진행되었으나, 2006년 미국 글렌우드 스프링즈에서 열린 스포츠사학회(North American Society for Sport History, NASSH) 콘퍼런스에서 뉴질랜드 온타고 대학 체육교육학 학장 더글라스 부스(Douglas Booth)는 스포츠 연구의 새로운 방법론으로 '문화적 전환(the Cultural Turn)'이라는 구체적인 틀을 제안했다. 이 콘퍼런스는 스포츠 연구자들에게 "역사적 주관성이 리서치에 어떻게 영향을 미치는지 숙고하길 권유했고, 그들의 연구가 기초한 전제를 재평가하도록 촉구했다." Amy Bass, 「State of the Field : Sports History and the "Cultural Turn"」, 『The Journal of American History』 vol.101, no.1, 2014, pp.148-172 ; p.153.

44  미국의 주법, Jim Crow laws(1875-1965). 공공장소에서 흑인과 백인의 분리와 차별을 규정했다. 영화 <히든 피겨스(2017)>의 주인공 캐서린 존슨은 NASA의 수학자이지만 흑인이기 때문에 동료들과 다른 커피포트를 사용해야 하고, 사무실에서 800m 떨어져 있는 유색인종 전용 화장실을 다녀야만 했다. 짐 크로 법은 이 영화의 시대적 배경이다.

45  서재철, 「<영화 그들만의 리그(1992)>에 대한 여성스포츠역사 및 사회적 성 역할 관점의 '교육적' 읽기」, 『한국여성체육학회지』 제30권 제3호, 2016.

46  Sra Polaroiska, <Pilota Girls>, 2012, video HD 5'05", Bilbao. 다음의 링크에서 영상 클립을 관람할 수 있다. (http://cargocollective.com/srapolaroiska/PILOTA-GIRLS-2012)

47  전시는 VR 전시로 업로드되어 웹상에서 관람할 수 있다. 국립여성사전시관 홈페이지 참조.

48  Debra A. Shattuck, 『Bloomer Girls: women baseball pioneers』 University of Illinois Press, Urbana, Chicago and Springfield, 2017.

49  스페인축구 리그 소속 팀들은 FC바르셀로나와 경기할 때마다 연패하는 원인이 기울어진 운동장 때문이라는 농담을 던졌다. 현재는 공정한 경쟁이 불가능한 환경을 비유적으로 이르는 말로 쓰인다. 어느 한쪽의 경쟁 주체에게 일방적으로 유리한 제도나 질서가 부여된 경우를 뜻하며, 정치·경제·사회 등 여러 방면에서 널리 쓰인다.

# 여성은 왜/어떻게 마운드에서 제외되었나
## : 미국과 한국의 야구사 비교
## 그 사이 잊힌 여성들

# 여성은 왜/어떻게 마운드에서 제외되었나 : 미국과 한국의 야구사 비교, 그 사이 잊힌 여성들

야구라는 종목, 더 넓게 스포츠라는 분야에 턱을 괴면 우리는 무엇을 발견할 수 있을까? 승리와 패배를 통한 희로애락? 힘의 대결? 신체적 한계에 대한 도전? 세계 화합의 장?

개인을 넘어 사회 속에서 스포츠를 살필 때, 한국인이라면 대부분 아는 유명한 일화가 하나 있다. 故 전두환이 독재 정권을 유지하기 위한 도구로 사용했던 3S(Sex, Screen, Sport) 정책. 프로 스포츠 출범, 정치를 제외한 분야의 검열 완화, 야간 통행 금지 해지 등 당대의 정치·사회적 담론에서 국민을 멀어지게 하려는 목적을 지닌 일종의 우민화 정책이었다. 현재 대한민국의 국민들은 스포츠가 사회 구조 속에서 어떻게 사용될 수 있는지, 직접 겪은 세대와 역사를 통해 배운 세대이다.

독재정권과 프로야구의 경우처럼 스포츠라는 문화 행위를 사회 구조와 연관 지어 보는 것이 문화사(Cultural History)의 방식이다. 문화사는 미시적인 생활공간 혹은 여가 행위 등의 문화 영역만을 다루는 역사가 아니라 문화를 통해 사회를 연구하는 학문이다.

스포츠를 통해 사회를 해석하는 연구는 처음에 사회학자들에 의해 전개되었다가, 1974년 북미스포츠사학회가 창설한 후, 스포츠는 공식적으로 미국 역사학의 분과 학문이 되었다. 그 때문에 초창기 스포츠사 연구자들은 사회학의 연구방법론을 주로 차용해서, '스포츠가 사회 지배구조를 반영'한다고 주장했다. 사회 구조는 인간을 수동적인 존재로 규정하고, 인간 외부에 비인격적이고 객관적인 하나의 운영 원리가 그 규제를 받는 자들을 일률적으로 통제한다는 식이다. 그들에 따르면 스포츠는 피지배계급을 통제할 수 있는 여러 기능 중 하나이다. 그러므로 다수의 스포츠 연구는 '계급'을 파악하며 진행되었다. 지배계급이 어떻게 스포츠를 이용했는지에 대해서 말이다.

그러나 최근 문화사의 발전과 함께 '스포츠가 사회 지배구조에 지속해서 영향을 주고 있다'는 주장이 힘을 받고 있다. (문화사 연구자들은 다소 구조주의자의 시각을 갖고 있지만 그 속에서 '인간의 주체성'을 믿는다) 다소 어려워 보이지만 사회를 다채롭게 보는 시각 근육을 키우는데 좋다.

엘리어트 고른(Elliotte J. Gorn)의 복싱의 대중화 연구를 예로 들어보자.[1] 19세기 초 미국에 도입된 복싱은 주로 아일랜드계 노동자들의 스포츠였다. 굉장히 거칠어서 미국의 중상류층의 계급은 복싱을 폭력적인 운동으로 여겼다. 그러나 점차 링 위에서 노동자계급의 두 선수가 대결하여 만드는 '남성적 이미지'가 인기몰이를 하기 시작했다. 곧, 대중에게 '복싱=남성 정체성'이라는 공식이 통용되었다. 링은 남자들만의 남성적인 공간이 되었고, 점점 미국 백인 중간계급은 노동자 계급 정체성이 만든 '남성성(Masculinity)'에 압도(매료)되며 복싱을 관람하고 즐기게 되었다. 복싱의 폭력적인 성격과 돈내기와 같은 도박성 때문에 복싱은 금지된 적도 있지만, 경찰과 지역 유지세력의 비호를 받으며 꾸준히 복싱대회가 열렸다. 이처럼 복싱은 아래(노동자+이민자)에서부터 위(백인 미들 클래스)로 확산하며, 계급간의 경계에서 남성성이 수렴되는 현상을 통해 대중화되었다. 복싱의 거친 남성성이 중간 계급의 가부장제를 강화하는 도구로 사용되었다는게 고른의 주장이다.[2]

이렇듯 지배계급이 스포츠를 통제의 기능으로 사용했다는 기존 스포츠사 연구와는 다르게 스포츠에 투영되는 정체성이 역으로 새로운 사회 구조 형성에 영향을 미친다. 계급

---

1    Elliott J. Gorn, 「The Manly Art: Bare-Knuckle Prize Fighting in America」 Ithaca: Cornell University Press, 1986. 김정욱, 「탈구조적 미국 스포츠사 연구의 동향과 비판」 『미국사연구』 제35권, 2012에서 재인용.

2    미국의 여성사 연구에서 이 시기는 중요하다. 스포츠의 대중화와 제도화는 사회적 차이를 넘어서 남성들을 문화적으로 일체화시키고, 가부장적인 지배체제를 공고하게 만들었으며, 젠더 경계를 강화시켰기 때문이다.

에서 더 확장해서 생각해보자. 우리 주변에 존재하는 다양한 집단과 사회 구조의 상호 연관 관계에 따라, 계급/젠더/인종/민족/성적 기호 등이 만들어내는 다수의 해석 공동체를 살펴내야 한다.

인간의 주체성이 사회 구조에 영향을 미친다는 문화사의 필터로 야구를 바라본다면, 마운드 위에 형성되는 '새로운 구조'를 파악할 수 있다. 이것은 보이지 않는 마운드다. 쉽게 말하면 스포트라이트가 비추지 않는 외곽의 마운드. 여기가 바로 턱을 괸 우리가 더 듬거리며 찾아낼 대상이다. 따라서 본 연구 파트에서 다룰 내용을 '한국의 여자 야구'로 제한하지 않는다. 마운드에서 배제된 이들이 비단 여성만은 아니기 때문이다. 야구는 때때로 누군가에게는 마운드를 열고, 누군가에게는 닫았다. 노동자, 아일랜드계 미국인, 라틴계 미국인 그리고 백인 여성과 흑인 여성…. (연구가 아직 안된 다른 유색인종도 많을 것이다) 류현진과 추신수가 MLB에서 활동하는 지금, 우리에게 이 얘기는 낯설수도 있다. 하지만 언급된 이들 대부분은 야구의 역사에서 어느 순간에는 보이지 않는 마운드에 있었다. 이해관계에 따라 닫힌 문이 차차 열려, 그들은 지금 보이는 마운드에 있다. 이제 여성만 남았다.[3]

야구에 내재한 '새로운 구조'를 해석해내기 위해서, 계급, 인종과 민족 그리고 젠더라는 카테고리를 통해 미국에서 야구가 발전되는 과정을 살피고자 한다(아직까지 한민족인 한국은 '젠더'와 '계급'의 카테고리만 적용된다). 야구는 그 구조를 끊임없이 구성하고 해체하는 것을 반복하며 형성된 약 200년간의 다의적 텍스트가 되었다. 이제 턱을 괴고 그 텍스트의 지층을 하나씩 해석해보자.

---

3    마운드가 닫히고 열리는 기준이 '실력'은 아니다. 만약 그랬다면 아프리카계 미국인 선수들이 애초에 배제될리 없었을 터. 최근 메이저리그와 마이너리그가 여성 감독, 코치, 매니저 등 여성 인력을 고용하는 것은 이런 시대적 흐름에 따른다.

# 1장
# 계급의 재구성 : 야구 = 미국 문화의 거울


> "미국의 마음과 정신을 이해하려면 야구를 배우는 것이 좋다."
>
> – 자크 바준(Jacques Barzun, 1907-2012)


역사가 자크 바준의 말을 역으로 치환해보면 야구의 발전 과정은 그 시대 미국인들이 품고 있는 바람을 담고 있다. 미국의 국민스포츠인 야구의 발전 과정에는 '산업화'가 이루어지는 상황 속에서 쏟아지는 이민자(노동자)들로 인한 도시화와 대기업 위주의 자본주의의 문제 그리고 인종차별이 빼곡하게 맞물린다. 또한, 야구 산업은 연고지 위주로 발전하였기 때문에, 각 지역의 독자적인 시민문화 형성에 이바지하기도 했다.

본 장에서는 우리는 19세기와 20세기 야구의 발전과정을 추적한다. 그 과정에서 미국의 사회적 구조 변화에 따라 굴절하는 야구와 그 속에 내제된 계급 갈등의 심화, 남성주의(masculinism)의 부상, 반이민정서의 증폭 그리고 인종적 격리의 확대와 같은 변화를 마주할 것이다. 미국의 소우주[1]로 여겨지는 야구에서 누가/어떻게/왜 주변화 되는가를 살펴보자.


## 야구의 기원은 어디에?

1858년, 야구는 'The American Game'이라는 별칭이 붙었다. 그만큼 미국에서 가장 성공한 대중 스포츠였다.[2] 19세기 초부터 미국 북동부 지역에서 조금씩 행해지긴 했는데, 기원을 정확히 특정할 수 없었다. 만약 미국의 나이 지긋하신 어른에게 야구의 기원에 대해 질문한다면, 대부분 "야구? 애브너 더블데이(Abner Doubleday)가 1839년에 뉴욕 쿠퍼스타운(Cooperstown)에서 발명했잖아"[3]라고 대답할지도 모른다. 왜냐하면 'National Baseball Hall of Fame and Museum(미국 야구 명예의 전당)'[4]에 세워진 안내판에 오랫동안 그렇게 쓰여있었기 때문이다. 그 안내문은 수정되었다.

미국의 국민스포츠, 야구의 기원을 찾는 논쟁은 19세기 말 시작됐다. 영국의 소년들을 위한 게임이었던 '라운더즈(Rounders)'에서 유래했다는 설과 미국 자체의 발명이라는 설이 맞붙었다. 결국 위에서 언급한 저 결과가 선택되었다. 상당히 정치적인 과정이었다. 그시절의 미국은 야구가 오롯이 '미국의 것'이길 바랬다.

한 세기 가깝게 바이블처럼 여겨진 이 미신은 내셔널리즘(Nationalism)이 팽배했던 시대에 허용될 수 있었던 모순이었다. 19세기 말, 강인한 미국이라는 국가 정체성을 확립하기 위해 야구가 사용되었다.


1888년 10월, 미국의 시카고 화이트 스타킹(Chicago White Stockings)과 미국 연합팀(All-American teams)은 반년간의 월드 투어를 떠났다. 당시 프로야구팀을 경영하고 있던 알버트 스폴딩(Albert Spalding, 1849-1915)[5]의 기획이었다. 월드 투어에는 선수들과 선수의 가족, 스포츠 기자, 관광객 그리고 야구를 후원하는 사업가들이 동참했다. 워밍업으로 미국 동부(시카고)에서 서부로 향하는 여정에서 거친 8개 주에서 야구 경기를 했다. 이후 태평양을 건너 이집트로 행했다. 피라미드 중 가장 크고 웅장하다는 기자(Giza)의 대피라미드를 배경으로 두 팀은 야구 경기를 치뤘다. [fig.1] 이때 미국이 얻은 것은 야구의 홍보만이 아니다. 아프리카 땅을 밟은 야구선수들을 통해 강한 패권국의 이

1    John. P. Rossi, 「Baseball and American History」 『Pennsylvania Legacies』 vol.7, no.1, 2007, p.36.

2    *Ibid.*

3    애브너 더블데이(1819-1893)는 미국 남북전쟁에 참전했던 장군이다.

4    야구 박물관 겸 기록관. 야구사 연구를 담당하며 선수, 심판, 감독, 후원자 등 야구의 역사에서 공헌한 이들을 기념하기 위해 1936년 창설되었다.

5    프로야구팀 투수 출신, 프로야구팀 시카고 화이트 스타킹 매니저. 스포츠용품 사업체도 운영했다. 윌리엄 헐버트와 함께 내셔널리그를 창단했다. 1939년 야구 명예의 전당에 이름을 올렸다.

1    Homer Davenport(1867~1912), <The Sphinx sees Baseball>, ink drawings, 21.5(h)x17(w)inch, 1900~1912,

The A. G. Spalding Baseball Collection, ©New York Public Library, Digital Collection

미지 또한 심었을 터. 이후 이탈리아, 프랑스, 영국, 아일랜드를 거치면서 야구 경기를 진행했다. 특히, 파리에서는 프랑스 대혁명 100주년을 맞아 건립된 에펠탑 바로 옆에서 야구 경기를 열었다(1889년 3월 8일). 투어를 마치고 본국으로 돌아온 선수들을 위해 만찬이 열렸다(4월 7일).[6] 300여 명의 유명인사가 참석했고, 에이브러험 G. 밀스(Abraham G. Mills)가 사회를 맡았다. 행사에서 논의된 주요 테마는 세계를 향한 스포츠 외교로서의 야구였다. 이들은 야구가 영국 아이들의 게임에서 유래되지 않았다는 점을 힘주어 강조했다. 만찬의 관객들은 곳곳에서 "No, rounders! No, rounders!"를 외쳤다.[7] 야구의 시초에 대한 논쟁은 애국심의 표출과 지독하게 얽히게 되며 1900년대까지도 이어진다.

1903년, 영국 출신의 미국인 스포츠 저널리스트 헨리 채드윅(Henry Chadwick, 1824-1906)은 발표한 에세이로 이 논쟁은 정점에 다다랐다.[8] [fig.2] 영국에서 자란 채드윅이 유년 시절 즐겼던 라운더즈와 야구의 유사점을 통해 야구의 모태가 라운더즈라고 주장했다. 이에 대한 응답으로 야구가 근본적으로 미국의 발명품이라고 믿었던 스폴딩은 채드윅의 주장을 반박하는 기사를 게시하고, 1905년 야구의 기원을 찾는 위원회를 구성했다. 바로, 'Mills Commission'(아까 그 밀스가 위원장을 맡았다)이다. 국민스포츠라는 칭호에 무색하게 그 시초는 생각보다 신빙성이 없었다. 광산 엔지니어 에브너 그레이브스(Abner Graves)가 에브너 더블데이가 야구를 발명했다는 편지를 위원회 측에 썼고, 그의 증언은 그대로 신문에 실리며 공적인 힘을 얻었다. 밀스 위원회는 한사람의 검증되지 않은 기록을 받아들여 '미국인 더블데이 야구 발명설'을 공표했다. 1908년, 더블데이는 공식적인 야구의 창시자가 되었다(야구 명예의 전당이 위치한 쿠퍼스타운 역시 그레이브스의 주장을 따랐다). 연구 논리라는 게 없던 시절, 결정권자의 필요성에 맞게 정해진 야구의 기원은 결국 후대 야구 역사 연구자들에 의해 비판받고 수정되었다.[9]

---

6    Tom Shieber, "Road Trip", <National Baseball Hall of Fame>, n.d.

7    Harold Seymour, 『Baseball: The Early Years』 Oxford University Press, 1989, pp.8-9.

8    Henry Chadwick, 「History of Baseball」 『Spalding's base ball guide, and official league book』 27th, 1903, A.G. Spalding & Bros., pp.3-46. 스미소니언 디지털 도서관에서 열람 가능하다 ; Henry Chadwick, 『The Game of Baseball: How to Learn It, How to Play It, How to Teach It』 New York: George Munro, 1868.

9    Craig Calcaterra, "Today in Baseball History: A lie about how baseball was invented is born", <NBC Sports>, 2020.04.02

의도적으로 심은 야구의 뿌리가 아닌, 현재 학계에서 추측하는 야구의 기원에는 두 가지 유력한 설이 있다.

첫째, 채드윅이 제시한 라운더즈와의 유사성과 맥락이 비슷한 영국 유입설이다. 영국에는 크리켓, 라운더즈 등 길쭉한 방망이로 공을 치는 다양한 스포츠가 있었다. 일례로 1751년 3월 20일, 기록에 따르면 영국의 왕자 프레드릭 루이스(Frederick Louis)는 크리켓 경기를 하다 '볼에 머리를 맞아 사망'했다. 그는 평소에 테니스, 크리켓, 라운더즈 등과 실내에서는 '야구 경기'를 즐겼다.[10] 첫 번째 설에 힘을 실어줄 자료가 있다. 1828년 런던에서 출판된 윌리엄 클라크(William Clarke)의 『Boy's Own Book』이다. 출간 직후, 보스턴의 출판사가 수입해 판매한 이 책은 미국에서 야구가 묘사된 최초의 인쇄 기록물이다. 책은 야구를 포함해 수영, 낚시, 양궁 등의 게임 방식을 설명한다. 일종의 유소년을 위한 놀이 안내서이다. 심지어 수화 배우기, 완두콩 쏘는 사람 만들기, 수학 및 논리 등의 단어 게임, 과학 실험 등의 요소도 포함되어 있다. 그러나 아직 야구의 고유명사가 정립되지 않아,[11] 이 책의 저자는 야구를 'Round Ball', 'Base' 및 'Goal Ball'로 표기했다. 그러나 '외출하는' 방법(출루)과 '집에 돌아가는' 방법(홈인)으로 묘사한 경기 방식은 현재와 매우 흡사하다. 또한 팀을 'Party'로, 타석에 있는 상대 팀을 'in-party'라고 불렀다. 이 책은 미국에서 향후 한 세기 이상 개정판을 내는 베스트셀러가 되었다. [fig.3]

최근의 연구에서 제기된 두 번째 설은 야구는 유럽 전역에서 행해지던 놀이라는 것이다. 18세기 중반, 유럽의 남자, 여자아이들 모두 야구라고 불리는 게임을 했다. 배트를 들기도 하고, 때로는 없이도 했다. 1744년의 영국의 한 인쇄물에서 'Base-ball'이라고 쓰인 용어가 사용되었으며, 1796년, 독일의 체육 교육자 요한 구츠무트(Johann Gutsmuths)는 동시대 인기 스포츠와 게임의 규칙을 모아 출판한 자신의 책에서 'Ball mit Freystaten(oder das englische Base-ball)'에 관한 묘사를 남겼다. 이 표현은 '자유로운 공' 또는 '영국식 야구공'으로 번역된다.[12] 그의 저서를 통해 영국을 비롯한 유럽 일대에 아이들의 놀이로서 초기 야구가 존재했음은 물론 야구는 남성과 여성 모두 함께 즐길 수 있었음을 알 수 있다. 구츠무트가 묘사한 게임의 룰은 현재의 야구와 유사점이 많다. 투수는 타자와 10-15보 정도 떨어져 있었고, 타자는 약 60cm 정도의 배트를 들고 공을 치기 위해 3번의 기회를 가졌다. 또 베이스에서 베이스까지 반시계방향으로 달렸으며,

수비는 날아오는 공을 잡아 타자를 아웃시켰다.

현재 세계야구소프트볼총연맹(WBSC, World Baseball Softball Confederation) 홈페이지에서 소개하는 야구의 기원은 다음과 같다 : "우리는 결코 야구의 진정한 기원을 알 수 없을 것이다. 다만 우리가 아는 것은 야구라고 알고 있는 이 게임은 1845년 이후 미국에서 발전되었다는 것이다."

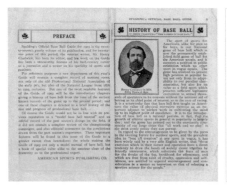 

(←) 2　Henry Chadwick, 「History of Baseball」 『Spalding's base ball guide, and official league book』 27th, 1903, A.G. Spalding & Bros., p.3. ©Smithsonian Libraries

(→) 3　William Clarke, 『The Boy's Own Book : a complete encyclopaedia of Athletic, Scientific, Outdoor and Indoor Sports with Illustrations』 New York: Thomas R. Knox&Co., 1884.

---

10　스테판 지만스키, 앤드루 짐벌리스트, 『왜? 세계는 축구에 열광하고 미국은 야구에 열광하나』 김광우 역, 에디터, 2006, p.24. 저자에 따르면 '하비라는 여인의 1748년 11월 14일 자 서한에 의하면 "왕세자 가족은 노는 것을 무척 좋아했다. 그들은 이번 여름 내내 야외에서 놀았으며, 겨울에는 실내에서 '야구'를 즐겼다"는 기록이 보인다'고 한다.

11　다양하게 추측되는 야구의 기원만큼이나 이 시대의 신문이나 문학에서 야구를 표기하는 방법은 다양했다. 'Base-Ball', 'Base', 'Base Ball', 'Goal Ball', 'Town Ball', 'Round Ball' 등.

12　Steven P. Gietschier, 「The Rules of Bsaeball」 『The Cambridge Companion to Baseball』 Cambridge University Press, 2011, pp.9-10.

'더블데이의 야구 발명설'은 삭제되었지만, 학계의 연구와 발견된 사료는 아직 공식적인 야구 제도권에는 받아들여지지 않았다.

야구의 기원을 둘러싼 다양한 의견의 대립과 상충을 통해 발견할 수 있는 확실한 한 가지는 정치적인 의도는 언제나 개입된다는 것이다. 누군가는 마운드 위에 원하는 그림을 그렸다. 무엇을 위해 야구라는 스포츠를 선택해 발전시키고 역사까지 수정했는지, 그 결과로 얻었던 것이 무엇인지 턱을 괴고 읽어내야 한다.

## 계급의 분화 : 신사들의 스포츠, 야구?

야구는 유소년의 놀이에서 시작했으나, 1840년대를 기점으로 점차 플레이어의 연령대가 높아졌다. 어느 특정 집단이 야구를 선택해 체계를 정립하고 발전시키기 시작했다. 그들은 미국 북동부 지역의 '신사(Gentleman)' 집단, 즉 사회적인 지위가 있는 계급이었다.

미국의 신사들은 '사교적인 목적'으로 크리켓과 함께 야구를 즐겼다. 비슷한 시기에 미국에 도입된 두 종목 중, 초기에는 귀족적인 이미지로 인해 크리켓을 더 선호했다. 크리켓은 11명으로 구성된 두 팀이 야구처럼 공격과 수비로 나뉘어 볼을 타격해 득점하는 스포츠이다. 야구와 유사하게 공과 배트를 사용하며 투수와 타자가 있다. 그러나 스트라이크 아웃이 없어, 타자는 치기 좋은 공이 올 때까지 얼마든지 기다릴 수 있다. 심지어 타자가 10시간 또는 하루 이상 기다리는 경우도 있으며, 이 때문에 크리켓 경기는 며칠씩 걸리기도 한다. 또한 경기 중간에 티타임을 갖고, 경기를 마무리하는 저녁에는 두 팀의 친목 도모를 위한 연회를 연다. 마치 귀족들의 파티처럼 말이다. 1840년대부터 야구는 미국의 신사들의 사회적 지위를 유지하기 위한 기능을 수행했다.

귀족스러운 야구는 서적상 알렉산더 카트라이트(Alexander J. Cartwright, 1820-1892)가 1842년 설립한 니커보커 야구 클럽(Knickerbocker Base Ball Club)에서 시작됐다. 이 클럽에 소속된 신사들은 주로 의사, 변호사, 서기, 상인 등의 직업을 가지고 있었다. 이들은 정오가 지나면 일을 접고 자유로운 여가를 보낼 수 있는 사람들이었다(마치 오늘날의 사장님들이 점심 이후 골프 연습장으로 향하는 모습과 비교할 수 있겠다).

카트라이트는 14개의 야구 규칙을 도입했다. 삼진 아웃과 볼넷 제도를 적용하고, 투수가 공을 던지는 뜻을 지닌 '피치(pitch)'라는 동사를 사용했다. 그전에는 다양한 사물에 적용될 수 있는 동사 'throw'를 썼다. 9명의 선수가 한 팀을 이뤄 총 9이닝을 소화하며, 베이스 간격이 27.432m로 고정되었고, 모든 선수는 팀 유니폼을 입었다.[13] 무릎 아래에서 졸라매는 낙낙한 짧은 바지 '니커보커'를 입은 남자들 무리가 바로 팀의 유니폼이자 이름이 되었다. [fig.4] 또한, 스무 명으로 이루어진 클럽 회원 중 14명은 선수를 맡고, 6명은 클럽을 관리했다.[14] 초창기의 야구는 크리켓처럼 신사적인 사교클럽의 일환이었기 때문에 1850년대 초반까지 야구 경기가 끝나면 음식과 술이 제공되는 모임이 이어졌다. "(니커보커들은) 멋진 스타일로 즐겼으며 200여 명의 신사가 참여했다. 밴드가 나와 흥겨운 기분을 돋웠다. 모든 준비는 완벽했고 축제를 책임진 사람들도 매우 자유로운 분위기였다."[15] 니커보커들은 상대편 클럽에 대해 시를 읊으며 건배하는 것으로 만찬을 시작했다.

마운드는 소년, 소녀의 놀이터에서 지배 계급의 사교의 장이 되었다. 주체는 자본을 쥐고 안락한 생활을 하며, 정치·경제·사회·문화적으로 미국 시민사회의 기틀을 만드는 상류 계급의 백인 신사였고, 야구는 그들을 위해 서비스하는 문화 기능이었다.

그러나 야구는 특정 집단의 사교클럽만으로 유지될 수 없었다. 산업화와 도시화가 진척됨에 따라 야구판은 커졌고, 엘리트 지배계층으로만 구성되었던 야구 '선수'의 자리에는 점차 노동자들이 진입하기 시작했기 때문이다. 그 원인 중 하나는 1850년대부터 일어난 철도 붐이었다. 촘촘해진 철도 노선을 통해 노동자 간의 이동이 시작되며 미국 북부

---

13 최근 연구에 따르면 니커보커 야구 클럽의 규칙을 기준으로 여러 번 수정된 끝에 1857년에야 최종적으로 베이스 간 거리와 피칭 거리 등이 고정되었다고 한다. Steven P. Gietschier, 「The Rules of Bsaeball」『The Cambridge Companion to Baseball』Cambridge University Press, 2011, p.11.

14 카트라이트의 룰 제정 이전 야구의 규칙은 중구난방이었다. 투수는 아래에서 위로 공을 던졌는데, 볼이나 스트라이크의 기준이 없었다. 루수는 베이스 위에 정확히 서 있었으며, 포수는 타자의 20-30피트 뒤에서 땅에 한 번 튀어 오른 공을 잡았다. 유격수들은 글러브를 끼지 않았다. 스테판 지만스키, 앤드루 짐벌리스트, 『왜? 세계는 축구에 열광하고 미국은 야구에 열광하나』김광우 역, 에디터, 2006, p.29.

15 *Ibid.,* p.30.

4     Homer Davenport(1867-1912), <The Knickerbocker at Practice>, ink drawings, 21.5(h)x12.5(w)inch, 1900-
1912, The A. G. Spalding Baseball Collection, ©New York Public Library, Digital Collection

의 공업은 더욱 발전했다. 여기에 1845년부터 대기근을 피해 미국으로 건너온 아일랜드 이민자들도 노동력을 더했다. 도시로 온 노동자들은 이제 야구 경기를 보고, 또 직접 하기 시작했다. 크리켓에 비해 룰이 단순하고 경기 시간이 짧아서 (신사들에 비해 노동시간이 긴) 다양한 직군의 사람들이 선호했다. 이때부터 야구는 크리켓을 제치고 인기 대중 스포츠로 자리 잡기 시작한다.

1850년대 중반, 니커보커 야구 클럽과는 다른 도시 노동자 야구 클럽이 생겨나기 시작했다(브루클린 애틀랜틱 클럽, 뉴욕 뮤추얼 등). 신사 클럽과 노동자 클럽 간의 경기가 점차 대중화되며 많은 관중이 모객되었고, 클럽들은 앞다투어 새로운 선수들을 채용했다. 몇몇의 화이트칼라 엘리트 클럽들도 경기에서 이기기 위해서 실력 있는 선수라면 노동자 계급 출신도 팀원으로 받아들였다. 1858년 뉴욕시 지역에 생성된 약 50개의 성인 야구 클럽과 60개의 소년 야구 클럽의 수는 당시의 인기를 반영한다.

노동자들의 마운드 침범에 반대하며, 1857년, 1세대 신사 야구 클럽인 니커보커 야구 클럽 등 몇몇 클럽의 구단주들은 전미야구선수협회(NABBP, National Association of Base Ball Player)를 결성했다. 이들의 목표는 노동자 계급과 구분된 자신들의 사회적 가치를 유지하는 것이기에, 야구 산업의 확대보다 엘리트 클럽으로서 상류 계층의 단단한 결속력이 중요했다. 협회 규칙을 살펴보면 그들의 원했던 방향이 더욱 잘 드러난다.

NABBP에 속한 클럽은 최소 18명의 회원으로 이루어져 있고, 집행부와 선수는 철저히 분리되었다. 즉, 중간 백인 계층이나 노동자 선수 출신은 팀을 이끌 수 없었다. 이 제도는 상류 계층이 클럽의 집행 기능을 장악할 수 있도록 했다. 또한, '건강한 레크레이션'과 '공중도덕을 존중'하는 근엄하고 존경받는 백인 상류층 남성들의 협회로서 선수들에게 금전적인 보상을 하지 않았다. 물론 경기의 승패를 두고 종종 행해졌던 돈내기도 금지되었다. NABBP 소속 야구 클럽들은 철저히 상류층 집행부의 재정적 후원과 회비에 의존해 운영되었다. 회비와 가입비는 각각 연 5달러, 2달러였는데, 1850년대 1달러의 화폐 가치는 오늘 날의 35.63$에 달한다. 1850년대, 뉴욕시 노동자의 평균 주급은 당시 환율로 1.78$였다(뉴욕시는 니커보커 야구 클럽의 연고지이자 노동자 야구가 인기몰이를 하던 곳)[16]. 노동자의 한 달 치 월급 정도를 내야 야구 클럽에 가입할 수 있었던 것이다.

1860년대에 이르러 NABBP 회원 자격은 뉴져지와 펜실베니아주로 확장되었고, 53

개 클럽이 편입되었다. 겉보기에는 엘리트/신사를 위한 야구 협회가 세력을 확장하는 것으로 보이지만, 사실 그 속에서 구조는 전복되고 있었다. 1850년대 초반에는 야구 클럽 중 회원의 3/4이 백인 화이트칼라였지만, 1850년대 후반에 이르러 야구 기술을 숙련한 노동자 계급 및 백인 중·하류 화이트칼라 회원이 전체의 3/4을 차지했다. 이 비율의 변화는 노동자 계급의 야구 참여의 확대를 보여준다. 따라서, NABBP가 내세운 집행부와 선수 분리 규칙은 점점 확대되는 마운드의 하위 계급 침범에 대응하는 일종의 방어선이었다. 역사학자 로버트 버크는 이러한 야구 협회 내 구조 변동의 원인을 "1850년대 중반까지 산업 구조의 변화, 남북전쟁 이전 사회적 이동 형태의 변화 그리고 아일랜드와 독일계 이민자들의 급증 등으로 미국 야구의 양키적 성격은 줄어들고 산업화 이전 단계의 성격 상실"에서 찾는다.[17]

야구선수들의 출신과 직업이 다양해짐으로써, 야구는 대중화의 길을 걷게 된다. 친목의 장소였던 야구장은 인종이나 직업 간의 경기로 변화하며 대규모 관중 모집에 성공했다. 한정된 공간의 야구장에 끝없이 모이는 관중으로 인해 사람들은 돈을 내고서라도 경기를 관람하고 싶어 했다. 여기서 현대 스포츠의 개념인 '입장료'가 등장한다. 1858년 7월 20일, 4,000명의 관중이 50센트의 입장권을 구입하고 경기를 관람했던 뉴욕과 브루클린 최우수 선수 올스타전은 최초의 자본주의적 경기로 기록된다.

백인 상류 계층, 신사들의 사교모임에서 시작한 야구는 점차 대중화되는 시류에 반해 자신들의 사회적인 가치와 주도권을 유지하고자 NABBP를 창립했으나 다양한 야구 팀을 아우르는데 실패했다. 많은 야구 클럽이 형성되면서 이들을 경쟁자로 인식한 구단 주들은 경기에서 이길 수만 있다면 잘하는 선수가 있다면 인종, 계급에 상관없이 누구라도 데려왔다. 돈이 되는 야구를 점차 '산업'으로 보는 사업가형 매니저들이 등장했다.


## 야구 산업의 DNA : 프로야구 속 내재된 폐쇄성과 배타성

19세기 야구사의 타임라인을 정리해보면 1840년대, 니커보커와 같은 신사들에 의해 꽤 광범위하게 행해지고, 1850년대부터 1860년대까지는 세미 프로화 되었다가, 1870-

1880년대 프로야구의 시대가 열린다.[18] 야구가 제도화되는 과정은 야구가 산업화되는 과정과 일치한다.

상류계급의 사회적 지위를 위한 사교모임에서 출발했던 야구는 선수들에게 월급을 지불하지 않는 것을 규칙으로 삼았다. 돈을 좇아 경기하는 것은 야구의 정신에 위배되기 때문이다. 그러나 위에서 언급하였듯이 대중들은 점점 야구를 유료 관람하기 시작했고, 경기의 승패에 내깃돈을 걸었다. 그리고 미국 남북전쟁(Civil War, 1861-1865) 이후, 주로 북부에서 행해지던 야구가 남부지역에 확산하기 시작하면서, 야구는 진정으로 미국 전역에서 즐기는 스포츠가 되었다.

이제 야구 산업의 구성원들은 기존 시스템에 의문을 제기하며, 선수들도 돈을 추구하기 시작했다. 예를 들어, 1867년 앨버트 스폴딩은 시카고 엑셀시어스 팀의 투수로 초빙받는 대가로 주급 40달러를 받았다(이 시대의 1달러는 현재 18.78$로, 한화로 환산하면 82만 6,320원의 주급을 받았다). 더불어 야구를 보는 관중은 한 경기당 1만 명에서 1만 5,000명이 모였다. 미국 전역에 깔린 철도를 통해, 각 구단은 전국 단위의 경기를 펼쳤고, 그만큼 관람객은 더 붐비었다. 팀 내에서 선수들에게 규제되었던 보수는 공공연하게 지급되었고, 선수들은 돈을 더 많이 주는 팀으로 이적하는 현상이 벌어졌다. 스폴딩을 비롯한 미국인들은 이제 야구가 '돈'이 된다는 것을 깨달았다. [fig.5]

1870년 최초의 프로야구팀 신내시티 레드스타킹이 탄생했다. 구단주는 선수 1인당 1,200달러를 연간 지급했다. 당시 최고 수준의 연봉이었다. 이를 지켜보던 NABBP는 자신들과 프로선수를 구분 지었다. 결국 1871년 NABBP를 전신으로 하는 전미아마추어선수협회(NAABBP, National Association Amateur Base Ball Player)와 전미프로야구선

---

16    J. D. B. De Bow, 『Statistical view of the United States, embracing its territory, population-white, free coloured, and slave- moral and social condition, industry, property, and revenue ; the detailed statistics of cities, towns, and counties ; […]』 Washington : Beverley Tucker, Senate Printer, 1854, p.164.

17    스테판 지만스키, 앤드루 짐벌리스트, 『왜? 세계는 축구에 열광하고 미국은 야구에 열광하나』 김광우 역, 에디터, 2006, p.31.

18    Craig Calcaterra, "Today in Baseball History: A lie about how baseball was invented is born", <NBC Sports>, 2020.04.02.

수협회(NAPBBP, National Association Professional Base Ball Player)가 각각 결성되었다. 전자는 5년 만에 해산하며, 신사들의 사교 클럽으로 분리되었다. 후자는 1876년, 현대 야구의 모태와도 같은 내셔널리그(NL, National League)에 흡수되었다.

내셔널리그는 알버트 스폴딩과 윌리엄 헐버트(William Hulbert, 1832-1882)가 공동으로 설립했다. 프로 구단 시카고 화이트를 운영해본 경험이 있는 헐버트는 내셔널리그의 규칙과 제반 조직을 엄격하게 구분 짓기 위해 '관료제 시스템'을 채택하였다. NAPBBP의 선수들은 관리가 되지 않았다. 선수들은 경기가 있어도 술을 마셨고, 돈을 더 준다는 팀이 나타나면 쉽게 이적했다. 이 경험을 통해 헐버트는 신뢰할 수 없는 선수들과 야구팀을 빠르게 솎아내기 위해 강력한 조직체계를 도입해 철저하게 관리했다. 선수들은

5    &lt;Baseball as it was – second championship game between the Atlantics of Brooklyn and Athletics of Philadelphia in 1866&gt;, The A. G. Spalding Baseball Collection, ©New York Public Digital Library

실력에 따라 계약을 연장하는 계약직 노동자로서 경영 조직에는 진입할 수 없었다(이 폐쇄성은 상류 사회의 동호회였던 니커보커 야구 클럽과 NABBP부터 유지되어 내려오는 DNA). 또한 헐버트는 상업적인 측면에서 입장료를 거두어들이기 위해 팀마다 지역 연고권을 부여했다. 현재 대도시를 기반으로 활동하는 우리 시대의 구단처럼 인구 7만 5,000명 이상의 도시에만 야구 클럽이 활동할 수 있었다. 팬들의 애정과 돈이 양분되지 않도록 하는 조치였다. 불필요한 경쟁은 애초에 차단되었다. 재미있는 점은 청교도적인 당시 미국 사회의 교리가 야구장에도 적용되었다는 것이다. 일요일은 교회를 가야하므로 경기를 금했고, 경기장 내 내기 도박과 주류판매를 금지하였다. 야구 산업은 확실한 관중 동원력과 돈이 모이는 곳에서만 행해지도록 설계되었다.

헐버트는 내셔널리그 소속 클럽 매니저(구단주)의 출신을 엘리트층으로 제한함으로써 이윤을 남길 것이라 생각했다. 관중의 입장료 수입으로는 선수들의 연봉을 감당하기 힘들었다. 때문에 상류층의 막대한 후원을 이끌어와야 할 필요가 있었다. 실력에 따라 선수들에게 임금을 지불하는 프로야구 산업의 꼭대기에는 계급이 있다. 1881년 헐버트가 협회의 어느 회원에게 쓴 편지에는 그의 엘리트주의적인 가치관이 잘 드러난다 : "하층민과 타락한 자들의 후원이 중요한 게 아니다. 당신이 성공하려면 존경받는 사람들의 인정을 받아야 한다. 비즈니스 측면을 제외하고 리그의 유일한 목적은 상류층의 후원과 지지를 받는 것 그리고 그 후원을 합당하게 만드는 것이다."[19]

내셔널리그는 야구 산업의 확장을 지향하지만, 내재된 DNA는 1840년대의 신사들이 이끌던 배타적인 야구판과 크게 다르지 않다. 즉, 여가 생활 액티비티로써 필드를 누빈 상류 계급의 남성들은 이제는 야구 산업 피라미드의 가장 꼭대기에서 경영자로서 야구판을 이끌고 있었기 때문이다. 마치 체스판 위의 말을 움직이듯이 말이다. 이 지점은 현재 대한민국의 프로야구산업 피라미드의 꼭대기에 대기업이 있다는 사실과 프로야구는 상업성을 창출해내는 것보다 구단주(대기업 오너)의 취향으로 운영과 운명이 결정지어지는 사실과 비교할만하다.

---

19    Andrew Zimbalist, 「Baseball-Economic develoment」, 『The Cambridge Companion to Baseball』, Cambridge University Press, 2011, p.202.

그렇다면 이 시기의 마운드에서는 모든 인종과 계층이 활동할 수 있었는가? 야구 산업의 꼭대기에는 올라갈 수 없지만, 마운드는 활짝 열려있었다. 각 구단은 체격이 좋고 야구 기술을 습득한 노동자들을 적극적으로 선수로 유치했다. 마침 남북전쟁 이후 흑인 노예법이 폐지되고 난 후였기에, 많은 흑인 노동자들은 돈을 벌기 위해 야구선수가 되었다. 뿐만 아니라 당시 야구선수의 임금은 일반 노동자보다 훨씬 높아서 이민자 2, 3세 프로 선수들도 많았다. 1870년대 내셔널리그 선수들의 인종과 민족은 다양했다. 그러나 이 선수들의 다양성도 1880년대에 이르러서 사라지게 된다. 그 이야기는 다음 절에서 다뤄보기로 하자.

야구라는 산업에서 선수는 노동자다. 백인도 흑인도 마운드에 설 수 있었다. 그러나 출신에 따라 일정 부분 이상으로 올라갈 수 없는 폐쇄적인 구조를 형성한다. 여기서 우리가 읽어내야 할 것은 야구 내에 존재하는 '배타성'이다. NAABBP와 NAPBBP로 갈라짐으로써 미국 사회의 엘리트, 신사, 상류층 사람들이 야구 분야에서 사라진 게 아니다. 야구 산업에서 배타성을 유지하고 싶은 전통적 상류층들은 프로선수와 자신들을 또다시 계층으로 분리했다. 프로야구팀에서 화이트칼라 회원들은 집행부가, 블루칼라 선수들은 종업원이 되었다. 야구라는 거대한 관료제의 피라미드에서 꼭대기에는 백인 상류사회의 기업가들이 자리 잡았다. 이 경영 모델은 이후 미국 스포츠 리그의 전형이 되었다.

추가적으로, 야구가 현대 스포츠의 기틀을 갖춘 중요한 시기는 아메리칸협회(AA, American Association)가 결성되며 내셔널리그를 압박한 1883년부터다. 각 구단은 양조장을 소유하며 경기장 내 맥주 판매와 일요일 경기를 허용했다. 또한 대중의 인기를 얻기 위해, 입장료도 25센트로 내셔널리그(50센트)보다 낮게 책정했다. 이런 적극적인 마케팅은 내셔널리그를 효과적으로 압박했다. 그러나 헐버트는 사업적 관점을 떠나, 내셔널리그의 유일한 목적은 상류층의 후원과 지지, 존경을 받는데 있다는 엘리트주의적인 입장을 고수했다. 1880년대까지도 상류층의 여가활동 및 친선 도모와 사회적 지위 강화라는 야구의 폐쇄적 DNA가 살아있는 것을 목격할 수 있다. 내셔널리그와 아메리칸협회의 경쟁 구도 속에서 '조직화된 야구'가 구축되었다. 즉, 입장료 인하, 맥주 판매, 일요일 경기 허용 등 현대적인 야구와 매우 비슷한 형태를 띠며, 보는 스포츠로서 야구에 대한 대중의 참여를 촉진하였고, 국가 차원의 여가 스포츠라는 야구의 위상을 공고하게 했다. 이는 1차 세계대전까지 그 형태를 유지한다.[20]

---

20    1901년, 밴 존슨(Ban Johnson)의 아메리칸 리그(AL, American League)가 NL에 정면으로 도전하기 시작하며, AL과 NL 사이에서 선수 경쟁이 심화되었다. AL 팀은 Cy Young과 Napoleon Lajoie를 포함한 NL 최고의 스타를 영입했다. 에이스 선수 이탈에도 불구하고 NL은 1901년에도 여전히 AL을 약간 차이로 앞질렀으나, 이듬해 AL은 221만 명의 팬을 NL의 168만 명의 팬을 유치했다. AL과 NL는 1903년 1월에 휴전을 선언하고 협력하는 것이 서로를 위한 최선의 이익이라고 결정했다. 이 두 리그의 공존이 바로 오늘날 메이저리그(MLB, Major League of Baseball)이다.

# 2장
# 인종과 민족 : 종주국 미국의 (치우친) 내셔널리즘

"미국에서 스포츠는 문화적, 사회적 현실에서 자유로우며 정치를 넘어선 것이어야 한다고들 말한다. 하지만 그런 목표는 달성되는 일이 드물었다. 특히나 인종 문제에 오면 더욱 그랬다. 스포츠는 미국에서 한 세기가 넘도록 인종 문제로, 피부색 문제로 얼룩져 왔다. 백인만의 희망을 찾으려는 탐색, 인종적 우월함을 뒷받침하는 철학이 극성을 부렸다. 이 나라가 인종을 바라보는 시선은 이 나라의 스포츠 역사를 좌우했다. 19세기에도 사실이었으며, 오늘날에도 틀리지 않은 사실이다."
– 알렉스 럭, 롭 럭, 『소크라테스, 야구장에 가다』

미국 사회의 거울인 야구에서 드러나는 특징은 관료제형 산업구조, 계층 간의 구분만이 아니다. 당대 유행하던 행위나 사상은 야구판에 곧바로 투영되었다. 그중 이번 장에서 중요하게 다룰 내용은 야구 관료제 꼭대기에 있는 백인 남성이 원하는 '남성적' 이미지와 사회진화론을 기반으로 형성한 미국의 내셔널리즘이다. 미국이라는 국가를 곧추세우고 강한 미국을 알리기 위한 국가적 차원의 이미지 마케팅은 마운드에도 예외 없이 적용되었다.

## 미국의 새로운 남성성을 위한 도구, 야구

앞의 장에서 우리는 미국에서 야구가 받아들여지는 과정과 산업화 됨에 따라 지배

계급과 피지배 계급이 분화하는 과정을 확인할 수 있었다. 그리고 백인 상류 사회의 남성들만 즐기는 스포츠에서 다양한 계급과 인종과 민족이 즐길 수 있는 야구가 되었다는 것도 언급했다. 본 장에서는 야구의 산업화 과정과 동시에 진행된 내셔널리즘을 통해 야구가 미국의 남성성(American Manhood)을 대표하기 위해 행했던 노력들을 살펴볼 것이다.

기원을 통해서도 알 수 있듯이, 야구는 본래 라운더스에서 파생되었다. 주로 소년·소녀들에 의해서 행해지던 운동은 미식축구나 경마, 복싱 등 빠른 스피드와 격렬한 운동들이 인기를 끌던 상황에서 경쟁력을 향상할 필요가 있었다.

스포츠사가 조지 키르쉬(George B. Kirsch)의 연구에 따르면, 타 스포츠와의 경쟁에서 살아남기 위해, 야구는 일종의 남성성을 주입해야 했다. 예를 들어, 미식축구와 비교해 보면, 야구는 몸싸움으로 만들어내는 강렬한 장면이 현저하게 적다. 키르쉬는 야구에 남성성을 주입하기 위해서 '유소년'과 '여성'의 색채를 지우는 일이 가장 먼저 진행되었다고 한다.[1] 야구는 새로운 규칙을 도입함으로써 청소년 문화의 잔상을 제거했다. NABBP에서는 호전성과 용기 그리고 신체적 능력을 보여줌으로써 성숙한 남성성을 과시할 수 있는 규칙을 제정했다. 대표적 사례가 바로 플라이 룰(fly rule)이다. 초창기 야구에서는 안전한 경기 운영을 위해 땅에 튀긴 공을 잡아 처리하는 규칙을 따랐다. 그러나 플라이 룰이라는 새 규정에 의해 야수가 공이 지면에 닿기 전 잡을 경우, 타자를 아웃시킬 수 있었다. 새롭게 도입된 규칙을 통해 선수들은 더 빠르게 뛰고, 몸을 날리는 슬라이딩을 보여주며, 흥미진진한 경기력을 보여주었다.

야구에 묻어있는 유소년과 여성의 이미지를 지우는 한편, 야구 산업의 지배층은 계급의 경계를 강화하는 텍스트를 주입했다. 신체적인 충돌을 유도하지 않는 운동이라 하더라도, 야구는 미국의 '문명화되고 성숙한 남성 문화'를 대표하는 스포츠라는 이미지를 강화했다. 당시의 야구장에서는 노동계급 선수들과 관객들이 심판으로 대변되는 권위자를

---

1    George B. Kirsch, 『The Creation of American Team Sports: Baseball and Cricket 1838-1872』 Urbana and Chicago: University of Illinois Press, 1989, pp.65-72. 김정욱, 「탈구조적 미국 스포츠사 연구의 동향과 비판」 『미국사연구』 제35권, 2012에서 재인용.

무시하고 폭력을 행사하며 폭동에 가담하는 일이 종종 벌어졌다. 이는 마운드 위에서 야구 기업가, 전문가들(백인 상류계급)과 선수와 관객들(노동 계급) 간의 갈등을 심화시켰다.

초창기 프로야구의 아이덴티티를 확립한 인물 중 하나인 알버트 스폴딩이 야구에 투영한 이미지는 대표적인 예시이다. 스폴딩은 야구를 '성장하다 만 것 같은 조그마한 기수들에 의존하는 경마'나 '반이성적이고 절제되지 못한 이민자·노동 계급의 남성성을 보여주는 복싱'과 차별하고자 했다. 야구의 경쟁력은 성숙한 남성의 육체적 힘과 전통적으로 미국 중간 계급의 덕목이었던 '절제'와 '이성'을 보여주는 것이었다. 스폴딩을 필두로 한 야구 사업가들이 만들어낸 야구의 이미지는 다음과 같다. "야구는 힘으로만 승부를 보는 '단순한' 게임이 아니라, 숫자와 통계로 승부가 갈리는 '과학적' 운동! 마운드는 절제와 이성의 공간!" 따라서, 야구를 하는 사람이나 즐기는 미국의 모든 남성은 일정 수준 이상의 매너와 이성, 교육 등을 체화된 계급이라는 인상을 만드는데 많은 노력을 기울였다. 예를 들어, 노동자계급 출신 선수들에게는 '이상적인 야구선수'가 갖추어야 할 예의범절을 가르쳤는데, 경기장에 침을 뱉지 않아야 한다는 에티켓부터 유니폼을 단정하게 갖춰 입는 것 등이 여기에 해당되었다. 조금만 턱을 괴어보면 유독 타 스포츠에 비해 야구의 유니폼은 복잡하다. 벨트, 스타킹에서부터 칼라와 단추가 있는 상의까지 엄청 챙겨 입는다. 물론, 관람 에티켓 교육은 관중들에게도 적용되었다.

계급 간의 경계에서 야구는 남성성을 새롭게 '조율'했다. 육체적으로 강인한 남성 그렇지만 신체적 능력을 과시하지 않고, 과학적이고 복잡한 룰을 체득한 성숙하고 이성적인 (교육받은) 중간 계급의 남성성 말이다. (중)상류 계층의 문화가 마운드에 톡하고 뿌려져 확산되었다. 「Baseball Magazine」 1917년 7월 호 커버 일러스트에 그려진 야구 관람객들이 왜 넥타이와 모자를 곱게 차려입고 시가를 피우며 야구를 관람했는지 이제 그 배경을 알 수 있다. [fig.1] 야구는 소년뿐만 아니라 노동 계급을 성숙한 남성에 대비되는 타자, 마운드에 오를 수 없는 이들로 만들었다.[2]

이제 우리는 맨 첫 장에서 알버트 스폴딩과 밀스 위원회가 왜 그토록 열심히 야구

---

2    Michael S. Kimmel, 「Baseball and the Reconstruction of American Masculinity, 1880-1920」 『Sport Men and the Gender Order: Critical Feminist Perspectives』 Champaign: Human Kinetics, 1990.

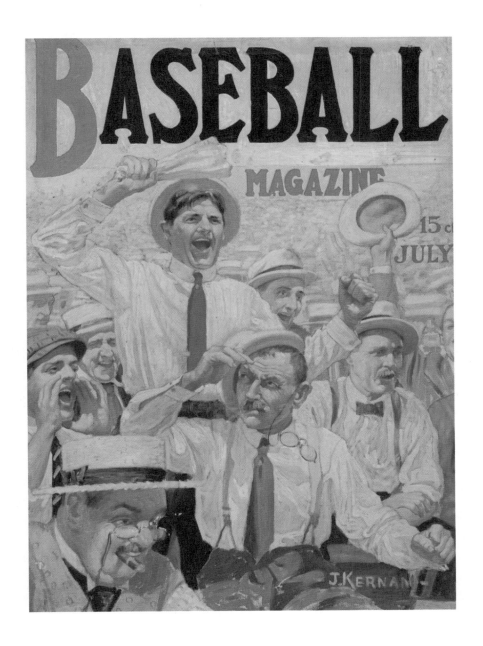

1    Joseph Francis Kernan, &lt;Baseball Magazine Cover&gt;, Oil on canvas, 86.4(h)x21(w)cm, 1917

의 기원을 '미국의 것'으로 수정하고자 노력했는지도 그 의도를 추측할 수 있다. 조금 거칠게 말하면, 원하는 이미지를 만들기 위해 제도권의 핵심 인사들과 그들이 만들어 놓은 게임 규칙, 즐기는 계급, 역사, 기원이 '수정'되고 '조작'되어 만들어진 결과가 야구의 문화가 되었다. 이제 야구에 투영된 추구했던 남성성과 그 문화에서 배제되고 탈락한 이들이 조금씩 보이기 시작한다.

## 사회진화론과 내셔널리즘의 야구 침투

> "유색인종을 지도하고 개화하는 일은 백인의 부담(White man's berdun)이다."
> – 러디어드 키플링(1865-1936)

야구가 산업으로 발전하던 시기, 미국은 공업 대국을 이룩했고, 유럽 선진국들은 자유무역에서 자국 보호무역주의로 전향했다. 왜냐하면 이미 산업의 발전을 견인했던 유럽은 1873년부터 1890년대 중반까지 과잉생산으로 인한 장기 불황을 겪고 있었기 때문이다. 이들은 잉여 자본을 투자할 새로운 마켓이 필요했다. 자연스럽게 자국의 생산품을 절대적으로 수입할 식민지 건설이 이루어졌다.[3]

유럽의 근대 제국주의를 뒷받침했던 사상이 있다. 바로 '사회진화론(Social Darwinism)'이다. 이는 찰스 다윈(Charles Darwin, 1809-1882)의 자연선택론에 기초한 생물학적 진화론에서 비롯되었다. 『종의 기원(1859)』에서 다윈은 환경에 유리하게 적응하는 유기체가 생존에서 더 큰 기회를 얻는다는 자연선택론을 처음 소개했다. 생존할 능력이 더 뛰어난 유기체는 자손에게 유리한 특징을 물려주고, 스스로 번영할 방도를 구하지 못한 종은 멸종한다는 이론이다. 다윈의 진화론은 창조론이 주류였던 당대 과학계와 사회에 큰 충격을 주었다.

다윈은 두 번째 저서 『인류의 유래와 성 선택(1871)』에서 진화는 단체 생활을 통해 얻은 효율적인 경험이 축적되어 쌓이고, 기록으로써 후대에게 전달되며 이루어진다고 밝혔다.[4] 같은 조상에게서 출발했지만, 유인원과 인간의 진화된 정도의 차이는 협동심과 학습 능력, 문화의 축적 유무에 따라 결정되었다. 이 책에서 다윈은 동시대 미국의 상황

을 언급한다 : "미국과 미국인의 환상적인 진보는 지난 300여 년간에 거쳐 유럽의 각 지역으로부터 이주해온 뛰어난 사람들이 만든 자연 선택의 결과이다. 가까운 미래를 예측해 볼 때 앵글로 색슨의 위대한 물줄기가 서부로 나아가고 있는 것은 자명한 이치일 것이다."[5] 다윈은 한창 철로를 놓으며 서부를 개척하던 미국의 행보가 유럽과 북아메리카인의 생존에 유리한 특질이 발현된 결과라고 생각했다. 여기서 유럽인과 북아메리카인은 문명화된 존재, 아메리카 대륙의 원주민은 '미개인', '진화가 덜 된 존재'로 묘사했다. 인간 기원의 과학적 연구 토대를 마련한 뛰어난 통찰력을 지닌 과학자도 자신을 둘러싼 인종차별적, 성차별적 관습과 통념에서는 벗어나지 못했다.[6]

찰스 다윈이 자연에서 발견한 자연선택론은 (그가 원하지 않았더라도) '인종'과 '민족'에 적용되며 사회진화론으로 숙성되었다. 사회적 다윈주의자들은 유럽과 북아메리카는 문명을 상징하며, 그 외의 지역은 야만을 대표한다는 믿음이 만연했다. '강한', '백인', '인종'은 그렇지 못한 무지한 인종을 지배하고 개화할 권리가 있다고 믿었다. 그것이 자연의 선택이었다.

영국의 철학자인 허버트 스펜서(Herbert Spencer, 1820-1903)는 진화론을 사회에 적용했다. 진화가 우리가 살고 있는 세상의 제1원리라고 생각했던 스펜서는 인간이 살아가는 사회에도 강한 사람만이 살아남을 수 있다는 '적자생존론'을 주장했다('적자생존'이라는 말을 주조한 사람은 다윈이 아니라 스펜서).

스펜서는 신자유주의를 지지했다. "더 힘센 동료들과 경쟁하다가 병을 얻어 힘을

---

3    제국주의를 어디서부터 볼 것인가에 대한 의견은 학자마다 다양하다. 이 장에서 말하는 제국주의는 '18세기 이후의 제국주의', 즉 '근대 제국주의'로서 자본주의 열강들이 아시아, 아프리카 등에서 식민지를 확장하고 자원 공급처 및 판매 시장 역할을 분담했던 체제를 말한다.

4    이 책에서 다윈은 포유류가 하나의 비슷한 유기체에서 유래했다고 주장했다. 인간은 동물, 가장 최근에 고도로 진보한 영장목에서 진보해 나왔다. 다윈은 일단 '인간'으로 진화하면 자연 선택은 그들의 발전에서 역할이 한결 줄어든다고 했다. 제도를 발전시키고 종교를 만들어내고 안정적인 가족 단위를 구성하는 것 같은 '문화적 진화'가 이루어진다고 믿었기 때문이다.

5    강택구, 「19세기 후반기 미국 사회의 인종주의에 대한 검토」, 『다문화콘텐츠연구』 제28권, 2018, p.10-11.

6    조승한, "찰스 다윈의 '인간 유래와 성 선택' 150주년, 현대 과학이 평가하다", <동아사이언스>, 2021.05.21.

쓰지 못하게 된 노동자는 결과적으로 더 궁핍해져야 한다. 사느냐 죽느냐 기로에 놓인 버림받은 과부와 고아들은 고생을 피할 수 없다"[7]라는 신념 아래, 피할 수 없이 겪게 될 고난이라면 약자나 열등한 자를 보호할 필요가 없다고 주장했다. 경쟁에서 패한 이들은 개인이 열등하고 게을러서 도태되었기 때문에 정부의 복지 정책은 이들을 더욱 게으르고 해이하게 만든다. 현재의 위치는 유전적인 우·열성으로 결정된 것임으로 문명화된 계급은 미성숙한 하위 계급을 지배하는 것이 당연했다. '계급'의 자리에 '인종'을 대입하면 제국주의에 당위성을 부여한다. 고차원적으로 진화한 백인이 미성숙한 하급 인종을 지배하는 것은 문명화된 이들의 '자애로운 과업'이었다.

1880년대, 사회진화론이 미국 본토로 수입된다. 미국의 정재계는 환영했다. 미국은 철도 붐이 일어난 1850년대부터 전 세계 최고의 공업 대국이 된 1890년대까지 미국은 소수의 산업 자본가(대기업)에 의해 발전하고 있었다.[8] 또한, 정부는 소수의 기업가에게 대출이나 보조금, 토지 무상임대 등의 혜택을 몰아주었다. 당대 활동하던 미국의 자본가는 록펠러, JP 모건, 철도왕 코렐리우스 밴더빌트, 스탠더드 오일, 담배왕 워싱턴 듀크 등으로 지금도 낯설지 않은 이름이다. 거대 자본에 의한 대량 생산과 정경유착된 경제체계는 점점 더 큰 몸집의 기업을 만들어 냈다. 빠른 발전의 이면에는 노동자의 희생이 있었다. 그러니 사회적 다원주의는 노동 계급의 불만을 잠재울 수 있는 이론적인 수단이었다. 부유한 소수의 경제·정치 집단은 우성의 DNA를 가지고 있었기 때문에 부와 권력을 추적할 수 있고, 사회적으로 그렇지 못한 계층을 '지배'할 수 있다는 당위성을 제공해 주었기 때문이다. 이러한 사상은 유력 정치인에게는 해외 식민지를 개척하기 위한 이데올로기적 수단으로 악용되었다. 정치에 이어 학계에서도 통용되며 자연스레 미국 대중들에게 이식되었다. 사회진화론은 미국 전역으로 퍼져갔다. 성공과 이득을 대변해 줄 유용한 이론을 발판 삼아 사회적 차별이 용인되었다. 그리고 곧 아프리카계 미국인이 백인과 비교해서 얼마나 형편없는지에 대해서 논하고, 아일랜드계 미국인을 '흰 검둥이'로 지칭하면서 차별을 정당화하는 데 노력을 쏟아부었다.

한편, 국제적인 범주에서 미국은 세계를 고려해야 했다. 산업과 기술의 진보가 이끌어낸 미국의 자부심이 항공모함이라면, 여기에 사회적 다원주의라는 연료를 채웠다.

이제 아프리카와 아시아 등 새로운 시장으로 항해를 시작한다. 다른 배에는 강인한 미국의 이미지를 태워 유럽으로 향했다. 미국의 뿌리, 앵글로 색슨족의 우월함을 광고하기 위해 많은 사업가는 '야구'를 선택했다. 외교적·상업적 도구로써 행해진 알버트 스폴딩의 월드 투어(1888-1889)도 국제적 스포츠 제국을 형성하고자 했던 배경에서 기획되었던 것이다. 같은 맥락에서 언론은 월드 투어에서 돌아온 선수들을 "미국의 남성성을 갖춘 글래디에이터"로 치켜세웠다.[9]

야구는 국경 밖에서 미국의 떠오르는 남성성을 광고하는 유일무이한 스포츠이자, 국경 안에서는 앵글로 색슨족 이외의 이민자를 가르는 기준이 되었다. 미국 내부에서는 일자리를 찾기 위해 미국으로 온 이민자에게 적대적인 여론이 형성되고 있었다. 미국의 정체성이 탁해진다는 염려에서였다. 이러한 인종적·민족적 감수성의 변화에 따라 마운드에서 타자화되는 집단이 결정되었다.

1880년대, 사회적 다윈주의하에서 '백인(앵글로 색슨족)', '남성', '크리스천'이 사회 지배의 정당성을 갖는 계층이 되었다. '백인', '남성', '크리스천'의 카테고리에 속해야 진정한 의미의 미국인으로 여겨졌다. 이것이 미국의 한쪽으로 치우친 내셔널리즘이다. 이제 야구는 진정한 미국인의 스포츠로써 기능해야 했다. 카테고리에 걸맞은 집단에게 서비스하며, 야구는 미국 문화를 이식시키는 미국화의 도구가 되었다. 이제부터 '야구를 할 수 있는가 없는가'의 구분은 미국 사회 속에서 '미국인'으로서 인정받는가의 여부와 궤를 함께한다. 세 가지 필터에 속하지 못한 이들은 점차 마운드 밖으로 밀려난다.

---

7    알렉스 럭, 롭 럭, 「흑인야구, 사회적 다윈주의의 모순을 고발하다」 『소크라테스, 야구장에 가다』 문은실 역, 미다스북스, 2013, p.245에서 재인용.

8    당대 최고 수준의 공업 생산 능력과 산업 자본이 더해진 1890년대 미국은 영국의 공업 규모를 넘어서 세계 제일의 공업 대국이 되었다.

9    Debra A. Shattuck, 『Bloomer Girls: Women Baseball Pioneer』 Urbana, University of Illinois Press, 2017, p.94.

## 마운드에서 쫓겨난 2등 시민 흑인 (+ 경계 위의 이민자)

　미국 북부지역에 거주하던 노동자 계급의 흑인들은 자유롭게 야구를 즐겼다. 남북 전쟁 이후, 노예제가 폐지되고 남부지역의 흑인들도 야구를 시작했다. 내셔널리그의 소속 선수로도 활동하였으며, 이후 메이저리그와 마이너리그에서도 선수로 뛰었다. 하지만 1876년 제정된 '짐 크로 법'[10]은 흑인들을 점점 야구팀에서 제명시키기 시작했다. 미국 내 응어리진 인종 간의 구분과 인식이 앞으로 야구에 어떤 영향을 미치는지, 이 2등 시민의 서사를 살펴보기 전에 잠깐 살펴보아야 할 또 다른 타자 그룹이 있다. 바로 아일랜드계 미국인이다.

　1870년대 프로 야구선수의 범주는 중간 계급의 백인, 노예에서 해방된 아프리카계 미국인, 아일랜드계, 독일계 이민자 등 다양했다. 특히 이민 가정 출신 선수들은 프로야구에서 중요한 역할을 맡았다. 1880년대 초반, 내셔널리그의 62%의 선수는 아일랜드와 독일 이민자의 후손이었다.[11] 앵글로 색슨족이 아닌 켈트족의 그들이 어떻게 마운드에서 활발하게 활동할 수 있었을까?

　19세기 내내 유럽에서 많은 이민자가 미국으로 유입되었다. 제조업과 해운업이 발전하고 있을 무렵인 1830년대 수많은 이민자들이 '아메리칸드림'을 꿈꾸며 미국으로 왔다. 누구나 성실하게 일하면 성공하리라는 믿음. 1845년 발생한 아일랜드 대기근을 피해 수많은 아일랜드의 국민은 살기 위해 미국으로 향했다. 주로 야구가 발전하고 있던 미국 북동부에 정착한 이민자들은 자연스레 야구를 접했다.

　1880년대에 부상한 사회적 다윈주위와 미국의 남성성('앵글로 색슨', '백인', '크리스천')에 속하지 않은 이민자들은 곧 야구 문화에서 배격 대상이 되었다. 그러나 프로야구 구단주들은 이민 가정 출신 선수를 배제시켰더니 수익이 줄어들었다는 것을 즉시 확인하였다. 노동자 계층과 여러 민족으로 구성된 야구 관중에게는 애향심을 공유할 수 있는 선수를 향한 팬심이 두터웠기 때문이다. "팬심은 곧 돈", "이민자 출신 선수는 곧 구단의 수익"이라는 공식을 깨달은 야구 산업의 수뇌부는 곧바로 이민자 혹은 이민 가정의 1, 2세대를 마운드에 선수로서 설 수 있게 장려했다.[12] 그 결과, 1910년대 중반에는 메이저리그의 16명의 구단주 중 13명이 아일랜드계 미국인이었다. 뉴욕 자이언츠의 존 맥그로

(John McGraw)라는 야구선수 출신 감독과 필라델피아 애즈의 선수 출신 감독 코니 맥 (Connie Mack)이라는 거물들이 등장한다. 물론 둘 다 아일랜드계 이민 가정 출신이다. 1900년대에 이르러서는 폴란드, 이탈리안, 동유럽 유대인 등 다양한 이민자 가정의 남성이 야구를 즐길 수 있게 되었다(미국의 남성성 중 백인의 카테고리만 확장된 것이다). 야구는 사회적으로 '미국인'이 될 수 있는 수단이 되었다. 대중은 야구의 규칙과 문화가 미국인으로서 공유해야만 하는 일종의 바이블로 여겼다. 다채로운 민족을 하나의 미국으로 묶어주는 것도 야구의 역할 중 하나가 되었다.

이 시기의 문화·예술은 마운드 속 이민자 야구선수의 영웅적인 서사를 홍보하는 수단이 되었다. 어니스트 테이어(Ernest Thayer)가 1888년에 쓴 시 『Casey at the Bat』의 주인공 '케이시'는 아일랜드계 미국인으로서 가상의 도시 '머드빌 나인(Mudville Nine)' 야구팀 소속 선수이다.[13] [fig.2] 모든 이의 사랑을 받는 스포츠 스타인 케이시는 뛰어난 실력과 결점이 공존하는 캐릭터로 묘사된다. 이 시는 완벽한 영웅의 이야기가 아니라 인간적인 서사를 만들어 냈다고 평가된다. 결점을 깨달은 케이시가 다음엔 자신의 단점을 넘어설 것을 예상하게 만들기 때문이다.

이 시는 1888년, 신문에 처음 연재되고, 같은 해 배우이자 연극 제작자 드월프 호퍼의 눈에 들어 뉴욕 맨해튼에서 낭송되었다. 이후 할리우드 영화로도 개봉되고, 1946년엔 디즈니에서 애니메이션으로도 제작되었다. 미국인들이 야구선수 케이시에게 어떤 의미

---

10  1876년 공화당 대통령 후보 헤이즈가 당선되기 위해 남부에 주둔한 연방군을 철수하고, 흑인 민권을 위한 주법 제정을 모두 포기했다. 즉, 대통령이 되기 위해 공화당의 평등이라는 DNA를 모두 버렸다. 아프리카계 미국인은 새로운 헌법으로 보장받던 투표권 등 모든 권리를 다시 빼앗기며, 2등 국민으로 전락하게 되었다. 1876년부터 약 한 세기 동안 백인과 흑인을 인종으로 분리하는 짐 크로 법이 탄생한다.

11  John. P. Rossi, 「Baseball and American History」『Pennsylvania Legacies』 vol.7, no.1, 2007. p.36.

12  Debra A. Shattuck, 『Bloomer Girls: Women Baseball Pioneer』 Urbana, University of Illinois Press, 2017, p.94.

13  시놉시스를 간추려 보자면, 케이시는 5,000여 명의 관중에게 승리를 가져다줄 것이라는 기대를 한 몸에 받는 야구 영웅이다. 케이시가 타석에 등판하기 전, 아무도 기대하지 않았던 두 명의 타자가 안타를 치며 출루했다. 4-2의 스코어로 지고 있던 'Mudville Nine'팀과 관중은 케이시의 홈런을 기대한다. 자신만만하게 공을 속아내던 케이시는 두 번의 스트라이크를 맞았고, 그때까지도 여전히 자신감을 유지하던 케이시는 결국 마지막 이닝에서 삼진 아웃을 당하며 팀은 패한다. 해당 시는 1888년, 『The San Francisco Daily Examiner』 6월 3일자 신문에 실렸다.

2    Dan Sayre Groesbeck(1878-1950, illustrator), 『Casey at the Bat』, Chicago, A.C. McClurg & Co., 1912,
     ©New York Public Digital Library

를 부여하는지 알 수 있는 기록들이다.[14] 그 때문에 작가가 케이시를 만들어 내기 위해 참고했던 실존 인물이 누구냐에 대한 관심이 집중되었고, 많은 선수가 자신이 케이시의 본캐(The real Casey)이길 원했다. 이러한 시각화의 과정을 통해 이민 가정 출신 야구선수는 야구계의 스타로서 받아들여졌다. 물론 그 속엔 야구를 즐기는 수많은 이민자 출신 노동자(와 그들이 지불하는 돈)를 놓치지 않으려는 내막이 있었지만 말이다. 이렇듯 야구의 역사에서 아일랜드계 미국인의 경우는 '미국의 남성성'에 포함되지 않더라도 경제적 이익이 있다면 언제든 마운드의 문을 열어주었다는 것을 방증한다.

야구는 이민자들에게 미국의 가치와 문화를 가르치며 자애롭게 미국인으로 감싸 안았지만, 아프리카계 미국인에게 마운드의 벽은 높았고 문은 단단히 잠겼다. 아프리카계 미국인을 잘라낸다는 것은 흑인들이 미국의 이상에 도달할 재목이 아니라는 뜻을 함유한다. 남북전쟁 이후, 아프리카계 미국인의 최애 스포츠는 야구였고, 실력을 입증하는 프로 선수들이 전국에서 활동하고 있었지만, 그와는 상관없이 1880년대를 기점으로 천천히 메이저리그와 마이너리그의 마운드에서 쫓겨났다. 차별하는 자들에게는 스포츠의 차별을 정당화할 이론적 설명이 불가피하다. 알란 레비(Alan H. Levy)의 저술에 따르면 이 현상은 구단주와 야구팬 그리고 (백인) 선수들의 인종적인 예민함이 사회적인 차별과 합쳐진 결과였다. 언론은 이러한 변화를 충실하게 반영해 '인종을 부각하는 기사'를 작성하기 시작했다. 예를 들어, 이전에는 '어두운 피부를 가진 선수'라고 작성됐던 기사들에 이 시기부터는 'N'이라는 스펠링 하나만 쓰였다.[15] 아프리카 출신의 흑인을 낮게 지칭하는 단어인 'Negro'의 첫 글자다.

은근하게 진행되던 흑인 선수 퇴출은 결국 1887년, 흑인 투수 조지 워싱턴 스토비(George Washington Stovey, 1866-1936)[16]가 인종차별의 대상이 되며 주목받았다. 인기 백인 선수 캡 앤슨이 흑인 선수를 명단에 올린 팀하고는 시범경기조차도 거부하겠다고 선언했기 때문이다. 이 일이 메이저리그에서 흑인 선수들을 들이지 않는 정책의 시발

---

14    애니메이션은 다음의 기사에서 볼 수 있다. Chris Landers, "Who was the inspiration for 'Casey at the Bat?': finding the real hero of Mudville nine", <MLB>, 2020.03.27.

15    Debra A. Shattuck, 『Bloomer Girls: Women Baseball Pioneer』, Urbana, University of Illinois Press, 2017, p.94.

점이 되었다.

아프리카계 미국인 야구선수를 연구한 알렉스 럭과 롭 럭은 다음과 같이 이야기한다 : "이 시기에 미국 흑인들은 남부 전역에서 투표권을 빼앗기고 정신을 차리지 못할 만큼 빈번하게 린치를 당하는 판국이었으므로, 스포츠에서 내쳐지는 것은 가장 절박한 불만 축에 끼지도 못했다. 그러나 미국의 스포츠 조직에서 이루어지는 노골적이고 어이없는 인종 차별은 이 나라가 아프리카계 미국 시민들을 바라보는 관점에도 영향을 미쳤다. 흑인들이 리그에 없다는 것은 흑인들이 열등하다는 가정을 강화시켰다. 분리주의는 흑인들에게 백인이 우월하다는 철학을 분쇄할 틈조차 주지 않았다. 경쟁에 뛰어들지 못하면 이길 수도 없다."[17]

비공식적인 추방에 대응하여, 흑인 선수들은 자기들끼리 경합하는 작은 리그를 결성했다. 교회와 잡화점, 식료품점, 신문사 같은 지역 조직에서 꾸린 팀들이 참여했다. 그리고 1920년, 앤드루 포스터(Andrew Rube Foster)가 니그로내셔널리그(NNL, Negro National League)를 결성했다.[18] 리그에 속한 여덟 개의 클럽은 북부 도시에 연고지를 두고 있었다. 메이저리그에서 뛸 수 없다면 자신들의 마운드를 만들어 보겠다는 시도였다.

미국의 흑인들은 사회적 다원주의를 아무리 거부해도 그 영향력에서 자유로울 수 없었지만, 1920년대에 NNL이 설립할 수 있었던 배경에는 '학문'과 '운동'이 있었다. 20세기 초반에 이르러서 다양한 사회철학이 흑인 사회에 자리 잡게 되었는데, 특히 자립과 흑인 의식, 흑인 자결주의를 강조했다. 이 지적인 흐름은 흑인 문화와 다양한 흑인들의 사업, 사회 조직을 튼튼하게 뒷받침해 주면서, 흑인들로 구성되고 운영되는 야구 리그를 만들 수 있는 힘이 되어주었다. 지성인과 활동가들의 결합이 버무려져 인식과 제도의 발전을 견인한 것이다(우리가 턱을 괴는 이유와도 맞닿는 지점).[19] 그렇게 1920년대 스포츠의 황금기에 맞게 NNL이 설립될 수 있었다. 이때는 경제가 발전하고 근무시간이 줄어든 덕에 레저를 즐길 시간이 늘었으며, 라디오가 대중문화를 혁명적으로 이끈 시대였다. 그러나 NNL은 세계 대공황[20]을 겪으며 주춤했고, 1933년 피츠버그를 중심으로 재결성된다. 피츠버그는 사회적 다원주의의 상징인 앤드루 카네기(Andrew Carnegie)[21]의 고장인 동시에 1900년대부터 흑인 실업 야구팀의 활동 무대였다.

카네기의 홈스테드 워크스에서 일하던 흑인 노동자들은 1900년에 노동자 야구팀을 결성했다. 이중 컴벌랜드 포지 주니어가 외야수로 '그레이스 클럽(Grace Club)'에서 뛰었고, 훗날 이 팀의 감독이자 구단주가 되었다. 포지는 그레이스를 지역 최고의 흑인 구단으로 일구어냈다. 곧 미국 전역과 카리브해 국가들에서 선수들을 모았다. 그레이스는 미국 야구에서 최고 수준의 구단이 되었다. 물론 NNL 소속 팀이었다.

1926년, 그레이스에 대항하는 팀, '크로포드 배스 하우스(크로포즈, Crawfords)'가 탄생했다. 이 구단은 유럽 이민자들과 남부에서 온 이주자들이 도시 생활에 적응하는 것을 도왔다. 1930년에 거스 그린리를 구단주로 맞이하며, 크로포즈는 2부 NNL에서 실력을 입증했다. 그 유명한 투수, 사첼 페이지(Satchel Paige, 1906-1982, 이후 메이저리그 소속 흑인 투수)가 이 팀에서 활동했다.

---

16  왼손잡이 투수인 조지 워싱턴 스토비는 1886년 20세의 나이로 마이너 1순위를 기록하고 두 시즌 동안 50승을 거두며 압도적인 경기력을 보였다. 그는 300개 이상의 삼진을 잡았고 각각 1.13과 2.46의 뛰어난 자책점을 기록했다. 입증된 실력에도 불구하고 스토비는 야구 경기 운영진과 상대 선수가 피부색 때문에 그를 거부했기 때문에 마운드에 설 수 없었다. 스토비는 백인 마이너 리그에서 완전히 밀려났다. 'Society for American Baseball Research(SABR)' 홈페이지 참조. SABR의 <19세기 위원회(Overlooked 19th Century Base ball Legends)> 프로그램은 역사적으로 간과된 19세기의 야구인을 매년 선정·연구하고 있다. 특히 아프리카계 미국인 야구선수와 여자 야구팀에 대한 기록물을 다수 소장하고 있다.

17  알렉스 럭, 롭 럭, 「흑인야구, 사회적 다원주의의 모순을 고발하다」『소크라테스, 야구장에 가다』 문은실 역, 미다스북스, 2013, p.242.

18  펠롬 맥데니얼스 3세, 「니그로리그에서 아메리칸 드림을 엿보다」『소크라테스, 야구장에 가다』 문은실 역, 미다스북스, 2013, pp.261-265.

19  첫 번째 예는 프란츠 보아스이다. 그는 인류학이 인종차별적인 가정에 지배받고 있다고 공개적으로 고발했다. 그는 흑인들이 더 높은 문명에 도달할 수 없다는 주장을 증명할 증거는 어디에도 없다고 역설했다. 두 번째는 마커스 가비이다. 자메이카 출신의 가비는 흑인 민족주의 운동을 시작했다. 1919년 미국과 카리브해 국가들과 라틴 아메리카를 아우르는 세계흑인발전연합을 설립했다.

20  대공황(The great depression)은 1929년 미국을 중심으로 발생한 세계적인 경제 공황을 이른다. 1920년대 후반부터 1930년대까지 세계를 강타한 경제 침체 현상이었으며, 금융 시장의 혼란과 대규모 실직 사태가 일어나 당시 서구 자본주의 사회 체계를 뒤흔들어버린 사건으로 평가된다.

21  Andrew Carnegie(1835-1919), 스코틀랜드계 미국인. 록펠러 등과 함께 19세기 미국 산업계를 대표하는 기업가. 기차역에서 심부름하던 이민자 소년이 근성으로 초대형 철강회사 홈스테드 워크스의 CEO까지 올라간 아메리칸드림의 대표적 인물.

두 팀은 흑인 사회의 든든한 정신적 지주 역할을 수행했다. 또한 그 지역의 백인 야구팀에게 매번 연습경기, 시범경기의 초대를 받았다. 그레이스는 NNL에서 9회 연속 우승 (1937-1945)을 거머쥐며 실력으로 흑인 사회에 자신감을 불어 넣었고, 크로포즈의 거스 그린리는 미국의 흑인들이 자신들의 조직을 만들고 평등을 쟁취하려는 노력을 야구로써 밀어붙였다. 두 팀은 선수와 감독뿐만 아니라, 심판과 행상인들까지 모두 흑인인 독자적인 클럽이었다. [fig.3] NNL리그는 사회의 다른 부분에서는 결코 드러내지 못할 방식으로 아프리가계 미국인의 경쟁력을 증명했다. 야구는 흑인의 집단적 자기 정체성을 확립하는 데 중요한 역할을 했다. 야구는 사회 계층, 피부색에 따른 분리, 남부에서 온 이주자들과 북부 태생들 사이의 분열로 어려움을 겪던 흑인 공동체의 응집에 힘이 되었다. 그리고 메이저리그에서는 여전히 배척받았으나, 빈터에서 열리는 경기나 니그로리그와 백인 구단들 사이에 열린 경기는 인종 간 교류를 촘촘하게 엮어냈다.

사회적 다윈주의는 흑인 선수들을 체력적으로 열등하고 리더의 자격이 없다는 근거 없는 설을 퍼트렸다. 하지만 아프리카계 미국인 선수들은 NNL의 경기를 통해 실력과 리더십을 입증했다. 메이저리그보다 턱없이 부족한 후원금과 경제력을 넘어서는 끈끈함 유대감도 함께 선보였다. 켜켜이 쌓아 올린 흑인 야구의 힘은 결국, 흑인 금지를 강제한 사실을 오랫동안 부인해온 메이저리그의 벽을 허물었다. 1945년 10월, 브루클린 다저스가 한 흑인 유격수와 계약을 맺었다. 그 선수가 바로 흑인 차별 제도를 넘은 최초의 선수 재키 로빈슨(Jackie Robinson, 1919-1972)이다. [fig.4] 그는 1947년 메이저리그 신인왕에 오른다.

통합의 영향은 매우 컸다. 42살에 메이저리그에 입성한 사첼 페이지부터 래리 도비, 몬트 어빈 그리고 어니 뱅크스, 헨리 아론…. NNL에서 최고의 실력을 뽐내던 젊은 선수들까지 메이저리그에 줄줄이 영입되었다. 그동안 힘을 강조했던 메이저리그는 빠른 발이 장점인 NNL 흑인 선수들을 받아들이면서 힘과 스피드가 모두 결합된 야구로 변모했다.

반면, 1950년대에 이르러서 NNL은 최고의 젊은 선수들과 팬을 빼앗기며 기울어갔다. 흑인이 운영하던 스포츠는 자연히 사라져갔고, 흑인 구단주와 감독들 역시 자취를 감추게 되었다. 1945년에 공식적으로 흑인 선수를 마운드에 받기 시작해 1980년대까지 메이저리그에서 뛰는 흑인 선수들은 가파르게 상승했다. 흑인이 백인에 비해 인종적으로 열등하다던 사회적 다윈주의는 아이러니하게도 흑인들이 유전적으로 운동에 유리하다고 주장하기 시작했다.

그러나, 1980년대 이후, 야구에 참여하는 흑인 인구는 감소한다. 그 원인은 야구의 고질적인 구조 문제에 있다. 먼저, 타 스포츠보다 장학금 제도나 야구 정책이 흑인 선수들에게 유리하지 않기 때문에, 스포츠를 꿈꾸는 학생들은 야구를 할 바에는 풋볼이나 농구를 선택했다.

둘째로는 야구 산업에는 여전히 인종과 계급의 레이어가 존재하기 때문이다. 2021년, 글로벌 스포츠 연구소(Global Sport Institute)의 현장 연구에 따르면, 메이저리그 매니저는 대부분 백인이며, 유색인종 매니저는 경력이 더 많아도 고용되기 더 힘든 구조라

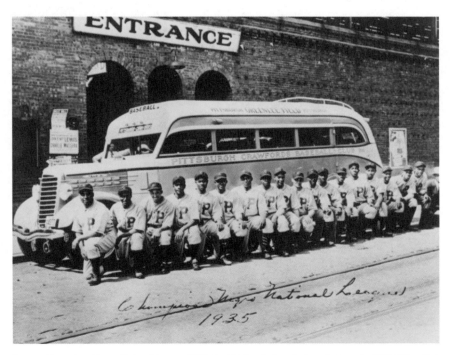

3    <Champions Negro National League, 1935, the Pittsburgh Crawfords>, photograph, 1935 ©New York Public Digital Library

4    Austin Hansen, <Brooklyn Dodgers infielder Jackie Robinson outside the team's dugout at Ebbets Field,
Brooklyn, New York, with centerfielder Duke Snider (at left in dugout) and pitcher Preacher Roe (sitting
at right in dugout)>, photograph, 1950 ©New York Public Digital Library

고 한다.[22] 1970년대, 인종차별 철폐 운동가들은 흑인 프로 '야구선수'에게만 마운드의 문을 여는 것이 다가 아니라고 경고해왔다. 감독, 코치, 심판, 저널리스트, 기록관, 구단주 등 야구 문화의 다양한 직업군에 모두 흑인이 진입할 수 있어야 야구 문화 내 잔재하는 유색인종에 대한 차별이 없어질 것이라고 주장했다(성 평등 올림픽으로도 불렸던 2020 도쿄 올림픽의 문제점 역시 비슷하다. 한 전문가는 IOC 집행위원부터 감독, 코치, 심판 등의 모든 직책에 성 평등이 도래해야 한다고 강조한다[23]).

슬프게도 이 주장은 새롭지 않다. 약 50여 년 전인 1974년, 「Sporting News」의 에디터 존슨 스핑크(C.C. Johnson Spink)는 흑인 MLB 감독의 부재가 미칠 암울한 미래를 정확히 예측했다. 흑인 감독의 부재는 흑인 선수의 감소라는 결과를 가져왔다. 스핑크는 1970년부터 5년간 드래프트된 아프리카계 미국인 선수의 수가 40%에서 약 15%로 크게 줄었다는 점을 지적했다. 또한, 통계적으로 흑인 선수가 백인 선수의 실력을 능가했다고 도 기록했다.[24] 이 기사는 야구 내에 여전히 존재하는 인종적 레이어를 보여준다. 선수는 할 수 있지만(왜냐면 잘하니까), 감독의 자리까지는 올라갈 수 없었다. 한 집단에 다양성 이 없으면 그 결과가 어떻게 되는지 야구가 보여주고 있다. 산업 구조 내 윗선에 아프리 카계 미국인을 대표하는 인물이 없으면 제도적 미래를 그리는 장소에 흑인들이 배제되는 결과를 낳게 된다.

흑인 야구 역사가 닐 설리번(Neil J. Sullivan)은 1920년에 형성된 야구의 '경쟁 신화(The myths of competition)'는 인종적으로 조작된 것이며, 특히나 야구는 인종적인 영향을 많이 받았는데, 그 원인은 야구가 MLB라는 단일 조직으로만 운영되기 때문이라고 한다(앞 장에서 확인한 야구라는 문화에 내재된 폐쇄적인 DNA와 맞닿는 부분이다). 야구와 스포츠 연구를 통해 설리번은 자유 경제 시장이 실제로 자유롭다고 생각하는 이

---

22   Lou Moore, "Major League Baseball Had a Chance to Stop the Drain of Black Players From Baseball. It Didn't.", <Global Sport Matters>, 2021.10.06.

23   문화다양성즐기기, "[문화다양성 인터뷰] 누구에게나 스포츠를 권하는 세계를 꿈꿉니다(함은주 전 하키선수)", <문화다양성아카이브>, 2021.09.23.

24   Lou Moore, "Major League Baseball Had a Chance to Stop the Drain of Black Players From Baseball. It Didn't.", <Global Sport Matters>, 2021.10.06.

들에게 또한 스포츠가 능력과 실력으로 재편된다고 믿는 이들에게 충고한다. 가치 있는 것에 제 자리를 찾는다는 생각이 얼마나 순진한 믿음인지를 폭로하면서 말이다.[25]

      1970년대, MLB의 약 20%를 차지하던 흑인 야구선수는 현재(2021년 기준) 8%이다.[26] MLB 30팀 중, 흑인 단장이 있는 곳은 단 2곳이다. 짐 크로 법이 폐지된 지 57년이 되었다. 마운드는 유색 인종의 장벽이 무너졌다고 할 수 있는가에 대해 턱을 괴어봐야 한다.

---

25    Neil J. Sullivan, 「Baseball and Race: The Limits of Competition」 『The Journal of Negro History』 vol.83, no.3, 1998, pp.168-177.

26    Peter O'Dowd, Camila Beiner, "Black Players In Baseball Make Up Less Than 10% of The Sport Today. Why?", <WBUR>, 2021.08.27

# 3장
# 젠더 : 여자 야구, 최초'들'과 이미지의 공백[1]

"역사를 통틀어 야구는 한 번도 남성의 스포츠였던 적이 없다."
- 레슬리 히피(Leslie A. Heaphy, 2007)

미국의 역사학자 거다 러너(Gerda Lerner, 1920-2013)[2]는 '보상 역사(Compensatory history)'의 개념을 주장한다. 이는 1970년대부터 시작된 미국의 역사학계의 경향으로, 오랫동안 여성 서사에 귀 기울이지 않았던 역사학계가 일종이 속죄처럼 몇몇 괄목할 만한 인물을 역사에 끼워 넣는 연구 동향을 뜻한다. 그러나, 거다 러너는 삽입 과정에서 역사가 여성을 다루는 방식이 왜곡되는 것을 지적한다. 왜냐하면 남성이라는 주 관찰자/기록자의 렌즈를 통해 보이는 여성의 경험과 서사는 온전한 상으로 맺히는 것이 아니라, 굴절되어버리기 때문이다.[3]

'보상 역사'는 여자 야구에도 그대로 투영된다. 여자 야구 역시 남성이 메인으로 정의되는 야구 세계에서 일종의 '보상'이었다. 1970년대부터 야구사 연구의 한 챕터 정도가 여자 야구에 할애되는 것처럼 말이다. 보상이 아닌 '진실한 역사(true history)'를 찾기 위해서는 먼저 야구하는 여자들이 누구인지, 그들에게 야구가 어떤 의미였는지를 파악해야 한다. 또한, '남성이 정의하는 세계'인 야구에서 여자 야구선수의 역할이 무엇인지 찾아야 한다. 질문에 답을 구하기 위해서는 남성적 특성과 열망으로 세워진 전통적인 사회에서 여성이 어떻게 기능했는지를 살펴보는 것이 선행되어야 한다.

1장에서 밝힌 것처럼 태초의 야구는 소년, 소녀 누구나 즐기는 스포츠였다. 2장에서 살펴본 것처럼 야구의 '남성화'가 진행될 때, 청소년을 포함해 이민자와 아프리카계 미국인은 모두 마운드 밖으로 밀려났다. 타자화되는 과정에는 당연히 '여성'도 포함된다. 여성은 '왜' 그리고 '어떻게' 배제되었을까? 그리고 '진짜 역사'를 기록하기 위해 우리는 어떤 렌즈를 탑재해야 할까. 미리 걸어간 이들의 경험과 기록에 기대어 그 답을 구하려 한다.

---

1   여자 야구를 주제로 삼은 연구의 계보는 다음과 같다. 영화 <그들만의 리그>가 개봉한 1992년 전후를 기점으로 재조명되었다(1970년대 이전에는 야구사 연구에서 여자 야구는 언급되지 않는다. 이후 짧은 문장이나 단락으로 논의되기 시작했다).

- (1989) Debra A. Shattuck, 「Playing a Man's Game: Women and Baseball in the United States, 1866-1954」 『Baseball History 2: An Annual of Original Baseball Research』, Westbury, CT: Meckler Inc., pp.57-77.

- (1989) Debra A. Shattuck, 「Women in Baseball」 『Total Baseball』, New York: Warner Books.

- (1992) Lois Browne, 『Girls of Summer』

- (1992) Debra A. Shattuck, 『Bats, Balls and Books: Baseball and Higher Education for Women at Three Eastern Women's Colleges, 1866-1891』

- (1993) Sue Macy, 『A Whole New Ball Game: The Story of the All-American Girls Professional Baseball League』

- (1993) Barbara Gregorich, 『Women at Play : The Story of Women in Baseball』

- (1994) Gai Ingham Berlage, 『Women in Baseball the Forgotten History』

- (2005) Jean Hastings Ardell, 『Breaking into Baseball: Women and the National Pastime』

- (2008) Jamie Graves, Lori Scroggs and Nina Collins, 『The Played in Peoria: The AAGPBL Redwings』

- (2013) Leslie A. Heaphy, 「그들만의 리그, 야구하는 여자들」 『소크라테스, 야구장에 가다』

- (2017) Debra. A. Shattuck, 『Bloomer Girls: Women Baseball Pioneers』

2   거다 러너는 미국 역사학에서 '여성사'를 독립된 학문 분야로 확립한 장본인이다. 가부장제가 자연 발생되었다는 주장을 반박하며, 약 이천 년간 형성된 역사적 산물임을 밝혀냈다. 러너는 가부장제 사회구조가 학문체계에도 스며들어있음을 인식하고, 이는 이론과 실천을 분리해 학생들과 사회 전체에까지 손실을 초래한다고 보았다. 이론과 실천을 함께하는 것이 여성주의자가 학계에 기여할 수 있는 가장 큰 공헌이라는 확신을 갖고, 역사학 연구와 여성주의 이론, 젠더 연구를 통합시키고 학문과 교내·외 활동을 장려했다. In. 안세원, 『Gerda Lerner's Strategy for a Holistic History』 석사학위논문, 숙명여자대학교 역사문화학과, 2016, pp.iii-iv.

3   Gerda Lerner, 「Placing Women in History: Definitions and Chalenges」 『The Majority Finds Its Past: Placing Women in History』, New York: Oxford University Press, 1979, pp.145-147. Debra A. Shattuck, 「Bats, Balls and Books: Baseball and Higher Education for Women at Three Eastern Women's Colleges, 1866-1891」 『Journal of Sport History』 vol.19, no.2, 1992에서 재인용.

## 학교 운동장, 야구를 장려하는 공간[4]

"지금 학교는 야외 체육 수업을 위해 다양한 클럽을 만들고 있어. [···] 꽃 모임, 보트 클럽, 야구 클럽이 있는데, 후자 중 하나를 선택하려고 해. 왠지 이 수업을 꽤나 즐길 거 같다는 확신이 들어."[5]

인용문은 1866년 4월 26일, 미국 동부 Vassar Women College(이하 바사르 여자대학)에 재학 중이던 애니 글리든(Annie Glidden)이 오빠에게 보냈던 편지의 일부이다.[6] 편지를 받아본 오빠는 대학에 입학한 지 한 해도 안 지난 여동생이 어떻게 이렇게도 빠르게 타락했는가에 대해서 깊은 고민에 빠진 뒤, 가족회의 주제에 부쳤을지도 모른다. 왜냐하면 동생이 사회가 요구하는 여성적 덕목과 정반대의 길로 향하고 있기 때문이다.

19세기 미국에서 여성의 적절한 자리는 '가정'이었다. 이 '안전한 공간'은 물질주의, 자본주의, 경쟁, 폭력, 불안정, 저속함, 부도덕성 등이 난무하여 미국 남성을 타락하게 만드는 밖의 세계와 분리되어, 사랑, 안식, 성실, 안정, 도덕적 순결 등의 덕목이 존재하는 곳으로 여겨졌다. 사회는 여성에게 출산을 통해 미국의 이상적 시민을 생산하고, 건강하게 기르는 것이 국가와 (미국의 지배할) 세계를 구원하는 중요한 일이라고 가르쳤다.[7]

야구에 연관된 여성의 서사를 살피는 일은 야구 역사의 이해뿐만 아니라 미국 사회 속, 여성의 역할과 그것이 어떻게 발전하는가에 대한 이해가 필요하다. 여자 야구선수를 추적하는 연구에서 야구장을 자연스레 향유했던 (백인) 남성과 가정에 머무르는 것이 당연했던 여성을 비교하는 것은 의미 없다. 한쪽 성이 자유롭게 출입할 수 없던 야구장 관중의 성비를 추적하는 것도 의미 없다. 마운드 밖의 어떤 공간에서 야구를 할 수 있었을지 찾아야 한다. 19세기 중반, 미국의 여성이 가장 안전하게 야구를 즐길 수 있던 공간은 '여자 대학교 운동장'이었다.[8]

"야구보다 더 고귀하고 남자다운 게임은 없다." 글리든의 편지가 쓰이기 한 해 전인, 1865년, 뉴욕의 유명한 정치 잡지 「Harper's Weekly」에 실린 문장이다. 야구는 대중 매체의 글과 이미지를 통해 점점 더 남성 중심적인 스포츠로 재편되고 있었다. 그러나 대학교에 입학했더니, '야구'를 선택할 수 있었다. 사회가 추구하는 "조신하게 집안일 잘하는 여성"과 모두들 '남성의 스포츠'라고 말하는 야구. 극과 극 사이에서 글리든은 '야구 클럽'을 선택했다. 사회가 꿰어 놓은 성 역할에 대항하려는 젊은 패기였을지도 모른다. 그러나, 함께 뛰는 22명의 동료 선수들과 야구 기술을 숙련하고, 점차 주변의 대학교 남자 야구 클럽과의 연습게임을 마련하며 야구를 했다. 야구사 속 첫 번째 여자 대학 야구팀 'Laurel and Abenakis Base Ball Club'이 탄생한 순간이었다.

한편, 여자 대학교는 왜 학생들에게 글러브와 배트를 들게 했을까. 19세기는 여성 고등교육제도가 진통을 겪던 시기였다. 대부분의 교사와 학자들은 여성이 교육받는 것을 좋게 보지 않았다. 심지어 여자 대학이 미국 사회의 기틀인 가부장제를 위협하는 요소라고 여겼다. 여성을 위한 고등 교육 기관이 가정 밖에서 기회와 성취를 추구하도록 학생들을 부추김으로써, 학생의 정신과 건강을 파괴하고, 사회의 도덕적 토대를 위협하고 주장했다.

건국 초기부터 가부장제가 유지된 미국에서 여학생을 위한 고등 교육은 섬세하지 않았다. 남자 대학은 수학이나 과학, 철학 등을 가르쳤지만 여학생을 위한 커리큘럼은 가사 노동에 관련된 기술과 그리고 여성성을 잃지 않는 법 등이었다. 그러나, 19세기 중반, 의식 있는 몇몇의 교육자들이 성차별적인 교육제도에 문제를 제기하면서부터 여성 고등교육의 변화가 시작되었다. 이어 커리큘럼의 변화와 같은 제도적인 개선의 필요성이 공론화됨으로써 사회적·문화적·교육적 배경에서 변화의 바람은 남학교의 커리큘럼을 여학교에 도입해야 한다는 주장에 심을 실어 주었다.[9] 여자 대학의 설립을 지지하는 교육자들은 학생들의 신체 능력을 향상할 체육 프로그램에 초점을 맞췄다.

---

4    본 장은 1989년부터 현재까지 여자 야구의 역사를 연구한 역사학자, 데브라 샤턱(Debra A. Shattuck)의 다수의 저서와 논문을 토대로 야구하는 여성의 위치를 찾아보고자 한다. 특히 「Bats, Balls and Books: Baseball and Higher Education for Women at Three Eastern Women's Colleges, 1866-1891」 『Journal of Sport History』 vol.19, no.2, 1992, pp.91-109를 주 참고 문헌으로 삼는다.

5    Vassar College Digital Library에서 검색 가능하다. (vassar:24406, Box70, VCL_Letters_Houts_Annie_1869_004)

6    Debra A. Shattuck, 「Bats, Balls and Books: Baseball and Higher Education for Women at Three Eastern Women's Colleges, 1866-1891」 『Journal of Sport History』 vol.19, no.2, 1992, p.91.

7    민진영, 「지배 이데올로기로서 '가정성'의 형성, 재현, 전유」 『한국영미문학교육학회』 제6권 제2호, 2002.

8    학생의 성별이 중요한 절이므로 '여학교', '여학생', '남학교', '남학생'으로 구분하여 표기한다.

그러나 여전히 여성을 둘러싼 통념은 거둬내야 할 장벽이었다. 교육을 위한 교육이란 드물었고, 집 밖에서 일하는 여성은 매우 보기 힘들었다. 특히, '여성은 스트레스를 이겨내기에 너무 연약하다'는 과학계의 주장 때문에, 대다수의 권위 있는 학자들은 여성과 교육에 대해 부정적이었다. 의사이자 하버드 대학의 교수였던 에드워드 클라크(Edward H. Clarke, 1820-1877)는 자신의 저서 『Sex in Education; or a Fair Chance for The Girls(1873)』에서 고등 교육은 여성의 신체와 정신을 파괴한다는 의견을 개진했다. 여성의 신체가 한 번에 진행할 수 있는 성장 과정의 절댓값이 정해져 있기 때문에, 사춘기에 지적 능력을 개발하는 데 에너지를 많이 쓴 여성은 나중에 커서 생식 기관이 미성숙하거나 병들게 된다는 이유 때문이었다. '보편적인 진리나 법칙의 발견을 목적으로 하는 체계적인 지식'이라는 정의를 갖는 과학은 실은 굉장히 추측에 기반한 논리를 전개해왔다.

기존 교육계의 남성 중심적 신념과 헤게모니에 반해, 새로운 교육을 위한 유의미한 시도가 이루어졌다. 1851년에 설립된 Mary Sharp College, Tennessee and Alabama Female Institute 등의 대학에서는 여학생을 위한 교육과정을 도입했다. 또한 1865년부터 1889년 사이, 소위 'Seven Sisters'라고 불리는 여자 대학교 중 6개(스미스 여자 대학교, 브린 모어 대학, 바사르 대학, 웰즐리 대학, 바너드 대학, 래드클리프 칼리지)가 설립되었고(마운트 홀리요크는 이미 1837년부터 여학생 입학을 허가했다), 여기서만큼은 여성을 위한 교육 제도에 '체육 수업'이 포함되었다. 새롭게 설립된 여자 대학에 입학한 학생들은 체육 수업에서 원하는 종목을 선택할 수 있었다. 남학생들의 체육 수업에 당연히 개설되어 있었을 야구도 있었다. 애니 글리든을 포함한 23명의 학생들은 이렇듯 새롭게 재편된 인식과 제도 위에서 선수로서 뛸 수 있었다.

여성 고등교육의 전환은 의식 있는 몇 명의 생각이 발현될 때, 이루어진다. 바사르 여자대학의 후원자, 매튜 바사르(Matthew Vassser)는 1865년, 다양한 체육 과목을 신설할 것임을 공표했다. 야구를 포함해 자전거, 보트, 수영, 스케이트 그리고 가드닝 수업이 편성되었다. 그중에서도 야구 클럽은 바사르 대학이 가장 공들인 체육 수업 중 하나였다.[10] (심지어 신입생을 위한 카탈로그에 야구 클럽이 있다는 광고도 여러 번 했다!) 후원자의 약속처럼 여성들이 건강한 신체를 가져야 할 것을 우선순위로 삼았던 바사르 대학

측은 체육관을 건설했고, 교사들은 학생들이 하루 한 시간, 의무로 체육 수업을 들어야 하는 교칙을 세웠다.

1867년, 바사르 여자대학의 재학생 13명은 'Precocious Ball Club'을 결성했다. 팀명의 'Precocious'는 조숙한 상태를 뜻하는 형용사이다. '조숙한 아이들의 야구 클럽', 학생들은 야구를 하는 자신들의 행위가 타인에게 팀명처럼 비치길 원했을 것이다. 그러나 많은 이의 기대와는 다르게 바사르 대학의 초창기 야구 클럽은 한 시즌 이상 이어지지는 못했다. 1875년, 바사르 여자대학의 야구 클럽은 7개의 팀이 새로 창단하며 재도약의 시기를 맞이한다. 학교 내에서 체계적으로 야구 클럽을 지지한 결과였을 것이다. 예를 들어, 학교의 의사 헬렌 웹스터(Helen Webster)는 야구를 하다 다쳐서 온 학생을 치료해 주면서도 야구를 꾸준히 할 것을 격려했다. 또한, 체육학과장 릴리안 타펜(Lilian Tappan) 역시 여자 야구 선수들을 격려했다. 체육학과 연례 보고서에 따르면 '체육 교사들이 직접 야구를 가르쳤다'는 기록이 있다. 그들은 체력이 뒷받침되는 학생들에게 '야구'와 보트, 고리 던지기 종목을 주로 추천했다고 한다. 바사르 대학의 강도 높은 체력단련 수업을 한 재학생은 다음과 같이 회고한다 : "수업에서 자갈길을 걸었는데, 운동이라고 하기엔 정말 혹독했어요."[11]

튼튼한 신체를 지닌 여성이 주체적인 삶을 견인한다고 믿은 바사르 여자 대학의 커리큘럼을 통해 학생들은 단단한 기초체력을 갖게 되었다. 이를 바탕으로 많은 여자 야구팀이 탄생했다. 바사르 여자대학 기록보관소에는 1876년 창단된 여자 야구 클럽 'The

---

9　토마스 우디(Thomas Woody)에 따르면 1830년대부터 1870년대까지 107개의 여학교 중 60%가 논술을 도입했다. 80%의 학교에서 체육과 윤리를, 90%의 학교에서 화학과 물리를 가르치기 시작했다. Thomas Woody, 『A History of Women's Education in the United State』 vol.2, New York: The Science Press, 1929.

10　Harriet Isabel Ballintine, 『The History of Physical Training at Vassar College 1865-1915』 Poughkeepsie, NY: Lansing&Broas, n.d [1915] ; Dorothy Ss. Ainsworth, 『The History of Physical Education in Colleges for Women』 New York: Barnes, 1930. Debra A. Shattuck, 「Bats, Balls and Books: Baseball and Higher Education for Women at Three Eastern Women's Colleges, 1866-1891」 『Journal of Sport History』 vol.19, no.2, 1992, p.98에서 재인용.

11　*Ibid*., pp.99-100.

Resolutes'의 단체 사진이 있다. [fig.1] 정숙함과 주체적인 여성의 이미지가 공존하는 이 사진은 19세기 여자 야구 선수의 모습을 참조할 수 있는 상당히 흥미로운 자료이다. 시대가 원하는 여성상에 부합하는 발목을 가리는 원피스를 입은 그들에게서 야구선수로서의 '자부심'과 함께 몸을 부딪치며 형성한 군건한 '연대 의식'이 느껴진다. 교복과 함께 스타일링한 캡 모자와 야구 배트 그리고 허리띠가 클럽 운동선수로서의 그들의 정체성 또한 보여진다. 허리띠에는 팀명 'Resolutes'가 새겨져 있다. 단호하고 확고한 상태를 뜻하는 형용사 'resolute'를 사용한 팀명을 요즘 말로 번역해 보면 '단호박들' 혹은 '단호한 그녀들' 정도로 해석할 수 있겠다. 두 팀이 어떤 마음으로 마운드를 누볐는지 알 수 있는 네이밍이다. 10년 전에 활동했던 '조숙한 아이들'과 '단호박들' 모두, 자신이 할 수 있는 방법으로 사회적인 통념과 고착된 성 역할에 저항했다.

1850년대 시작된 여성 고등교육의 새로운 경향을 통해서 바사르 여자대학뿐만 아니라 스미스 여자대학(Smith College), 마운트 홀리요크 여자대학(Mount Holyoke College) 등에서 많은 학생들이 야구를 즐길 수 있었다.

그러나, 사진, 편지, 기록 등 남겨진 아카이브에서 드러나는 야구를 향한 재학생들의 애정에 비해, 야구 선수가 되고자 하는 신입생들은 점점 줄어들었다. 1877년에 집계된 바사르 여자대학 체육교육과의 통계에 따르면, 필수로 이수해야 하는 체육 수업에서 야구를 선택하는 학생의 숫자는 총 학생 338명 중 단 25명에 불과했다. 걷기 116명, 크로켓 108명 그리고 보트 타기 94명, 가장 낮은 선택을 받은 종목인 가드닝에 24명의 학생이 있었다. 샤턱에 따르면 학생들은 외부의 시선이 두려웠기 때문에, 점점 더 야구 클럽에 가입하는 것을 망설였다고 한다. 실제로 2년제 여자 대학 야구 클럽 선수들의 회전율은 상당히 빨랐다. 신입생 때는 매우 높다가, 2학년 때 거의 사라지는 시기였다. 첫 학년 때는 7-8개의 야구 클럽이 있었지만 이듬해까지 유지된 팀은 단 두 개였다고 회고하는 졸

---

12　　샤턱에 따르면 사진 속 여학생들의 이름은 맨 뒷줄 왼쪽부터 May Gardner, Italia McKeague, Mollie Woodward, Ada Thurston ; 중앙 왼쪽부터 Sarah Sheppard, Gertie Crane, Mollie Dickey, Maude Gould, May Bryan이다. 많은 여성들이 결혼 후 남편의 성을 따랐기 때문에, 야구 클럽 전원 선수의 이름이 남아있는 경우는 귀하다.

1    Pach, G. W., <Vassar College Baseball Team: The Resolutes>, photograph: albumen, b&w, 15x11cm, ©Archives&Special Collections Library, Vassar College (Archives 8.17)[12]

업생의 기록도 있다.[13] 19세기 중후반의 미국을 재구성해 보자. 엄격한 가정에서 자란 딸은 기숙사가 딸린 대학에 와서 신입생 때 자유로움을 즐겼을 것이다. 사회가 남성의 게임이라고 규정하는 마운드에 침입해 공도 던지고 치면서 세상에 제동을 걸어보고 싶었을지도 모른다. 소녀들에게 야구는 '밀수품의 쾌락'과도 같이 여겨졌다. 그러나 야구 클럽에서 활동하는 사실은 곧 가족에게 알려졌고, 부모님의 만류에 야구를 접었을 것이다. 졸업하고 나서, 지역 야구팀에서 활동한 여자 야구 선수들이 간혹 있었지만, 그 비율이 매우 적었다.

바사르 여자대학의 어느 졸업생은 학교에서 야구 선수로 활동했다는 사실을 말할 때마다, 사람들이 굉장히 충격을 받았다고 회고했다.[14] 타인의 평가와 사회적인 압박은 점차 야구 선수들을 마운드에서 떠나게 했다. 이 무렵 학교는 사회로 나가기 전, 유일하게 야구를 즐길 수 있는 공간이 되어주었다. 학생들의 바람과는 다르게 1899년을 마지막으로 여자 대학에서 야구 클럽은 공식적으로 사라지게 되었다.


## 사회 속에서 야구하는 여자들 & 그들을 바라보는 시선

변화하는 교육 제도 하에서 마운드가 여학생들에게 열린 시기의 학교 밖은 어땠을까?

양성의 야구에서 출발해 남성 프로야구리그가 형성되던 무렵, 여자 야구 프로팀 역시 존재했다. 1867년, 미국 동부의 필라델피아에서는 최초의 아프리카계 미국인 여성 야구선수로 구성된 팀 'Dolly Vardens'이 활동했다. 필라델피아 첫 번째 흑인 남자 야구팀이 생긴 지 딱 일 년 만의 일이다.[15]

미국 중서부의 일리노이주를 기반으로 활동하던 여자 야구선수들은 상업적인 경기를 운영했다. 1875년 9월 11일, 일리노이주의 주도, 스프링필드에서는 'the Blondes'와 'Brunettes' 두 팀의 대결이 있었다.[16] 상금이 걸린 최초의 여자 프로야구 경기였다. 또 있다. 1879년 7월, 필라델피아의 'Blue Stockings'와 뉴욕 'Red Stockings'가 맞붙었고, 36대 24로 필라델피아 블루 스타킹즈가 승리와 상금을 거머쥐었다.[17] 이 경기는 '최초의 미국 여자 야구 리그 챔피언십 경기'라는 타이틀로 지역 신문에 광고되며, 많은 관중을 모객했다.[18] 신문 기사는 경기의 분위기를 다음과 같이 생생하게 묘사한다.

"모든 것이 순조롭게 시작되었지만, 갑자기 군중이 몰려들기 시작했고, 여성이 게임을 하는 것이 불가능할 정도로 경기장을 덮었다. […] 경찰들이 제지했지만 군중들은 선수들을 둘러싸고 압박했다. […] 경찰이 선수들을 보호하고, 경기장 주변을 줄로 감싼 뒤에야 경기가 가능했다. 몇몇 관중은 폭력을 행했고, 몇몇은 경찰에 체포되었다. 여성은 운동선수로서 열심히 게임에 임했지만, 결국 실패했다. 여성은 절대 야구선수가 될 수 없을 것이라고 믿는 군중들은 스스로 만족했다."

경기를 취재한 기자에 따르면 두 팀의 경기는 대중에게 일종의 '연극'처럼 받아들여졌다. 관중들은 여자 야구선수들의 실력을 우선으로 보지 않았다. 그럼에도 불구하고, 여자 야구 프로팀은 언론에 광고하여 관중을 모았고, 그 수입으로 전국 순회 경기를 떠났다(두 팀은 미국 북동부 'New England' 지역뿐만 아니라 뉴욕에서도 경기를 펼쳤지만, 경기 수입을 구단주가 들고 달아났다고 한다).[19]

1880년대에도 여자 야구팀은 꾸준히 경기를 펼쳤다. 눈여겨볼 점은 남자 야구팀과도 경기했다는 것이다. 특히, 1885년, 필라델피아 여자야구클럽(The Female Baseball club of Philadelphia)은 남자 야구팀 니나즈(Neenahs)를 상대로 8 대 7로 이겼다. 그러

13  Sophia Foster Richardson, 「Tendencies in Athletics for Women in Colleges & Universities」『A Paper Presented to the Association of Collegiate Alumnae, October 31, 1896, Appleton's Popular Science Monthly 50』 feb 1897, pp.521-552. Leslie A. Heaphy, 「More than a Man's Game: Pennsylvania's Women Play Ball」『Pennsylvania Legacies』 vol.7, no.1, 2007에서 재인용.

14  *Ibid.*

15  Leslie A. Heaphy, 「More than a Man's Game: Pennsylvania's Women Play Ball」『Pennsylvania Legacies』 vol.7, no.1, 2007, p.23.

16  Jean Hastings Ardell, 『Breaking into Baseball: Women and the National Pastime』 Carbondale: Southern Illinois University Press, 2005, p.103.

17  Leslie A. Heaphy, 「More than a Man's Game: Pennsylvania's Women Play Ball」『Pennsylvania Legacies』 vol.7, no.1, 2007, p.23.

18  「Crowd at Oakdale: A Game of Base Ball Between Female Clubs」『Philadelphia Inquirer』 July 5, 1879.

19  Leslie A. Heaphy, 「More than a Man's Game: Pennsylvania's Women Play Ball」『Pennsylvania Legacies』 vol.7, no.1, 2007, p.23.

나 이 역사적인 경기의 '본질'에 주목한 언론은 없었다. 경기를 취재한 「워싱턴 포스트」의 지면에는 마운드 위에서 보여준 실력보다, 젊은 여자 야구선수들의 아름다움과 옷차림에 대한 언급이 더 많았다(그래도 우리는 그들이 누군지 기억해야 하니 이름을 밝힌다. 승리를 견인한 선수는 Royalston과 Genevieve McAllister이다).

유튜브나 SNS가 없던 시대에 강력한 권력을 지닌 신문이나 잡지 등의 언론은 선수 개개인에게 관심이 없었다. 다수의 야구 사학자는 이 지점에서 연구의 어려움을 토로한다. 선수들의 '이름'을 밝힌 기사가 별로 없는 데다가 소수가 있더라도 결혼 후, 남편의 성을 따르기에 그가 누군지 찾는 데에 어려움이 가중되기 때문이다. 더불어 선수들을 대하는 방식은 주로 선수들이 지닌 신체적인 '화제성'이었다. 따라서 점점 더 많은 기사에서 여자 야구선수들은 외적인 요소로 평가받았다.

언론이 선수들을 대하는 방식에 더해, 광고와 같은 대중매체에서도 여자 야구선수들이 등장했다. 인쇄술이 발전하면서 담배 회사들은 야구의 트레이드 카드의 형식을 차용해서 자사의 제품을 광고했다. 그중, 1886년, Allen & Ginter 담배 회사는 버지니아 브라이트와 딕시 담배 라인을 홍보하기 위해 <Girl Baseball Players> 시리즈의 실사 트레이드 카드 두 종을 출시했다. 두 가지 유형 중, 첫 번째는 물방울무늬 턱받이가 있는 유니폼을 입은 여자 야구선수가 등장하고, 카드에 번호가 매겨져 있다. [fig.2] 두 번째 유형은 표준 유니폼을 입은 여자 야구선수의 사진에 선수의 역할과 위치가 기록되어 있다. [fig.3] 사진에 등장하는 인물은 실제 야구 선수가 아니라 고용된 배우였다. 타이트한 유니폼을 입고 마운드에 눕고, 우스꽝스럽게 뛰고, 다리를 벌리기도 하면서 '야구를 하는 듯한 행위'를 하고 있다. 현재의 우리의 눈에는 이 레퍼런스가 매우 진취적인 여성처럼 보일 수도 있지만, 이미지가 만들어지고 소비되는 과정에 영향을 미치는 시대적 배경을 고려해야 한다. 19세기 미국의 공공장소에서 여성이 바지를 입는 것은 금기시되었다. 1880년대 대량으로 유통된 야구하는 '체하는' 여성의 이미지, 즉 의도가 다분히 삽입된 이미지는 실제로 마운드에서 공을 던지고 몸을 날리는 여자 야구선수에게 왜곡된 환상과 성 편견을 투영할 여지가 다분했다. [fig.4]

2

3

4

2     Allen&Ginter, <From the Girl Baseball Players series (N48, Type1) for Virginia Brights Cigarettes>, Albumen photograph, 7(h)x3.5(w) cm, 1886 ©MET, The Jefferson R. Burdick Collection, Gift of Jefferson R. Burdick, Type 2는 성적인 요소가 더 가미된 버전이다.

3     Allen&Ginter, <Catcher, from the Girl Baseball Players Series (N48, Type2) for Virginia Brights Cigarettes>, Albumen photograph, 7(h) x3.5(w)cm, 1886 ©MET, The Jefferson R. Burdick Collection, Gift of Jefferson R. Burdick, Type1은 정식 야구 유니폼과 각 선수가 맡는 포지션의 정보를 제공하며, 야구 선수의 정체성을 부각시킨 버전이다.

4     Allen&Ginter, <From the Girl Baseball Players series (N48, Type1) for Virginia Brights Cigarettes>, Albumen photograph, 7(h)x3.5(w) cm, 1886 ©MET, The Jefferson R. Burdick Collection, Gift of Jefferson R. Burdick

1880년대 실사 이미지의 담배 광고가 히트친 후, 담배 회사는 삽화 광고에 주력했다. 삽화로 그려지는 야구하는 여성 이미지는 더욱더 자극적이고 위험했다. 담배 회사에서 찍어내는 카드의 앞면에는 무릎 위로 올라오는 짧은 치마를 입은 소녀가 야구 선수를 흉내 내고 있다. 혹은 가슴까지 파인 유니폼을 입고 야구하는 체하는 여성이 묘사되어 있다. 각 카드 뒷면에는 한 달간 열리는 남자 프로야구리그의 경기 일정과 회사 제품 광고가 삽입된다. 담배 회사의 제품과 함께 남자 프로야구리그를 홍보하기 위한 요소로 '야구하는 여성'이 사용된다. 담배 회사는 여성을 홍보의 도구로써, 성적 대상화하는데 거리낌이 없었다. 한 기자는 야구하는 여성은 마치 고전 회화와 조각의 여성처럼 포즈를 취한 여성의 누드 및 반나체 이미지와 대등하게 자극적인 아이템이며, '누드 포르노그래피'적인 인쇄물이 전국으로 확산되는 상황을 신랄하게 비판했다. 그는 이러한 이미지들이 "두꺼운 발목과 줄무늬 스타킹을 보고 성욕이 자극되는 병적인 성욕 환자를 위한 것"이라고 정의했고, 저급한 사진이 유행처럼 수천 개 이상의 지역 인쇄소에서 유통되는 상황의 위험성을 지적했다.[20]

광고로 사용된 남자 야구선수의 카드에는 존 워드(John Montgomery Ward, 메이저리거 유격수)와 같은 실제 선수들이 등장했다. 반면, 마운드에 뛰는 현역 여자 야구선수들이 있었음에도, 여자 야구 광고 이미지에는 선수를 흉내 낸 여성들만 있었다. 이 카드는 오랫동안 인기몰이를 하며, 꾸준히 만들어지고 사회 곳곳으로 유통되었다. 이미지를 소유하고 바라보는 사람에게 여자 야구선수는 성적으로 고착화된 의미를 지닌 대상이었다. 때때로 우리는 이미지가 지닌 권력에 압도당한다. 19세기 여자 야구선수들은 스스로 실력에 자부심이 있고 떳떳할지언정, 담배 광고의 이미지를 소비하고 경험한 사람에게 여자 야구선수는 대상화의 존재였다. 이미지는 권력이고 보이고, 보는 관계는 평등하지 않다.

결과적으로 광고 이미지는 여자 야구에 대한 편견을 양산하는 데 일조했다. 실제 야구 선수들의 모습과 대중매체가 만든 야구하는 여자의 모습의 간극은 매우 크다. 촘촘히 짜인 인식의 벽 앞에서 바사르 여자대학 야구팀 '단호박들(Resolutes)'의 단체 사진에 드러나는 '연대감'과 '프라이드'는 지속될 수 있었을까. 남성 가부장제 사회에 야구로써 도전하고 싶었던 젊은 대학생들과 당당하게 실력으로 마운드 위에서 돈을 버는 여자 프로야구선수들의 의지와 실력은 사회적으로 형성된 왜곡된 이미지 앞에서 굴절되고 좌초되었다. 관찰자의 렌즈를 통해 형성된 부정적인 시선 위에서 여자 대학야구선수와 여자 프로야구선수는 자연스레 시선에 자신을 맞추거나 무력감을 느끼고 움츠러들거나 혹은 숨게 되었다.

사회가 야구하는 여자를 바라보는 방식은 두 가지로 요약할 수 있다. 남자 야구팀에서 뛸 수 있도록 여성성을 삭제해 '남성화된 선수' 혹은 '성적 대상화'. 19세기 말, 대학에 입학한 딸이 야구한다고 하면 부모님이 뜯어말리는 이유가 바로 여기 있었다.

## 20세기, 흩어지는 여자 야구, 공백과 망각

"19세기 내내, 야구의 후원자들과 언론은 새로운 여자 야구선수나 팀이 등장할 때마다 '참신함'으로 분류함으로써, 여자 야구선수에 대한 잘못된 정보와 역사적 기억 상실을 영속시켰다. 새로움은 '기이함(oddity)'을 의미한다. 즉, 전에는 볼 수 없었던 것, 역사가 없는 것을 의미하는 것이다. 이전 세대에 대한 역사적 기억이 없는 세대는 매번 자신들이 최초의 여자 야구선수라고 생각한다."[21]

– 데브라 샤턱(Debra A. Shattuck, 2017)

대중매체가 야구하는 여자를 바라보는 시선은 여자 야구선수가 활동을 지속할 수 없는 큰 방해물로써 작동했다. 그런데도 19세기 내내, 그리고 배제가 노골적으로 심해진 20세기에도 여자 야구선수는 배트와 글러브를 놓지 않았다. 학교에서 동네 공터에서 그리고 일터에서도 말이다. 그러나, 여자 야구선수에 대한 기록은 희미하다. 동시대 언론 기사 등의 1차 자료를 주 자료로 삼아 여자 야구의 역사를 재확립한 역사학자 샤턱은 이 현상을 '최초들의 굴레'로 표현한다. 약 10년 주기로 출중한 여자 야구선수가 탄생했지만, 기록이 쌓이지 않아 잊히는 현상을 말한다. 십 년 뒤, 마운드에 오른 또 다른 선수는 자갈

---

20    Debra. A. Shattuck, 『Bloomer Girls: Women Baseball Pioneers』 University of Illinois Press, 2017, pp.93-106.
21    *Ibid.*, p.12.

길을 먼저 걸어간 선배에 대한 기록과 기억이 없기 때문에, 자신을 또 '최초'라고 여긴다. 결국, 그들의 이야기는 모이지 않고 뿔뿔이 흩어졌고, 현재 우리의 인식에 여자 야구가 다소 어색하게 남아버리는 결과를 낳았다. 깊은 고찰 없이, 대중매체에서 매일 쏟아지는 남자 야구 리그의 기록과 여자 야구의 기록을 단순히 총량으로 비교한다면, 야구가 남성적인 스포츠로 인지되는 것은 어쩌면 당연해 보인다. 그러나 본 절에서 우리는 역사의 지층에서 빛을 보지 못하고 묻혀있었던 여자 야구선수들의 기록을 들춰보고자 한다.

19세기 말, 대중매체가 여자 야구 선수 개개인을 조명하지 않았던 경향에도 불구하고 한 선수의 기록은 남아있다. 바로 프로 남자 야구팀에서 뛴 최초의 선수, 리지 알링턴(Lizzie Arlington, 실명 Lizzie Stride)이다. 그는 1898년, 남자 야구팀 필라델피아 리저브(Philadelphia Reserves)의 투수로 등판해 한 게임에서 4이닝을 던졌다. 상대팀에게 안타와 실점을 내어주었지만, 실력을 인정받아 마이너리그에서 뛰었다. 1900년에 그는 '블루머 팀즈(Bloomer teams)'로 알려진 여자 야구팀으로 거처를 옮겼다. 리지 알링턴은 일그러진 시각 이미지로 점철된 당대 여성 스포츠에 새로운 바람을 불러일으켰다.

1922년에 메리 오가라(Mary O'Gara)가 설립하고, 에디트 호턴(Edith Houghton)과 로레타 립스키(Loretta "Stick" Lipski)가 이끄는 '필라델피아 바비(Philadelphia Bobbies)'는 20세기 초 가장 유명했던 여자 야구팀 중 하나다. 이 팀은 미국 동부지역에서 유료 경기를 펼쳤다. 또한 1925년 10월 26일, 일본으로 원정 야구 경기를 떠난 이력도 있다.[22] 10살에 팀에 합류한 호턴은, 일본으로 떠날 때 고작 13살이었지만 팀 내 최고의 선수였다. 다행히 1930년대에 들어 호턴은 필라델피아 남자 세미 프로팀에서 1루수로 활동할 수 있게 되었고, 2차 세계대전 동안 'WAVES' 해군 야구팀에서 활동했다.[23] 1946년 4월 5일, 내셔널 리그의 필라델피아 필리스(Philadelphia Phillies)팀의 최초의 여성 스카우트가 되었다. [fig.5]

---

22    '필라델피아 바비'는 1925년, 일본에서 경기를 치르고 같은 해, 경성(현재 서울)에 도착했다. 일제강점기 하의
      남자야구 국가대표 급인 '서울군'과 경기를 치뤄 아쉽게 패했다.

5    「The Nome nugget」(April 5, 1946)에 실린 에디트 호턴의 사진 ©Library of Congress 이전 언론과 광고 이미지가 묘사하는 여자 야구선수들의 모습에 비해, 야구선수로서의 자신감과 주체성이 느껴지는 사진이 신문 첫 장에 실렸다.

에디트 호턴과 같은 소수의 경우를 제외하고, 여자 야구선수에게 마운드는 쉽게 진입할 수 없는 공간이었다. 세계 대공황 직후, 급격한 경기 침체로 마운드의 진입이 더욱더 좁아졌다. 그러다가 기회가 왔다. 바로 '전미여자프로야구리그(AAGPBL)'의 창단이었다. 필립 리글리(Philip Wrigley)에 의해 설립된 최초의 여자 프로야구리그 AAGPBL은 2차 세계대전 동안 전쟁에 징집된 메이저리거들의 빈자리를 메우기 위한 목적과 그리고 국민들을 즐겁게 하기 위한 목적을 가지고 있었다. AAGPBL에서는 총 6개 프로팀이 활동하였고, 인기가 매우 많았다. 그러나, 본래의 출범 의도처럼 전쟁에서 메이저리거들이 돌아오면서 1954년 해체되었다. 남자 야구의 대체재였다. 당시 언론들은 여자 야구선수들이 본래의 여성성을 거세하고, 누가 더 남성적인지 대결하기 위해 마운드에 섰다고 강하게 비판했다. 약 백 년 전의 대중과 언론이 그랬던 것처럼, 여전히 실력보다 겉모습이 중요시되고 있었다. 거센 비판에 눈치를 본 AAGPBL의 매니저들은 해결책으로 선수들에게 짧은 치마 유니폼을 입히고 '숙녀 수업'을 받게 했다. 또한 기숙학교의 사감처럼 고용된 여성 스태프 선수들의 사생활을 철저하게 관리했다.

프로야구산업의 존립, 관객을 위한 눈요기. 목적은 비록 순수하지 못했을지라도 AAGPBL은 야구를 하고 싶은 수많은 이들에게 마운드 진입의 열쇠가 되어주었다. 1950년대에 이르러서는 여성의 고유한 영역이 더욱 제한되기 시작했으니까 말이다. 이제 실력이 있어도 마운드에 진입할 수 없게 되었다. 바로 여자 야구선수 엘리너 앵글(Eleanor Engle)의 경우가 그렇다. 앵글은 1952년, 마이너리그 남자 야구팀 해리스버그 세네터스(Harrisburg Senators)와 계약했다. 그러나 마이너리그의 한 임원은 "여성에게는 프로야구의 어떤 자리도 줄 수 없다(Women had no place in professional baseball)"고 말하며, 계약을 파기했다. 아주 작고 좁았던 프로야구 진출의 문이 아예 닫히는 순간이었다. 1952년에 이루어진 여자 야구선수의 공식적인 배제는 1992년 그 규정이 삭제됐지만, 현재까지도 미국 프로야구에서 공공연하게 유지되고 있다.[24] 여자 야구 연구자들은 실력 있는 여자 야구 선수들이 기회를 잃게 되는 상황과 원인은 직업화·구조화되는 야구 산업 속에서 생계가 걸린 남자 선수들이 여자 선수를 경쟁상대로 보았기 때문이라고 한다.[25] 여자 야구 선수에게 마운드는 다섯의 적과 싸우는 공간이었다.

(경기 중에는)

    1) 상대팀

(경기 안팎에서)

    2) 남자 야구 선수 집단

    3) 관람객의 시선 (야구하는 여성을 바라보는 대중의 인식)

    4) 기록자의 글 (언론에서 여자 야구에 대해 뽑는 헤드라인 등)

    5) 지워지는 역사

    여자 야구선수가 상대해야 하는 적의 숫자는 오늘날에도 비슷하게 유지되고 있다. 여자 야구선수는 지나치게 남성적이거나 자칫하다가는 가지고 있는 여성성을 잃을 수 있다고 생각하는 사람들이 여전히 존재하기 때문이다. 신문에서 여자 야구선수를 언급할 때 사용되는 단어와 사진은 취재 대상이 여성임을 먼저 언급한다. 실력은 그다음이다. 2011년, 메이저리그 사상 첫 여자 야구 코치 저스틴 시걸(Justine Siegal)[26]이 배팅볼 투수에 지원할 때, 상대 포수를 맡은 폴 필립스가 한 말이 기억에 남는다. "매우 잘 던졌다. [여성스러운] 머리 모양만 빼면 배팅볼 투수에 적격". MLB 홈페이지에 실린 필립스의 인터뷰 내용은 한국어로도 고스란히 번역되었다.[27]

23    Leslie A. Heaphy, 「More than a Man's Game: Pennsylvania's Women Play Ball」 『Pennsylvania Legacies』 vol.7, no.1, 2007, p.23.

24    Leslie A. Heaphy, 「More than a Man's Game: Pennsylvania's Women Play Ball」 『Pennsylvania Legacies』 vol.7, no.1, 2007, p.25.

25    Debra A. Shattuck, 『Bloomer Girls: Women Baseball Pioneers』 University of Illinois Press, Urbana, Chicago and Springfield, 2017, p.95.

26    5개의 마이너 리그 및 독립 리그에서 활동한 여자 야구 선수. 2007년 최초의 대학야구팀 여성코치(스프링필드대학교), 2009년 최초의 야구 프로팀 여성 코치(독립 리그 브록톤 록스), 2011년 메이저리그 첫 여성 배팅볼 투수(클리블랜드)로 활약하는 등 금녀의 벽을 차례대로 허물었다. 2015년 9월 오클랜드 애슬레틱스팀의 인스 트럭터로 임명되며 메이저리그 최초의 여성 코치가 되었다. 남녀 구별 없이 야구를 즐기는 것을 목표로 하는 '모두를 위한 야구(Baseball for all)' 재단의 창립자이다.

27    김영현, "美프로야구 사상 첫 여성 '배팅볼 투수' 탄생", <한경스포츠>, 2011.02.22.

야구라는 험난한 길을 걷는 이에게 누군가를 걱정 어린 조언을 건넬 수도 있겠다. "왜 이미 '남성의 스포츠로 굳어진 야구'를 하는가?", "다른 종목을 하면 되지 않는가?", "소프트볼이 그 대안으로 제시된 스포츠 아닌가?"

위의 질문들에 적절히 대답해 줄 수 있는 이야기를 역사에서 길어 올려 본다. 브린 모어 대학(Bryn Mawr College)의 교장, 캐리 토마스(Carey Thomas)는 1899년에 한 연설에서 당대의 여성 고등 교육을 반대하는 비평가들을 맹렬하게 비난했다. 토마스에 따르면 여성이 음악을 배울 때는 사회는 여성에게 기존의 음악과는 다른 새로운 심포니와 새로운 오페라를 만드는 새로운 베토벤과 새로운 와그너가 될 것을 요구하며, 여성이 미술을 배울 때는 완전히 새로운 조각과 회화를 만드는 새로운 페이디아스와 새로운 티치아노가 되기를 강요한다. 체육을 배울 때는 남자의 것과는 완벽하게 다른 방식의 테니스와 골프, 새로운 수영, 스케이트 그리고 달리기를 창조하기를 원한다고 한다.[28] 여성에게는 항상 새로운 차원의 문법을 발명할 것을 강권하며, 그 기준에 충족하지 못하면 능력이 부족하다고 취급하는 것이다. 이러한 태도에는 기존의 문화는 남성의 것이라는 전제가 깔려있다.

만약 여성이 남성의 마운드를 침범하고 있다면, 그 행위가 합당한 이유를 토마스의 대답에서 찾을 수 있다. 완전하게 새로운 룰을 가진 야구를 발명하는 것보다는 훨씬 쉽기 때문이다. 그리고 이렇게도 대답해 볼 수 있겠다. "왜 여자는 선택해야만 하는가?"[29]

---

28  Robert Frankort, 『Collegiate Women: Domesticity and Career in Turn-of-the-Century America』, New York: New York University Press, 1977, p.28 ; Debra A. Shattuck, 「Bats, Balls and Books: Baseball and Higher Education for Women at Three Eastern Women's Colleges, 1866-1891」『Journal of Sport History』, vol.19, no.2, 1992, p.109에서 재인용.

29  이 질문은 실제로 1982년, 야구와 소프트볼 사이에서 선택해야 하는 여학생들을 위한 설문조사의 제목이었다. 야구와 소프트볼 간의 접점과 차이점은 다음 장에서 다루고자 한다.

# 4장
# 야구와 소프트볼, 그 미묘한 관계

아마추어 리그인 뉴잉글랜드 여자 야구 리그(NEWBL)에서 뛰었던 전 야구선수 엘리자베스 템페스타(Elizabeth Tempesta)는 '야구하는 여자애'였던 어린 시절이 쉽지 않았다고 기억한다. "제가 늘 스스로를 증명하기 위해 얼마나 애썼는지, 그리고 여자애같이 공을 던지지 않는다는 것을 보여주기 위해 얼마나 신경썼는지 알게 되었어요." 야구선수가 되어야겠다고 결심하는 아이들의 이유가 대개 그렇듯이, 그저 야구가 좋아서 계속 야구를 고집하던 소녀는 12살 때 '여자아이들만 하는 결심'을 한다. 소프트볼로 전향한 것이다. "저는 야구팀에서의 경쟁이 즐거웠고 남자애들과 견줄만한 제 능력이 자랑스럽기도 했지만, 어쨌든 늘 시합에서 뛰고 싶어 했거든요. 만약 제가 계속 (남자아이들 틈에서) 야구를 한다면, 나중엔 경기에 참여할 기회 혹은 몸을 풀어볼 기회조차 없을 거라는 게 분명했죠." 그는 그 때를 회상하면 지금에 와서야 새삼스럽게 놀라운 점이 있다고 했다. "제가 단 한 번도 왜 '여자 야구'는 없는지 질문하지 않았더라고요. 저는 당연히 두 가지 선택지만 있다고 믿었거든요. 소프트볼을 하거나, (남자) 야구팀 벤치에 앉아있거나요." 보고 자라는 환경이 인식의 틀을 한정 짓는다는 것이 이런 것 아니겠는가. 미국의 정치학자 제니퍼 링(Jeniffer Ring)도 여자아이들에게는 같은 성별의 또래와 야구를 한다는 선택지 자체가 없다는 점을 꼬집는다. "만약 여자아이들이 정 야구가 하고 싶다면, 주변의 시선에 한창 취약한 나이에 엄청난 사회적, 문화적 압박을 견뎌내고 남자아이들 틈에서 어울려야만 하게끔 만드는 것은 분명히 불공평한 것입니다."

사람들이 여자 야구의 빈자리를 쉽게 인지하지 못하는 가장 큰 이유는 소프트볼이 '여자 종목'으로서 그 자리를 대체하고 있는 것처럼 보이기 때문이다. 하지만 소프트볼 역시 (모든 스포츠가 그렇듯) 그 기원은 남성 종목으로 시작되었고, (모든 스포츠가 그렇듯) 기본값인 남성 인프라를 꽤 탄탄하게 유지해오고 있다. 우리는 야구와 소프트볼이 모두 하나의 성별을 위한 스포츠라고 생각하지만, 사실 소프트볼은 야구보다 훨씬 양성 종목에 가깝다. 이는 세계야구소프트볼총연맹(WBSC, World Baseball Softball Confederation)의 세계랭킹에 등록된 국가 현황을 보면 더 확실하게 와 닿는다. 우리에게 익숙한 남자 야구와 여자 소프트볼에 각각 84개, 67개의 국가대표팀이 등록되어있는 것은 크게 놀랍지 않지만 남자 소프트볼 국가대표팀 또한 49개나 있기 때문이다. 여자 야구로 등록된 국가대표팀은 20개라는 것을 비교하면, 소프트볼보다 야구의 성별 불균형이 극심한 것을 알 수 있다. 어떻게 보면, 오늘날 소프트볼이 야구와 한 쌍을 이루면서 여성 종목으로 치부되는 상황으로 인해 여자 야구만큼 손해를 보는 것이 남자 소프트볼일지도 모른다. 두 종목의 역사를 연구한 마이애미 대학의 칼리 뱃 매독스(Callie Batts Maddox) 교수 역시 성별에 따른 이분법적 구분은 여자 야구와 남자 소프트볼 모두를 주변화시킨다고 지적한다.

그런데 우리는 왜 여자 소프트볼이 남자 야구에 대응하는 여자 종목이라고 당연하게 생각하게 된 걸까? 템페스타의 사례와 같이 선수 당사자조차 이러한 틀에서 벗어나지 못했던 이유는 보고 자라는 환경이 곧 선택지의 폭이 되기 때문이 아닐까. 그러면 질문을 조금 바꿔보자. 우리는 왜 유독 남자 야구와 여자 소프트볼'만' 보고 자라게 되었을까. 2020 도쿄올림픽에서도 야구·소프트볼은 두 개의 다른 스포츠가 하나로 묶인 유일한 종목이었다.


그 배경이 궁금하다면 스포츠 국제연맹(IF, International Federation) 차원의 구조와 정책을 살펴보아야 한다. 대부분의 스포츠는 국제올림픽조직위원회(IOC, International Olympic Committee)와 일하는 하나의 국제연맹과 각 회원국 내의 지부를 가지고 있는데, 야구와 소프트볼의 경우 스위스에 있는 세계야구소프트볼총연맹(WBSC)이 글로벌 본부 역할을 하고 대한야구소프트볼협회(KBSA, Korea Baseball Softball Association)가 한국 지부 역할을 하는 식이다. 조직도상, 국제연맹 차원에서 선정한 스포츠의 장래와 방향성은 각국의 지부에도 영향을 미친다.

야구와 소프트볼이라는 두 개의 '다른' 종목은 2013년에 이뤄진 합병으로 인해 하나의 연맹을 구성하게 되었다. 이에 따라 한국에서도 그 이전까지는 분리되어 있던 대한야구협회, 대한소프트볼협회, 전국야구연합회가 2016년 대한야구소프트볼협회(KSBA)로 통합되었고, 이러한 제도권의 구조조정은 우리가 올림픽 등의 국제무대에서 남자 야구와 여자 소프트볼만을 접하게 되는 원초적 이유라고 볼 수 있다. 더 자세한 사연과 과정은 이어질 글에서 살펴보도록 한다.

네덜란드 역사가 요한 호이징가(Johan Huizinga)는 "모든 경기는 그 이상의 무엇인가를 의미한다(All play means something)"라고 말했다. 스포츠는 '사회적 기능을 가진 특별한 행동'이라는 것이다. 결정권을 가진 수뇌부 간의 정치와 협상 결과가 성역할이라는 사회문화적 가치로 연결되었다는 점에서, 야구와 소프트볼만큼 이 말을 잘 대변하는 경우가 또 있을까. 야구의 남성화와 소프트볼의 여성화는 제도권의 기획하에 위에서 아래로, 본부로부터 각국으로 전파되고 강화된 결과다. 그리고 그 모든 일련의 과정들은 절대적으로 복합적이다.


## 내셔널리즘, 여성을 소프트볼로 회유하다

미국의 스포츠 역사학자 데브라 샤턱(Debra A. Shattuck)은 어린 시절 야구와 소프트볼을 자연스럽게 접하며 자란 자신의 개인적인 경험에 비추어, 야구보다 (패스트피치) 소프트볼[1]이 '여성스러운' 운동이라고 인식되는 점이 의아하다고 말한다. 야구공보다 크고 무게도 더 나가는 소프트볼 공은 여성이 제대로 쥐고 던지기에 더 어려운 데다, 이름과 달리 매우 단단해서 느린 속도로 맞아도 부상 위험이 크기 때문이다. 어쩌면 소프트볼은 야구보다 '더 위험한' 운동일 수 있고, 야구는 여성에게 보다 '쉽고 안전한' 스포츠일 수 있다. 어째서 소프트볼은 야구보다 '덜 격렬하고', 그래서 '여성에 걸맞은 종목'이라는 이미지를 갖게 된 걸까. 필드 규격이 더 작아서? 공을 언더핸드로 피칭하기 때문에?

소프트볼에 '여자 야구 대체재'라는 틀이 씌워지는 과정은 야구가 내셔널리즘의 옷을 입는 과정과 깊은 연관이 있다. 야구에 '위대한 미국(Great America)'이라는 국가 정체성이 이입되기 시작하면서 야구를 할 자격을 갖춘 플레이어의 기준이 까다로워지기 시작한 것이다. 선전물의 성격을 갖게 된 야구에 걸맞은 이상적인 선수(미국인)는 백인 남성으로 한정되었고, 그 때문에 여성과 유색인종 남성은 모두 야구로부터 배제되게 된다.

1870년대에 야구선수 및 감독으로 활약하고 이후에 메이저리그 명예의 전당에 오른 알버트 스폴딩은 그의 저서 『America's National Game(1911)』에서 누가 야구를 해야 하는지/할 수 있는지에 대해서 다음과 같이 단호하게 말했다.

"우리의 아내, 자매, 딸이나 연인이 필드에서 야구를 할 수는 없습니다. 그 대신 크리켓을 할 수는 있을 거예요. 하지만 거의 하지 않죠. 테니스로 챔피언십에서 우승을 할 수도 있을 것이고, 농구로 월계관을 쓸 수도 있을 것입니다. 골프를 잘 치면 트로피를 거머쥘 수도 있죠. 하지만, 야구는 아닙니다. 야구는 여성에게 너무 격렬한(strenuous) 운동이에요."[2]

이런 식으로 야구가 얼마나 여성에게 어렵고 힘든지 설명한 뒤 '그래서 야구는 여성에게 부적합하다'고 주장하는 것은 마치 '여성을 위해' 회유하는 듯한 부드러운 분위기를 가장할 수 있었기 때문에 가장 흔하게 사용되는 방식이었다. 이른바 '야구 권위자'들을 필두로 시작된 이러한 완곡한 배제는 때마침 더 작은 규격을 사용하는 소프트볼이 차선책 역할을 해주면서 수월하게 확산된다.

스폴딩의 저서가 나온 후 십여 년이 지난 1927년에 열렸던 전미여성체육위원회 회의는 여성에게 야구 대신 소프트볼을 권하는 경향이 미국 전역에 확산되는 발단이었다. 이 자리에 참석한 체육 교사들이 '소프트볼은 여성들이 야구 대신 하기에 적합하다'라는

---

1    소프트볼의 경기 유형은 슬로우피치와 패스트피치로 나뉜다. 올림픽 등 대부분의 세계 대회에서는 레크리에이션보다 시합으로서의 성격이 강한 패스트피치 소프트볼로 경기를 진행하는데, 그 이름에서도 알 수 있듯이 투수가 호를 그리지 않고 공을 있는 힘껏 빠르게 던질 수 있는 방식이다. 부상 위험성 때문에 최근에는 타자에게 헬멧을 의무적으로 착용하게 하는 등 안전 규정이 강화되고 있다. (출처 : 한국민족문화대백과)

2    Albert G. Spalding, 『America's National Game : Historic Facts Concerning the Beginning Evolution, Development and Popularity of Base Ball』, 1911.

의견에 동의한 후, 각 지역과 학교로 돌아가 여학생들에 한해 소프트볼을 가르치기 시작한 것이다.

이후 1929년 『Baseball for Girls and Women(소녀와 여성을 위한 야구)』라는 핸드북이 출간되면서 소프트볼이 '여성용 야구'라는 인식에 다시 한 번 쐐기가 박힌다. 야구가 여성에게는 너무 어려운 운동이라는 주장에서 더 나아가 여성을 위해 변형된 야구 룰이 필요하다는 것이 책의 요지였는데, 그 세부 조언들이 소프트볼의 경기 방식과 일치했던 것이다. 저자 글래디스 팔머(Gladys E. Palmer)는 오하이오 주립대학의 체육교육과 교수였기에 그의 의견은 더욱 신뢰를 얻을 수 있었을 것이다.

야구 영웅부터 체육교육학 석학까지- 대중에게 높은 설득력을 가진 주체들이 여성의 종목은 소프트볼이라는 흐름을 만든 기저에는 내셔널리즘이라는 강력한 사회적·정치적 맥락이 있었기 때문에, 그 이전에 역사적으로 수많은 여성들이 야구를 했다는 '사실'은 깨끗하게 지워졌다. 사회학자 베를라헤(Berlage, G. I.)에 따르면, 1940년을 기점으로 그 이후에 야구를 한 여성의 수보다 그 이전에 야구를 한 여성의 수가 훨씬 많았는데도 말이다.[3] 야구가 여성에게 유난히 까다로운 스포츠라는 20세기 초반의 논리는 아직도 종종 사용되곤 한다. 하지만, '어릴 때부터 남성과 동일한 훈련을 받은 여성들끼리 팀을 이룰 때에도 과연 야구가 어렵고 힘든 운동인지'에 대한 실험과 증명은 오늘날까지도 충분히 이루어진 적이 없다.

## 제도에 의해 배제되기 시작한 여성

성별이 야구를 하는 일종의 자격으로 처음 요구된 것은 1939년에 만들어진 리틀 리그에서였다. 사실, 초기에는 성별과 관련된 별다른 규정이 없었음에도 불구하고 사람들은 자연스럽게 리틀 야구에서 남자아이들만 뛸 수 있다고 생각했다. 그도 그럴 것이, 리틀 리그의 출범 이념은 "시민의식, 스포츠맨십 그리고 남자다움"[4]으로, 야구가 남자들만의 스포츠임을 공공연하게 주장하고 있었기 때문이다. 더불어, 리틀 리그가 소프트볼 리그를 하나의 부(division)처럼 운영하며 여자아이들의 입단을 받았다는 점에서, 사실상 적극적으로 여학생의 야구 진입을 막고 있었다고 봐야 한다는 해석도 있다.[5]

리틀 리그의 공식적인 성별 관련 규정은 1950년에 등장한 캐서린 케이 마사르 (Kathryn Kay Massar)라는 선수에 의해 만들어졌다. 1950년 당시 13세였던 이 소녀는 자신이 야구를 그 누구보다 좋아하고 심지어 잘 하는데도 단지 여자아이라는 이유만으로 마운드에 설 수 없다는 것이 의아했다. 그녀는 길게 땋았던 머리를 자른 뒤 좋아하던 만화에서 토비(Tubby)라는 남자아이 이름을 따서 지역 리틀 야구팀에 지원했고, 남자아이들과 같은 테스트를 거친 후에 정식으로 입단 제의를 받는다. 그녀는 성별을 숨겼다는 압박감에 곧 자신이 여자아이라는 사실을 털어놓았는데, 우려와 달리 코치는 이에 개의치 않았다. "리틀 리그에는 아직 관련 규정이 없단다. 너는 아주 훌륭한 선수야. 우린 너를 1루수로 세울 거다." 그녀의 말에 의하면 자신이 여자아이임을 밝힌 후에도 팀 동료들과 어울리는 데에는 별다른 어려움이 없었다고 한다. 오히려 경기에서 만나는 상대팀 선수들이 몸싸움을 걸어오거나 학부모들이 야유를 쏟아붓는 일이 자주 벌어졌다. 그녀의 실력이 그들의 몇몇 '아들들'보다 나았기 때문이라고 캐서린은 추측한다. 그 후로 꾸준히 경기에 출전하며 시즌을 채워가던 중, 아버지를 통해 리틀 리그에서 자신을 겨냥해 새로운 규정을 만들었다는 소식을 듣게 된다. "여자 아이들은 그 어떤 상황에서도 리틀 리그에서 뛸 수 없다"는 내용의 성별 규제 항목이 생긴 것이다. 이 룰은 리틀 야구에 지원하기 위해 소년이 되어야 했던 그녀가 사용한 이름을 본 따 '토비 법(The Tubby Rule)'이라 불렸고, 그녀의 리틀 야구 경력은 무력하게 마무리되어야 했다.[6]

남자아이들에게만 입단을 허용한다는 내용의 '토비 법'은 12살 소녀 마리아 페페 (Maria Pepe)가 법정 소송에서 승소하는 1974년까지, 무려 20년이 넘게 지속되었다. 리

3    Berlage, G. I., 「From bloomer girls' baseball to women's softball: A cultural journey resulting in women's exclusion from baseball. In A. Hall (Ed.)」 The Cooperstown symposium on baseball and american culture (1999), McFarland & Company, Inc., 2000, pp.245-260.

4    Jennifer Ring, 「Invisible Women in America's National Pastime…or, 'She's Good. It's History, Man.'", 2013.

5    Callie Batts Maddox(2020), 「Under One Banner : The World Baseball Softball Confederation and the Gendered Politis of Olympic Participation」 『Sport History Review』 51, 2020, p.129-130.

6    Lizzy Francis, "The Girl Who Broke the Little League Gender Barrier", <Fatherly>, 2018.04.21.
     Mia Warren, Jud Esty-kendall, Emma Bowman, "A Little League Of Her Own: The First Girl In Little League Baseball", <npr>, 2018.03.30.

틀 리그가 여자아이와 남자아이 간의 신체적 기량이 크게 차이 나지 않는 유소년을 대상으로 한다는 점에서, '토비 법'의 의도는 명료하게 성차별이었다고 볼 수 있다. 야구와 소프트볼을 연구한 전문가는 "리틀 리그는 여학생을 위한 야구 리그나, 남학생을 위한 소프트볼 리그를 고려하지 않았고, 청소년들이 자신의 선호와 기호에 따라 스포츠를 선택할 권리를 빼앗았다"[7]라고 본다. 전미 규모로 운영되는 리틀 리그에서 여자아이들에게 야구를 금지하는 동안 여학생을 위한 중·고등학교 체육 프로그램들은 소프트볼에 치중되었고, 이러한 상호작용에 의해 성별에 따른 종목 구분은 더욱 강화되었다.

## 각자의 길을 걷고자 했던 야구와 소프트볼

야구와 소프트볼은 두 개의 다른 스포츠로서, 초기엔 각자의 국제연맹(IF)을 만들었다. 그중 미국의 프로 야구선수 레슬리만(Leslie Mann)의 주도로 야구를 관리하는 국제연맹의 창단 시도가 먼저 이루어졌는데, 이는 1936년에 베를린 올림픽에서 시범 경기를 하는 것을 목표로 한 것이었다. 미국 올림픽 위원회가 발행한 회의록을 보면, 레슬리 만은 "야구가 올림픽 프로그램에 포함되면 세계적인 스포츠가 될 것"이라며 연맹 창단 의도가 올림픽 진출임을 명확히 하고 있다. 1936년 8월에 발족된 '국제야구협회(IBF, International Baseball Federation)'[8]는 그 바람대로 베를린 올림픽에서 시범 경기를 선보인 이후 이듬해에 곧바로 국제올림픽위원회(IOC)에 협회 등록을 추진하지만, 올림픽에 포함된 종목만 명부에 올라올 수 있다는 IOC 규정에 따라 이 요구는 거절되었다. 이후로도 세계 2차대전의 발발로 두 번의 올림픽이 연이어 취소되면서 국제야구협회와 올림픽의 인연은 한동안 엇갈리게 되는데, 1954년에 이르러서야 '국제아마추어야구연맹'이라는 변경된 협회명으로 '비(非) 올림픽 종목'으로서 IOC에 야구를 등록하는 데에 성공한다.

야구 연맹의 가장 큰 위기는 1973년에 찾아왔다. '국제아마추어야구연맹'의 회원

---

7    *Ibid.*

8    16개국(이집트, 프랑스, 인도, 페루, 스웨덴 등)과 하와이의 참여로, 플로리다 마이애미에 본부를 두고 1936년 8월 8일에 발족되었다. (출처 : Callie Batts Maddox(2020), 「Under One Banner : The World Baseball Softball Confederation and the Gendered Politis of Olympic Participation」 『Sport History Review』 51)

국 중 24개국이 이탈해 '세계아마추어야구연맹'이라는 경쟁 기관을 만든 것이다. 하지만, 이 두 개의 연합체는 IOC에 보다 강력하게 어필하기 위해서는 단일 조직이 필요하다고 보고 1976년 재합병에 뜻을 모은다. 그야말로 야구에 있어 올림픽이라는 목표가 얼마나 절대적이었는지 알 수 있는 부분이다. 이들은 1984년, '국제야구협회(IBA, International Baseball Association)'로 다시 한번 이름을 바꾸며 회원국 모집에 몰두했고, 90년대 초반 약 70여 개국의 가맹국을 갖게 되었다.

　'국제소프트볼협회(ISF, International Softball Federation)'의 경우, 그 정확한 설립 시기에 대한 의견이 분분하지만 대개 1952년이라고 본다. 그 후 1965년, 17개국이 참여한 첫 '여자 세계 선수권 대회'를 주최하며, 소프트볼은 세계적인 스포츠가 되기 위한 첫걸음을 뗀다. 특이한 점은 바로 다음 해에 11개국이 참여한 '남자 세계 선수권 대회' 역시 개최했다는 점인데, 처음부터 남자 야구로만 올림픽 진출을 노렸던 야구협회와 달리 소프트볼협회는 그들의 스포츠가 '단일 성별 종목'에 머무르길 원치 않았다고 추측할 수 있다. 또한, 제1회 세계 대회부터 11개의 남자 국가대표팀이 참가했다는 것은 '여성 종목'이라는 프레임에도 불구하고 소프트볼이 양성의 균형을 어느정도 유지해왔다는 것을 보여준다.

　하지만, 그런 소프트볼에게도 올림픽은 쉽게 넘을 수 없는 산이었다. 1967년에 IOC로부터 공식 인증을 받은 국제소프트볼협회(ISF)는 곧바로 올림픽 시범 종목으로 채택되기 위한 노력을 전개하지만, 1972년과 1976년 연달아 고배를 마신다. 그 후, 협회측은 올림픽 종목 승인 가능성을 높인다는 명목으로 양날의 검과 같은 개편을 시도했다. 개최국의 경기 비용 부담을 줄여주기 위해 남자 경기를 포기하고 여자 경기만을 올림픽 무대에 가져가기로 결정한 것이다. 국제소프트볼협회는 이 전략을 약 40년 동안 고수하는데, 이는 여성 선수들의 수준이 얼마나 높은지 조명하는 데에는 도움이 되었지만, 소프트볼이 여성 스포츠라는 편견을 스스로 강화하는 셈이 되어 버리고 만다.


## 1985년의 첫 번째 합병이 남긴 것

　야구협회와 소프트볼협회는 올림픽 종목 승인이라는 공통된 목표를 가지고 있었고, 결국 이 열망을 좇아 1985년 첫 합병을 성사시킨다. 이는 남자 야구와 여자 소프트볼을 하나의 종목으로 간주해 대중성을 보완하는 전략이었다.

두 종목 간 질긴 인연의 시발점이 된 이 기획은 놀랍게도 후안 안토니오 사마란치 IOC 의장의 권유로 시작되었다. 1992년 바르셀로나 올림픽 공식 종목 등록을 목표로 공동 지원을 추천한 것인데, 아마도 야구와 소프트볼 모두 단일 종목으로서는 승산이 적다는 여론이 IOC 내부에서 형성되었던 듯하다. 이 획기적인 아이디어는 IOC라는 국제적 책임을 진 기구가 내셔널리즘의 유산을 답습해 야구와 소프트볼을 같은 종목으로 보았다는 오류를 담고 있었고 예상대로 큰 논란을 불러일으켰다.

두 협회의 역사를 연구한 매독스 교수에 의하면, 이 제안은 IOC 회원국들 내에서도 큰 논란이 되었다. 뉴질랜드 대표는 "야구와 소프트볼은 두 개의 완전히 다른 스포츠"라는 소신을 밝혔고, 푸에르토리코 대표는 "남자 야구와 여자 소프트볼을 하나의 스포츠로 보는 것에 절대로 찬성할 수 없으며, 이러한 제안이 IOC 집행부로부터 나왔다는 것에 큰 유감을 표한다"라는 의견을 내놓았다.[9] 올림픽 종목 자리를 두고 경쟁하는 타 스포츠 협회들의 불만도 쏟아졌다. 그들은 "올림픽 종목 승인을 얻기 위해 '엄연히 다른 스포츠'를 이용해서는 안 된다"라며 본 합병이 페어플레이 위반의 성격을 가지고 있음을 피력했다.[10]

논란과 우려가 식지 않는 분위기 속에서 역사적인 첫 합병의 목적을 달성하는 것은 어려워 보였다. 이 이야기의 결말은 결국 두 종목이 올림픽 종목 등록에 실패했다는 새드엔딩으로 끝나게 되었을까? 현실은 훨씬 복잡했다.

1992년 바르셀로나 올림픽을 앞두고 열린 제93회 IOC 총회에서 야구와 소프트볼은 모두 올림픽 종목으로 승인을 받는 데에 성공한다. 하지만 스페인 올림픽 조직위원회는 곧 소프트볼의 참가 자격만 취소하는 것으로 이 결정을 번복한다. 당시 조직위가 밝힌 사유는 '소프트볼까지 모두 올림픽 종목으로 편입될 경우 올림픽 참가자의 수가 너무 증가하게 되어 재정적 부담이 우려된다'는 것이었다. 공동 협회를 구성한 두 종목 간의 희비가 엇갈리게 된 애매한 상황에 대해서 IOC 집행부와 사마란치 위원장은 "개최국에 종목 승인을 강제할 수는 없다"라는 말 외에 별다른 의견을 표명하지 않았다.

스페인 올림픽 조직 위원회의 결정에 대해 초반에는 야구쪽과 소프트볼쪽 모두가 항의했지만 곧 전(前) 국제소프트볼협회 측의 외로운 외침만 계속되는 모양새가 되었다. 결국 IOC의 결정은 번복되지 않았고 두 협회 간의 사이는 빠르게 멀어졌으며 1992년 바르셀로나 올림픽에서는 야구만 정식 데뷔 전을 치렀다. 첫 번째 합병 연맹이었던 '국제 아마추어 야구 소프트볼 연맹'의 해체 이후, 소프트볼은 독자적인 노력을 통해 바로 다음 올림픽인 1996년 애틀랜타 올림픽에서 정식 종목 지위를 얻게 된다.

## 올림픽과의 끝없는 줄다리기

야구의 경우 1992년의 공식 데뷔 전에도 시범 종목으로서 약 7번 올림픽 무대에 등장한 전력이 있다.[11] 이중 대부분은 야구가 전 세계에 막강한 영향력을 가지고 있던 미국의 '국기'라는 덕을 본 경우가 많았다. 일례로, 올림픽에서 야구 시범 경기를 선보이고자 1936년에 출범했던 '국제야구연맹'은 그 해에 베를린 올림픽에서 곧바로 목표를 이루었는데, 이 경기는 이례적으로 같은 국적인 미국팀 간의 대진으로 진행되었다. 미국 내에서도 특유의 폐쇄적인 발전을 해온 탓에 세계 무대에서는 더욱이 함께 경기할 팀을 찾기가 어려웠던 것이다. 바꾸어 말하면, 그럼에도 불구하고 미국이 적극적으로 밀어주는 스포츠였던 덕분에 예외적으로 올림픽 시범 종목이 될 수 있었다고 볼 수 있다.

반면, 역시 미국이 종주국이지만 야구만큼의 지지와 지원을 받지 않은 소프트볼은 올림픽에서 시범 경기를 선보였다는 기록은 없다. 1996년에 메달 종목이 되고 나서야 2008년까지 총 4번 올림픽 무대를 밟았을 뿐이다. 야구와 소프트볼 모두 2008년을 마지막으로 올림픽 무대에서 제외되었는데, 두 종목의 길고 고단했던 노력에 비해 올림픽 내 입지는 그리 오래 유지되지 못했다고 볼 수 있다.

두 종목의 퇴출과정 또한 파란만장했다. 2002년, IOC 이사회는 안정적인 올

---

9    Callie Batts Maddox(2020), 「Under One Banner : The World Baseball Softball Confederation and the Gendered Politis of Olympic Participation」『Sport History Review』 51, p.129-130.

10   국제올림픽위원회(IOC), <Minutes of the October 1986 Session>, OSC Archives, 1986.

11   1904 세인트루이스올림픽, 1912 스톡홀름올림픽, 1936 베를린올림픽, 1956 멜버른올림픽, 1964 도쿄올림픽, 1984 LA올림픽, 1988 서울올림픽.

림픽 개최를 위해 규모와 비용을 조정한다는 명목으로 사상 최초의 종목 개편 카드를 꺼내들었다. 이에 맞춰 올림픽 프로그램 선정 위원회(OPC, Olympic Programme Commission)는 '대중성'과 'TV 중계 성적'이 떨어지는 종목들로 퇴출 후보를 선정했는데, 최종적으로 거론된 종목이 근대 5종과 야구, 소프트볼이었다. 특히 IOC는 올림픽이 200여개 국이 참가하는 국제적인 이벤트라는 점을 감안할 때, 세 종목 모두 극소수의 국가만이 엘리트 레벨의 경기를 선보일 수 있다는 것에 회의적인 입장을 표했다.

같은 해 11월에 열린 제114회 총회에서 퇴출 후보 종목들에게 최후 변론의 기회가 주어졌다. 국제야구협회는 그동안 IOC가 메이저리거들의 올림픽 불참에 불만을 표했던 것을 의식한 듯 향후 최고의 선수들을 올림픽 경기에 출전시킬 것을 약속했고, 국제소프트볼협회는 IOC의 새로운 시대적 의제 중 하나였던 '여성의 스포츠 참여 증진'을 위해서 소프트볼이 꼭 필요하다는 점을 어필했다.

모두에게 부담이 큰 첫 개편이었던 만큼 최종 결정은 잠정 보류되었고, IOC는 그 사이 새로운 종목 경쟁 방식을 도입했다. 간략히 설명하면 다음과 같다. IOC 헌장엔 '올림픽 정규종목'[12]과 '올림픽 참가종목(실제로 경기를 진행하는 종목)'이라는 카테고리가 분리되어 있는데, 2012 런던 올림픽부터는 매번 IOC 위원들의 비밀투표를 통해 '참가종목' 자격을 별도로 부여하기로 한 것이다.[13]

IOC의 새로운 방침에 따라 야구와 소프트볼의 운명 역시 투표에 맡겨지게 되었고, 2012 런던 올림픽 종목 선정을 위해 치러진 2005년 총회 투표에서 두 종목은 모두 과반수 득표에 실패하며 올림픽 정식 종목에서 제외되게 된다. 이 결과에 대해 자크 로게 IOC 위원장은 야구의 경우 도핑 논란[14]과 메이저리거의 불참이, 소프트볼은 낮은 보급률이 영향을 미쳤을 것이라고 해석했다.

시간이 지나 공개된 득표 정보를 보면, 105명의 IOC 위원이 참여했던 당시 투표에서 두 종목은 공통적으로 하나의 기권표를 가졌으며 그 외에 소프트볼은 올림픽 종목 찬성 및 반대에 각각 52표(찬성)와 52표(반대)를, 야구의 경우 50표(찬성)와 54표(반대)를 얻었다.[15] 올림픽에 남아있을 가능성은 소프트볼이 더 컸던 셈이다.

2012 런던 올림픽에서 퇴출된 야구와 소프트볼은 2016 리우 올림픽에서 곧바로 복

귀를 노렸다. 이를 위한 투표가 진행될 예정이었던 2009년 2월, 야구협회 측은 다시 한 번 소프트볼협회 측에 올림픽 공동 입찰을 제안한다. 하지만 국제소프트볼협회의 돈 포터(Don Porter) 회장은 "소프트볼은 도핑 문제없이 올림픽 가치를 반영하는 팀 스포츠를 성공적으로 제공해왔다"라며 명확한 거절 의사를 표했다. 2000년대 이후 약물 파문이 끊이지 않고, 올림픽보다 더 우선시 될 수 있는 세계 대회(월드 시리즈, 월드 베이스볼 클래식 등)를 이미 가지고 있는 야구와 묶여서 좋을 것이 없다는 판단이었다.[16] 또한, 소프트볼 입장에서는 무용함을 넘어 부당함에 가까웠던 1985년도 합병의 쓴 기억도 소화되지 않은 상태였다. 국제소프트볼협회는 2009년 IOC 투표에 단독으로 지원하면서 과거에 자발적으로 제외시켰던 남자 경기를 다시 포함시켰는데, 이는 야구로부터 거리를 두는 동시에 향후 단일 종목으로서의 성장을 추구하겠다는 의지를 보여주는 선택이었다.[17]

소프트볼 측이 빠르고 명확하게 선을 긋자, 야구 역시 올림픽 종목 입찰 신청을 위해 여자 야구를 동원하기로 한다. 국제야구협회의 하비 쉴러(Harvey Schiller) 회장은 언론과의 인터뷰에서 "올림픽 종목은 남녀가 함께 해야 한다는 IOC의 주장에 부응하고, 소프트볼의 새로운 전략에 맞서기 위해 이번 결정이 이루어졌다"라고 밝히며, 여자 야구도

---

12    IOC 헌장 46조는 하계 28개, 동계 7개의 올림픽 정규종목을 명시하고 있다.

13    IOC 위원의 반수 이상이 무기명 비밀투표에 참가하여야 유효하며, 그중 과반수의 찬성표를 얻어야 올림픽 대회 참여가 가능한 '참가종목' 지위를 얻게 된다. 투표는 모든 올림픽이 열리기 7년 전, IOC 총회에서 진행된다. (출처 : 박성현, "태권도 올림픽에서 빠지나", <중앙일보>, 2007.06.13)

14    메이저리그는 2000년대 초반까지 금지약물 규제가 느슨한 편이었다. 때문에 선수들의 스테로이드 계열 약물 복용이 만연해지면서, 90년대 중반에서 2000년대 초반까지는 각종 신기록들이 쏟아졌다. 이후에 언론의 대대적인 집중 탐사 보도를 통해 그 전말이 밝혀졌으며, 이 시기를 일명 '스테로이드 시대'라고 부른다. 또한, 연이어 2003년에 터진 미국 스포츠계 금지약물 파문 '발코(BALCO) 스캔들'에서도 전국민적 사랑을 받았던 메이저리그 소속 슈퍼스타들이 상당수 연루되면서 메이저리그의 위상은 회복될 새 없이 또 한 번 추락하게 된다. '발코 스캔들'은 미국의 베이에이리어연구소(BALCO)가 도핑테스트에서 검출되지 않는 합성스테로이드를 제조해 유명 스포츠 스타들에게 제공해 파문이 일었던 사건이다.

15    George Vescey, "Softball Is Losing a Chance to Celebrate", <The New York Times>, 2008.02.28.

16    Jere Longma, "Baseball Ties Olympic Reinstatement Bid to Women's Game", <The New York Times>, 2009.04.22.

17    Karen Rosen, "Baseball Strikes Out with Softball", <Around the Rings>, 2009.02.27.

남자 야구와 동일하게 올림픽에서 5일 동안 8개 팀이 참가하는 토너먼트 경기를 하겠다고 발표한다.

하지만 국제야구협회는 포부에 걸맞은 여자 야구 인프라 증명에 어려움을 겪을 수밖에 없었다. 소프트볼의 경우 남자 선수 풀을 어느 정도 갖추고 있었기에 비교적 단일 종목으로 나설 명분이 충분했지만, 여자 야구의 경우 오랜 시간 지속되어 온 여성 선수 배제로 인해 종주국인 미국 내에서도 충분한 선수 풀이 확보되지 않았던 것이다. 토너먼트 경기 진행이 가능한 환경을 급하게 마련하기 위해 협회는 그나마 당시 여자 야구가 존재했던 11개국[18]으로 구성된 여자 야구 위원회를 만들었고, 미국 여성 스포츠 재단 이사였던 도나 로피아노(Donna Lopiano)를 초대 회장으로 임명한다.[19]

당시 국제야구협회는 크게 세 가지 측면에서 여자 야구의 '대중성'과 '잠재력'이 충분함을 강조했다. (1) 128개 회원국 중 약 3분의 1 가량이 여성팀 운영에 관한 자체 규정을 가지고 있다. (2) 거의 모든 회원국이 남·여 유소년을 아우르는 프로그램을 갖추고 있다. (3) 국제야구협회가 2004년부터 여자야구월드컵을 후원하고 있다.[20] 하지만 이러한 급조된 전략이 야구의 '양성 포괄 능력'을 증명할 수 있다고 믿는 여론은 거의 없었고, 차라리 메이저리거의 참여를 이끌어내는 것이 올림픽 무대 재탈환을 위한 가장 신빙성 있는 대안이라는 의견이 많았다.

2016 리우 올림픽 종목 투표에 단독으로 지원하기 위해 급하게 동원된 '여자 야구' 어필 전략은, 누가 보아도 남자 야구를 올림픽 마운드에 세우기 위한 일종의 치장이었다. 하지만 아이러니하게도 이 시기에 급조된 청사진은 가장 본질적인 '야구의 자립'을 내포하고 있었고, 국제 협회 차원의 여자 야구 지원과 활성화 또한 수뇌부의 선택에 달린 문제일 따름이라는 것을 반증했다.

만약 국제야구협회가 야구의 독립적인 경쟁력을 키우기 위해 '여자 야구 위원회'를 집중 지원하는 전략을 고수했다면 어땠을까. 11개의 초기 회원국 중 하나였던 한국에서도 올림픽 토너먼트 경기가 가능한 수준의 여자팀을 만들기 위해 대한야구협회 주도로 새로운 예산과 프로그램들을 계속해서 확대했을지도 모르는 일이다.

결국, 모든 것은 제도권의 의중과 결정에 달려 있다. 양성 종목으로서 올림픽 종목 단독 입찰에 도전했던 2009년, 국제야구연맹의 하비 쉴러 회장은 다음과 같이 말했다.

"이제 '그때'가 됐다고 말하는 사람들이 얼마나 많은지 아시나요. 믿기 힘들 정도입니다. 우리의 여성들은 야구의 올림픽 종목 편입을 간절히 원하고 있으며, 여자 야구선수들은 더 넓은 경기장에서 뛰는 날만을 기다리고 있습니다."[21], "야구는 모두를 위한 스포츠입니다. (여성들만의 축제인) 여자야구월드컵 대신 올림픽이라는 무대에 여자 경기가 포함되는 것은 그 점을 잘 보여주는 하나의 단적인 사례일 뿐입니다."[22]

2016 리우 올림픽 종목 결정을 위한 투표 결과, 각자 단독 후보로 등록했던 야구와 소프트볼은 그 어느 쪽도 올림픽 복귀에 성공하지 못했다. 국제소프트볼협회로부터 공동 입찰 제안을 거절당한 후, '어쩌다 보니' 야구의 양성화라는 이상향을 향해 섰던 국제야구연맹은 계속해서 그 길을 걸어나갔을까?

## 성별 분담 전략은 과연 지름길일까?

2009년 12월부터 새롭게 국제야구협회 수장을 맡게 된 리카르도 프라카리(Riccardo Fraccari) 회장은, 곧바로 국제소프트볼연맹과 함께 올림픽에 공동 지원하는 이전의 전략으로 회귀했다. 아무래도 이미 눈에 띄게 뒤쳐져 버린 여자 야구 인프라가 여자 소프트볼을 단시간에 따라가기는 힘들다고 판단한 듯하다. 2009년 기준으로 소프트볼이 127개국에 약 130만 선수 풀을 가지고 있는 데 반해 여자 야구는 30개국에 10만 명의 선수를 가지고 있었는데, 어찌 보면 야구는 스스로의 지난 과오로 인해 국제무대에서 자립할 수 있는 능력을 잃어버린 셈이었다. 이번에도 야구는 근본적인 경쟁력을 기르기보다 소프트볼이라는 지름길을 선택하며 종목 중심보다는 남성 중심에 치우친 역사를 반복하고 있었다.

---

18    미국, 캐나다, 중국, 일본, 대만, 나이지리아, 인도, 쿠바, 포르투갈, 호주 그리고 한국.

19    Jere Longma, "Baseball Ties Olympic Reinstatement Bid to Women's Game", <The New York Times>, 2009.04.22.

20    Jere Longman, "Baseball Links 2016 Bid to the Women's Game", <The New York Times>, 2009.04.23.

21    Ibid.

22    Bill Jordan, "IBAF Enters Plan for Women's Baseball in Olympis", <Baseball reflections.com>, 2009.04.16.

프라카리 회장이 임명된 후에도, 국제소프트볼협회를 향한 국제야구협회의 제안은 또 한번 거절당한다. 하지만 새로운 회장의 뜻은 분명했다. 그는 "두 종목이 올림픽에 돌아갈 수 있는 유일한 방안"이라며 소프트볼 협회의 포터 회장을 끈질기게 설득한다. 이러한 일방적인 구애가 몇 개월에 걸쳐 지속된 후에 마침내 2011년, "이번에는 아마도 효과가 있을 것"이라는 기대를 내비치며 국제야구협회와 국제소프트볼협회는 합병 결정에 대한 공동 성명을 발표한다.

두 협회는 "남자 야구와 여자 소프트볼이 경기장과 부대시설을 공유함으로써 IOC와 현지 조직 위원회가 누릴 수 있는 긍정적인 비용 절감 효과"를 강조했고, 동시에 "야구와 소프트볼 모두 각자의 정체성을 고수할 필요성을 느낀다"라며 1985년의 첫 합병에 비해 두 종목의 독립성을 유지하는 데에 노력할 것임을 피력했다.[23] 과거의 쓴 기억을 만회하고자 두 협회는 약 1년간 공들여 공동 헌장을 만들었고, 2013년 4월 세계야구소프트볼총연맹(WBSC)이라는 이름으로 두 종목을 통합 관리하는 새로운 국제연맹(IF)의 출범을 알린다.

2013년 IOC가 국제 스포츠 연맹 현황을 조사해 발표한 보고서 따르면, 총연맹(WBSC)은 여전히 남자 야구와 여자 소프트볼 조합이 올림픽 참가 종목이 되길 희망했다. 이 두 종목이 가장 대중적이고 보편적이라는 이유에서였다. 동시에, 두 종목의 정체성 보장을 강조하고 1985년의 투박했던 합병과는 거리를 두려는 듯 미래에는 향후 여자 야구와 남자 소프트볼 또한 올림픽 종목에 포함될 수 있을 것이라는 점을 시사했다.[24]

하지만, 두 협회가 올림픽 진입을 맹목적으로 좇는 과정에서 남자 야구와 여자 소프트볼 조합을 꾸준히 시각화하는 이상, '소프트볼은 여성 종목이며, 여성에겐 야구 대신 소프트볼이 있다'는 인식이 강화되는 것은 불가피하다. 그리고 이것은 각 종목의 독립에도 방해가 되는 모순이라는 점 또한 분명하다. 과연 합병은 그만한 성과를 거두었을까?

2020 도쿄 올림픽 종목을 결정한 2013년 투표에서, 야구와 소프트볼은 총 24표를 득표해 2위에 머무르며 합병 목적을 달성하는 데에 실패한다. 과반(49표)의 표를 가져가며 올림픽에 편입된 종목은 레슬링이었다.[25]

이후에도 총연맹(WBSC)은 계속해서 '야구·소프트볼' 단일 종목으로 올림픽 무대 재탈환에 도전했는데, 그 유일한 성과는 2020 도쿄 올림픽의 '일시적 추가 종목'[26]

중 하나로 포함된 것이었다. 이는 2014년 제127회 IOC 총회에서 통과된 '올림픽 아젠다 2020'[27]의 새로운 규정 덕분이었다. IOC가 지속 가능한 올림픽을 지향하며 다양성을 보완한다는 차원에서, 28개라는 하계 올림픽 종목 개수 제한을 없애고 개최지의 문화적 특성을 고려해 추가 종목을 선택해 선보일 수 있게끔 했기 때문이다.

'다양성'이라는 명목으로 올림픽 무대를 밟을 수 있는 샛길을 터준 '아젠다 2020'은 표면적으로는 세계야구소프트볼총연맹(WBSC)에게 이득인 것처럼 보인다. 하지만 야구와 소프트볼의 궁극적인 목표가 안정적으로 올림픽 무대에 정착하는 것이라면, 이 개편은 오히려 총연맹(WBSC)에게 큰 숙제를 안겨주는 것이라고 보는 것이 맞다. 올림픽이 시대에 맞춰 변화해야 한다는 경각심으로 등장한 '아젠다 2020'에 포함된 또 다른 주요 의제가 바로 '양성평등 촉진(foster gender equality)'이기 때문이다. 해당 의제에 포함된 세부 권고사항은 다음과 같다. (1) IOC는 각 스포츠의 국제연맹(IF)들과 협력하여 올림픽 게임 여성 참가 비율 50%를 달성하고, 더 많은 기회를 창출함으로써 스포츠에 대한 여성의 관여와 참여를 자극한다. (2) IOC는 혼성팀 경기를 장려한다.

올림픽이 '아젠다 2020'을, 그 안에 담긴 스포츠의 양성평등을 적극적으로 추구할수록 야구의 입지는 애매해진다. 마지막 남성 종목이었던 '복싱'이 2012 런던 올림픽부터 여성 선수 출전을 허용하면서, 현재 여성의 참여가 제한된 유일한 스포츠가 야구이기 때문이다. 지속 가능한 올림픽이 되기 위해 '기회의 평등'을 시대적 과제로 인식한 IOC에게, 야구와 소프트볼은 과연 어떻게 어필할 수 있을까?

---

23    Ed Hula, "Softball, Baseball Explore Joint Olympic Return", <Around the Rings>, 2021.07.12.

24    Olympic Programme Commission, 『2020 Olympic Games Shortlisted International Federations Report』, Lausanne, Switzerland : International Olympic Committee, 2013, p.91-92.

25    Internatioinal Olympic Committee, "Wrestling Added to Olympic Program for 2020 and 2024 Games.", 2013.09.08. (https://olympics.com/ioc/news/wrestling-added-to-olympic-programme-for-2020-and-2024-games)

26    야구·소프트볼, 가라데, 클라이밍, 서핑, 스케이트보딩. 2020년 도쿄올림픽에 한해 올림픽 종목에 포함된다.

27    토마스 바흐 IOC 위원장의 취임 직후부터 시작된 프로젝트. 2014년 임시총회에서 만장일치로 통과되었으며, 올림픽 관련 20개, IOC 위원회 관련 20개, 총 40개의 세부 아젠다로 구성되어 있다.

## 2013 합병의 나비효과

글의 가장 서두에서 국제연맹(IF)과 그 회원국들의 관계가 결국은 피라미드 형태의 조직도와 같다고 이야기한 것을 기억하는가? 2013년에 이뤄진 국제야구연맹과 국제소프트볼연맹의 합병은 그 조직도에서 가장 상위 기관들이 병합된 것을 뜻했고, 이는 곧 폭포수처럼 아래로 쏟아지는 도미노 효과를 불러일으켰다. 138개국에 분포되어 있던 200여 개의 관련 연맹체들이 이 합병 모델을 따르기 시작한 것이다. 각 회원국들은 총연맹의 올림픽 공략 전략에 따라 남자 야구, 여자 소프트볼에 초점을 맞추어 지원방안을 개편하고 있다.

우선, 대륙별 총괄 관리 기구 격인 WBSC 오세아니아와 WBSC 유럽이 2018년 각각의 야구협회와 소프트볼협회의 합병을 거쳐 만들어졌다. 또한, 2020년 기준으로 WBSC 오세아니아의 14개 지부 중 5개, WBSC 유럽의 40개 지부 중 24개, 아프리카야구소프트볼협회(ABSA)의 18개 지부 중 14개가 모두 총연맹 합병 모델을 따라 통합된 지부인 것으로 확인되었다.[28]

한국에서도 앞선 총연맹의 모델을 따르기 위해 2016년 6월 대한야구협회, 전국야구연합회, 대한소프트볼협회 총 3개의 기관이 '대한야구소프트볼협회(KBSA)'로 합병되었다.[29] 그 결과 대한체육회의 직속 기관인 대한야구소프트볼협회(KBSA)의 여성 종목 지원은 소프트볼에 집중되게 되었고, 현재 대한야구소프트볼협회의 가맹단체 지위에 있는 사단법인 한국여자야구연맹(WBAK)은 예산과 정책을 지원하는 제도권의 중심부에서 더욱 멀어지고 만다.

조직도 변경의 여파로 발생하는 이러한 여자 야구의 고립은 비단 한국만의 사례가 아니라 각 대륙과 국가에서 일어나고 있을 것이라 추측할 수 있다. '아젠다 2020'로 대표되는 현대 올림픽의 방향성을 감안할 때, 과연 2013년의 합병은 야구가 올림픽에 가까워지는 길이 맞았을까?

## 제도는 인식을 만든다

야구와 소프트볼의 역사와 관계를 되짚어보면, 흔히 말하는 여자 야구의 미미한 존재감과 저조한 아웃풋은 결국 제도권의 선택이 만든 결과라는 것을 확인할 수 있다. 애초에 여자 야구 역사와 수요를 끊어버린 종주국의 내셔널리즘이 있었고, 이를 기점으로 여성 종목은 소프트볼이라는 인식이 미국 전역에 퍼지기 시작했으며, 이후 교육 현장의 불균등한 기회 분배에 따라 여자 야구와 소프트볼의 인프라 격차는 크게 벌어지게 된다. 그 결과, 남자 야구가 국제 무대 수준의 여성 종목 파트너가 필요해졌을 때 여자 야구의 토양은 이미 메마른 뒤였다. 야구는 충분히 가꿔져 있던 여자 소프트볼을 선택했고, 이 조합이 유효한 한 쌍으로 여겨지는 동안 주요 제도권의 여자 야구에 대한 지원은 그저 인도적 수준에 그쳤다. 적은 지원은 미미한 발전을, 미미한 발전은 경시와 적은 지원을 다시 불러오는 악순환 속에서 여자 야구가 어떻게 풍성한 열매를 맺을 수 있었겠는가.

세계야구소프트볼총연맹(WBSC)의 커뮤니케이션 책임자인 오스카 로페즈(Oscar Lopez)에 의하면, 그럼에도 불구하고 여자 야구는 오늘날 세계야구소프트볼총연맹(WBSC) 산하의 종목 중에 가장 빠르게 성장하고 있는 분야다.[30] 2019년엔 프랑스에서 처음으로 유럽 여자 야구선수권 대회가 열렸고, 호주는 코로나로 중단되었던 여자 프로 야구 리그 개막 준비를 재개했으며, 2021년 일본 고시엔[31] 무대에서는 여자 경식 야구 경기가 열리기도 했다. 최근 일본 남자 프로야구 팀들은 산하에 최근 여자팀을 창단하고 있기도 하다.[32] 또한, 안정적으로 뛸 무대가 없는 국내에서도 야구를 하는 여자아이들은 빠르게 늘어나고 있는 추세다.

28    Callie Batts Maddox(2020), 「Under One Banner : The World Baseball Softball Confederation and the Gendered Politis of Olympic Participation」『Sport History Review』51, p.139-140.

29    임정혁, "대한야구협회, 전국야구연합회, 대한소프트볼협회 통합 결의", <뉴스토마토>, 2016.06.30.

30    Scott Langdon, "A Sport of Their Own: Thousands of Girls, Women Playing Baseball in Canada", <Canadian Baseball Network>, 2019.02.06.

31    일본의 전국 고등학교 야구선수권 대회. 마이니치 신문에서 주최하는 봄 대회와 아사히 신문에서 주최하는 여름 대회가 있으나 보통 좁은 의미에서 여름 대회를 가리키며 한신 고시엔 야구장에서 열리기 때문에 '고시엔'으로 별칭 한다. 프로야구에 전폭적인 지원이 집중되면서 고교 야구의 인기가 사그라든 한국과 달리, 일본에서 고시엔의 인기는 프로야구를 초월한다.

32    세이부 라이온즈, 한신 타이거즈, 요미우리 자이언츠. (출처 : 박상경, "프로팀이 女야구팀까지? 세이부-한신 이어 巨人도 합류", <스포츠조선>, 2021.12.07.)

이러한 경향은 2009년 국제야구협회 회장 하비 쉴러가 말했던 '그때'가, 협회 차원의 조력 없이도 끝내 도래하고 있음을 알려주는 신호가 아닐까? 다시 한번, 제도권이 방향 키를 점검하고 연료를 고심해서 써야 할 갈림길에 섰다는 신호인 것이다. 야구가 20세기의 관점으로 지름길을 찾는 동안 세상과 올림픽이 바뀌고 있다.

# 5장
# 한국 프로야구 출범

어떤 스포츠가 충분한 제도적·재정적 지원을 받는 계기이자 조건에는 무엇이 있을까? 일반적으로 크게 세 가지가 언급되는 것 같다. 올림픽 등 국제 무대에서 국위선양을 할 수 있을 것, 상업성이 클 것, 재력가의 기호에 맞을 것. 비교적 후발 주자로 등장하는 종목들에게는 이중 유독 상업성 증명이 깐깐하게 요구되는 경우가 많지만, 사실 이미 운영 중인 프로 스포츠 리그들도 흑자를 내는 경우는 거의 없다. 프로야구 역시 마찬가지다.

1982년 출범한 프로야구는 그 확고했던 목적과 추진력에 비해 경제적인 효과에 대한 설득력이 떨어졌고 그 때문에 참여 기업들을 빠르게 확보하는 데에 어려움을 겪었다. 그로부터 약 20여 년이 지난 후에도 상업적 이득은 명료하게 증명되지 못했는데, 2003년 기사에 의하면 당해 연도에 프로구단 중 단 한 곳도 흑자를 내지 못했으며 SK 와이번스 홍보팀은 기업들이 대부분 1년에 100억 원 가량의 손해를 본다는 계산을 내놓기도 했다.[1] 이후 국가대표팀의 2008년 베이징올림픽 금메달을 기점으로 국내 프로야구도 국민 스포츠 위상에 버금가는 인기를 누렸으나 "이내 야구단은 적자라는 공식이 다시 재계의 통념이 되어버렸다."[2] 결국 SK는 2021년에 야구팀을 매각했다.

그럼에도 불구하고 기업들이 야구팀을 운영하는 이유는 '홍보 효과' 때문이다. 대개의 경우 기업의 이미지 개선을 기대하면서 손해를 최소화하는 데에 초점을 맞추고 있으며, "일부 기업의 경우 야구단 운영의 경제효과보다 총수 개인의 야구에 대한 관심이나 애정이 구단 운영의 핵심 요소로 분류된다"[3]라는 평도 있다. 특히, 총수의 개인적인 애정이라 함은 앞서 언급되었던 세 가지 요소 중 세 번째인 '재력가의 기호'에 해당되는데, 이는 알고 보면 프로야구뿐만이 아니라 한국 야구사 전반에 가장 결정적으로 작용해온 발전 원동력이다. 한국 야구는 시장논리가 아니라 야구(정확히는 남자 야구)를 사랑했던 권력가들에게 견인되었다고 보아도 무방하다.

이번 장에서는 한국 야구의 발전 단계를 되짚어보고, 그 부흥의 기원을 거슬러 올라가 보려 한다. 이 과정을 통해 지금까지 명확한 고증 없이 막연하게 통용되었던 '상업성'이라는 기준의 허상을 파악하고, 더욱 대의적인 관점에서 여자 야구를 비롯한 여성 스포츠를 바라볼 수 있는 시각이 열리길 기대한다. 또한 남자 야구 역시 확신 없이 막연하게 초석을 놓던 시기가 분명히 존재했기에, 그 과정으로부터 하나의 동등한 스포츠로서 여자 야구를 개발하기 위해 필요한 조건이 무엇인지도 고민해 볼 수 있을 것이다.


## 70년대 고교 야구 부흥의 단초

한때, 야구는 국내에서도 폐쇄적인 엘리트 스포츠의 성격을 가지고 있었다. 식민지기 일본의 영향으로 주로 일본인 학생의 비중이 높은 명문학교에서 야구부가 운영되었기 때문이다. 이러한 야구의 계층적 특징은 60년대 이전까지는 야구의 보급이 제한되는 요소로 작용했지만, 이후 60-70년대를 거치는 동안 고교 야구와 실업야구가 폭발적으로 성장하는 불씨로써 작용하게 된다.


우선, 야구의 대중성이 떨어지던 시절부터 이미 전국 단위의 고교 야구 대회가 활발하게 운영되었다는 점을 눈여겨보자. 오늘날까지 이어오고 있는 4개의 주요 전국 대회를 그 출범 시기 순으로 나열하면 조선일보의 청룡기 대회(1946-)[4], 동아일보의 황금사자기 대회(1947-), 중앙일보의 대통령배 대회(1967-) 그리고 한국일보의 봉황대기 대회(1971-)이다. 모두 그 주최가 주요 언론사라는 것과, 이중 봉황대기 대회를 제외하면 야구

---

1    명순영, 정대용, "[비즈니스] 스포츠구단 손익계산서", <매경이코노미>, 2003.12.19.

2    *Ibid.*

3    우경희, ""프로야구, 언제까지 돈 될까요" 재계 시선 달라진다", <머니투데이>, 2021.08.09.

4    1946년 자유신문사가 주최한 것을 8회 대회부터 조선일보가 이어받으면서 청룡기 대회가 되었다.

가 소수 커뮤니티의 스포츠이던 시점부터 시작되었다는 공통점이 있다. 이러한 환경이 형성된 이유는 앞서 언급한 야구의 엘리트적 성격과 연결된다. 주요 신문사 간부들이 대부분 야구선수 경험이 있거나 야구부가 있는 명문고 출신이었던 데다, 이들이 전국 대항전을 바탕으로 발전한 일본 고교 야구의 구조를 모방해 국내 야구를 본격적으로 키워보고자 했기 때문이다.[5]

이렇게 40년대부터 학교 야구 활성화의 마중물 역할을 자처했던 큰 무대들이 마련되어 있었음에도 불구하고, 왜 고교 야구는 가시적인 성과를 내기까지 그토록 오랜 시간이 걸렸을까?[6] 이는 아이러니하게도 현재 여자 야구가 크게 활성화되지 못하는 이유와 상통한다. 한국 야구 발전과정을 연구한 김은식(2021)은 이를 다음과 같이 정리했다.

"야구는 축구와 달리 경기 양상이 직관적이지 않으며 규칙이 복잡하고, 직접 경험하기 위해서도 전문적인 장비들과 배타적으로 사용하는 특정한 규격의 전용경기장이 반드시 요구된다. 따라서 일정한 학습이 선행되어야 하며 비교적 많은 비용이 필요하고, 충분한 시설과 장비의 보호를 받지 못할 경우 심각한 부상으로 이어질 수 있는 위험도 내포한다. 한국에서는 상당 기간 동안 이러한 까다로운 야구의 특징들이 대중의 접근을 어렵게 했고, 그것을 넘어설 계기들이 마련되지 못했다. 사회 지도층에 널리 포진한 명문학교 출신자들의 적극적인 지원에 힘입어 많은 대회가 치러지긴 했지만 야구가 한국에서 좀처럼 대중의 관심을 얻지 못한 이유였다."[7]

한 마디로, 남자 야구 역시 처음엔 '룰의 복잡함'과 '야구장의 부족', '장비 마련'의 장벽으로 인해 빠르게 전파되지 못했던 것이다. 그 태생적 조건에서 유래한 한계는 숫자로도 나타난다. 사회 지도층의 적극적인 견인에 의해 야구는 1년에 가장 많은 경기를 치르는 종목이었지만 경기당 동원되는 관중수가 매우 저조했기 때문이다. "1949년 서울운동장의 유료 입장객 328,391명 중 야구가 73,628명으로 가장 큰 비중을 차지"했으나 "그해 서울운동장에서 열린 야구 경기가 86경기였던 반면 축구는 36경기, 농구는 17경기에 불과해 야구의 경기당 평균 관중 수인 '856명'은 축구(1,698명), 농구(1,107명)는 물론이고 육상(1,686명)과 자전거(1,051명)에도 못 미쳤다."[8]

결국, 야구의 인기가 저조했던 기간이 꽤 길었음에도 이에 개의치 않고 야구를 밀어주고자 했던 주체들에 의해 전국 규모의 대회들이 꾸준히 개최될 수 있었던 셈이다. 경기를 할 수 있는 무대가 보장되어 있다는 점은 학교들이 야구부를 창단하고 운영하는 부담감을 크게 줄여주었고, 덕분에 고교 야구 생태계는 안정적으로 유지될 수 있었다.

그럼에도 불구하고 60년대까지 고교 야구는 지역 학교 간의 라이벌 전 위주로만 호응을 받았다. 하지만, 70년대에 들어서면서 급격히 전국적 인기를 얻게 되는데 많은 전문가들이 그 이유를 다음의 두 가지로 꼽는다. 바로 '지역대결구도 형성'과 '미디어의 전폭적 지지'다. 그리고 이것 또한 야구가 엘리트들의 스포츠가 되었다는 성격과 긴밀하게 연결되어 있다.

## 지역감정과 연계된 대결구도 형성

지역대결구도는 지방의 고교 야구부들이 서울에서 개최되는 전국 대회에서 두각을 나타내기 시작하면서 시작되었다. 그 시발점은 전북의 군산상고가 1972년 황금사자기에서 대역전극을 펼치며 거둔 우승이었는데, 이것이 한국 고교 야구사의 변곡점이 될 만큼 큰 사건이었던 이유는 그 결승전의 상대가 대구 경북고였기 때문이다.

우선, 당시 대구는 고교 야구를 평정하다시피 했던 반면 호남은 전반적으로 60년대까지 야구 불모지로 여겨질 만큼 실력의 지역적 격차가 큰 상태였다. 게다가 바로 이전 해인 1971년, 경북고는 서울에서 열린 4개의 전국 대회와 부산에서 열린 화랑대기 대회 등 무려 5개 대회를 석권한 강팀이었다. 여기에 시대적 상황 또한 묘하게 맞아떨어졌다. 1970년대는 산업 개발로 인해 서울로 이주하는 지역민이 급증하면서 모교애와 향토애를 표출할 곳이 필요했던 데다, 때마침 60년대부터 시작된 영남과 호남 간의 지역갈등 구도가 구체화되던 시기였기 때문이다. 이러한 조건이 모두 교차하던 시점에 이미 야구 명문

---

5    전용배, 김애랑, 「한·일 야구의 사회, 문화적 함의 비교」 『한국일본근대학회』 제34권, 2011, p.312.

6    뒤이어 나올 내용이지만, 고교 야구의 전성기는 60년대 후반에 시작되었다.

7    《동아일보》, 1950.02.13, 김은식, 「한국야구의 발전과정에 관한 사회학적 연구 : 1970년대 야구 대중화의 배경을 중심으로」 『한국학중앙연구원』 제44권 제2호, 2021, p.353 재인용.

8    *Ibid.*, p.354.

고로 명성이 높았던 대구의 경북고를 전북의 군산상고가 제패하는 사건이 벌어졌으니 그 파급 효과는 이루어 말할 수 없을 만큼 컸다.

이 상황에 가장 신이 난 것은 꾸준히 전국 대회를 주최해왔음에도 별다른 성과가 없었던 언론사들이었다. 주요 언론들은 기다렸다는 듯 영남 대 호남의 대결 구도를 적극적으로 홍보에 이용했고, 이렇게 점점 팽창한 지역감정을 기반으로 고교 야구의 전성기가 시작되었다. 1977년에 군산상고를 소재로 한 <고교 결전 자! 지금부터야>와 경북고 소재의 <영광의 9회 말>이라는 영화가 동시에 개봉했던 것만 보아도 1972년 결승전의 의미와 그 후로 이어진 열기의 온도를 짐작할 수 있다.[9] [fig.1] [fig.2]

군산상고의 우승은 고교 야구 불모지로 여겨졌던 호남과 충청권에 야구부 활성화 바람을 불러일으켰고, 이 두 지역의 탄력적인 성장은 고교 야구의 전국화를 완성하는 마지막 조각이 되었다. 이후 영남과 호남 학교들 간의 전력이 비등해지자 지역대결구도는 더욱 강화되었고, 이러한 라이벌 의식과 실력 개발이 다시 고교 야구의 인기를 뜨겁게 만드는 사이클이 반복되었다.

그런데 군산상고의 우승이 곧바로 고교 야구 전체의 전성기로 이어질 수 있었다는 것은, 여러 학교들 간에 일정 수준 이상의 토너먼트 경기가 가능했다는 것을 반증한다. 그렇다면 이는 그저 시간에 비례해 만들어진 자연스러운 성장이었을까?

그렇지 않았다. 앞서 이야기한, 야구가 엘리트 스포츠에서 기원했다는 특징이 불러온 굵직한 파급효과 중 하나가 바로 이 지점이다. 보다 일찍이 후원을 받았던 군산상고의 우승을 기점으로, 야구로 상징되는 명문교 커뮤니티를 유지하던 사회 엘리트들이 출신 학교의 야구팀을 전폭적으로 지원하기 시작했던 것이다. 당시 야구부 후원 역시 지역감정에 기반해 경쟁적으로 이루어졌는데, 때문에 그 양상이 오늘날엔 찾아보기 힘들 정도로 본격적이고 적극적이었다. 고교 야구 발전사를 톺아본 이종성(2017)의 연구[10]를 바탕으로 그 예시를 살펴보면 다음과 같다. (※ 참고 : 당시 고교 야구부 1년 운영비는 약 5백만 원으로 추정)

---

9    이종성, 「1970년대 고교야구의 전국화와 지역주의에 관한 연구」『한국체육사학회지』 제22권 제3호, 2017, p.56.
10   *Ibid.*, pp.57-58.

전북 군산 '군산상고'

: 군산상고 야구부의 성장은 서울대 야구부 출신의 기업가 이용일 씨의 역할이 컸다. 그는 이미 60년대에 군산지역에 4개 초등학교 팀을 만들어 선수를 육성했고, 군상상고 위해 2천여만 원을 후원했다.

전남 광주 '광주일고'

: 광주일고의 경우 전남일보 총수 가문의 2대에 걸쳐 전폭적인 지원을 받았다. 일찍이 김남중 사장의 꾸준한 후원이 1949년 청룡기 대회 우승의 밑바탕이 되었고, 이후에 그의 아들이자 전남일보 부사장이며 광주일고 동문이었던 김종태의 후원은 1975년 대통령배 우승의 기반이 되었다. 그 외에도 동문들이 경비 3백만 원을 모아 3개월간 동계 훈련을 지원하기도 했다.

(←) 1  정인엽 감독, <고교 결전 자! 지금부터야(1977)>

(→) 2  김기덕 감독, <영광의 9회말(1977)>

## 충남 공주 '공주고'

: 공주고의 동창회장은 김종필의 친형이자 대한야구협회 회장을 맡고 있던 김종락이었는데, 그의 뒷받침 아래 대한야구협회 이사이자 마찬가지로 공주고 동문인 김기승이 야구인 출신 교장을 위임시키고 대표 야구선수를 공주고 감독으로 데려오는 등 남다른 스케일의 지원을 아끼지 않았다.

## 경남 부산 '부산고'

: 부산고의 동문들은 영남 대 호남의 라이벌 구도가 구체화되던 1975년 '재경 동창회 야구부 후원회'를 발족했다. 이 후원회는 한국 고교 야구 사상 최초로 피칭 머신을 훈련에 도입할 수 있도록 기증했고, 1977년엔 부산고 동문인 주성로 감독을 모셔와 이듬해 부산고 3관왕에 결정적 역할을 한다.

## 경남 부산 '경남고'

: 경남고는 1970년에 일찍이 '체육 후원회'를 발족했다. 이를 통해 동문들은 우수선수를 스카우트하고 야구부 후원을 위한 기금 마련 등을 주도한다. 그리고 이 활동의 중심에는 당시 대한 체육회장이었던 김택수 동문이 있었다. 또한, 1973년에는 청와대 제2정무수석 비서관이었던 정상천 동문이 위원장이 되어 '야구부 후원회'를 공식 발족한다.

## 경북 대구 '경북고'

: 경북고의 동창회장을 맡고 있던 국회의장 이효상을 포함해 몇몇이 주축이 되어 '체육 후원회'의 회원을 모집하고 후원기금 전달했다. 그뿐만 아니라 경북고가 주축이 된 경북 지역 고교 야구단을 직접 조직했고, 1969년과 1971년에는 흔치 않게 일본 원정 경기를 했을 정도로 동문들의 지원이 활발했다.

## 전북 전주 '전주고'

: 당시 미원그룹 부회장이었던 임채홍 동문이 야구부 후원회장으로 취임하여 4천여만 원의 금액을 후원했다.

1970년대에는 새로 설립된 학교들 역시 야구부 소유와 활약을 명문고의 조건으로 보았던 당대 기준에 따라 기업형 학교 재단들의 집중 후원으로 야구부가 급성장하는 경우가 생겨났다.

서울 '신일고'
: 한국유리공업 창업주였던 이봉수 회장이 1975년에 설립해 야구부를 전폭적 지원했으며, 그 결과 창단 1년 만에 황금사자기 고교 야구 대회에서 우승한다.

충남 천안 '북일고'
: 한국화약이 1976년에 설립한 북일고는 이듬해 야구부를 창설해 지원을 아끼지 않았다. 그 결과, 바로 이듬해에 황금사자기 대회에서 3강에 오른 후, 1979년 봉황대기 대회에서 우승할 수 있었다. 1979년 동대문 운동장 규모의 잔디 구장과 트레이닝 센터를 건립했으며, 명투수였던 김영덕 감독을 한국화약 부장급 대우를 해주며 모셔올 정도로 후원 규모가 남달랐다.

이처럼, 고교 야구 르네상스를 이끌어낸 야구부들의 전반적인 성장은 모두 그에 앞선 풍요로운 후원이 있었기에 가능했다. 당시 명문고 출신의 사업가, 정치가 등이 모교애를 야구에 대한 애정과 연결시켰던 시대적 감성은 확실히 고교 야구의 성장이 폭발할 수 있었던 도화선이었다고 생각된다.

학교 야구의 팽창은 이후 실업야구와 대학야구가 존속될 정도의 선수 풀을 지속적으로 제공했고 스타플레이어를 배출하기도 했으며, 궁극적으로 프로 리그 출범에 있어서도 가장 중요한 기반이 되었다.[11] 한국 야구의 뼈대가 된 고교 야구의 성장 과정을 되짚어 보면 스포츠 발전에 있어 제도적 밑바탕과 재정적 지원이 얼마나 중요한 부분을 차지하는지 알 수 있다.

---

11 전두환 정권은 고교 야구의 인기로부터 야구가 프로 스포츠로서도 승산이 있다고 판단하였고, 그 특징인 지역 연고제를 프로야구의 핵심 전략으로 삼았다.

## 진화한 미디어가 만들어낸 고교 야구 대중화

전국 대회를 주최하던 주요 언론사들은 자사의 대회가 개막하기 한 달 전부터 신문 지면을 고교 야구에 꾸준히 할애하며 홍보에 열과 성을 다했다. 때문에 70년대 초반은 마침 일간지들 간의 보도 경쟁 또한 달아오를 대로 달아오르던 참이었다.

또한, 곧이어 경제성장의 영향으로 라디오와 TV의 보급이 기하급수적으로 늘어나면서 미디어가 큰 영향력을 발휘할 수 있는 환경이 조성되었다. 전자 가전의 공급은 곧 유일한 여가와 다름없던 스포츠에 대한 관심으로 이어졌고, 이미 신문사들 간의 보도 경쟁 주제였던 야구는 스포츠들 중에서도 가장 큰 덕을 보게 된다. 황금사자기를 주최하던 동아일보와 대통령배 대회를 주최하던 중앙일보가 나서서 각각의 자매 회사인 라디오 방송국 DBS(동아방송)와 TBC(동양방송)를 야구 중계에 전투적으로 동원했기 때문이다.

1972년 군산상고의 황금사자기 우승 이후로 방송국들의 고교 야구를 향한 관심은 절정에 달했는데, 대회를 주최하지 않는 KBS, MBC까지 중계 경쟁에 뛰어들면서 한때 TV 스포츠 중계가 라디오 중계의 빈도수를 넘어설 정도였다.[12] 이러한 잦은 시각적, 청각적 노출은 안방에서도 모교애와 향토애가 고취되게끔 만들었고 모여서 중계를 시청하는 사람들 간의 군중 심리를 자극했다. 서울에서 열리는 경기를 실시간으로 '볼 수' 있다는 사실은 야구팬들에게 전에 없이 새로운 경험을 선사한 것이다. 때마침 등장한 새로운 미디어와의 시너지로 인해 고교 야구의 열기는 끊임없이 증폭되게 된다.

## 전두환 이전에 박정희가 있었다[13]

야구가 식민지기 영향을 받은 엘리트 스포츠였기에 누렸던 또 하나의 커다란 이점은 박정희 정권 수뇌부의 사랑을 받았다는 것이다. 61년 군사정변으로 등장한 박정희는 군사정권의 태생적 성격으로 인해 체육 정책을 매우 중요시했다. 정권을 잡은 당해의 10월에 정부 기구 개편을 감행해 문교부 문화국 산하의 체육교육과를 체육국으로 승격시켰고, 이듬해인 1962년에는 국민체육진흥법을 제정했을 정도다. 이때 만들어진 국민체육진흥법에 의해 국가기관과 공공기관이 스포츠 실업팀을 운영하기 시작했는데, 야구도 그중 하나였다.

그런데 당시 박정희 정권의 스포츠 정책은 국제 무대에서 국격을 높이고자 하는 목적을 가지고 있었다. 때문에 주로 올림픽 혹은 아시안 게임 등에서 국위선양할 수 있는 종목에 초점이 맞춰져 있었는데 야구는 이 기준에 부합하지 않음에도 불구하고 예외적으로 같은 혜택을 받은 스포츠였다.[14] 이렇듯 박정희 정권에서 추진된 야구에 대한 지원은 전적으로 당대 기득권의 기호와 애정에서 기인한 것으로 볼 수 있다.

많이 알려져 있지 않지만, 박정희의 야구에 대한 애정은 엄청났다. 그는 군사정변한 달 뒤에 곧바로 육군 야구부를 재창단했고 7월에는 야구가 포함된 군사혁명 체육축전을 열었으며 8월에는 혁명 백일 기념 야구 대회를 개최했다. 또한, 1962년 4월에는 각 군 대항 연식야구 대회를 열었고 이 대회의 시구를 본인이 하기도 했다. 11월에는 최고 회의, 내각, 대법원, 군 등 4개의 팀이 겨루는 정부기관 친선야구 대회를 열어 각 기관장과 간부들이 모두 출전하도록 했는데, 당시 박정희가 직접 최고 회의 팀 선수로 참가했다는 기록도 남아있다고 한다.

박정희 정권에서 박정희의 사랑을 받는 스포츠라는 것만큼 완성된 대의명분은 없었다. 그의 기호를 바탕에 둔 대대적 지원은 당대 엘리트들의 고교 야구 후원과 닮아있는데, 정부 차원의 규모로 이루어진다는 점이 달랐다.

그중 하나인 실업야구 활성화의 경우, 제도적 기반은 국민체육진흥법이었지만 김종필의 친형이자 군사정변 최측근이었던 김종락이 실행을 담당했다. 그리고 그 역시 일본 유학 시절 야구를 접한 인물이었다. 김종락의 주도 하에 정부는 팀당 60만원 씩의 장려금을 걸고 실업팀 창단을 독려했고, 그 결과 8개의 실업팀이 한꺼번에 늘어나게 된다. 1947년에 등장해 50년대까지 평균적으로 5개 선에서 운영되던 실업야구팀이 순식간에 13개 팀이 된 것이다. 실업팀 증가는 고교 야구선수들의 진로 확장을 보장해주었기 때문에 4대 전국 대회와 더불어 학교 야구부가 새로 생겨나고 유지되게끔 하는 또 하나의 기

---

12    이강우, 「한국사회의 스포츠이데올로기에 관한 연구(II)」 『한국체육학회지』 제36권 제2호, 1997, p.48.

13    김은식, 「한국야구의 발전과정에 관한 사회학적 연구 : 1970년대 야구 대중화의 배경을 중심으로」 『한국학중앙연구원』 제44권 제2호, 2021, p.363-367.

14    야구는 올림픽에서는 1992년, 아시안 게임에서는 1994년에 정식 종목이 되었다.

반으로 작용했다.

그 외에도 박정희는 1963년 서울 야구장에 야간 경기가 가능한 조명을 설치하고 수도권 외 지역에 야구장을 신설하는 등, 자신이 사랑하는 스포츠를 위한 인프라 기반을 많이 갖춰놓았다. 특히 60년대의 야구가 대외적인 지원 명분이 부족한 종목이었던 점을 상기한다면 막대한 돈이 들어가는 야구장 건설이야말로 군사정권의 힘을 빌려 진행할 수 있었던 정책이라고 볼 수 있다. 야구장 확충은 후에 각 지역에서 학교 야구를 성장시키고 고교 야구 붐을 전국적으로 빠르게 확산시키는 데에 핵심적 요소로서 작동하게 된다.

## 야구가 필요한 정권을 만나다[15]

각계 각처에 포진해있던 다양한 기득권의 동시다발적인 지원에 힘입어, 60-70년대를 지나는 동안 야구의 대중화가 완성될 수 있었다. 이후 고교 야구의 인기가 치솟고 실업야구와도 안정적으로 맞물려 돌아가기 시작하자 그제서야 야구의 상업화와 프로화에 대한 논의가 이루어지기 시작했다.

최초의 프로야구 창설 시도는 전두환 정권 이전인 1975년에 있었는데, 이는 정부가 아닌 민간 차원에서 이루어진 구상이었다. 재미교포 사업가 홍윤희 씨를 주축으로 야구의 프로화에 동의하는 인사들이 모여 '한국 직업야구 준비 위원회'가 결성된 것이다. 이들은 기존의 실업야구팀들을 점차 프로야구팀으로 전환한다는 골자로, 지역연고제뿐만 아니라 일본과의 동북아 리그 구상까지 포함된 구체적인 '한국 성인야구 재건안'을 만들었다. 하지만, 이 시도는 야구의 프로화가 시기 상조라 생각한 대한야구협회와 박정희 정권 내 문교부의 반대로 결실을 맺지 못한다.[16]

야구의 프로화가 다시 언급된 것은 정권이 교체된 직후인 1981년 5월이었다. 전두환은 사회적 합의를 얻지 못한 정권에 대한 관심을 지우고자, 수석비서관 회의에서 "야구와 축구의 프로화를 추진해 보라"라는 지시를 내린다. 후보로 거론되었던 야구와 축구 중 최종적으로 야구가 선택된 이유로는 크게 세 가지가 꼽힌다. (1) 앞서 '한국 직업야구 준비위원회'가 남겨 놓은 '한국 성인야구 재건안' 덕분에 신속한 추진이 가능하다. (2) 야구 쪽에서 제시한 리그 창단 예상 비용은 약 36억 원으로, 축구의 139억 원에 비해 크게 낮았다. (3) 고교 야구의 높은 인기는 프로야구의 든든한 토대가 되어줄 수 있을 것으로 기대되었다. 결국, 이전 정권에 의해 갖춰진 고교 야구 인기, 실업야구 기반 그리고 경기장 인프라 등이 야구가 최초의 프로 스포츠로 선택받는 데에 결정적인 역할을 한 셈이다.

야구를 프로화하는 것으로 가닥이 잡히자, 당시 KBO 사무총장이던 이용일 씨가 합류해 제5공화국에 맞는 '한국 프로야구 창립 계획서'를 완성했다. 이 계획서에 대한 전두환의 최종 결재가 떨어진 것이 11월이니, 스포츠 프로화를 제안한 첫 지시로부터 약 6개월 만의 일이었다.

정부는 프로야구를 흥행시키겠다는 열망으로 그 기획과 구성에 적극적으로 개입한다. 일례로, 당시 고교 야구 인기의 비결이 지역성과 향토애라는 것을 파악하고 프로야구 구단의 지역연고제를 먼저 지시했으며, 그 효력을 높이기 위해 각 팀의 소속 선수까지 해당 지역에 기반해 뽑으라는 구체적인 주문을 하기도 했다. 또한 리그 창단에 필요했던 약 36억 원의 예산은 이 '정부 사업'에 참여하는 대기업을 통해 해결하고자 했기 때문에 기업의 재정 상황 또한 세세하게 고려했다. 이 다수의 조건들이 모두 적용된 까다로운 기업 선정 기준에서 그 철저함이 드러난다.

- 재무구조가 튼튼한 대기업을 총수의 출신 도 별로 선정
- 동종업종 기업을 가급적 피함
- 종업원 수가 3만 명 이상인 대기업 우선 고려
- 프로야구 발전에 관심과 성의가 있을 것
- 기업체 유치가 쉽지 않을 것이니 후보 기업들도 추가 선정

---

15   김명권, 「한국 프로야구의 창립배경과 성립과정」 「스포츠인류학연구」 제7권 제2호, 2012, p.163-183.

16   박정희 본인은 야구를 좋아했지만, 정치적으로는 국민 통제를 위해 여가 선용을 제한했다. 또한, 박정희 정권이 야구의 프로화를 반대한 이유엔 여러 가지 해석이 존재한다. (참고 : 홍윤표, "[프로야구 40년 비화] 최초 기획 홍윤희 옹, "1976년에 박정희 압력으로 좌절" 충격 증언", <조선일보>, 2021.01.22.

앞서 고교 야구를 성장시킨 주역들은 자신의 이득이 중요하지 않은 순수한 애정을 바탕으로 배팅에 참여했던 것이지만 프로야구는 달랐다. 기업 입장에서는 정부가 판을 짠 전례 없는 게임에 배팅을 권유받은 것이나 다름없었고, '야구단 운영이 돈이 되는가'라는 질문도 처음으로 도마 위에 오르게 되었다. 게다가, 기존의 실업야구단을 운영하던 기업들조차 70년대 후반에 대두된 경영합리화 흐름에 따라 실업팀에 대한 지원을 급격히 줄이고 있던 차였기에 그 상업성의 기준은 더욱 못 미더울 수밖에 없었다.[17] 이 때문에 정부가 기업들의 참여를 유도하는 것은 실제로도 쉽지 않았는데, 특히 전두환 정권에 대한 반감이 심했던 호남 지역의 연고팀을 선정하는 데에 큰 애를 먹었다. 프로야구 출범 과정을 연구한 심은정(2014)의 글에서 당시의 상황이 그려진다.

"야구단 운영 경비는 연간 7억원 정도로 예상되었고 수익에 대한 보장이 없기에 기업 선정에 어려움이 있었다. 이에 정부는 프로야구의 홍보효과를 강조하며 기업의 광고 선전비 중 일부를 프로야구단 운영에 투자할 것을 제안했다."[18]

"기업들이 부정적인 의사를 밝힘에 따라 갑자기 해태가 참여했다. [⋯] 정부가 제시한 재무구조에도 못 미치는 기업이었다. 그럼에도 정부는 해태에 40억 원의 구제금융을 지원해 주며 호남지역 연고 구단으로 결정했다."[19]

참여 기업들 내에 불안이 감돌자, 청와대는 최종적으로 프로야구 출범을 함께할 6개 구단의 구단주 및 관계자들과의 접견 자리를 마련한다. 이 자리에서 전두환은 이규호 당시 문교부 장관에게 "각 부서에 연락해서 KBO가 요구하는 것은 전폭적으로 지원할 수 있도록 하라"라며 기업들을 안심시켰고, 정책적으로도 프로야구를 적극적으로 밀어주도록 지시했다. 그 내용은 정부의 뜻이 우선되는 독재 정권이었기에 가능한 것이 많았다.

---

17    하웅용·김지영, 「MBC청룡이 한국프로야구의 발전에 미친 영향」 『한국체육사학회지』 제6권 제3호, 2011, p.76.
18    심은정, 「제5공화국 시기 프로야구 정책과 국민여가」 『역사학연구소』 2014, p.208.
19    Ibid., p.209.

- 각 구단이 흑자로 전환될 때까지 면세조치를 취한다

　　재정적 혜택은 면세뿐만이 아니었는데, 초기 구단 운영비 지원과 프로야구단에 대한 기업의 지원금을 광고선전비로 인정해 주는 법률적 정비도 이루어졌다. 또한, 에너지 절약을 이유로 중단해왔던 야간 경기도 프로야구에 예외적으로 허용해 주면서 이를 위한 조명탑 정비 비용 또한 지원했다.

- 문교부와 문공부는 언론기관을 통해 대대적인 홍보를 한다

　　전두환은 언론을 활용해 프로야구 출범이 '대한민국의 선진국화'라고 적극적으로 선전했고, 대중매체를 통한 시각적 노출이 얼마나 중요한지 명확히 알고 있었다. 때문에 지상파 골든아워에 TV 중계를 많이 하도록 지시했으며 기타 프로를 줄이고 프로야구 중계의 비중을 높이도록 했다. 이때 6개의 출범 구단 중 하나가 'MBC 청룡'이었다는 점이 큰 역할을 한다. MBC는 일주일에 3일을 매번 3시간 이상 스포츠 중계에 쏟아부었고, 이에 다른 주요 방송사들도 합류하면서 1981년 9월 기준 8%에 불과했던 공중파의 스포츠 편성 비중은 1983년에 20%로 수직 상승했다.

- 선수들의 순차적 방위병 근무를 지원한다

　　재정적 문제와 별개로 초기 프로야구 구단들이 직면한 어려움 중 또 다른 하나는 선수단 구성과 유지였다. 완전한 지역 연고 독점 방식으로 각 해당 지역의 실업팀에서 뛰던 선수들을 영입해야 했기 때문이다. 은퇴 후에 직무 보상이 있는 실업 야구팀과 달리 미래가 불투명했던 프로야구의 불안함과 더불어, 당시로선 각 기업의 구단 지원 상황이 부실하다는 점이 선수들로 하여금 프로구단 행을 망설이게 했다. 이러한 상황에서 리그의 평균 수준을 담보해 줄 선수들을 확보하는 여러 방안들이 모색되었는데, 정부 차원에서 프로 구단 선수들에게 방위병이라는 병역 특례를 제공한 것도 그중 하나였다. 그럼에도 프로야구 구단들은 당시 선수 부족 문제를 빠르게 해결하지 못했고, 선수 수급 문제의 심각성을 인지한 KBO는 85년도부터 도입할 예정이었던 해외동포 선수 영입권을 83년부터 조기 허용하게 된다.

　　이렇듯 고교 야구 르네상스라는 기반이 있었던 남자 야구조차도 프로 리그 도입 초

기에는 안정적인 자금 순환과 선수 수급에 있어 다중적인 어려움을 겪었다. 구단주들은 야구단 운영이 경제적 이득과는 큰 연관이 없지만 장기적으로 기업 이미지 개선에 도움을 줄 수 있다고 판단해 정부의 제안에 응했고, MBC를 필두로 이례적인 양의 미디어 노출이 보장되면서 광고효과 또한 갖춰질 수 있었다. 각종 스포츠 용품 회사들과의 스폰서 계약 역시 그 뒤에 뒤따라온 흐름이었다.

야구가 프로라는 무대를 만들고 '프로화 수준'을 완성하기 까지는 또 한 번 꽤 오랜 시간이 걸렸다. 초기 전력이 한동안 실업야구 수준을 벗어나지 못했기 때문에 고교 야구의 인기를 흡수해오는 데에 성공했다고 볼 수도 없었다. 하지만 새로운 기준에 맞춰나가는 이러한 유예기간은 불가피한 것이었기에 기업들은 해외 전지훈련[20]과 메리트 시스템 제도[21] 등을 제공하며 묵묵히 프로팀의 실력을 끌어올리는 데에 힘썼다. 2000년대 후반 국제무대에서 거둔 성과[22]들은 결국 이러한 투자와 노력이 쌓인 결과라고 볼 수 있다. 프로야구 출범으로부터 약 25년이 걸린 일이었다.

## 다시 첫 질문으로

엘리트 스포츠였던 야구에 대한 사회 기득권의 모교애 투영, 지역감정을 바탕으로 대중이 이입했던 향토애, 때마침 진화한 미디어의 집중적 스포트라이트, 야구를 좋아했던 그리고 야구가 필요했던 권력자들까지. 오늘날 인기 스포츠가 된 한국 야구의 역사를 태초의 고교 야구까지 거슬러 올라가 보면, 각 도약점들마다 개인적인 기호를 기반에 둔

---

20    프로야구 출범 바로 다음 해인 1983년부터 다수의 야구팀들이 미국, 대만, 일본 등에서 해외 전지훈련을 시작했다. 이는 기업에게도 큰 지출이었다. 삼미 슈퍼스타즈와 MBC의 경우 예산 문제로 이를 포기하기도 했다. 한편, 최초의 미국 전지훈련은 삼성 라이온즈가 끊었다. 이전 시즌에서 기대에 못 미치는 성적을 거둔 것에 대한 해결책이었다. 감독 포함 38명의 선수단이 다저스타운에서 18일간 훈련하며 선진 야구를 익혀오는 시간을 가졌다. (출처 : 김희준, "[스잘알]프로야구 스프링캠프 유래와 KBO리그 변천사", <뉴시스>, 2021.02.09. ; 최두성, "[데스크칼럼]전지훈련 교훈", <매일신문>, 2021.02.03.

21    실업팀이었던 롯데 자이언트가 1976년에 처음 도입한 성과별 보상 제도. 연봉 이외의 상금을 우승 등 성과에 따라 추가 제시함으로써 선수들의 사기를 고취시키는 방법이다. 야구단 운영으로 수익을 내기는 힘든 모기업 입장에서 광고효과라도 극대화할 목적으로 우승을 우선시하면서 만연해졌다. (출처 : 노주환, "팽배한 '메리트' 시스템, 이게 올바른 걸까요", <스포츠조선>, 2012.09.02.

22    대표적으로 베이징올림픽 우승(2008)과 월드베이스볼클래식 준우승(2009).

남자 야구를 통해 알 수 있는 스포츠의 성장 동력은 크게 두 가지로 정리된다. 첫째, 자신의 열망을 해당 종목에 투영하는 재력가가 가능한 다수일 것. 여기서 파생되는 또 하나의 중요한 지점은, 목표에 닿기까지 단기적 손익에 연연하지 않고 장기적인 투자가 이어져야 한다는 것이다. 둘째, 시각적으로 자주 노출될 것. 야구의 성공을 바랐던 이들은 모두 '시각화 되는 것'이 흥행에 얼마나 중요한 요소인지 알고 있었다. 고교 야구가 성장하던 시기엔 4대 일간지를 주축으로 한 꾸준한 무대와 홍보가 있었고 이는 곧 라디오와 TV 중계로 확산되었으며, 프로야구를 출범시킨 전두환도 미디어 노출을 주요 전략으로 지시했다. 일주일에 3일, 3시간 이상 중계되는 스포츠가 국민에게 얼마나 친숙하게 느껴졌을지 생각해 보라.

이 즈음 되면 이 생각을 해보지 않을 수 없다. 만약 여자 야구가 선수 육성, 진로 확장, 전국 학교 대항전, 프로 개발, 미디어 노출 등 더도 덜도 말고 똑같은 조건의 지원을 받게 된다면 그 결과는 어떨까. 적어도 약 20여 년간 같은 투자를 받은 후에야 여자 야구의 재미와 상업성을 논할 수 있는 것이 아닐까? 40년대 그들만의 리그가 70년대 초반 대중적인 전성기를 맞이하기까지 약 20여 년이 걸렸고, 프로야구 출범 후 국제 무대에서 그렇다 할 성과를 얻기까지 또 20여 년의 시간이 걸렸으니 말이다.

시대적으로도 다시 재현되기는 힘든 풍족한 지원을 받고 예외적인 사랑을 받으며 성장했다는 점이 자신만의 역사를 써 온 한국 야구의 정당성을 해치는 것은 아니다. 다만 우리는 지금까지 무의식적으로 동의했던, 특히 여성 스포츠(여자 야구)를 대상으로 집요하게 요구되었던 기준들이 과거로부터 지금까지 (남성 스포츠를 대상으로도) 그다지 유효한 적이 없었다는 것을 확인할 수 있었다. 위와 같은 역사를 거쳐 국민 스포츠 반열에 오른 한국 야구의 마스터 플랜은 무엇일까? 2020년대의 국민 스포츠라 함은 전 국민이 볼 수 있게 된 것을 넘어서 경험할 수 있는 스포츠여야 하지 않을까. 2000년대에 들어서야 선명하게 인식되기 시작한 여성 스포츠라는 영역을 어떻게 새로운 경쟁력으로 환원시킬 것인지, 비슷한 상황에 있는 국제적 경향은 어떠한지, 종목 차원의 의미 있는 담론을 시작해야 할 때이다.

# 6장
# 불모지에서 피어난 한국 여자 야구사

우리는 모두 야구라는 스포츠가 이미 고교 야구 혹은 프로야구라는 정체성을 덧입은 시점에 태어났다. 즉, 남자 종목으로 굳어지기 전의 야구를 아무도 모르는 셈이다. 이러한 생각 끝에 문득 태초의 한국 야구는 어떤 모습이었을지 궁금해졌다. 야구가 남녀노소 모두에게 그저 하나의 외래종이자 신문물이던 시절, '그때의 주인 없는 야구가 더 순수하게 스포츠답지 않았을까' 하는 생각이었다. 지금보다 강력한 유교 사회에서 과연 여자들도 야구를 할 수 있었을까? 있었다면 여자들끼리 경기를 했을까?

『한국 야구사 연표』[1]에 기록된 '조선 최초 여자 야구 경기'는 1925년 3월이라고 한다. 당시 마산 의신여학교 팀이 진주를 방문해 진주 시원여학교 팀과 겨뤄 승리했다는 기록이 남아있다. 대개 야구의 한국(조선) 도입 시점을 1904년으로 본다고 하니[2], 지금보다 보수적이었을 사회 분위기를 고려하면 예상외로 일찍이 여성들이 남성과 함께 야구를 접했다는 뜻이다.

이는 외국인 선교사들 덕분에 가능한 일이었다. 의신여학교를 세운 호주 선교사들은 여학생들에게 야구뿐만 아니라 농구 등 여러 운동을 가르치면서 남매학교인 창신학교와 크게 다르지 않은 스포츠 경험을 제공했다. 박영주 지역사 연구가와 김부열 현 의신여중 교사는 호주 선교사들이 이러한 체육 활동을 통해 의신여학교에 여성 평등권을 심어주려 했던 것으로 보인다고 풀이한다.[3] 여학생들 사이에서 '남자가 하는 스포츠를 여자가 못할 리 없다, 우리도 해보자'라는 분위기가 형성되어 이것이 팀 대항전으로도 이어졌을 것이란 얘기다. 이 해석이 맞다면, 최근 국제올림픽위원회(IOC)가 강화하고자 하는 '스포츠의 사회적 역할(the role of sport in society)'과 한국에서 유난히 저평가되는 '학교 체육 교과'의 중요성이 모두 두드러진 대표적인 사례가 무려 한 세기 전에 있었다고 볼 수 있다. 한편으론, 교육자의 의도와 판단이 얼마나 중요한지 역설하는 예이기도 하다.

이로부터 8개월 뒤인 1925년 11월, 일본 원정을 마친 미국의 여자 야구단이 한국으로 건너왔다. 이들은 당시 남자 야구 국가대표급인 '서울군'과 경기를 펼쳐 접전 끝에 5 대 7로 패했는데, 이 시합을 주최했던 동아일보는 이를 특집 형식으로 상세하게 다루면서 "우리 여자 운동계에 얼마나 자극과 영향을 주고 갈지 매우 흥미 깊은 시합"이라고 평했다.[4]

당시 미국 여자 야구팀을 대하는 선조들의 태도는 전향적이고 진취적인 면이 있었다. 그들은 그 누구의 것도 아닌 '야구'를 보았고, 그 때문에 여성팀의 경기로부터 순수하게 영감을 받았으며 심지어는 미국 여자팀과 서울군과의 경기가 한국 여성들에게 계몽의 불씨가 되기를 바라기도 했다. 다음은 1925년 11월 3일 자 동아일보에 실린 칼럼 형식의 글이다.

"여자의 몸으로 수천 리 떨어진 아메리카에서부터 배트 방망이를 들쳐메고 용감스럽게도 태평양을 건너 다른 나라로까지 온 그들의 정신에 감동해 마지않는 한편, 아직도 십팔 십구 세기의 묵은 때를 벗지 못하고 옛 풍습에서 방황하는 우리 여자들에게 각성할 만한 자극이 될 줄로 믿는다. […] (미국 여자 선수들의 경기를 보며) 여자들끼리도 서로 조소를 하며 천지가 변동될 큰 괴변이나 일어난 듯이 부당히 여기는 우리 사회를 어찌 한심히 여기지 아니하랴. […] 만일에 행복하기를 바란다면 네 스스로 노력하라는 말을 믿어 서로 타협하고 서로 돌봐 앞으로 여성 운동의 새로운 횃불을 붙잡고 나아가기를, 이번

1    홍순일 야구박물관 자료수집위원장, 『한국 야구사 연표』 한국야구위원회 대한야구협회 공동 발간, 2014.

2    홍윤표, 「야구의 도입, 1904년이 옳다 : 한국야구사의 재발견」, 『근대서지학회』 제5권, 2012, p.214-228.

3    남석형, "[창원야구 100년사] 1925년 국내 최초 '여자야구' 경기", <경남도민일보>, 2019.05.07.

4    *Ibid.*

기회에 느낀 게 있어 이렇게 고한다."[5]

- 「미국의 여자 야구단을 맞으며 조선의 여성들에게 부탁한다」 중 발췌

야구가 남성의 것도 여성의 것도 아니었을 때, 선조들은 순수하게 야구를 했다. 19세기 미국의 여학교에서 기초체력 증진을 위해 야구 및 팀 스포츠를 가르쳤던 미국 교육법을 상기해보자. 1900년대 초, 낯선 땅에 온 서양의 선교사들이 근대화의 수단으로 선택한 야구는 자연스럽게 여성들의 진취적인 자세를 일깨우는 도구였다. 그러나 식민 사회와 전쟁이라는 시대적 진통을 겪은 후 한국 야구는 미국의 경우처럼 엘리트 스포츠라는 프레임을 입고 성장했다. 그 전후로 여성에게 교육의 기회가 주어지지 않았던 시절이 길었던만큼, 엘리트 스포츠라는 특징은 야구가 자연스럽게 '남성 커뮤니티'의 정체성을 입는 계기가 된다.

그 후 마운드 위의 여성이 마치 존재한 적이 없는 것처럼 기억과 기록이 침전하는 시간이 지나고, 한 여자 야구선수가 등장한다. 의신여학교와 시원여학교의 시합으로부터 약 반세기가 지난 후였다.


## 안향미의 등장과 한국 여자 야구의 태동

81년생 안향미 선수는 1982년 한국 프로야구 리그가 생긴 이래 처음 그 문을 두드렸던 여자 선수이다. '최초'는 곧 '유일'과 닿아있는 만큼 혼자였던 그가 꿈꿀 수 있었던 무대는 남자들의 마운드뿐이었으며 야구를 계속할 방법 또한 남자 선수들의 엘리트 코스에 진입하는 것뿐이었다. 안향미 개인의 야구 생활은 수많은 규정을 바꿔가며 처음 문을 여는 과정의 연속이었고, 이는 이후에 자연스럽게 최초의 여자 야구팀 창단과 한국여자야구연맹(WBAK) 창립으로도 이어진다. 안향미의 야구 인생이 한국 여자 야구사의 뿌리 그 자체인 셈이다.

내용의 정확성을 높이기 위해 안향미 선수 인터뷰와 더불어 서울에서 선수의 아버지를 직접 뵈었다.[6] 두 사람의 이야기를 번갈아 퍼즐처럼 맞춰보니 '최초'라는 타이틀을 달고 전례 없는 길을 가는 이의 막막함과 씩씩함, 그리고 피할 수 없었던 부담감이 생생했다.

안향미는 초등학생 때 야구 교실에 다니던 남동생의 하교를 책임지다가 야구를 시작했다. 야구에 대한 흥미가 컸던 쪽은 오히려 안향미였기에 동생이 야구를 그만둔 후에도 장충동 중부 리틀 야구단으로 옮겨 혼자 야구를 계속하게 된다. 함께 운동하던 남자 동기들은 리틀 야구 졸업 나이(만 14세)가 지나면서 하나둘 중학교 야구부로 진학했지만 받아주는 학교가 없었던 안향미는 야구부가 없는 창덕여중에 진학했다. 야구를 하기 전에는 선수급으로 테니스를 쳤을 만큼 운동신경이 뛰어났기에 창덕여중 축구부 감독에게 입단 권유를 받기도 했으나, 이미 야구 생각밖에 없어 이 제안을 거절했다고 한다. 이렇게 중학생이 되자마자 첫 번째 벽에 부딪혔을 때, 리틀 야구의 유일한 여자아이였던 안향미를 지켜봐 온 스포츠 기자로부터 연락이 온다.

"자초지종을 이야기하니까 한번 보자고 하더라고요. 그래서 신문사에 찾아갔죠. 야구복이랑 다 가져가서 촬영도 했어요. '안향미가 몇 년을 리틀에서 뛰었고, 본인은 계속 야구를 하고 싶은데, 갈 곳이 마땅치 않다' 이렇게 바로 기사를 썼더라고요. 그러니까 강남의 경원중학교에서 먼저 연락이 왔어요. 향미가 온다고 하면 경원중학교에서 선수로 받아주겠다고요." [fig.1]

- 안향미 선수 아버지

### 1995년 대한야구협회에 등록된 최초의 여자 선수 탄생

"국내 유일한 여자 야구선수 안향미(14·경원중·1루수)의 꿈은 다부지다. 경원중 야구부는 곧 서울시 야구협회에 접수할 선수등록명단 중 남녀성별란에 '여'로 표기하는 안향미를 내야수로 포함시켰다. 안향미가 서울시협회에 등록하면 대한야구협회도 선수로 인정할 방침이어서 안향미는 국내 여자 야구선수 1호로 등록된다."

- <경향신문> 1995년 2월 19일 기사 발췌[7]

---

5    <동아일보> 1925년 11월 3일.

6    인터뷰는 2021년 8월 10일 진행되었다.

7    하재천, "국내「女(여)야구 1호」경원중 안향미양 "프로야구선수 될래요"", 1995.02.19.

중학생 안향미는 그렇게 야구를 계속할 기회를 얻었다. 하지만, 이번에는 선수 자격을 얻는 것이 문제였다. 리틀 야구는 리틀야구연맹이라는 별도의 관리 기관을 가지고 있었지만, 중학교 2학년부터는 대회에 나가기 위해 대한야구협회에 선수 등록을 해야 했기 때문이다. 협회 측은 처음에는 성별이 잘못 표기된 것으로 알고, 이후에는 성별이 여성이라는 이유로 선수 등록을 거절했다. 여학생의 선수 등록 신청이 처음인데다 관련 규정 자체가 없었기에 벌어진 일종의 해프닝이었다. 안향미의 입학을 직접 허가했던 학교 측이 나서서 정식으로 이의를 제기한 후에야 대한야구협회 등록 절차는 마무리될 수 있었다. 중학교 야구부의 경우 엘리트 코스라기보다는 방과 후 클럽 활동에 가까운 성격이었기에 여학생의 등록이 불가능하다는 규정상의 근거가 없기도 했다.

숨을 채 돌리기도 전에, 고등학교 진학 문제가 코앞에 닥쳤다. 고등학교 야구부에 들어가기 위해서는 '특기자'가 되어야 했고, 이를 위해서는 시합을 나간 이력이 필요했기 때문이다. 중학교 3학년이 되자 신체적 기량의 차이가 벌어지기 시작했지만, 개인 훈련을 병행하며 악바리같이 버틴 결과 경기에도 몇 번 출전할 수 있었다. 그렇게 특기자 요건을 채워갈 때 즈음, 학교로 공문이 날아왔다.

"중학교 진학 이후로는 워낙 향미가 미디어의 조명을 많이 받았거든요. 그러다 보니 어디서 어떻게 야구하는 지 다 알더라고요. 3학년 2학기가 되니까 학교로 공문이 하나 왔대요. '안향미는 고등학교 특기자 입학이 불가하다'고요. 문의했던 것도 아닌데 교육청에서 경원중으로 그렇게 먼저 연락이 왔어요. 그래서 이유가 뭐냐고 물었어요. 지금도 생생히 기억나는 것이, 당시 교육부에 등록된 종목 중에서 남학생이 특기생 자격을 얻을 수 있는 게 33종목, 여자는 30종목이었어요. 3종목이 차이가 나는데 거기에 야구가 들어있었던 거죠."

- 안향미 선수 아버지

이는 중학교 입학과 달리 제도적으로 명시된 문제였기에 개인으로서 할 수 있는 대처가 없었다. 더군다나 당시의 운동부들은 학업을 경시하는 경향이 있어, 뒤늦게 다른 학생들처럼 공부로 입시를 준비한다는 것 또한 치명적이었다. 안향미의 부친은 황망한 마음에 중학교 진학 당시 도움을 주었던 기자에게 먼저 연락을 취했다. 그러자 안향미 선수의 사례가 부당하다고 생각한 몇몇 기자들이 모이게 되었고 학교와 교육부를 직접 취재한 기사를 냈다.[8] 한 기자는 일주일에 한 번씩 같은 내용의 기사를 반복해서 쓰며 안향미의 진학 문제를 공론화시키기 위해 힘썼고, 곧이어 TV에도 해당 소식이 언급되면서 하나의 사회적 이슈가 되었다. 그리고 안향미의 처지는 언론 모니터링을 하던 청와대 쪽에도 닿게 된다. 김영삼 정부 때의 일이다.

"기사가 작은 것도 아니고 크게 계속 나니까 청와대에서 서울시 교육청으로 연락을 해서 알아봤나 봐요. 그 후에 '안향미가 고등학교 야구부에 왜 진학을 못 하는 것이고, 지금까지는 못 갔지만 앞으로 갈 수 있는 방법이 있으면 찾아서 보고해라' 그랬다고 하더라고요. 결론적으로 교육위원들이 회의를 거쳐서 통과하면 갈 수 있다는 얘기가 나왔어요. 여자가 특기생이 될 수 있는 종목에 '야구'를 포함하면 되는 거니까요."

- 안향미 선수 아버지

청와대까지 개입해 마련된 논의 자리에서 양쪽의 의견이 팽팽히 대립했다. 해당되는 학생이 단 1명뿐인 상황에서 제도 개정까지 감수해야 하느냐는 반대 의견도 만만치 않았다. 결국, 1차, 2차 회의 후에도 결론이 나지 않아 총집합 회의가 열렸는데, 결국 안향미 선수에게 특기자 자격을 부여하는 쪽으로 의견이 모였다.

"지금은 안향미가 하난데, 또 다른 안향미가 나타났을 땐 어떻게 할 거냐. 그때 책임질 사람이 여기 누가 있냐고 말이 나왔나 봐요. 그럴 바에는, 앞으로 나오면 나오는 거고 안 나오면 안 나오는 건데, 부합되는 선수가 있다면 불이익을 받지는 않도록 법을 만들어 놓자고 했대요. 이미 안향미로부터 시작은 되었으니 미리 문을 열어놓는 것도 좋지 않겠느냐 하고요. 그 시대 사고로서는 굉장히 전향적이었죠."

- 안향미 선수 아버지

---

8    권부원, "여자 야구선수 1호 안향미 "국내 고교무대 뛸 길 없나요"", <경향신문>, 1996.08.30.

## 1996년 체육 특기자로 고교 야구부에 진학한 첫 여학생

"국내에서 처음으로 여자 고교 야구선수가 탄생한다. 안향미는 그동안 야구를 남자 종목으로 분류한 '고입 특기자 선발에 관한 규칙'과 여고 야구팀이 없는 현실 때문에 야구를 그만둬야 할 상황에 놓여 있었다. […] 김갑수 과장은 "프로 야구선수가 되지 못하더라도 야구심판 등으로도 일할 수 있을 것"이라면서 "길이 완전히 막힌 게 아닌데 구태여 사춘기 청소년의 꿈을 꺾을 수 없다는 것이 교육청의 입장"이라고 말했다."

- <한겨레> 1996년 10월 15일 기사 발췌[9]

안향미가 특기자 자격을 갖게 되었다는 뉴스가 보도되자 덕수상고[10]와 한성고의 야구부에서 받아주겠다는 연락이 왔고, 안향미는 유일하게 야구부가 있는 남녀공학이었던 덕수상고에 진학하게 된다.

선수 아버지의 말마따나 그 시대 제도권의 사고로서는 굉장히 미래 지향적이었던 결정 덕분에 가능한 일이었지만, 그에 앞서 초등학교 때부터 야구만 바라봐 온 한 어린 선수의 꿈이 한순간 얼마나 무력하고 무용해졌는지도 생각해 볼 필요가 있다. 참고할 선례가 없는 유일한 여자 선수였던 안향미에게 이미 편향적으로 만들어진 제도는 언제나 잠겨있는 문이었고, 그때마다 '은인'이나 '운'이라는 열쇠를 찾아야만 했다. 교육위원들의 진취적인 결정에 마냥 감탄하기에는 어린 선수 개인이 일찍이 감당해야 했던 무게가 또래의 남자아이들과는 너무 달랐다.

17세의 안향미는 고등학교 입학 이후에 곧바로 또 다른 관문이 있음을 알았다. 대학 입학을 위해서는 또 다른 체육 특기자 자격을 갖추어야 했고, 남자 동료들과의 체격과 체력 차이는 점점 더 벌어질 것이 뻔했기 때문이다. 그는 동등한 한 명의 야구부 선수가 되고자 매일같이 추가적인 웨이트 훈련을 하고 기합도 훈련도 모두 똑같이 받았다고 한다. 운동장 60바퀴를 뛰던 날엔 남자 동료 두 명이 나가떨어졌지만, 안향미는 두 바퀴 뒤처진 채로 이를 악물고 완주하기도 했다. [fig.2]

## 1996년 8월 <한·일 친선 고교 야구 여자 경식야구 대회>[11]

한국의 유일한 여자 야구선수였던 안향미가 고군분투하고 있던 1995년, 올림픽 유치를 꿈꾸던 중국이 여성 스포츠 양성에 관심을 두기 시작했다. 여자 야구를 키우고자 했던 중국은 일본에 여자 야구 친선 경기를 제안했는데, 일본의 경우 연식야구[12] 중심으로 여자 야구가 발달했기 때문에 적절한 대진 상대를 찾지 못했다. 이후 일본에서는 단단한 공을 사용하는 고교 소프트볼부들이 임시로 경식 야구부를 만들어 <일·중 친선 고교 야구 여자 경식야구 대회>에 참가했다.

이를 계기로 이듬해인 1996년, 한국과 인연이 있던 한 일본 독지가의 주선으로 일본과 한국의 친선 경기가 연이어 마련되었다. 한국 역시 당시 여자 야구가 발달하지 않았기에 주최 측은 소프트볼부로 명성이 높았던 신정여자상업고등학교(현 신정고등학교)를 초대하였다. 짧게 경식야구를 연습하고 <한·일 친선 고교 야구 여자 경식야구 대회>에 참가한 신정고 소프트볼팀은 일본의 3개 팀과 토너먼트 경기를 치렀다. (당시 신정고 소프트볼부를 지도했던 조명기 감독과 대회에 출전했던 유경희 선수는 본 연구집의 인터뷰이로서 참여하였다) 이 역시 한국 여자 야구사의 한 획을 그은 사건이었다. [fig.3]

## 1997년 5월 고교 야구부 내 성차별 공론화

"고등학교 갔더니 또 다른 장벽이 있었죠. 이제 감독이 나를 그렇게 괴롭히더라고요. 운동부는 매년 학교에서 고사를 지내는데, "여자가 고사 지내면 재수 없어"라며 공식 행사인데도 참석을 막고요."

- 안향미 선수 인터뷰 중 발췌

안향미는 최초의 여자 야구선수였던 대가로 같은 팀 동료들의 거리감과 경계심을 어린 시절 내내 경험했지만, 더 어려운 문제는 여자가 야구를 해서는 안 된다는 단호한

---

9    송창석, "여고생 야구선수 국내 첫 탄생 안향미 체육특기자로 선발…덕수상고서 입학 허용키로", <한겨레>, 1996.10.16.

10   안향미 입학 직후인 1997년 덕수정보산업고로 교명이 바뀌었으며, 2007년 다시 한 번 덕수고로 변경되었다.

11   '일본고등학교야구 찐팬, 달아요'님의 글 <경식 야구경기를 한 최초의 한국 여자 야구팀> 참조. (https://brunch.co.kr/@bjoon)

12   일반적으로 통용되는 야구는 단단한 공으로 경기를 진행하는 경식야구이다. 고무로 만든 공을 사용하는 연식야구는 부상 위험이 적기 때문에 보통 학교 체육 위주로 발달했지만, 일본의 경우 성인 경기로도 활성화되어 있다.

주인의식을 마주할 때였다. 중학교 때까지는 사회와 어른들로부터 이러한 태도를 학습한 철없는 동료들이 이를 가감 없이 드러냈던 반면, 고등학교 진학과 동시에 마주한 커다란 벽은 고교 야구부의 지배층인 감독이었다.

"한 번은 학부형회의에 참석한 적이 있었습니다. 야구부 선수 한 사람도 빠짐없이 연습경기를 떠나고 없었는데 딸 향미만 혼자 야구부실에서 울고 있었습니다. 사연을 물으니 야구부 1학년생이 향미에게 '감독님이 교실에 가 있으라고 했다' 해서 영문도 모른 채 교실에 있다가 얼마 후 나와보니 야구부는 연습경기를 떠나고 없더랍니다." 안화상씨가 진정서에 제출한 야구부 감독의 차별, 배제 사례는 이 밖에도 많다. 더 심한 것은 안 씨가 진정서를 제출한 다음 날 하 감독은 야구부 아이들을 모아놓고 '향미가 있어서 불편한 점'을 적어내라고 강요한 사실이다. 또 정작 본인은 야구를 그만둘 의사가 없는데도 하 감독은 "남자 중심의 야구 사회에서 적응하지 못했으니까"라는 이유로 마치 향미가 자발적으로 탈퇴 선언이라도 한 듯 몰아가고 있다. 그러나 이에 대해 당사자인 하 감독은 "그런 적이 없다. 요즘 학부모들 입김이 얼마나 센데 공개적으로 그럴 수 있겠느냐"고 말하고 '경비 절감'의 이유를 들어 해명하려 했다.

현재 진정서는 교육부에 제출됐지만, 담당 장학사의 '조사해보도록 하겠다'는 말만 들었을 뿐 아직까지 구체적인 수사에 착수하지는 않은 상태다. 그러나 학부형 회의에서 하 감독이 노골적이고 공개적으로 향미를 무시하고 비하한 언행을 목격한 학부모들이 서명운동을 벌이며 향미가 야구를 계속할 수 있게 돕자는 움직임도 일어나고 있다.[13]

- <연합뉴스> 1997년 6월 3일 기사 발췌

문제가 된 감독은 노골적인 따돌림을 주도한 것보다도 팀 운영 성과가 좋지 않았다는 사유로 곧 경질되었고, 그 이후에 새로 부임한 감독은 다행히도 안향미의 존재를 인정해 주는 사람이었다. 하지만 이러한 유쾌하지 않은 소식들까지 개인적인 야구 인생의 일거수일투족이 매스컴을 타고 알려질 수밖에 없다는 것은, 청소년 안향미로 하여금 자신이 마운드에서 객체에 머물고 있음을 끊임없이 상기시키지 않았을까.

## 1998년 한국티볼협회 창설

티볼(T-ball)은 1988년 미국에서 시작되었다. 미식축구나 축구 등의 종목과 야구의 인기 격차에 위기감을 느낀 뒤, 대중화를 겨냥하여 만든 야구형 뉴스포츠다. 투수 없이 홈플레이트 후방에 놓은 배팅티 위에 볼을 올려놓고 정지된 볼을 타격한다. 투수가 던지는 볼을 기다릴 필요도 없고 헛스윙도 거의 없기 때문에 남녀노소 즐길 수 있다.

티볼 협회 창설 후 11년이 지난 2008년, 티볼은 초등학교와 중학교의 정규 체육 교과목이 되었으며 학교 체육 종목 가운데 남학생과 여학생 함께 어우러져 할 수 있는 거의 유일한 구기 종목이다.

이광환 전 KBO 육성위원장과 허구연 해설위원 등 많은 야구계 인사들은 티볼이 야구와 소프트볼의 시작이라고 입을 모아 말한다. 티볼의 국내 정착부터 활성화까지 25년간 애쓴 한국티볼연맹 박철호 이사는 "야구선수를 키우려는 의도가 아닌, 야구장을 가득 메울 야구팬들을 만들고자 하는 게 첫 번째 [목적]"이라고 한다.[14] 또한, KBO는 미래의 리틀 야구선수와 프로야구 팬 등 잠재적 수요자를 키우겠다는 취지로 2015년부터 <찾아가는 티볼 교실>을 운영하고 있으며 이승엽, 정근우, 심수창 등 은퇴한 프로 선수들이 지속해서 이 사업에 참여하고 있다. 여자 야구선수 중에서도 티볼을 거쳐 야구를 접하게 된 이들이 많다. (한 팀의 엔트리는 20명 이내이며, 시합에 참여하는 인원은 10명이다. 혼성경기의 경우 남자 13명, 여자 7명으로 구성하는 것이 티볼 협회 측의 규정이다.)

한국티볼협회에 따르면 2019년 기준 초·중·고등학교에서 총 1,175개의 티볼 클럽이 운영되고 있으며 티볼 클럽에 등록한 학생은 41,540명, 그중 경기 출전 기준을 충족한 실적 학생은 31,185명이다. 이 중 여학생 선수는 남학생보다 3배가 더 많다. 이 숫자가 우리에게 말해주는 것은 무엇인가. 수요자 생성이라는 티볼의 역할을 거시적인 여자 야구 마스터 플랜으로 확장한다면 미래의 여자 선수들을 육성하는 데에도 크게 기여할 것으로 보인다.

---

13    "<아마야구> 여 야구선수, 성차별 이유로 진정서 제출", <연합뉴스>, 1997.06.03.

14    김근한, "'25년' 바친 티볼 대부 "한국야구 사랑하세요? 그러면 티볼 씨앗을 뿌려주세요." [금근한의 골든크로스]", <스포츠춘추>, 2022.01.21.

### 1999년 5월 고교 야구 전국대회에 등판한 첫 여성 선수

"고등학교 3학년 봄에 대통령 대회가 열려요. 이때 4강전 경기에 감독이 향미를 선발 투수로 내보냈어요. 배려한 거죠. 고등학교 선수로서 (대입을 위한) 체육 특기자 자격을 갖추려면 투수는 전국대회에서 한 타자 이상을 상대해야 한다는 규정이 있거든요. 그때 기자들이 향미 출전하는데 왜 얘기를 안 해줬냐고 난리가 났어요. 방송국에서 모니터 보다가 다 운동장으로 달려왔죠. 취재하려고. 그래서 스포츠 방송은 다 나왔어요. 그 당시 대통령배 경기는 보도가 다 됐거든요."

- 안향미 선수 아버지

곧이어 고교 야구 전국대회에 등판한 최초의 여성 투수에 대한 기사가 쏟아졌다.[15] 늘 그 행보를 주목받던 국내의 유일한 여자 야구선수였기에, 대통령배 대회 출전 소식은 KBO에도 빠르게 닿게 된다. 1982년 출범 당시부터 프로야구 규정에는 "의학상으로 남자가 아닌 자는 프로 야구선수가 될 수 없다"는 항목이 있었는데, 안향미의 도전이 계속되자 KBO는 이 규정을 재점검하기에 이른다.

"뉴스에 향미가 계속해서 나오니까 KBO가 긴급 이사회를 열어서 '의학상으로 남자가 아닌 자는 프로 야구선수가 될 수 없다'라는 그 부분을 삭제하기로 한 거예요.[16] 향미가 고등학교 졸업하기 전에 없앴더라고요. 저도 뉴스 보고 알았어요. 만약 안향미가 나중에 프로 어디를 가려고 문을 두드렸는데 그게 '법적으로' 안 된다고 하면 또 크게 이슈가 될 가능성이 있으니까요."

- 안향미 선수 아버지

앞서 고교 야구부 입학 특기자 자격 중 성별을 없애기로 한 교육청의 결정을 의식한 것인지, KBO는 해당 규정에 대한 사전 조치를 취했다. 전국 대회 출전으로 체육 특기자 자격을 갖추게 되면서 대학 쪽의 영입 제의도 있었으나 안향미는 원래의 꿈을 좇아 프로구단 입단에 도전하기로 한다.

"원래 한화, 현대, LG 세 군데를 지원하려고 했어요. 그런데 LG는 기회도 안 주더라고요. 지원하려고 두 번이나 연락했는데 모두 트라이아웃 스케줄이 끝났다고 하시는 거예요. 그때 알았죠. '아 참가시켜줄 의향이 아예 없구나.' [⋯] (한화) 트라이아웃을 담당한 2군 감독님께서 사무실로 부르시더라고요. (프런트 제의에) 당시에는 생각해보겠다 하고 일어났죠. 그런데 멸시와 차별, 따돌림을 버티며 야구를 했던 이유와 결과가 프런트 직원인가 싶기도 하고 억울했어요. 그래서 결론적으로 프런트 제의는 거절했습니다."[17] [fig.4]

- 안향미 인터뷰 중 발췌

## 2000년 미국 진출 제의를 받다

고등학교 졸업과 함께 야구선수로서의 길이 끊겨 막막하던 차에 박찬호 선수를 메이저리그로 진출시켰던 에이전트 스티브 김의 연락을 받는다. 뉴잉글랜드 베이스볼리그 소속 워터버리 다이아몬즈팀 입단을 주선하겠다는 제안이었다. 당시 미국에는 10여 개의 여자 야구 리그가 있었고 뉴잉글랜드 리그는 그중 가장 활발하게 운영되는 무대였다. 미국 여자 야구 역시 직장생활과 야구를 병행하는 세미 프로 시스템이었지만, 적어도 안향미에게는 처음으로 여자들의 무대에서 뛸 수 있는 절호의 기회였다. 하지만 입단 계약까지 완료했던 안향미의 미국 진출은 비자 발급 문제로 좌절되고 만다. 당시 안정적인 수입이 없는 동양인 여성의 비자 발급이 매우 까다로웠기 때문이다. 신용을 보증할 현지 전문 에이전트가 있다는 사실도 미국으로 가는 길을 열어주지는 못했다.

## 2002년 여자 야구 선진국으로 가다

연이어 고배를 마신 안향미 선수에게 손을 내민 것은 세계 최고 수준의 여자 야구

---

15   강호철, "고교 유일 여학생 투수 대통령배 대회 깜짝 등판 공 3개만 던지고 교체", <조선일보>, 1999.05.01, ; 장환수, "고교야구에 여자선수 나온 이유는", <동아일보>, 1999.05.01, ; 강성만, "국내야구 홍일점 안향미 깜짝등판", <한겨레>, 1999.05.01.

16   안향미 선수의 야구 인생 타임라인과 선수 아버지의 기억에 의하면 KBO가 규정 삭제 조치를 취한 것은 1999년으로 보인다. 반면, 영화 <야구소녀>의 오프닝 장면에서는 그 시점이 1996년이라고 표기되어 있다. KBO 측에도 연락을 취해보았으나, 현재 남아있는 프로야구 규정집 내에서는 '삭제'된 조항에 관한 기록은 없어 정확한 시점에 대한 사실 확인이 어려웠다.

17   트라이 아웃 후 제의받았던 프론트직을 거절한 일화는 영화 <야구소녀>의 모티프가 되었다.

| | |
|---|---|
| 1 | 2 |

| | |
|---|---|
| 3 | 4 |

1 1992년 야구유니폼과 글러브를 착용한 안향미와 남동생 ⓒ안향미 제공

2 안향미 선수의 덕수정보산업고등학교(현 덕수고) 야구부 선수명부 (출처 : 최영금, "야구하는 여자, 안향미", <국민체육진흥공단>, 2010.07.09.)

3 <한·일 친선 고교야구 여자 경식야구 대회> 공식 팜플릿에 소개된 신정여자상업고등학교(현 신정고) 소프트볼부. 조명기 체육부장(왼쪽 첫 번째)과 유경희 선수(첫 번째 줄 가장 오른쪽)의 모습이 보인다. 조명기 체육부장은 현재까지도 신정고에서 소프트볼부를 담당하고 있고, 유경희 선수는 신정고에서 소프트볼 지도자의 길을 걷고 있다. ⓒ조명기 제공

4 대통령배 전국고교야구대회 4강전(덕수정보고 : 배명고)에 투수로 등판한 안향미의 모습 ⓒKBS 제공

인프라를 가지고 있는 일본이었다. 우리나라 뉴스를 통해 안향미 선수의 존재를 알고 있었던 일본의 여자 야구팀 드림윙스가 입단을 제의한 것이다. 미국과 달리 일본의 일 처리는 속전속결이었다. 야구팀 감독이 직접 초청장을 보내왔고 비자도 문제가 없었다. 그렇게 안향미 선수는 비로소 '환대'를 받으며 '여자들과 함께' 야구를 할 수 있었다. 일본의 여자 리그 또한 세미프로였기 때문에 일과 병행하는 야구였고 생활비를 충당하기 위해 추가적인 아르바이트와 일본어 공부도 틈틈이 해야 했지만, 안향미는 이때 가장 즐겁게 야구를 했다고 했다.

"동료들이 집에 초청해서 챙겨주고, 아르바이트 자리도 마련해주고 한 식구처럼 대해줬다고 하더라고요. 그리고 그 팀에서는 에이스가 됐어요. 한국 엘리트 코스에서 남자 애들이랑 그렇게 야구를 하고 갔으니 팀 에이스가 될 수밖에요."

- 안향미 선수 아버지

안향미는 드림윙스의 4번 타자이자 3루수로 약 2년간 활약했다. 일본어 실력이 늘어서 의사소통이 되기 시작하자 동료들은 왜 안향미가 일본팀에 와야만 했는지, 한국에는 왜 여자 야구팀이 없는지 궁금해했다. 그러다 "네가 돌아가서 팀을 만들면 되지 않느냐"는 일본 동료의 말에 안향미는 귀국을 결심했다고 한다. 한국 최초 여자 야구팀의 등장을 알리는 역사적인 도화선이었다.

## 원 앤 온리에서 원 팀으로
### 2004년 3월, 최초의 여성 원 팀. 비밀리에의 등장

하염없이 기다리다가는 여자 야구팀이 생기는 순간이 평생에 오지 않을 것 같았다. 안향미는 늘 한 치 앞만 보느라 한국에서는 누려본 적 없던 일본의 즐기는 야구를 한국에 가져오고 싶었다. 선수 생활을 마무리하면서 한국에 있던 동생을 통해 인터넷 카페를 먼저 열었고 야구에 관심 있는 사람들을 모으기 시작했다. 그리고 안향미의 귀국 직후인 3월 21일, 14명의 회원을 갖춘 한국 최초의 여자 야구팀 '비밀리에'가 창단된다.

야구팀을 만든 후엔 야구할 곳을 찾는 것이 가장 큰 문제였다. 거의 모든 야구장이 리그제로 운영되는 특성상, 토너먼트 경기를 하는 남자 사회인 야구팀들 위주로 예약은 늘 꽉 차 있었다. 남자 사회인 야구 커뮤니티에 낄 수 없었던 여자 야구팀 비밀리에는 흙바닥이든 돌바닥이든 공터만 있으면 무작정 야구공을 깔아놓고 연습했다. 공터를 매주 확보하는 일조차도 쉽지 않았다. 야구장을 확보하는 문제는 오늘날에도 모든 사회인 야구팀들의 숙제인데, 특히 여자 야구팀의 경우 더욱더 그렇다.

23살의 어린 나이에 야구팀 운영 전반을 책임지는 것 자체가 쉽지 않았지만, 최초의 여자팀이었다는 점에서 발생하는 애로사항들은 더 복잡했다. 우선, 언론의 포커스가 자연스럽게 안향미에게 향하게 되면서 팀 안팎에서 불거지는 시기와 질투는 안향미를 외롭게 만들었다. 다음으로, 첫 번째 여자 야구팀이 가야 할 방향성에 대해서 팀 내에서도 크게 두 개의 의견이 대립했다. 안향미를 포함한 한쪽은 실력 향상에 집중해 우선 국제무대에서 성과를 내야 여자 야구가 주목을 받고 성장할 수 있다고 생각했고, 다른 쪽은 친목 위주의 동호회로서 작동하기를 원했다. 결국 이러한 이견이 좁혀지지 못하면서 비밀리에는 두 개의 팀으로 갈라지게 되었다. 여자 야구도 강한 팀이 되어야 한다는 데에 동의한 선수들이 안향미와 함께 팀을 구성했다.

이 지점은 여자 야구의 대표적이고 고질적인 문제다. 사실, 여자 야구를 둘러싼 대부분의 편견과 숙제들은 근본적으로 아마추어 스포츠가 엘리트 스포츠의 역할까지 모두 떠맡게 되면서 생겨났다. 이후 여자 야구를 전담하는 연맹이 출범한 이후에도 실력 있는 여성 선수를 육성하는 인프라는 충분하게 갖춰지지 않았고, 여전히 본업이 따로 있는 사회인 야구팀 선수들이 국가대표의 역할까지 모두 수행하고 있는 것이 한국 여자 야구의 현주소다.

하지만 최근 엘리트 스포츠의 부작용들이 쌓여 가시화되고 스포츠의 사회적 역할이 강조되기 시작하면서, 오히려 아마추어와 엘리트의 경계가 흐릿한 것이 하나의 건강한 모델로서 제시되기도 한다. 다만, 이 경우 아마추어 체육 인프라의 상향 평준화가 전제다. 어떻게 보면, 리틀야구에서 시작한 유소녀 선수들이 트라이아웃을 거쳐 국가대표에 합류하기 시작한 여자 야구의 현재가 역으로 한국 야구에 새로운 비전을 제시해 줄 수 있지 않을까? 소 뒷걸음질 치다 쥐 잡는 격이지만, 여자 야구에 대한 재발견이 유소녀 선수들이 누릴 수 있는 인프라 확장으로 이어지기를 기대해 볼 수 있는 부분이다.

## 2004년 7월 18-21일, 제4회 월드시리즈 출전[18], 최초의 국가대표

"팀이 찢어지고 난 직후에 국제대회가 열린다는 얘기를 듣고 일본으로 전화를 했어요. 처음엔 주최 측에서 참가 허락을 안 해주더라고요. 그래서 제가 직접 선수들 프로필을 들고 도쿄로 갔어요. 다행히도 제가 일본에서 2년 선수 생활을 했잖아요. 일본 협회에서 고맙게도 저의 존재를 알고 있었어요. 프로필 제출하고 귀국해서 며칠 지나니 공식 홈페이지에 한국이 정식 참가팀으로 게재되어 있더라고요."

- 안향미 선수 인터뷰 발췌

안향미는 최초의 여자 야구팀을 창단할 때부터 세계 무대를 염두해 둬왔다. 마침 뜻이 맞는 선수들끼리 새로운 시작을 한 비밀리에 팀은 과감히 제4회 월드시리즈에 참가하기로 한다. 하지만 자비로 경비를 일정 부분 충당해야 했고, 경기 기간 동안 다른 일정들을 모두 비워야 했기 때문에 출전 선수를 모으기가 쉽지 않았다. 최종적으로 안향미를 포함해 딱 11명이 모였다. 대체 선수 한 명 없는 상태로 한국팀은 간신히 참가 신청을 마칠 수 있었다. KBS <현장르포 제3지대> 제작진이 국내 여자 야구팀의 월드시리즈 첫 출전을 기록하기 위해 동행했고,[19] 덕분에 연습 과정 일부와 조촐했던 선수 발단식, 그리고 경기 내용이 모두 영상으로 남을 수 있었다.

공식 초청을 받아 국가대표 자격으로 출전하는 최초의 국제 대회였던 만큼, 안향미 선수 부친의 권유로 비밀리에 팀은 정부 관련 부처에 보고를 마치고 출국하기로 한다. 문관부(현 문체부), 외교부 등 다섯 군데가 넘는 곳에 공문을 보냈고 지푸라기라도 잡는 심정으로 야구 관련 기관들에도 문을 두드려 보았지만, 역시나 별다른 지원은 없었다. 안향미는 당시를 다음과 같이 회고한다. "일본 출국 전에 KBO도 찾아가 보고 대한야구협회(현 KBSA)에도 찾아가서 도와달라고 요청했었어요. 도와줄 수 없다고 하더라고요. 지원해줄 정도로 가치가 있다고 생각하지는 않았을 겁니다. 당연히 안 해줄 것을 알고 갔어요.

---

18 일본 도야마현우오즈시에서 열린 제4회 여자 야구 월드 시리즈. 한국팀 외에 개최국 일본과 참가국 미국, 인도, 호주, 캐나다, 홍콩, 대만까지 총 8개국이 참가했다.

19 해당 회차는 2004년 7월 27일 방영.

| | | | | |
|---|---|---|---|---|
| In field | Catcher | Out field | In field | Pitcher |
| Hye Jeom Kim | Mim Jung Lee | In Jung Hwang | Hyo Ram Kang | Hyo Sun Kang |

| | | | | |
|---|---|---|---|---|
| In field | Out field | Out field | Out field | In field |
| Hyun A Choi | Mi Ja Woo | You Mean Park | Young Sook Choi | Hyang Mi An |

Catcher
Yu Yeong Lee

KOR KOR KOR KOR KOR KOR KOR KOR

KOR KOR KOR KOR KOR KOR KOR KOR KOR

| Position | Uni No. | Name |
|---|---|---|
| In field | 11 | Hye Jeom Kim |
| Catcher | 17 | Mim Jung Lee |
| Out field | 12 | In Jung Hwang |
| In field | 27 | Hyo Ram Kang |
| Pitcher | 10 | Hyo Sun Kang |
| In field | 44 | Hyun A Choi |
| Out field | 47 | Mi Ja Woo |
| Out field | 00 | You Mean Park |
| Out field | 9 | Young Sook Choi |
| In field | 19 | Hyang Mi An |
| Catcher | 21 | Yu Yeong Lee |
| | | |
| | | |
| | | |
| | | |
| | | |
| | | |

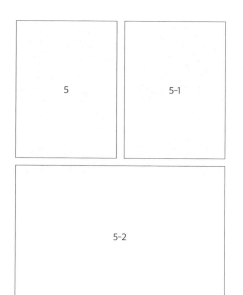

5     2004 World Series IV 브로슈어 표지

5-1    회장 짐 글레니의 축사

5-2    선수와 감독까지 딱 11명이 출전한 한국 비밀리에
팀의 선수 정보 페이지. 본 브로슈어에는 경기 일
정과 결과가 담겨있다. ©박유민 제공

그래서 선수 자비로 참여하게 됐죠."

한국팀(비밀리에)은 홍콩과 일본, 캐나다를 상대로 3개의 게임을 단 11명의 선수만으로 교체 없이 경기했다. 손가락을 다친 선수가 응급 처치를 받은 뒤 계속 공을 던졌고 감독을 맡았던 안향미가 선수로 출전하기도 했다. 코치진과 교체 선수들을 포함해 평균 약 20여 명으로 구성된 다른 팀들과 달리 너무나 열악하고 조촐했던 한국팀의 상황이 생생하게 그려지는 부분이다.

우승 후보였던 일본과의 경기는 가장 처절했다. 비가 쏟아지며 날씨까지 도와주지 않았고 스코어는 속절없이 0 대 53까지 벌어졌다. 그런데도 이를 악물고 끝까지 포기하지 않는 모습에 처음엔 일본팀에게 집중되어있던 응원이 후반에는 오히려 한국팀에게 쏠렸다고 한다. 한 일본 관중은 숙소까지 찾아와 '감동했다'며 팀을 격려했다.[20] [fig.5] [fig.6]

비밀리에의 선수이자, 동시에 공문 회신 및 통역 등 행정업무를 전담했던 박유민에게 월드 시리즈 출전 뒷이야기를 전해 들을 수 있었다.[21] 박유민에 따르면 세계여자야구협회 회장 짐 글레니(Jim Glennie)의 이웃 중에 한국인이 있었고, 그들이 헤럴드 신문에

---

20    경창환, "전패 불구 갈채받은 한국 여자야구", <동아일보>, 2004.08.05.

6 준비해간 태극기를 잃어버리는 바람에 급조한 플래카드를 걸어 놓고 더그아웃에서 포즈를 취하고 있다. ©박유민 제공

7 세계여자야구협회 회장 짐 글레니와 박유민 선수 ©박유민 제공

8 American Women's Baseball 홈페이지에 기재된 친선경기 결과. 비밀리에팀의 소개와 승리 소식을 함께 전했다. ©박유민 제공

실린 한국 여자 야구팀의 이야기를 그에게 전했다고 한다. 우연과 필연이 켜켜이 겹쳐 한 국 선수들은 일본의 마운드에 설 수 있었던 셈이다. 안향미를 제외하고는 야구공을 잡아 본 지 몇 개월 남짓 된 선수들에게 사인해달라고 찾아오는 일본 아이들, 승패와 관계없이 응원하는 관중과 언론. 야구 천국으로 불릴 만큼 모두의 야구에 호응하는 일본에서의 시 간은 선수들에게 하나의 스포츠를 매개로 따스한 인정을 마음껏 느낄 수 있는 경험이었 을 것이다. [fig.7]

## 2004년 11월 21일, 잠실에서 일본과의 친선경기

월드 시리즈 경기가 끝난 후 한국팀 숙소로 직접 찾아온 이들 중에는 개최지인 우 오즈시의 여자 야구팀 '애틀랜타 96'도 있었다. 이들은 즉석에서 한국팀과의 친선경기를 요청했고 비밀리에가 귀국한 후에도 일본 여자야구협회를 통해 적극적으로 연락을 이어 갔다. 애초에 일본팀이 모든 비용을 부담하겠다고 했으나 초청하는 입장에서 마음이 편 치 않아 잠실 운동장을 대여하는 비용을 전담하기로 했는데, 이는 부산 독지가의 도움으 로 해결할 수 있었다.

애틀랜타 96과의 친선경기에는 비밀리에 다음으로 2004년 5월에 창단된 부산의 여자 야구팀 '빈'이 함께했다. 비밀리에와 빈이 함께 한국팀을 구성했고 애틀랜타 96의 부족했던 인원 2명을 한국 선수가 채워주면서 국가대항전의 성격은 약해졌지만, 여자 야 구를 중심으로 한국과 일본이 화합하는 친선 경기의 성격이 더 돋보일 수 있었다.[22] 이 경기에서 한국팀은 14 대 11의 스코어로 여자 야구 역사상 공식 첫 승을 거둔다. [fig.8]

## 2005년 2월 27일, 최초의 한국 여자 야구팀 간의 시합[23]

애틀랜타 96과의 경기에서 함께 팀을 이뤘던 비밀리에와 빈은 곧이어 2월 27일 부

---

21    박유민 전 비밀리에 선수가 지금까지도 소장하고 있는 많은 사진과 서신, 기획서 등의 아카이브를 전달해 준
      덕분에, 한국여자야구연맹 설립 전 이미 초창기 한국 여자 야구는 미국과 일본, 홍콩, 대만 등과 국제적 교류를
      시작했던 사실을 알 수 있었다.

22    박유민, "'비밀리에'여자야구단을 아십니까?", <오마이뉴스>, 2004.11.20. ; 이동칠, "여자야구팀 '비밀리에' 일
      본 팀과 친선경기", <연합뉴스>, 2004.11.18.

산 공고 운동장에서 두 팀 만의 친선 경기를 가졌다. 두 달의 시차를 두고 각각 서울과 부산에서 한국 여자 야구사의 포문을 연 팀들 간의 경기였던 만큼 승부 자체보다는 대의적인 의미가 컸고, 비밀리에 팀이 직접 부산에 방문함으로써 빈 팀과 여자 야구를 효과적으로 홍보하고자 했다. 국내에 단 2개뿐이던 여자 야구팀 간의 첫 대결에서는 17 대 14로 빈 팀이 승리했다.

## 2006년 5월, 최초의 여자 야구 대학팀 나주대학교팀 창립[24]

국내에서 처음으로 여자 야구 학생팀이 만들어진 것은 중·고등학교가 아닌 대학교에서였다. 그 주체는 전라남도의 나주대학교였는데, 나주대팀의 전력은 등장 직후부터 눈에 띄게 독보적이었다.

> "지난해 5월 창단한 나주대는 그동안 여자팀과 20차례 가까운 경기에서 한 번도 지지 않고 무패행진을 이어가고 있다. 지난 17일 끝난 총재배 여자야구대회에서 나인빅스를 13-3으로 누르고 우승, 그동안 참가한 5개 대회를 모두 휩쓰는 저력을 보였다."
>
> - <연합뉴스> 2007년 6월 19일 기사 발췌

나주대가 이렇게 등장과 동시에 여자 야구 무대를 제패하는 모습을 보여줄 수 있었던 것은 촘촘하게 짜인 강도 높은 훈련 덕분이었다. 15명이 넘는 선수들 가운데 7명이 사회체육학부 소속이었고 그 외에도 여자 야구 동호회 출신 등이 대학에 재입학해 팀을 구성했으며 일주일에 5-6일가량을 매일 3-4시간씩 훈련했기 때문이다. 또한 여름, 겨울 방학마다 두 달 가까이 기숙사에 합숙하면서 체계적인 프로그램에 따라 전문 훈련을 받았다. 덕분에 야구를 처음 접한 선수들도 약 6개월 만에 탄탄한 기본기를 갖출 수 있었다고 한다.

나주대의 성과는 일찍이 체육 활동을 접해온 선수들 위주로 훈련의 질과 양을 보장해준다면 여자 야구의 전력도 크게 향상될 수 있다는 것을 증명한다. 야구는 팀 스포츠이기에 선수들의 평균적인 실력이 함께 올라야 팀의 성과가 나올 수 있을 뿐만 아니라, 함께 합을 맞춰본 시간의 총량도 매우 중요하기 때문이다.

불과 1년여 만에 국내 최강의 실력을 보여주며 여자 야구계의 기대주로 떠올랐던 나주대는 2009년을 기점으로 고구려대학으로 학교명을 바꾸었으며, 안타깝게도 현재는 여자 야구팀을 운영하고 있지 않다.[25] 추정하기로는, 2년제 대학이라는 특성상 중·고등학교 여자 야구팀이 부재한 상황에서 꾸준히 일정 실력 이상의 선수 수급을 받는 데에 어려움을 겪었을 것으로 생각된다.


## 여자 야구, 제도권의 수면 위로

### 2007년 3월, 한국여자야구연맹(WBAK) 창립

"전국의 15개 팀이 한데 모여 한국여자야구연맹을 창립했다. 2007년 3월 7일 서울 방이동 올림픽파크텔에서 창립 기념식을 갖고 정식으로 출범했다. 지난 1999년 안향미 씨가 덕수정보고에서 국내 최초 여자 야구선수로 뛰며 화제가 됐던 이후 8년여 만의 일. 초대 회장은 김영숙 한나라당 국회의원이 맡았다. 현재 전국에는 15개 팀 200여 명의 여자 야구선수들이 이미 활동하고 있다. 소프트볼 선수 출신들에다 순수 동호인들이 모여 팀을 만들었기 때문에 수준은 남자 초등학교 정도. 경기장도 초등학교의 규격을 그대로 적용한다. 여자야구연맹은 지난해 8월 KBO 아마야구 육성위원회(위원장 이광환)가 전국 각지에 흩어져 힘겹게 명맥을 유지하고 있는 여자 야구팀들을 한데 묶을 수 있는 구심체가 필요하다는 의견을 제시한 것에 대해 KBO와 대한야구협회 등 야구 유관단체들이 동참, 결실을 맺었다."[26]

- <스포츠조선> 2007년 3월 8일 기사 발췌

---

23    박유민, "국내 최초 여자 야구 친선 경기, 부산으로 오이소!", <오마이뉴스>, 2005.02.24. ; 남태우, "한국여자야구 "새 역사 쏜다"", <부산일보사>, 2005.02.24. ; 이재찬, "첫 여자야구 "부산 이겼다"", <부산일보사>, 2005.02.28.

24    노재현, "나주대 여자야구 '무패행진 봐주세요'", <연합뉴스>, 2007.06.19. ; 손상원, "<국내 첫 대학 여자야구 팀>", <연합뉴스>, 2006.04.04.

25    정확한 시점은 알려져있지 않다. 연구진이 야구팀의 해체 시점을 추정하기 위해 고구려대학측에 연락을 취해 보았으나 회신을 받지 못했다.

26    노경열, "한국여자야구연맹, 15개 팀 모여 공식 출범", <스포츠조선>, 2007.03.08.

한국여자야구연맹은 KBO 육성위원장 이광환의 주도로 결성됐다. KBO 육성위원회는 2006년 9월부터 각 지역에 흩어져 동호회 차원으로 운영되던 여자 야구팀의 대표자들과 간담회를 통해 그 당위성과 필요성에 대한 의견을 나눴다. 그러나 그 시작이 '협회'가 아닌 '연맹'이라는 점에서 이견이 생겼다. 두 단어 자체에는 위계가 존재하지 않지만, 국내에서는 관련 스포츠 '협회'들이 대한체육회의 직속 지위를 가지고 예산과 행정을 총괄하기 때문이다. 하지만 연맹은 이러한 협회의 산하기관에 해당하기 때문에 제1행정기구인 협회 차원의 변화나 조치에 대한 발언권이 아무래도 떨어지게 된다. 이러한 피라미드형 구조 속에서는, 협회 입장에서도 직접 주도하는 사업과 산하 연맹이 맡은 사업 간의 우선순위 또한 다를 수밖에 없다. 때문에 당시 대한야구협회가 여자 야구를 직접 총괄하지 않고 그 밑에 여자야구연맹이라는 기구를 따로 만들기로 한 결정엔 아쉬움이 많이 남는다.[27] 그리고 이 조직도는 현재까지 유지되고 있다.

사실, 당시 여자 야구를 위한 독립된 '협회'를 출범하자는 의견이 나오지 않은 것은 아니다. 이 경우, 여자 야구는 대한체육회만 거치면 문화체육관광부의 예산을 직접 분배받을 수 있게 된다. 그러나 대한체육회 직속 협회의 지위를 얻으려면 까다로운 조건을 충족시켜야 한다.[28] 그 가입규정에 따르면 12개 이상의 시·도 단위 여자 야구 단체가 해당 지역의 체육회에 가입한 상태여야 정회원 협회 자격을 얻을 수 있다. 여기서 '체육회'란 서울시 체육회, 경기도 체육회 등 17개 시·도 단위 체육회를 말한다. 또한, 각 시·도 체육회 역시 비슷한 규정을 가지고 있다. 가령 경기도 체육회에 가입하려면, 경기도 내 31개 시·군 중 21개 이상에 가입이 돼 있어야 경기도 체육회에 소속될 수 있는 '최소한의 기본요건'을 충족한다. 그렇다고 해서 시·군·구 체육회 가입이 쉬운 것도 아니다. 물론 까다로운 피라미드식 구조는 예산을 남발하지 않기 위해 촘촘하게 세워진 바리케이드일 것이다. 종목의 비전을 위해서는 예를 들면, 전국체전 시범종목으로 등록해서 최소한의 발전, 자립의 발판을 마련해주는 등의 유연하고 전폭적인 제도적인 투자도 고려해 볼법하다.

한국여자야구연맹의 사업 범주는 다양하다. 연맹 운영의 기본 방침을 정하고, 매년 트라이아웃을 거쳐 대표팀을 선발한 뒤 지도자를 영입하며, 전국 대회 진행 상황을 살펴야 할 뿐만 아니라 국제 대회를 통한 교류까지 맡는다. 더불어 유소녀 육성도 챙기면서 여자 야구 홍보를 통해 더 많은 잠재적 수요자도 끌어와야 한다. 콩고물 같은 예산을 전달받는 작은 단체에서 여자 야구 정립/홍보/교육/리그 운영까지 총괄하고 있는 것이다. 앞서 언급되었던 사회인 여자 야구팀의 혼재된 정체성은, 그 단체들을 관리하는 여자야구연맹에게도 큰 부담이 된다. 여자 야구의 발전을 위해서는 엘리트 육성과 아마추어 관리를 분담할 조직이 확충되거나 보다 여유로운 예산을 확보할 수 있어야 한다.

한편, 창단과 함께 확립된 여자 야구 규정은 성인 남자 야구보다는 리틀 야구에 가까웠다. 가장 대표적인 것이 경기장 규격이다. 리틀 야구의 규격은 정규 규격보다 4-10m 정도 짧으며 사용하는 장비도 다르다.[29] 안향미를 비롯한 몇몇 창립 멤버들은 국제 대회는 여자 야구도 남자와 동일한 규격과 장비를 사용하기 때문에 리틀 야구 규격을 사용하는 것은 옳지 않다는 입장을 밝혔으나 이는 반영되지 않았다. 이후 국제 대회 출전을 위해서는 정식 규격에 적응해야 할 필요성이 있다는 의견이 동의를 얻으면서, 이 규정은 2010년에 결국 수정되었다. 현재 모든 여자 야구선수는 남자와 같은 18.44m의 거리에서 공을 던진다.

## 2007년 6월, 제1회 KBO 총재배 전국 여자야구 대회 개막

"한국여자야구연맹이 주최하고 한국야구위원회가 후원하는 제1회 KBO 총재배 전국 여자야구 대회가 전국 18개 여자 야구팀이 모두 참가한 가운데 6월 2일 오전 장충동 리틀야구장에서 개막한다. KBO 총재배 전국 여자야구 대회는 KBO가 야구의 저변확대와 여자 야구의 활성화를 위해 후원하는 국내 최초의 전국규모 여자야구 대회다."[30]

- <노컷 뉴스> 2007년 5월 31일 기사 발췌

---

27    4대 구기종목 중 야구를 제외한 축구, 배구, 농구는 각각 대한축구협회, 대한배구협회, 대한농구협회에서 남녀 팀과 선수를 모두 직접 관리하고 있다. 단, 축구의 경우 한국여자축구연맹이 국내 여자축구를 총괄하며 WK리그를 운영한다.

28    2016년 대한체육회와 국민생활체육회가 통합되면서 규정을 재정비했는데 이 과정에서 가입 요건이 더 까다로워졌다고 한다. 지금은 현실적으로 신규 종목의 대한체육회 가입이 봉쇄되어 있다고 볼 수 있다.

29    정식 규격 : 투수와 포수 사이의 거리(18.44m), 각 루 사이의 거리(27.432m), 홈플레이트와 2루 간의 거리(38.79m), 리틀 야구 규격 : 투수와 포수 사이의 거리(14.63m), 각 루 사이의 거리(21m), 홈플레이트와 2루 간의 거리(29.69m)

한국여자야구연맹 출범 초기만 해도, KBO는 자신들이 관리하는 아마추어 야구 중한 갈래가 된 여자 야구를 지원하기 위해 전국 대회를 출범시키는 등 나름의 노력을 기울였다. 지금과는 온도 차이가 느껴지는 KBO의 이러한 태도는 당시 거시적인 관점에서 여자 야구의 필요성을 인지하고 있던 인사들이 KBO 내에 다수 있었음을 의미한다. 대표적으로 이광환 KBO 육성위원장이 "여자 야구가 활성화되어야 프로야구가 산다"라는 취지에서 여자 야구와 티볼 육성에 전폭적인 관심과 노력을 기울였다. 여성을 완벽히 동등한 선수로서 바라보고 있는가에 대해서는 아쉬움이 남지만, 여자 야구 청사진의 기반을 닦기에는 하나의 나쁘지 않은 명분이었다.

제1회 KBO 총재배 전국 여자야구 대회 우승팀은 유일한 대학팀이었던 '나주대학교 여자 야구부'였다. 국내 최초의 전국 규모 여자야구 대회였던 KBO 총재배는 2016년 제10회 대회를 마지막으로 폐지되었는데, 같은 해 KBO는 프로야구와 아마추어 야구 사이의 교두보 역할을 하는 '아마 야구 육성위원회' 또한 폐지했다.

## 2008년, 제1회 홍콩 피닉스컵 참가

안향미 선수가 이끌었던 비밀리에 팀은 선라이즈로 이름을 바꾸고 홍콩 야구협회가 주최하는 피닉스컵 국제여자야구대회에 한국 대표로 출전했다. 한국을 비롯해 호주, 홍콩, 일본, 대만 미국 총 6개국이 참여한 국제대회였다. 한국은 호주를 상대로 6 대 16, 홍콩을 상대로 3 대 8로 졌지만, 대만을 상대로 20 대 22로 박빙의 경기력을 보여주었다. 야구를 시작한 지 불과 5년이 안 된 한국의 선수들이 국제적인 감각을 익혀가던 과정이었다. 홍콩 피닉스컵은 매년 2월, 4일간 개최된다(Covid-19로 인해 2021년 예외).

안타까운 사실은 2008년만 해도 비등한 경기를 펼쳤던 한국과 대만의 전력은 그 격차가 상당해졌다는 점이다. 꾸준히 체계적으로 선수를 육성한 대만 여자 야구팀은 현재 세계 랭킹 2위에 올라있으며, 오랜 기간 챔피언 자리를 유지하고 있는 일본에 대적할 만한 팀으로 성장했다. [fig.9] [fig.10]

## 2011년 7월, 안향미 선수 호주팀 입단

"7월부터 지역 클럽 여자 야구팀 보컴힐스에서 뛰고 있다. 구성원은 15명 안팎. 외국인은 그가 유일하다. 외야수 겸 투수인 그는 팀 타격 1위에 당당히 올라 있다. 안 선수는 "한국에서는 헬기 이착륙장에서도 연습할 정도로 훈련장이 모자랐는데, 여기서는 전용 야구장이 있으니까 마음껏 할 수 있다"며 좋아했다. 체류 비자가 만료됐을 때는 팀이 나서서 2-4년짜리 스포츠 비자를 받도록 해줬다."[31]

- <한겨레> 2012년 2월 23일 기사 발췌

사령탑과 현장 간의 간극은 다양한 필드의 고질적인 문제가 아닐까. 그래도 비교적 다양한 주체의 거버넌스[32]를 구축되고 있는 지금과 비교하여, 한국여자야구연맹이 창단되었을 2007년에는 시대적 한계가 있었을 것이다. 한국여자야구연맹 창립 당시 한국 최초 여성 선수이자 감독, 국제적인 시각에서 여자 야구를 바라보던 양향미가 초창기 멤버로 소속되었지만, 20대 여성 선수의 이야기를 섬세하게 들어줄 이가 과연 있었을까. 관철했던 많은 주장이 여자 야구판에 받아들여지지 않자 안향미는 여자 야구를 할 수 있는 호주로 향했고, 그곳에서 삶의 새로운 장을 펼친다.

2012년, 리틀야구에서 시작한 여자 야구 2세대 김라경의 등장

"김라경은 "주변에 젠더적 고정관념으로서 여성이라는 이미지가 컸다. 오빠한테 '원래 이런 거냐'고 물어본 적도 있었다. 무시당하지 않으려 더 쿨하게 행동하려 애썼다"고 말했다. <야구소녀> 주수영은 '여자건 남자건 장점도 단점도 아니다'라고 외치지만 야구는 여전히 '남성의 세계'로 둘러싸였고, 그들의 문법을 강요하는 곳이다."[33]

- <경향신문> 2021년 7월 2일 기사 발췌

30  "국내 최초, 여자야구대회 개막", <노컷 뉴스>, 2007.05.31.

31  김양희, "한국 여자야구선수 1호 '호주서도 펄펄'", <한겨레>, 2012.02.23.

32  거버넌스(governance)는 일반적으로 과거의 일방적인 정부 주도적 경향에서 벗어나 정부, 기업, 비정부기구 등 다양한 행위자가 공동의 관심사에 대한 네트워크를 구축하여 문제를 해결하는 새로운 국정운영의 방식을 말한다.

33  이용균, ""여자는 야구 못한다고 누가 그래?" 편견 깨부순 투수 김라경의 다음 도전", <경향신문>, 2021.07.02.

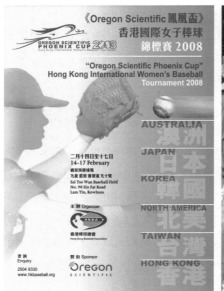

9    제 1회 홍콩 피닉스컵 브로슈어 ©Hong Kong
     Baseball Association
10   개막식의 모습 ©강효선 제공

2000년생 김라경의 오빠는 전 한화 이글스의 김병근 선수다. 어릴 때부터 오빠와 캐치볼을 하며 자랐고, 초등학교 때 야구하던 남자애들이 "넌 야구 못해"라는 말에 김라경은 오기가 생겼다고 한다. 리틀야구 테스트를 받을 때 이미 구속 100km를 던졌고, 오빠를 따라다니던 마운드에 김라경은 선수로서 올랐다.

2012년 10월 6일, 제1회 LG배 한국여자야구대회 개최

"구본준(LG신성장사업추진단장) 부회장께서 여자 야구에 많은 도움을 주고 계신다. 여자야구전국대회인 LG배 한국여자야구대회를 후원하고, LG컵 국제여자야구대회

를 신설하는 등 여자 야구를 위해 많은 일을 해주셨다. 또 경기도 이천에 새로 만든 챔피언스파크를 대회장으로 제공해주고 있다."[34]

- <스포츠서울> 2016년 2월 15일 기사 발췌

한국 여자 야구의 지원군 LG가 등장한다. LG그룹은 1983년 11월 국내 최초로 스포츠 경영 전문 회사인 LG스포츠를 설립했다. LG스포츠는 LG트윈스 프로야구단과 LG세이커스 농구단을 운영하고 있다. MBC청룡을 LG가 인수한 1990년부터 2007년까지 구단주를 맡은 故 구본무 LG 회장은 창단 첫해부터 전폭적인 지원을 아끼지 않았다. 관심 있는 사람이 아니라면 잘 모르지만, LG는 여자 야구, 당구, 아이스하키, 스켈레톤, 컬링 등 비인기 스포츠 종목을 지원하며 스포츠산업 저변 확대와 스포츠 문화발전에 기여하고 있다. 대표적인 예가 2012년부터 매년 열리고 있는 'LG배 한국여자야구대회(LG전자 후원)'이다. 여자 야구 대회로는 국내 첫 스폰서 대회로서 케이블 TV 중계도 함께 이루어졌다.

## 2013년, 세계야구소프트볼총연맹(WBSC)의 탄생

WBSC는 세계 야구와 소프트볼을 관장하는 국제 스포츠 기관으로서, 국제야구연맹(IBAF)과 국제소프트볼연맹(ISF)이 통합되면서 새롭게 출범했다.

국제올림픽위원회(IOC) 총회에서 세계 야구와 소프트볼을 함께 관장하는 유일한 기관으로 그 권한을 인정받았고, 5대륙 141개국 208연맹 회원을 가지고 있다.

미국을 중심으로 태평양 연안의 나라에서만 인기 스포츠인 야구는 세계적인 스포츠인 축구와 종종 비교 대상이 되곤 한다. 야구의 폐쇄성은 올림픽 정식종목 퇴출(2008년 베이징올림픽까지만 공식종목으로 유지)이라는 결과를 야기했으므로, WBSC에게 야구의 대중화는 가장 중요한 사업이었다. 그러므로, 여자 프로리그가 운영되고 있는 소프트볼을 흡수하는 것으로 대중화의 초석을 마련하고자 하였으나 이는 '남자 소프트볼'과 '여자 야구'를 또다시 배제하는 문제점을 야기했다.

---

34    박정욱, "정진구 여자야구연맹회장 '여자야구월드컵 준비 차질없다'", <스포츠서울>, 2016.02.15.

## 2014년, 김라경 특별룰 제정

　　여자 선수들이 뛸 수 있는 리틀 야구팀이 없었기 때문에 김라경은 남성 동료들의 틈바구니 속 홍일점의 길을 선택했다(다른 선택지가 없는 선택). 그러나 그는 나이와 함께 성별이 갈리면서 야구할 곳을 잃었다. 리틀 야구는 규정상 중학교 1학년까지만 참여할 수 있다. 이후 중학교 야구부로 진학한다. 그러나, 여학생은 갈 곳이 없다. 사회인 야구도 고등학교 1학년(만 16세) 이상부터 받아주기 때문이다. 김라경의 경우 중2, 3학년이 붕 뜬 셈이었다. 이 제도의 공백을 지켜본 당시 리틀 야구 지도부는 규정을 수정했다. 즉, '여학생에 한 해' 중학교 3학년까지 뛸 수 있게 됐다. 이게 바로 김라경 특별룰.

　　리틀 야구팀은 연말에 '졸업식'과 같은 행사를 연다. 중학교 야구부에 진학하는 동료들을 축하해주기 위한 자리인데, 김라경은 총 3번의 졸업식을 치렀다. 모두 앳된 얼굴의 소년, 소녀에서 어느 순간 혼자 '누나'가 되어있는 단체 사진 속 김라경의 모습은 우리에게 많은 감정을 상기시킨다.

　　"저는 야구 그만두려고 했어요. […] 그냥 모든 게 다 불확실해서 너무 힘들었어요. 동료들이 하나둘 떠나갈 때, 남겨지는 기분을 3년 동안 느꼈어요. 중학교 1, 2, 3학년 내내요. 같이 뛰었던 친구들이 나갈 때마다 너무 허무했어요. 나랑 다른 길을 걷는 친구들이구나 하는 이질감도 느꼈고요." [fig.11] [fig.12]

- 김라경 선수 인터뷰 중 발췌

## 2014년 8월, 제1회 LG컵 국제여자야구대회 개최

　　"LG 전자는 'LG컵 국제여자야구대회'가 다음 달 22일부터 25일까지 경기도 이천 'LG 챔피언스 파크'에서 열린다고 21일 밝혔다. 국내에서 국제대회가 열리는 것은 이번이 처음이다. 이번 대회는 여자 야구 저변 확대에 기여하고자 LG전자가 한국여자야구연맹, 국제야구연맹 등과 협의해 신설했다. 제1회 대회에는 한국(2개 팀), 미국, 호주, 인도 등 7개국 8개 팀 150여 명의 선수들이 참가한다."[35]

- <서울경제> 2014년 7월 21일 기사 발췌

2014년부터는 국내에서 여자 야구 국제대회인 'LG컵 국제여자야구대회'도 개최하고 있다. 이는 홍콩의 피닉스 컵과 더불어 유일한 클럽 대항 국제여자야구대회이다. LG전자와 한국여자야구연맹, 국제야구연맹과 협의한 결과다. 한국의 'KOREA'팀과 일본 '오사카 체육대학'팀이 결승에서 만나 겨뤘고, 1 대 19로 일본팀이 최종 우승, 한국팀은 준우승을 차지했다. 시상식 후 미국 '베이스볼 포 올(Baseball for All)'의 감독 저스틴 시걸(Justine Siegal, MLB 최초 여성 배팅볼 투수)은 자신의 유니폼을 LG전자에 기증하였다고 한다.

여자 야구의 장점이라면 승부와 화합의 공존이다. 전 세계에서 그저 야구가 좋아서 모인 선수들은 대회 내내 밝은 표정으로 서로 대화를 나누고 기념사진을 찍었다. 경기에서는 날카로운 승부를 펼치다가도, 대회 폐막식에서 열린 장기자랑 타임에는 함께 뒤섞여 비트에 몸을 맡긴다. 언어도 국적도 인종도 초월해 순수한 야구에 대한 열정을 향유한다. 이게 스포츠의 이상에 가장 가까운 모습이 아닐까. 본 대회를 위해 호주의 '오지 쿠커브라스(Aussie Kookaburras)'팀이 맞춰 입은 한국어 유니폼처럼 말이다. [fig.13]

### 2015년 여자 야구 국가대표 상비군 체제 도입

"한국여자야구연맹이 2016년 9월 부산 기장군에서 개최하는 제7회 세계여자야구월드컵 대회 4강 진입 목표를 세우고, 그 전략의 하나로 국가대표 상비군 제도를 대회 최종 엔트리 확정 때까지 상시 운영하기로 했다. 정진구 회장은 23일 "현재 42개 팀인 여자 클럽팀 감독자 세미나를 지난 14일 개최했다. 최상의 국가대표 전력을 만들기 위해서는 상비군 제도를 계속 운영하면서, 미국과 일본에서 뛰는 해외 동포 여자 야구선수들도 필요하다면 국가대표로 뛸 수 있는 기회를 주도록 하겠다"고 밝혔다.

정진구 회장은 국가대표 전력 강화를 위해 현재 한국야구위원회 육성위원장인 이광환 WBAK 고문, 주성로 부회장, 권백행 경기 이사 등과 협의를 거쳐 이같이 결정했다.

세계 대회를 유치해 놓은 한국여자야구연맹의 고민도 '경기력을 어떻게 향상해 4강 전력을 만들 것인가'하는 부분이다. 이를 위해 미국과 일본에서 활약하고 있는 여자

---

35    양사록, "LG전자, 국내 첫 국제여자야구대회 개최", <서울경제>, 2014.07.21.

(↑) 11　2013년 계룡 리틀야구단 단체사진, 맨 뒷줄 왼쪽부터 6번째, 김라경 선수

(↓) 12　2015년 계룡 리틀야구단 단체사진, 중앙의 성인 남성 우측의 김라경 선수 ©김라경 제공

야구와 소프트볼 선수에게도 관심을 기울이고 있다."[36]

- &lt;스타뉴스&gt; 2015년 2월 24일 기사 발췌

상비군이라는 말은 일반적으로 군대에서 유사시에 대비하여 평시부터 편성, 유지하고 있는 군대라는 뜻을 가진다. 프로리그나 실업리그가 없는 종목의 경우, 국가대표 상비군은 다가올 국제 경기에 앞서 국가대표 선발 수보다 1.5배-2배 정도의 규모로 선발해 훈련 및 합숙을 하는 선수 집단을 뜻한다. 국가대표 선발 시 상비군에서 우수한 선수를 선발한다. 여자 야구 국가대표 상비군 체제는 현재까지도 운영되고 있다. 상비군에 뽑히면 주말마다 모여 훈련을 받는다.

### 2015년 8월, 제2회 LG컵 국제여자야구대회

2014년 제1회 LG컵 결승에서 일본에 패한 한국팀. 설욕을 위해 야구 실력자들을 대거 기용했다. 양승호 전 롯데 감독이 KOREA팀 인스트럭터로 참여했다. 상비군 훈련에는 선동열 전 KIA 감독을 비롯해 김용달 전 LG 타격 코치, 안병원 전 넥센 코치 등이 참여해 힘을 보탰다. 남자 야구 지도자들이 여자 야구팀을 지도하는 순환 구조는 남자 프로 야구를 비롯한 야구 산업 전체의 확장이기도 하다.

### 2015년 9월, 비공식 최초의 대학생 여자 선수

2015년 고척 스카이돔 개장을 기념해 여자 야구 국가대표와 서울대 야구부가 친선 경기를 치렀다. 이때 서울대 팀의 9번 타자 겸 우익수로 여성인 전혁주 씨(당시 20세)[37]가 등판했다. 38년 역사를 이어온 서울대 야구부에서뿐만 아니라 대학 야구부를 통틀어 여자 선수가 출전한 것은 최초였다. 그는 원래 야구부 매니저를 맡고 있었지만, 선수들과 캐치볼을 하는 모습에서 가능성을 본 이광환 감독의 눈에 띄어 서울대 소속 선수로 당

---

36    김동영, "여자야구연맹, 국가대표 상비군 체제 상시 운영", &lt;스타뉴스&gt;, 2015.02.24.

37    그의 친오빠는 프로 야구선수 전민수 씨이다. 이 때문에 한 인터뷰에서 "오빠보다 먼저 돔 구장에서 경기하게 되어서 기쁘다"는 인상깊은 감상을 남기기도 했다. 또한, 야구를 좋아하게 된 계기로 일찍이 오빠가 야구하는 모습을 옆에서 지켜본 것을 꼽기도 했다.

당하게 마운드를 밟게 되었다.[38] 전혁주 씨의 출전은 '미디어 데이'라는 명칭으로 마련한 관중 없이 치러진 일시적 이벤트였기 때문에 공식적인 최초의 대학 야구부 여자 선수로 보기는 어렵다. 하지만, 비공식적으로나마 대학 야구부 유니폼을 입은 여성 선수가 좀 더 일찍이 등장했다는 것을 기록하고자 한다.

### 2016년 9월, 부산 기장에서 개최된 제7회 WBSC 기장 여자야구월드컵

"국내 최초로 열린 세계여자야구월드컵이 성황리에 끝났다. 대회의 성공적인 개최에는 개최도시 기장군(군수 오규석)의 노력이 있었다. [⋯] 한국 여자 야구 발전을 위한 LG그룹의 노력도 있었다. LG그룹은 2012년부터 여자야구대회를 개최하며 여자 야구 저변 확대에 앞장섰다. [⋯] 대한민국 대표팀의 투혼도 빼놓을 수 없다. 프로팀은 고사하고 실업팀이 단 1개도 없는 상황에서 기적과 같은 드라마를 연출하며 각 조 2위까지 주어지는 슈퍼라운드 진출에 성공했다. [⋯] 지속적인 투자와 시스템이 갖춰진다면 세계 정상에 도전할 수 있다는 희망을 줬다."

- &lt;국민일보&gt; 2016년 9월 12일 기사 발췌[39]

기장군과 한국여자야구연맹이 협약(MOU)을 맺고 LG전자와 LG생활건강이 공동 후원해 2016년 세계여자야구월드컵이 부산 기장에서 개최되었다(주관 세계야구소프트볼총연맹(WBSC)). 한국, 미국, 일본, 호주, 인도, 베네수엘라, 파키스탄 등 12개국을 대표하는 500여 명의 선수가 참여했고 9일간 조별 리그 및 슈퍼라운드 등 총 44경기를 치렀다. 이번 대회에서 한국은 12팀 중 6위를 차지하며 '슈퍼 라운드'에 진출하는 역대 최고 성적을 거두었다. 일본과 캐나다는 결승에서 만나, 10 대 0으로 일본팀이 우승을 차지했다.

그러나 한국에서 열리는 국제 대회였던 만큼 성과에 대한 욕심이 앞서는 바람에 여자 야구라는 스포츠의 본질은 오히려 조금 흐려졌다. 주최국 한국의 여자 야구 국가 대표팀이 야구선수 50%, 소프트볼 선수 50%로 구성되었기 때문이다. 가장 효과적으로 빠르게 전력을 끌어 올리기 위해, 어릴 때부터 엘리트 소프트볼 훈련을 받아온 선수들에게 일시적으로 야구를 가르쳐 대표팀으로 참여시키는 방안에 힘이 실린 결과였다.[40] [fig.14]

## 논란의 2016 : 창단 10주년에 일어난 권력다툼?

2016년 세계여자야구월드컵이 한창일 때, 누구보다 이 축제를 즐기고 반가워해야 할 여자야구연맹 소속 선수들이 대회 보이콧에 나섰다. 한국여자야구연맹에 등록된 전체 46개 팀 가운데 41개 팀의 대의원[41]이 팀원들의 뜻을 모아 비상대책위원회(비대위)를 구성해 '세계 여자야구월드컵을 거부한다'라는 내용의 성명서를 내고, 내부고발에 나섰다.

문제는 세계여자야구월드컵 국가대표 선발 과정에서 불거졌다. 연맹은 지난 3월 여자 야구선수 30명을 기반으로 한 국가대표 상비군을 구성했다. 20명이 정원인 엔트리에 들기 위해 많은 선수가 상비군 합류와 탈락을 반복하며 열을 올렸다. 그러나 연맹 측은 2016년 6월 29일 정진구 회장을 필두로 한 선수 선발 위원회를 구성해 10명의 선수만을 최종선발했고 나머지 10명은 소프트볼 선수로 국가대표팀을 채웠다. 정진구 한국여자야구연맹 회장은 "일본도 여자 야구 초창기에는 소프트볼과 혼합팀을 구성했고, 현재 대만도 그렇게 하고 있다. 시대의 흐름은 결코 무시할 수 없다"라고 그 이유를 밝혔다. 그러나 문제는 충분한 대화와 설득 없이 이사회 등의 공식적인 의사결정을 통하지 않고 일방적으로 통보되었다는 점에서 심화된 것으로 보인다. 비대위 측은 선발 과정에 대한 문제제기를 위해 임시대의원총회 소집을 요구했으나, 정진구 회장은 이를 거부했다.

최수정 전 한국여자야구연맹 이사는 "연맹 쪽에서 소프트볼 협회와 6월 중순에 MOU를 맺으면서 선수 10명을 받기로 확정 지었다. 이미 그 전부터 선수 수급 문제와 관련해 소프트볼과 협의 중인 정황들이 있었다. 연맹에 국제 이사로 있었기에 내부 사정을 잘 알고 있어 대의원들에게 사실을 알리고 양해를 구해야 한다고 정진구 회장을 설득시켰지만, 얘기를 들어주지 않았다. 도무지 연맹과 함께할 수 없어 국제이사직까지 그만두게 됐다"고 전했다.[42]

38   황규인, "서울대 첫 여자선수의 설렘…우려 많았던 고척돔의 설렘", <동아일보>, 2015.09.16,
     김진성, "서울대 여자선수 전혁주 "꿈은 원대하게 가져야죠"", <마이데일리>, 2015.09.15.

39   윤봉학, "부산 기장군 세계여자야구월드컵 성황리 폐막", <국민일보>, 2016.09.12.

40   장윤호, "한 여자야구 수준 일본 상대 3루 밟기도 힘들다", <스타뉴스>, 2015.03.15.

41   각 사회인 야구팀의 지도부(감독, 코치 등) 중 한 명이 대표로 여자야구연맹 대의원 직을 맡는다.

본 대회의 유치 여부는 2014년에 결정되었다. 실력 보강을 위해서 보다 근본적인 대책을 세우고 큰 그림을 그릴 수 있었던 시간이다. 그러나 한국 특유의 '빨리빨리' 문화가 스포츠에서도 발현된 것일까? 세계대회를 3개월 앞두고 소프트볼 프로선수들을 영입했다.

앞서 참가했던 국제대회들을 통해 스스로 실력 향상의 필요성을 느꼈던 여자 야구 선수들은 대회 유치 확정 직후 선수 육성과 체계적인 훈련에 힘을 쏟아야 한다고 주장했지만, 여기에 귀를 기울이는 이는 없었다. 투자 없이 이루어지는 결과는 없다. 2016년 국제대회 개최와 그 성적은 분명 큰 결실이었지만 내실이 다져지는 것과는 거리가 멀었다. 한편, 불투명한 예산 사용[43]으로도 문제가 터져 나오면서 선수들의 불만은 극에 달했고 가뜩이나 힘을 합쳐 나아갈 길이 먼 작은 집단은 속절없이 요동쳤다.

창립 십 주년을 맞이하는 시점에서 여자 야구 사령탑은 이렇게 혼돈의 시기를 겪게 된다. 당시까지만 해도 연맹의 주축은 주로 남자 야구계의 인물들이 맡고 있었는데, 2016년을 기점으로 여자 야구를 하는 당사자들이 직접 연맹을 이끌어보고자 집행부를 구성했다. 몇몇은 이 사건을 '혁명' 혹은 '쿠데타'로 불렀다. 그리고 자연스럽게 KBO로부터 지원받던 인프라와 인적 네트워킹은 이 시기 이후 모두 끊어지게 된다(KBO 총재배 전국여자야구대회, KBO 육성위원회 폐지). 우연의 일치일 수도 있지만, 그 시기상 우연치고는 섬세하다.

턱괴는여자들은 여자 야구의 성장이 남자 야구 발전의 원동력이 될 수도 있다는 점을 강조하고 싶다. 악어와 악어새의 관계처럼 말이다. 야구라는 스포츠의 코앞에 놓인 문제(예를 들면, 프로야구의 관객 동원 능력이 저하되고 있는 현상)를 해결하기 위해서는 여자 야구와 남자 야구는 함께 공조해야 한다. 높은 여성 관객 의존도를 바탕으로 성장한 남자 야구는 여자 야구를 블루 오션으로 바라볼 수 있어야 하고, 인적·물적 인프라가 절

42    김유정, "[야옹다옹] 대답 없는 여자야구의 외침, "내부고발자라는 말도 두렵지 않다"", <Media Rising>, 2016.09.08.

43    세부적인 내용은 위의 기사를 참고.

대적으로 부족한 여자 야구는 남자 야구를 지름길로 인식할 수 있어야 한다. 궁극적으로, 야구라는 스포츠의 지속과 확장을 위해서 넓은 폭의 플레이어 확보가 무시할 수 없는 주요한 근간이라면, 그 균형을 맞추기 위한 제도적 차원에서의 여자 야구 투자가 과연 사치일까? 역사에서 그 증거를 찾아보자면, 다수의 메이저리거의 모친이 AAGPBL 출신 선수라는 사실이 남녀 야구 모두의 중요성을 명확하게 드러낸다.

더불어 타 스포츠와 비교했을 때, 비교적 작은 집단인 여자 야구 내에서 창단 10년 만에 권력 싸움이 일어난 이유에 대해서도 깊은 고찰이 요구된다. 작은 헤게모니의 탐닉을 넘어선 시각으로 대의를 위한 전략을 세울 수 있어야 한다.


## 여자 야구 리부팅 (2017-)

2017년 MBC 웹 예능 <마구단> 방영

2019년 7월, 박민서 선수 미국 내셔널 걸즈 베이스볼 토너먼트(2019 National Girls Baseball Tournament) 초청, 팀 우승[44]

박민서 선수는 2016년인 초등학교 6학년 때 리틀야구팀에 입단했다. 리틀 시절 이미 비거리 75m짜리 투런 홈런을 날리며 리틀야구에서 나온 최연소 여성 선수 홈런 기록을 보유한다. 박민서의 실력을 눈여겨본 저스틴 시걸의 초청으로 한국 여자 야구선수 최초로 미국 여자 야구대회 '내셔널 걸즈 베이스볼 토너먼트'에 참가한다. 이 대회는 미국 여자 야구 대회중 가장 큰 규모이며, 박민서는 15세 이하 팀인 '원더즈(Wonders)'에 아시아인 최초로 합류했다. 박민서의 팀은 결승까지 5전 전승으로 우승을 차지했다. [fig.15]

2019년 영화 <야구소녀> 개봉

2019-현재, <썩코치의 야구쑈>, <프로동네야구 PDB> 등 야구 유튜브 채널에서 여자 야구

---

44    "'야천소' 박민서, 韓 최초 美여자야구대회 우승멤버로 대활약", <스포츠서울>, 2019.08.07.

관련 콘텐츠 제작

2020년 MBC 웹 예능 <마녀들> 방영

2020년 대학 야구 마운드에 선 최초의 여자 선수 김라경

　　고교 야구부 출신이 아니기에 체육 특기자 자격을 얻을 수 없었던 김라경 선수는 대학 리그에서 야구를 계속하기 위해 일반 전형으로 서울대학교에 입학했다. 서울대학교 야구부는 대학리그에 정식 등록된 팀이지만, 학교의 특성상 프로 선수를 꿈꾸는 학생들이 적어 여자 선수의 입단을 허용했다. 김라경 선수는 2020년 7월 8일, U-리그 대회 중 연세대 야구부를 상대로 등판한 첫 타석에서 안타와 득점까지 성공하며 성공적인 데뷔를 치렀다.

2021년 1월 최초의 사회인 야구선수 출신 한국여자야구연맹 황정희 회장 취임
- 1대 회장 김영숙 (국회의원)
- 2대 회장 전여옥 (국회의원)
- 3대 회장 김을동 (국회의원)
- 4대 회장 정진구 (전 실업야구팀 선수, 전 OB베어스 운영팀장, 전 현대 유니콘스 이사)
- 5대 회장 한택근 (변호사)

2021년 5월, 당진주니어여자야구단 창단

　　당진시야구소프트볼협회와 (사)당진해나루스포츠클럽, (사)한국여자야구연맹이 협약을 맺어 만들어진 국내 최초의 주니어 여자 야구팀이다. 13세부터 20세의 여자선수들을 대상으로 운영되기에 중·고등학교 여자 야구팀의 빈자리를 채워준다. 당진시 및 여자야구연맹과 연계되어 있고 삽교호 호수공원 야구장을 훈련장으로 쓰며 주말마다 체계적인 합숙 훈련을 하므로 전국에서 야구를 하고자 하는 소녀들이 당진으로 모인다.

2021년 6월, MBC 예능 <마녀들 2> 방영

2021년 9월, JDB(Just Do Baseball) 창단

2000년생인 김라경 선수 이후로, 열악한 환경에도 불구하고 야구를 하고자 하는 소녀들이 늘어났다. 리틀야구부터 시작한 그들이 이젠 국가대표를 구성하게 되었지만, 중·고등학교 때 트레이닝을 받으며 마음껏 야구를 할 곳이 여전히 부족하다. 그래서 김라경 선수가 직접 만든 외인구단이 바로 JDB 팀이다. 김라경 선수의 친오빠인 김병근 전 프로 야구선수가 감독을 맡고 있다. 1998년생부터 2007년생까지의 야구 소녀들 15명이 팀을 이루고 있고, 이 중 7명이 국가대표로 뛴다. 이들의 경기는 유튜브 채널 <프로동네 야구 PDB>를 통해 중계된다. 2021년 11월 20일에는 남자 사회인 야구팀을 상대로 8 대 7 의 점수로 첫 승리를 거두었다. 이 기록은 유소년 때부터 체계적으로 훈련한 여자 야구선 수는 강한 야구를 할 수 있다는 사실을 증명한다. 그리고 언니들을 보고 글러브를 만지작 거릴 잠재적 야구소녀들에게 미세한 울림을 전한다. [fig.16]

(↑) 15  원더즈팀 단체사진. 윗줄 왼쪽에서 네 번째, 박민서 선수의 모습이 보인다. ©박철희 제공

(↓) 16  JDB의 역사적인 첫 경기를 기념하며. 아직 팀 유니폼이 없어 제각각 자신이 소속되어 있는 사회인 야구팀의
유니폼을 입고 있는 모습이 외인구단의 정체성을 한층 더 잘 보여준다. ©김라경 제공

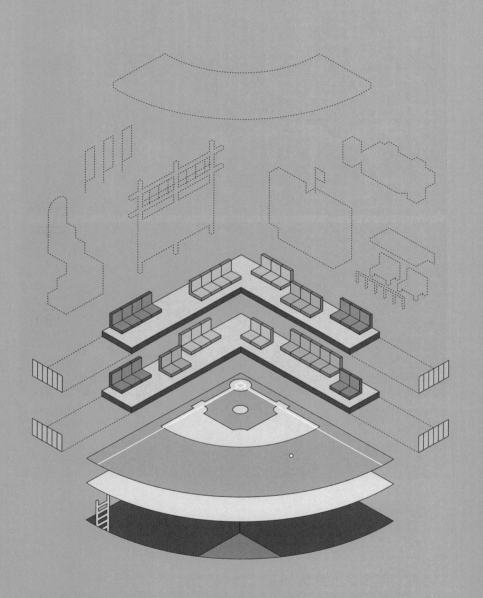

마운드에 올라선 여자들
최초'들'의 굴레

안향미 선수는 한국 여자 야구의 문을 연 장본인이다. 그만큼 턱괴는 여자들 연구의 필연적인 시작점이기도 하다. 하지만 그 역사적 의미에 비해 남아있는 기록들은 잘게 조각나고 흩어져 있었으며, 무엇보다 그 파편들을 모두 맞추어도 오프닝 신이 채 완성되지 못할 만큼 자료가 적었다. 2021년 5월 22일, 현재 호주에 거주하는 안향미 선수와 화상 인터뷰를 진행했다. 그의 입을 통해서만 들을 수 있었던 이야기들을 통해, 우리는 선택적 기록의 권력을 다시 상기했고, 마침내 그 시작을 재생할 수 있었다.

# 안향미
## 한국 여자 야구 1세대
## 고교 남자팀에 침범한 첫 여성

야구하는 여자는 없다? 야구장 위의 여성들

# 안향미

**한국 여자 야구 1세대. 고교 남자팀에 침범한 첫 여성**

● 턱괴는여자들

한국 여자 야구를 논하기 위해 가장 먼저 모셔야 할 사람이라고 생각했습니다. 어떻게 지내셨나요?

● 안향미

잘 지내고 있습니다. 그러고 보니 호주에 온 지도 10년이 넘었어요. 사실 호주에서는 야구에 관련된 일을 오래 하지 않았어요. 한 2년 정도 선수 생활을 하다가 그만두고 지금은 평범한 삶을 살고 있습니다. 스스로 야구를 시작했고, 은퇴 시기도 스스로 정하면서 제 야구 인생은 호주에서 끝이 났습니다. 한국에서부터 일본 그리고 호주에 와서까지 많은 시간을 야구에 투자했어요. 저는 직업 선수가 아니다 보니까, 사실 생활하기가 어렵잖아요. 새로운 인생도 살아야 하고 결혼도 하다 보니 야구에 손을 놓은 지 십 년 가까이 되어가고 있어요. 너무 바쁘게 살다 보니, 지금 저의 지난 야구인생 얘기를 하라고 해도 기억이 가물가물할 정도예요. 어젯밤에 인터뷰를 준비하면서 제 기사들을 인터넷에서 쭉 찾아봤어요. 어떻게 살아왔는지 제가 한 번 봐야겠더라고요. 사실 그간 기사들에서 오보가 많았어요. 최영금님 논문[1]에 쓰였던 자료가 가장 사실에 가깝다고 생각합니다.

말씀하신 논문이 없었다면 한국 여자 야구의 시작에 대한 기록물이 전무한 상황이더라고요. 그 유일한 기록물은 턱괴는여자들 연구 레퍼런스로 알차게 사용했습니다.

최영금 연구자님의 한국체육대학교 석사 논문이었습니다. 제가 가지고 있는 모든 자료를 다 드렸던 기억이 나요. 정확하고 사실적인 내용이 전달되었으면 좋겠다는 바람이었어요. 언론에서 과장되거나 제가 원하지 않는 방향으로 기사 내용이 흐를 때가 종종 있었거든요. 그렇지만 논문은 사실을 쓰지 않으면 안되잖아요. 그 연구 자분과 자주 만나 얘기를 많이 나눴어요. 제가 가진 모든 1차 자료를 통째로 다 넘겨드렸어요. 그래서 아마 그 논문이 가장 현실적이고 가장 팩트에 가까운 얘기가 아닐까 해요.

안향미 선수님과 여자 야구에 관한 자료들은 무엇보다 굉장히 파편적이었어요. 이런 현실은 우리에게 기록의 중요성을 다시 한번 반추합니다. 기록된 역사가 현저히 부족하다는 점 때문에 어린 여자 선수들이 또 다른 어려움을 토로해요. 안향미 선수님이 분명히 존재했는데도 반복해서 자신에게 붙는 '최초'라는 타이틀에 대해서요. 그래서 개인적으로 이번 인터뷰와 기록이 그 논문을 잇는 연대기가 되었으면 하는 바람이 있습니다.

고등학교 때까지 선수 생활을 했던 내용은 그 논문에 잘 담겨있어요. 그런데 고등학교 이후의 활동부터 기록이 정확하지 않고, 중간에 사라진 부분도 많아요. 인터넷을 검색해도 잘 다뤄지지 않은 내용이 많고요. 한국에서 여자 야구에 관한 기록들이 파편적이라는 말과 관련해서 안타까운 점이 있어요. 미국에서 2차 세계대전 동안 '그들만의 리그'[2]가 탄생했잖아요. 그러면 그 시작을 연 여자 야구선수들이 분명히 한국에도 있어요. 현재 호주나 미국에서는 그 시작점을 굉장히 중요하게 생각하고 있다고 느껴져요. 그 시절 활동했던 선수 중 현재까지 살아계신 원로분들을 중요한 행사에 초청해서 함께하는 시간을 가지거든요. 근데 한국의 경우에는 단절

---

1    하웅용, 최영금, 「최초 여자야구선수 안향미의 생애사」, 『한국체육학회지』 제48권 제3호, 2009, p.11-33.

2    제2차 세계대전 동안 군대에 입대한 메이저리거들의 빈자리를 매우기 위해 출범한 전미 여자 프로야구리그 (All-American Girls Professional Baseball League, AAGPBL)를 지칭한다. 1943년부터 1954년까지 각 지역에서 모인 여성 선수들은 총 6개의 여자 프로야구팀에서 활동했다. 처음부터 프로야구의 위기를 타격할 방안으로 여성 대체재를 선택한 구단주들의 의도처럼, 전쟁이 종식되고 남자 선수들이 야구계로 다시 돌아오자 AAGPBL은 사라졌다.

된 것 같아요. 왜냐하면 제가 일본에서 야구선수 생활을 마치고 2004년 한국에서 여자 야구팀(비밀리에, 선라이즈)을 만들고 여자야구연맹 출범(2007)에 동참하고, 또 무엇보다 그 전에 일본에서 열린 제4회 월드시리즈(2004)[3]에 참가도 했지만, 그 역사를 인정하지 않고 있거든요. 비공식적인 단일팀으로 대회에 참가했다는 이유 때문이죠. 그러나 그때는 여자 야구 협회나 연맹이라는 단체가 없어서 단일팀으로 참가할 수밖에 없었어요. 그러다 보니까 지금 야구협회나 연맹 측에서는 2004년 월드시리즈 참가는 한국 여자 야구 공식 기록이 될 수 없다고 얘기하는 거예요. 엄연히 국제대회인 월드시리즈에 참가한 것인데도 불구하고요. 그럼 여자 야구는 어디서부터 시작한 걸까요? 턱괴는여자들 연구팀의 연락을 받고 취지를 듣고 보니, '분명히 남길 건 확실하게 남겨야지 앞으로 똑같은 시행착오를 겪지 않겠구나'라는 생각이 들더라고요. 제4회 월드시리즈에 저 포함 선수 11명이 참가했어요.[4] 그럼 어쨌든 그 11명이 국제대회를 처음 나간 한국을 대표했던 1세대 여자 야구팀이라 생각합니다. 그들의 노고를 현재, 미래의 여자 야구선수들만큼은 기억해 주셨으면 하는 바람입니다. 최초이고 아니고가 문제가 아니라, 이 사람들이 없었으면 결국엔 지금처럼 (여자가) 야구할 수 있는 여건이 아예 만들어지지 않았을 수도 있어요. 지금이 한 번 짚고 넘어가기 좋은 때가 아닌가 싶어요. 일본 국제대회에 참가했던 11명의 선수를 잊지 않고 기록으로 남겨 놓으면 앞으로 좋은 밑거름이 될 수 있을겁니다. 미국 전미여자야구대회(AAGPBL)에서 뛰었던 선수들은 아직도 여자 야구대회가 있을 때 경기에 초대되어서 후배들을 격려해줘요. 한국의 노인공경 차원이 아니라, 처음 누군가가 시작을 했다는 것- 그 어려운 길을 먼저 갔던 사람들을 대우해주는 거예요. 처음은 누구나 힘들잖아요. 잘 닦여있는 포장길을 가는 게 아니니까. 비포장도로를 달리는 데 얼마나 문제가 많겠어요. 그런데 그 길을 갔던 사람들이 있기 때문에 지금 야구를 하는 선수들이 있는 거거든요. 제가 처음에 팀을 꾸렸을 때 선수들은 감독이었던 제가 힘이 너무 없어서 야구를 자갈밭에서 했어요. 운동장이 없

---

3    제4회 Women's World Series(2004.07.18-07.21). 개최국은 일본으로 호주, 미국, 캐나다, 홍콩, 대만, 인도 그리고 한국이 참여했다.

4    안향미(감독), 강효람, 강효선, 김혜점, 박유민, 우미자, 이민정, 이유영, 최영숙, 최현아, 황인정.

어서요. 지금은 여자 야구에 투자도, 지원도 많이 해주시고, 좋은 환경에서 야구를 하고 있잖아요. 아마 자갈밭 시기가 있었는지 상상도 못 하실 거예요. 물론 여자 야구가 더 발전하기를 바라요. 제가 원하는 발전은 환경적인 부분이 아니에요. 정말로 여자 야구선수로서 대우받고 인정받고 발전하고 싶다면 실력을 향상해야 하죠. 환경이 아무리 좋아도 실력 자체가 초등학생 수준이면 세계대회에 나가도 좋은 성적을 기대하기 힘들거든요. 올해 처음으로 당진주니어여자야구팀이 생겼다고 들었어요. 그런 유소녀 선수들이 커서, 제대로 된 실력을 발휘하게 될 때가 (여자 야구의 진가를 알아볼) 적절한 시기 같아요.

**2004년 일본에서 돌아오자마자 여자 사회인 야구팀을 만들게 된 계기는 무엇인가요?**

일본에서 2년, 호주에서 2년 정도 선수 생활을 해봤는데 현지 선수들 실력이 만만치 않았어요. 저는 초등학교 때부터 고등학교 때까지 남자 선수들과 운동했잖아요. 제가 운동신경이 없는 것도 아니고 밥 먹고 야구만 해서 이 정도의 실력을 갖춘 건데, 일본이나 호주의 경우는 선수들이 자유롭게 즐기면서 야구하는데도 비등하거나 월등한 실력을 갖추고 있으니 너무 억울한 거예요. '도대체 어떤 차이지?', '무엇에서부터 차이가 났을까?' 생각하고 또 생각했어요. 제가 찾은 결론은 저는 억압된 환경에서 야구를 했던 거고, 이 사람들은 오픈된 환경에서 자유롭게 야구를 한 것, 그 차이가 아닐까 싶어요. 저는 항상 움츠러든 상태로 야구를 했거든요. 무엇을 하든 사람들의 부정적인 시선이 따라와서, 스스로 움츠러들 수밖에 없는 환경에 둘러싸였어요. 그런 환경에 노출되어 야구를 하다 보니 내 실력이 제대로 발휘되지 않았을 수도 있고요.

일본에 가서 야구를 해보니까 환경도 너무 좋고 선수들의 에너지와 열정이 엄청나더라고요. 내가 가지지 못했던, 그런 열정을 가지는 것조차 사치일 정도로 억압된 환경에서 야구를 하다 보니까 그 분위기가 너무 부러웠어요. 그래서 당시(2004년) 이제라도 늦지 않았다고 생각하고, 내가 봤던 그 환경을 그대로 한국에 옮겨 놓고, 즐기면서 야구를 해보고 싶다는 개인적인 욕심에서 시작했어요. '없으면 내가 만들어서 하면 되지!' 그 목적이 가장 컸어요. 그런데 그것도 마음대로 안 되더라고요.

그때 제 나이 24살이었는데 정말 어렸죠. 운동만 해서 사회생활도 모르고 아무것도 몰랐어요. 야구만 하다가 오로지 내 욕심으로 야구팀을 만들게 되었는데, 이건 또 다른 사회이더라고요. 그래서 또 야구를 못 즐겼어요. 야구 외에 다른 쪽으로 많은 스트레스를 받다 보니까 새롭게 만든 세상에서 조차도 즐기지 못하고 결국 나이는 계속 먹고. 그러다 보니 여기까지 온 거죠.

말씀해주신 사회인 야구에서 겪은 '또 다른 힘듦', '장벽'의 구체적인 예가 있을까요?

그때 저는 선수 생활을 제외하고는 사회생활을 해본 적이 없었는데, 여자 야구팀을 창단하고 국제대회를 나가다 보니 원치 않아도 언론의 포커스가 제게 맞춰졌어요. 언론의 집중에 따른 시기와 질투 그로 야기된 또 다른 외로움이 가장 힘들었어요. 예전에는 최초라는 수식어가 항상 저를 따라다니면서 괴롭혔다면, 이제 또 다른 관심이 저를 힘들게 했어요. 저는 소심하고 낯가림도 심하거든요. 언론에 노출되는 걸 좋아하지 않는데, 그때는 싫어도 언론에 노출되어야 했어요. 여자 야구를 알리고, 많은 사람을 참여시키고 모으기 위해서는 언론만큼 좋은 도구가 없었으니까요. 지금처럼 SNS가 활발했던 시대도 아니고요. 그러다 보니 마구잡이로 공격을 당하더라고요. 거기에서 왔던 또 다른 힘듦과 고통이 있었어요. 그 외로움은 남자들 틈에서 야구하는 외로움과는 또 다르더라고요.

최초의 여자 야구팀을 만들었던 당시에, 팀 내에서도 예상치 못한 스트레스와 문제들이 발생했다는 말씀이시죠?

팀에서 끊임없이 내분이 일어났거든요. 제가 원했던 모습은 야구가 좋은 여성들이 모여서 야구를 즐기면서 접할 수 있는 장이었는데, 같은 성별끼리 해도 외롭고 힘든 건 똑같더라고요. 팀 내분은 제가 사회인 야구팀을 처음 꾸릴 때부터 호주에 올 때까지 끊임없이 이어졌어요. 같은 여성들이 모였는데 그 분열을 겪으면서 야구를 해야 한다는 것이 제일 힘들고 고통스러웠어요.

그 내분 때문이었을까요? 안향미 선수님께서 창단한 팀이 비밀리에와 선라이즈, 두 팀이더라고요.

첫 단추를 잘못 끼운 거죠. 비밀리에를 창단할 때 저를 도와준 분이 있었는데 그때 당시에는 친구였어요. 친구한테 팀을 맡겨놓았던 거죠. 왜냐하면 제가 일본에 있었을 때라, 팀을 창단하고 사람들을 모으는 데 한계가 있었거든요. 그래서 한국에 있는 친구한테 (한국 현장에 관한) 도움을 청했던 거예요. 그런데 결국에는 야구팀을 두고 서로 원한 그림이 달랐던 게 문제가 됐어요. 그래서 비밀리에팀이 두 팀으로 나뉘게 된 거죠. 그 친구는 정말 우리가 흔히 아는 야구 동호회를 원했고 (저는 그때 당시만 해도 동호회가 무슨 의미인지 어떤 동호회가 있는지도 몰랐어요), 저는 전문적으로 여자 야구선수를 양성하고 싶었어요. 의견이 많이 달라서 창단 직후에 우리는 바로 헤어졌어요. 창단식이 끝나자마자 선수들 앞에서 "나는 세계대회를 준비하고 있고, 거기에 맞는 강한 팀을 만들고 싶다"고 말했고, 뜻이 맞는 선수들만 저와 함께하게 되었죠. 전체 선수 중 삼 분의 일만 따라 나왔어요. 시작부터 좀 삐걱거렸지만 그래도 뭐 후회는 안 해요. 덕분에 정말 마음 맞는 선수들과 세계대회를 나간 걸 수도 있으니까.

일본에서 열린 월드 시리즈는 어떻게 참가하게 된 건가요? 비밀리에 창단 후 불과 몇 개월 만의 일이던데요.

팀이 찢어지고 난 직후에 국제대회가 열린다는 얘기를 듣고 일본으로 전화를 했어요. 처음에 주최 측에서 참가 허락을 안 해주더라고요. 왜냐하면 이미 예산이 짜여 있었기도 하고 "한국에 여자 야구팀이 있다는 말을 못 들었는데 어떻게 (우리를) 믿고 한국팀이 참가한다고 공표를 하냐"라고 했었어요. 그래서 제가 직접 선수들 프로필을 들고 도쿄행 비행기를 탔어요. 서신으로는 믿지 않으니까 일본 협회를 직접 방문해서 저 포함 11명의 선수 명단을 제출하고 대회 참가 의사를 밝혔어요. 다행히도 제가 현지에서 2년 동안 선수 생활을 했잖아요. 고맙게도 일본 협회에서 저의 존재를 알고 있더라고요. 프로필 제출하고 귀국해서 하루인가 이틀 지났더니 국제대회 월드시리즈 공식 홈페이지에 한국이 참가팀으로 게재되어 있더라고요. 그렇게 참가하게 됐죠.

**참 쉽지 않은 도전이었네요. 협회나 관련 단체의 후원은 없었나요?**

사실 일본으로 출국하기 전에 대한야구협회를 먼저 방문했어요. 그때 당시에 한국야구위원회(KBO, Korea Baseball Organization)도 찾아가 보고 대한야구협회(KBSA, Korea Baseball Association)⁵에도 찾아가서 국제대회에 국가대표팀으로 참가할 수 있도록 허락해 달라고 그리고 도와달라고 요청했었어요. 도와줄 수 없다고 하더라고요. 복잡한 문제들이 많았겠지만 허락하면 지원을 해줘야 하는데, 그 정도로 가치가 있다고 생각하지 않았을 겁니다. 때문에 KBSA나 KBO에서는 'NO'라고 하더라고요. 당연히 안 해줄 것을 알고 갔지만요. 그래서 선수 자비로 참여하게 됐죠. 아까도 언급했지만, 자신의 돈과 시간 그리고 열정을 바친 선수들의 노고를 여자 야구의 시초로, 지금 야구하는 선수들만큼은 알아주셨으면 좋겠어요. 어떻게 여자 야구가 한국에서 시작됐고, 어떻게 지금 야구를 할 수 있게 되었는지 말이에요. 이 선수들, 그 대회에 참가했던 선수들 모두 보통 의지로는 할 수 있는 일이아니었어요. 예산뿐만 아니라 경기에서 엄청나게 깨졌었거든요. 3-4개월 연습하고 국제대회에서 얼마나 잘했겠어요? 못할 줄 알면서도, 깨질 줄 알면서도 한국에서 여자 야구가 시작하는 데 의미가 있다는 생각만으로, 죽어도 운동장에서 죽자는 마음으로 뛰었어요.

**일본 여자 월드시리즈에서 가장 기억에 남은 장면은 뭔가요?**

한 선수는 경기장 안에서 울고 있더라고요. 시합하는데 울고 있어요. 선수들 모두 3-4개월 배운 일반인이다보니, 날아오는 공을 제대로 받지도 못했어요. 경기 중에 관중도 많은데 엄청난 실력차이가 나니까 순식간에 자존감이 바닥을 친 거예요. 그런데도 불구하고 치열하게 경기에 임했어요. 눈물 훔치고 와서 뛰더라고요. (인원이 적다 보니) 선수 한 명만 부상을 당해도 경기를 할 수 없는 상황이었는데, 한 선수는 손가락에 공 맞아서 퉁퉁 부었는데도 끝까지 뛰었어요. 한국에 돌아와서 엑스레이 찍어보니까 뼈에 금이 갔다고 하더라고요.

비밀리에에서 팀이 분리될 때 삼 분의 일 정도만 따라 나왔다고 하셨잖아요. 그럼 일본 국제대회를 위해서 몇 명이나 더 선수들을 모집한 건가요?

한두 명 정도였어요. 같이 나왔던 열 세 명 정도의 사람 중에서 개인 사정으로 참가를 못 했던 선수들도 있고, 신입으로 들어오자마자 저희가 (월드 시리즈에) 급하게 데리고 나갔던 선수들도 있어요.

그럼 국제대회 참가를 사전에 명시하고 홍보해서 모집한 건가요?

아니요. 일단 국제대회를 참가하는 건 본인 의지예요. 자비로 출전해야 했기 때문에 굳이 명시할 순 없었죠. '일본에 대회있는데 참가할래? 대신 네 돈으로 가야 해!' 뭐 이 정도였어요. 만약에 지원이 있었다면, 선수 선발을 했겠죠. 테스트를 통해 잘하는 선수 위주로 뽑았겠지만, 그때는 아홉 명을 채우는 것에 급급했기 때문에, 신입 들어오자마자 "일본 대회 있는데 갈래?"라고 물어봤을 때 "네, 갈래요"하면 바로 데려갔어요. 그 선수들에게 굉장히 고마웠죠. 어느 스포츠 기자님이 실시간으로 월드시리즈 세 경기를 기사로 쓰셨어요. 결과만 보면 무슨 나라 망신도 그런 망신이 없거든요? 실제로 나라 망신이라고 인터넷이 난리가 났었죠. 공항에서 계란 세례 맞는 거 아니냐고 선수들이 걱정할 정도였는데…. 운이 좋게도 일본 대회를 나갈 때의 준비과정을 KBS <현장르포 제3지대>[6]팀에서 어떻게 알고 따라오셨어요.

---

5    현재의 대한야구소프트볼협회. 한국 아마추어 야구 및 소프트볼을 대표하는 대한체육회(Korean Sport & Olympic Committee, KSOC) 직속 단체이다. 2004년 당시에는 대한야구협회였으나 2016년 대한소프트볼연맹을 흡수 통합하며 현재의 명칭인 '대한야구소프트볼협회'를 사용하고 있다. 현재 대한야구소프트볼협회의 가맹단체로는 시도지부(17개)와 한국대학연맹, 한국리틀연맹, 한국여자야구연맹이 있다.

6    <현장르포 제3지대> "월드시리즈를 가다! 최초여자야구단 비밀리에" 2004년 7월 27일 방영

덕분에 굉장히 이슈가 되었죠. 이 <제3지대>팀이 저희보다 하루인가 이틀 먼저 입국해서 편집하고 바로 방송으로 내보냈거든요. 선수들이 힘들게 국제대회 준비를 한 과정이 방송에 담겨있어서 오히려 동정표를 되게 많이 샀어요. "이렇게 힘든 과정이 있는 줄 몰랐다. 결과만 보고 흥분을 했는데 미안하다"는 사람들도 있었고, 방송이 또 이슈가 되어서 야구하겠다는 선수들이 갑자기 엄청나게 몰려들었어요. 한번은 선라이즈팀에 5-60명 가까이 있었던 것 같아요.

이제 타임라인을 조금 앞으로 조정해서 안향미 선수님의 학생 시절을 조명할게요. 그때 고생을 너무 많이 하셨더라고요.

심리적인 측면에서 초·중학교 때가 가장 힘들었어요. 거의 왕따였거든요. 야구는 혼자 하나요? 아홉 명의 선수가 있어야 경기를 하는 거고, 야구 저 혼자 하는 거 아니잖아요. 캐치볼 연습을 해야 하는데 다들 눈치 보고 아무도 저랑 안 하려고 하는 거예요. 저랑 짝 안 하려고 둘이 하는 캐치볼을 셋이 팀을 이뤄서 하더라고요.
초, 중 야구부 시절 누구 한 명이라도 "애(안향미)랑 연습해라"라고 하는 지도자가 정말 한 분이라도 계셨다면 좀 덜 힘들었을 거예요. 단 한 분도 없었어요. 선수들 속에서도 외롭고, 나를 지켜주는 어른이 한 명도 없다는 점에서 굉장히 외로웠어요. 연습 가서 남들 공 주고받는 거 고개 좌우로 돌려가며 구경하고 있었고요. 좀 지켜보다가 실수로 공이 내 쪽으로 굴러왔다든지 하면 이때다 싶어서 잡아서 던졌다가, 그 기회조차 없으면 계속 서서 구경하고 있었어요. 중재해주는 어른도, 동료도, 선후배도 없었어요. 그래서 제가 기억하는 가장 최악의 시기는 이른 10대 때에요. 그때 많이 힘들었어요. 아직도 기억나는 건 목동 운동장으로 연습을 하러 가던 기억이에요. 운동장 안으로 들어가기 전에, 펜스를 통해서 안을 항상 확인하고 들어갔어요. '오늘은 또 어쩌려나', 그때는… (잠시 정적) 지옥 같았어요. 야구를 하러 가는 게 아니라 오기로 버티러 갔던 것 같아요. 이 고비를 넘기고, 넘기고, 넘기고, 넘기고. 어렸을 때만 해도 '그래, 너희들 커서 다시 만나자' 했던 것 같아요. '너희들이 지금 동료를 이렇게 외롭게 하고 왕따시키고, 이러는 너희들 커서 보자' 그 마음으로 연습 갔어요. 맨날 울었어요. 운동하러 가면서 울고 들어가고, 끝나고도 울고 나오고. 물론 들어갈 땐 찔찔 짜는 것도 놀림 받을까 봐 아무렇지 않은 척하고 들어갔죠. 그 힘든 시기를 겪고 나니까 좀 더 단단해진다고 해야 하나? 오기가 생겼고 앞으로 다가올 힘든 과정을 겪고 넘어갈 수 있는 디딤돌이 되지 않았나 그런 생각도 들더라고요, 좋게 생각하면요. 중학교 때도 똑같았어요. 왕따시키고 나하고는 아무것도 안 하려고 하고. 중학교 때는 심지어는 제 글러브에 침 뱉어 놓는 애들도 있었어요. 지금 돌이켜보면 어리니까 그럴 수 있다고 생각하지만, 그때 당시에는 아주 힘들었어요.

그런데 고등학교 갔더니 또 다른 장벽이 있었죠. 이제 감독이 나를 그렇게 괴롭히더라고요. 선수들은 고등학생 정도 되면 성숙해지거든요. 물론 "내가 애 때문에 왜 피해를 봐야 해?"라며 동료로서 저의 존재를 받아들이지 못하는 선수들도 있었지만, 대부분의 선수는 저를 인정해 주려고 했어요. 그런데 고등학교 때는 감독님의 괴롭힘이 더 심하더라고요. 운동부는 일 년에 한 번씩 고사를 지내는데 그 감독님께서 여자인 제가 마음에 안 들었나 봐요. "여자가 고사 지내면 재수 없어"라며 공식 행사에 참석을 못 하게 하더라고요. 운동장에 못 나오게 해서 숙소에 남아있던 적도 있고, 지방으로 경기 갈 때는, 오전 수업 마치고 (집합하러) 운동장에 나왔는데 동기가 저한테 "감독님이 너 교실 들어가서 수업들으래"라고 하고는 자기들은 버스 타고 가버렸어요. 하도 차별을 받다 보니까 나중에는 이게 잘못됐다는 생각보다는 '어, 그렇구나'라는 생각이 들더라고요. 집에 가서 이런 이야기들을 하지는 않았어요. 딸이 밖에서 왕따당하고 온다고 얘기 들으면 얼마나 속상하시겠어요. 그런데 아버지가 우연히 학부모 회의 왔다가 제가 혼자 숙소에 있는 모습을 보시곤 "애들 다 어디 가고 너 혼자 여기 있냐"고, 그렇게 알게 되시면서 교육부에 진정서까지 내고 그랬죠. 사건이 커져서 결국에는 감독이 학교에서 경질됐어요. 물론 고교 야구 리그에서 성적을 못 냈다는 이유가 가장 컸고, 거기에 더해서 제 사건의 영향이 있기도 했죠. 그때 처음으로 야구 그만두고 싶다는 생각이 들었어요. 안그래도 '최초'라는 수식어가 따라다니면서 항상 사람들의 주목을 받고 있는데, 또 이런 안 좋은 일까지 알려지게 된 게 속상하니까요. 그런데 그다음에 새로 오신 감독님이 굉장히 좋은 분이셔서 다행히 고등학교 때 선수 생활의 마무리는 좋았습니다.

그 감독님께서 고등학교 3학년 때 대통령배 전국고교야구대회 4강전에 투수로 설 수 있도록 해주신 거죠? 이 시합에서 던진 세 개의 공 덕분에 대학 입시에서 체육 특기생[7] 자격을 얻게 되었다고 알고 있어요.

네. 감독님께서 기회를 주신 거죠. 4강에 오른 팀들은 야구 특기생으로 대학에 진학할 수 있는 자격이 부여돼요. 남자 선수들보다 월등해서 시합을 뛰었다기보다는 마운드에서 공을 던질 그 기회를 주기 위해서 감독님이 저를 내보내신 거죠. 기대도 안했는데 굉장히 많은 배려를 해주신거예요. 어쨌든 저로서는 좋은 경험이었고, 결론적으로 특기생으로 대학에 진학하는 것에는 실패했어요.

당시 안향미 선수님은 체육특기생으로 대학에 진학하겠다는 의향이 있으셨던 건가요?

꼭 대학 진학 때문이라기보다는, 이때까지 초·중·고등학교에서 다른 남자선수들과 마찬가지로 프로 야구선수가 되겠다는 목적을 가지고 야구를 했기 때문에, 그 부분을 인정해주신 거죠. 저뿐만 아니라 동기들의 진학 문제가 다 걸려있기 때문에 해당연도에 팀의 성적을 내는 게 가장 중요해요. 누군가 감독님께 "얘(안향미)를 내보내서 우리 아들이 대학 진학에 타격을 입었다"라고 항의할 수 있었을 텐데도 감독님이 저를 선발로 내보내주셨다는 점은, 그때까지 겪어온 모진 세월을 인정받았다는 생각이 들 정도였어요.

프로 입단 테스트인 트라이아웃에 관한 언급을 안 할 수 없는데요, 실제로 세 군데의 트라이아웃에 참여하셨다고요.

아니요, 원래 한화, 현대, LG 이렇게 세 군데를 지원하려고 했어요. 그런데 LG는 기회도 안 주더라고요. 당시에 저를 도와주시는 기자분들이 매우 많았거든요. 제가 한 스포츠 기자분께 "LG 구단에서 ○월 ○일부터 ○월 ○일까지 입단 테스트를 한다고 하니 지원해보라"는 정보를 직접 들었어요. 그래서 LG 측에 두 번이나 연락했는데 모두 트라이아웃 스케줄이 끝났다고 말씀하시는 거예요. 그래서 기자분께 다시 연락해서 "끝났다는데요?"했더니 "거짓말이니 다시 연락해보라"고 하시는 거예요. 그때 알았죠. '아 참가시켜줄 의향이 없구나. 오는 것 자체도 싫은 거구나.' 그래서 LG 빼고 현대유니콘스랑 한화이글스를 지원했죠. 두 군데는 테스트는 다 봤어요. 현대는 떨어졌고, 한화는 대전이라 제가 새벽 기차를 타고 내려가서 입단 테스트를 봤는데 얼마 후에 프런트[8] 제의를 받았어요. 1차 합격자 명단에 제가 들어간 건지 안 들어간 건지는 모르겠는데, 일단 서울에 가 있으라고 하셨어요. 그런데 그 전에 트라이아웃을 담당한 2군 감독님께서 사무실로 저를 부르시더라고요.[9] 당시에는 "생각해보겠다"하고 일어났죠. 그런데 멸시와 차별, 따돌림을 당하면서도 버티며 야구를 한 결과가 프런트 직원인가 싶기도 하고 억울하기도 하고…. 그래서 결론적으로 프런트 제의는 거절했어요. 그다음엔 미국의 워터벨리 다이아몬드라는 팀에서 스카우트 제의가 왔는데 그것도 비자 문제가 걸려서 좌절되었죠. 당시엔 인생에 되는 게 없더라고요. 우여곡절 끝에 일본으로 방향을 틀었어요. 일본에서도 고생 많이 했어요. 네 시간 자면서 아르바이트하면서 생활비, 학비 벌고. 나중에는 "도저히 안 되겠다 한국에 돌아가겠다"고 하니 일본팀 감독, 코치, 선수들이 십시일반 돈을 모아서 어학원을 겨우 졸업하게 되었고 그 이후에도 대학등록금을 내줄 테니 일본에서 같이 오래 야구하자는 동료들도 있었죠. 그런데 그때쯤 이런 일본의 (야구) 세계를 한국에 가져가서 해보고 싶다는 생각이 들었어요. 그래서 다 포기하고 한국으로 돌아왔죠.

선수님의 이야기를 들어보면 이미 2000년대 초반부터 일본의 여자 야구 저변은 탄탄했던 것으로 보여요. 여자 프로 리그가 생기기 전의 기반이 잘 닦여있었던 것 같고요.

---

7    KBSA에서 인정하는 고교 야구 대회에서 소속팀 경기의 일정 기준 이상 출전하고 실적을 낸 선수에게 부여된다. 안향미 선수가 고등학교 3학년이던 당시, 투수는 전국대회에서 한 타자 이상을 상대해 공을 던져야 한다는 기준이 있었다.

8    총괄인 단장과 함께 구단을 운영하는 직책. 회계, 구장 계약 및 운영, 마케팅 및 판촉, 트레이너, 홍보 등 경기 외 업무를 담당한다.

9    이 부분은 영화 <야구소녀(2019)>의 시나리오에 반영되었다.

일본도 여자 프로야구가 생긴 지는 얼마 안 됐어요.[10] 처음에 두 팀으로 시작했는데 지금 다섯 개 팀인가 있어요. 당시에(2000년대) 일본은 이미 여자 사회인 야구팀이 100개가 넘게 있었어요. 일본에서 여자 야구는 주로 연식공을 가지고 해요. 조금 딱딱한 고무공이라고 해야 하나요? 저도 일본에선 연식 야구를 했었는데, 연식 야구가 저변 확대가 굉장히 잘 되어있거든요. 그래서 일본은 연식야구협회와 하드볼협회(우리가 알고 있는 단단한 야구공)가 분리되어있어요. 저는 연식야구협회 회장님이 맡고 계시는 팀 '드림윙스'에서 2년 동안 활동했어요. 그래서 월드시리즈 참가 신청하러 갔을 때 하드볼협회가 저를 알고 있었을 거예요. 그렇게 두 협회가 나누어져 있을 정도로 선수들이 많았고, 당시 하드볼협회에서는 고등학교 두세 팀을 지원하고 있었어요. 그 고교팀 선수들이 자라서 지금 일본 여자 프로야구팀에서 뛰고 또 세계대회에 나가서 매번 우승을 거머쥐는 거고요.

일본에서는 연식 야구를 했지만, 저는 세계대회를 목표로 삼고 있었기 때문에 한국에 돌아와서 여자 야구팀을 만들 땐 하드볼과 정식 야구 규격을 기준으로 삼아야 한다고 생각했어요. 당시 이광환 KBO 육성위원장과 여자야구연맹 창단을 도모하고 사회인 여자 야구 리그를 준비하던 시기에 제가 그랬어요, 세계대회도 어차피 정식 규격[11]에서 시합한다고요. 그런데 당시 남자 야구선수 출신의 지도자들은 여자 야구선수들이 약하다고 생각하시는 거예요. 여자 선수들이니까 약해서 공을 1루에서 3루까지 못 던진다고, 외야에서 내야로 못 던질 거라고. 그건 남자들 생각이에요. 저는 생각이 달랐어요. 처음에는 안 될 수 있어요. 그래도 해봐야 실력이 느는거죠. 처음부터 기준을 낮게 정해 놓으면 해볼 수조차 없잖아요. 18.44m를 던지지 않는데 어떻게 늘어요. 그래서 저는 (남자와 같은) 정식 규격에서 연습하고 시합도 해야 한다고 주장했어요. 그런데 당시 연맹 측에서는 여성들은 약하기 때문에 리틀야구장 규격[12]에서 해야 한다고 했고요. 거기서부터 대립각이 만들어졌죠. 또 첫 단추가 잘못 잠겼어요. 겨우 연맹을 마련했는데 또 부딪히는 거예요. 그래서 저는 연맹에서 탈퇴했어요. 제가 생각했던 여자 야구의 청사진이 있었거든요. 저는 여자 야구를 위해 앞장서는 사람이지만, 어쨌든 저보다 더 큰 영향력이 있는 사람들이 결정하는 거잖아요. 제 의견은 계속 묻혔어요. 그러다 보니 '아, 내가 할 수 있는 일은 여기까지구나'하고 나왔죠. 그런데 지금은 모두 정규 규격에서 시합하고 연습하더라고요? 그럴 거면 뭘 굳이 '여자는 약해서' 그런 얘기를 왜 했는지 모르겠어요. 한편으로는 당시로선 제가 가지고 있던 큰그림이 너무 성급하게 먼 곳을 바라본 것이었나 하는 생각도 있어요. 단계적으로 일을 처리했으면 어땠을까 하는 아쉬움이 남기도 하고요.

야구장 규격(공간)에 관한 언급이 흥미로워요. 지금 잠실 경기장의 경우, 일본 구장보다는 크고 미국 야구장과 같은 사이즈더라고요. 정말로 타고난 힘의 차이를 무시한 거대한 경기장 사이즈가 여자 야구의 경기를 재미없게 만드는 건 아닌지 궁금했어요.

정규 규격에서도 호주나 일본, 미국의 여자 선수들은 홈런 쳐요. 개인차가 있을 수 있겠지만 결론은 여자들도 훈련만 잘되어있다면 정규 구장에서 충분히 재밌는 경기를 할 수 있다고 생각해요. 그런데 아홉 명 중에 한 명이 잘하는 것과 아홉 명이 다 잘하는 건 또 다른 결과가 나와요. 그게 (팀의) 수준 차이가 되는 거죠. 물론 스피드 면이나 근력 면에서는 남자들과 차이가 있겠지만, 여자들도 힘을 키우면 돼요. 홈런 치고 싶으면 웨이트 해야죠.

남자들 사이에서도, 야구는 한 투수가 여러 타자를 상대하는 경기 특성상 (축구나 농구보다) 평균적인 체력 소모가 적은 종목이라는 의견이 있어요. 그런데 또 여자 야구의 한계로는 신체적 능력의 미달이 지적되고요. 이런 상대적인 시각이 재미있어요.

모든 스포츠에서 남성과 여성의 힘의 차이는 분명히 있어요. 그걸 부정하고 싶진 않아요. 여성과 남성의 근력 차이는 분명히 있죠. 그런데 남자가 할 수 있는 건 여

---

10  2010년 창설된 일본여자프로야구(JWBL)에는 효고 디오레, 교토 플로라, 사이타마 아스트레이아, 토호구 레이아 등 4개의 팀이 참가 중이다. 여자 프로야구리그는 4개 팀에 불구하지만, 여자 고교팀과 대학팀이 각각 약 30개씩 있고, 직장인으로 구성된 클럽 팀이나 기업의 후원을 받는 반실업 클럽팀까지 수 십 개 팀이 활동한다.

11  마운드와 본루 사이의 거리(투수와 포수 사이의 거리, 18.44m), 각 루 사이의 거리(27.432m), 홈플레이트와 2루 간의 거리(38.79m).

12  투수와 포수 사이의 거리(14.63m), 각 루 사이의 거리(21m), 홈플레이트와 2루 간의 거리(29.69m).

자도 할 수 있고, 여자가 할 수 있는 건 남자도 할 수 있어요. 다 (플레이) 할 수 있는 걸, 왜 그걸 남과 여로 굳이 대조를 하느냐는 거죠. 남자는 남자대로 여자는 여자대로 재미있게 하면 되는 거예요. 성별로 비교한다는 것 자체가 너무 많은 모순이 있는게 아닐까요?

이런 비교를 해도 될까요? 여자 축구와 남자 축구가 지닌 타고난 체력을 비교하는 건 아시안 축구와 유러피안 축구를 비교하는 것과 같아요. 둘 사이엔 이미 갭이 엄청나잖아요. 유럽 프리미엄 축구에 빠진 사람들은 한국 축구 못 봐요. 그거랑 마찬가지예요. 한국 프로야구 보던 사람들은 지금 한국 여자 야구 못 봐요, 체력과 실력이 비교되어서요. 그럼 그건 각자 야구하고, 각자 육성해야 하는 거지 비교할 게 아니라고 생각해요. 마찬가지로 힘의 차이로 인해 여자 야구가 재미없다는 논리라면, 즉 야구가 힘으로 하는 스포츠이고 힘에 비례하여 재미있는 것이라면, 모든 사람이 미국 메이저 리그를 보겠죠. 왜 (상대적으로 힘이 약한) 한국 프로야구를 보겠어요.

종주국 미국에서는 '메이저리그에서 여성 선수가 뛸 수 없다는 규정'이 1992년에 없어졌고, 한국에서도 같은 규정이 1996년에 삭제되었는데요. 규제는 풀렸지만 아직도 여자 선수 육성에 관한 논의는 미미해요. 일본은 어떻게 종주국 미국을 넘어 여자 야구 인프라가 가장 좋은 나라가 된 걸까요? 프로 리그까지 갖출 정도로요.

제 경험으로는 국민성 같아요. 일본은 야구가 국기거든요. "모든 국민이 다 같이 야구를 즐기자"라는 국민 의식이 있지 않았을까 싶어요. 일본에선 정말로 머리 희끗희끗하신 분들도 주말만 되면 야구복 입고 자전거 타고 야구장 가세요. 주말이면 길거리에 야구복 입은 사람들밖에 없어요. 그 정도로 많아요. 이미 유년 시절부터 가족들 틈에서 야구를 시작해요. 할아버지, 할머니, 엄마, 아빠, 오빠 등 가족들끼리 캐치볼 하면서 야구를 시작하기 때문에 사회에 나와서도 야구하는 여자가 이상하지 않아요.

일본 여자 프로 리그(2010-)가 생기기 전에 선수 생활을 하셨던 안향미 선수님과 동료분들은 어쨌든 본업을 따로 갖고 있었다는 얘기인데요. 그럼에도 불구하고 일본이 그전부터 국제

대회에서 꾸준히 상위권을 차지했던 건 코칭 프로그램이 잘 갖춰진 덕이라고 봐야 할까요?

한국에서 야구했을 때가 훨씬 더 체계적이었어요. 시스템적으로 보자면요. 그래서 저도 이 친구들이 왜 이렇게 잘할까 궁금했어요. 특별한 게 없는 것 같은데 말이죠. 결국 워낙 어렸을 때부터 자연스럽게 공을 가지고 놀던 습관, 그리고 즐기며 한다는 점 그거 같아요. 즐기는 자는 이길 수가 없잖아요. 타고난 것도 중요하지만요. 정말 야구를 즐기고 잘해요. 부러웠어요. '나도 저렇게 즐기면서 야구를 했더라면, 좀 더 야구를 잘했을까?'라는 생각도 많이 했고요. 저는 남자들하고만 야구하면서 그들의 스피드나 근력을 이기려고만 했는데 그게 다가 아니더라고요. 일본에서 바람 불면 휙 넘어질 것 같이 야리야리한 친구들이 잘 뛰고, 잘 던지고, 잘 받는 걸 보면서 내가 왜 굳이 그렇게까지 이를 악물고 했을까 싶었어요. 여자들끼리 야구할 수 있는 환경이 일찍이 있었다면 이렇게 재미있게 잘할 수 있었을 텐데, 그런 아쉬움이 있어요.

일본에서 여자 야구는 제도와 인식이 균형 있게 발전한 것 같아요. 운동을 일찍 접하는 것의 중요성도 느껴지고요.

여자아이들도 유년 시절부터 집에서 캐치볼 하면서 자라니까요. 그리고 학교에 야구팀도 굉장히 많아요. 학교에서 여자들이 남자들 틈에 껴서 야구하는 경우가 굉장히 많고 자연스러웠어요. 그것도 놀라웠죠.

그럼 선수님의 두 번째 해외 무대였던 호주에서 여자 야구의 입지는 어떤가요?

아무래도 야구보다는 크리켓이 더 유명해요. 그런데 호주는 여성인권이 상당히 발전된 나라예요. 야구도 여자들이 더 많이 하고요. 그래서 스포츠에서는 종목을 불문하고 '여성이 뭘 할 수 있다, 못한다' 이런 인식 자체가 아예 없어요. 한국도 인식이 많이 바뀌고는 있지만 비교가 안될 정도로 여성의 파워가 대단한 나라라고 생각하시면 됩니다.

한국은요? 선수님께서 일본에서 돌아오신 직후에, 혼자가 아니고 처음으로 팀이 되었을 때 한국 여자 야구 상황은 어땠나요. 여자 야구사 초반의 이야기가 궁금해요.

처음에는 구장을 돈 주고 빌릴 수도 없었어요. 세상에, 남자 사회인 야구팀 왜 이렇게 많을까요? 남자 사회인 야구 리그 자체로 꽉 잡고 운영해버리니까 여자팀이 빌릴 수 있는 구장이 없었어요. 처음에는 헬기 이착륙장을 썼어요. 자갈이 촘촘히 박혀있는 곳이었는데 거기서 연습했죠. 또 여의도 고수부지에서도 연습하고. 그때 선라이즈 팀을 도와주시던 단장님이 계셨는데, 그분이랑 아버지랑 두 분이 새벽부터 고수부지에 가서 공을 운동장에 다 뿌려놓았어요. 창고에 있는 공을 미리 다 들고 가서 마치 누가 사용 중인 것처럼 두 분이서 공토를 확보해 두신 거죠. 선수들이 도착하면 공 다시 주워서 연습하고요. 좀 더 나중에는 연세대학교의 남는 자투리 공간을 알차게 활용했어요. 거기서 슬라이딩 연습시키고. 초기에 운동장 때문에 굉장히 힘들었죠. 남자 사회인 야구팀도 아마 구장 자체가 부족해서 힘들었을 거예요. 대한민국은 스포츠를 즐기기에는 사회 전반적으로 기반이 제대로 잡혀있지 않았어요.

2007년 여자야구연맹 창립도 지켜보셨어요. 여기엔 어떤 계기가 있었나요?

여자 야구를 위한 단체가 있어야지 여자 야구팀이 국제 대회에 정식으로 참가할 수 있거든요. 또 연대를 해야 힘이 생기고, 힘이 생겨야지 선수들을 위한 환경이 만들어지고, 그래야 자연스럽게 실력도 향상될 수 있다고 생각했어요. 그래서 여자 야구선수들을 위한 단체는 꼭 창립되어야 한다고 생각했어요. 연맹이든 협회든.

한국여자야구연맹은 창립 당시부터 KBSA(당시 대한야구협회)의 가맹단체 지위였나요?

지금 한국여자야구연맹이 대한야구협회 산하에 있을 거예요. 사실 제가 원했던 청사진은 독립적으로 여자 야구 '협회'를 만들어서 문화체육관광부에서 직접 예산을 받는 거였어요. 그런데 당시 연맹 창립에 힘써주신 이광환 부회장님이 KBO 육성위원회 위원장님이셨거든요. 그래서 아마 여자야구연맹을 그 산하 기구로 위치시킨

게 아닌가 싶어요. 그것도 첫 단추가 잘못 끼워진 거죠. 저는 단추 없는 옷을 입어야 할 것 같아요. 자꾸 단추를 잘못 끼워. (웃음)

한국여자야구연맹 출범 당시에 KBO 관계자가 말하길, "우리가 연맹을 조직하기 전에 먼저 여자들이 야구를 하고 있었다. 적극적인 시합 개최와 조직 마련을 약속"하겠다고 했어요. KBO의 지원을 실감하셨나요?

그런데 그때는 전혀 아니었어요. 여자 야구팀과는 별개로 저는 이미 대한야구협회 등록선수였음에도[13] 불구하고 전혀 도움을 받지 못했었습니다. 제가 그들에게 눈엣 가시 같은 존재가 아니었나 싶지만, 제가 아니어도 누군가는 어차피 또 같은 과정을 밟지 않았을까요? 사실 (제가 첫 번째 선수였다는 게) 시기적으로 빠르다고 할수 없어요. 한국 여자 야구 역사는 일본하고는 벌써 30년 차이가 나요. 그것만 보더라도 얼마나 뒤처졌겠어요. 늦은 만큼 더 많은 관심과 지원이 필요할 것 같습니다.

최초의 여자 야구팀이 한강 고수부지에서 연습하던 시절과 비교해서 지금의 인프라는 많이 개선됐어요. 여자사회인 야구팀도 49개 팀[14]이 되었고 2021년엔 당진주니어여자야구단[15]이 창단되기도 했고요. 여자 야구 1세대로서 지금 시대에 맞는 제언을 한다면?

일단 주변 환경이 받쳐준다면 가장 좋겠죠. 앞으로 당진주니어여자야구단과 같은 유소녀 선수 육성팀이 전국 곳곳에 많이 생겨야 해요. 거기서 공정한 트라이아웃을 통해 실력으로 선발된 진짜 에이스들이 국가대표 선수가 되는 거죠. 결국 그 선수들이 나중엔 세계 무대에 나가서 국위선양도 하는 거고요. 미래에 여자 야구가 올

---

13  중학교 야구부 활동부터는 전국 대회 출전을 위해 대한야구협회에 선수 등록을 해야 한다. 즉, 중학교 남자 야구부에 소속되지 않으면 정식 선수 등록을 할 수 없는 것이다. 이 때문에 아직까지도 대한야구협회에 등록된 여자 선수는 안향미가 유일하다.

14  2021년 기준 한국여자야구연맹에 등록된 전국 사회인 여자 야구팀은 49개, 선수는 1,022명이다.

15  2021년 2월 6일 창단. 엘리트 야구를 지향하는 최초의 여자 유소년 야구단으로, 만 12세부터 만 20세까지 전국의 모든 여성 주니어 선수들은 지원할 수 있다.

림픽 종목에 등록되는 날도 있겠지요. 언젠가는, 정말로.

"여성 스포츠를 왜 육성하지 않을까?"라고 질문했을 때 흔히들 "하는 여자가 별로 없잖아"라는 말을 해요. 사실 이건 '인식이 먼저냐 제도가 먼저냐'라는 굴레에서 발전 없이 고여있게 만드는 말이죠. 야구도 마찬가지예요. "야구하는 여자가 없잖아"라는 말은 발전적 전환의 가능성을 차단해요. 그런 면에서 당진주니어여자야구단은 그 굴레를 끊어내는 좋은 예인 것 같아요.[16] 유소녀 여자야구단의 등장이 "진지하게 여자 야구를 하는 어린 선수들이 이만큼 있었구나"라는 인식의 전환을 가져다주었어요. 선수들끼리 서로 주고받는 연대감과 안정감도 남자팀에서 홍일점으로 뛰던 때와는 차원이 다를 것 같고요. 이러한 여자 선수 육성 제도가 더 확장된다면 어떤 변화가 가장 두드러질까요?

제도가 갖춰진다면 선수들의 평균 기량이 가장 먼저 눈에 띄게 좋아질 거예요. 그게 제가 가장 바라던 방향이었기도 하고요. 지금도 초등학교, 리틀야구 때부터 야구를 해온 고등학생, 대학생 선수들이 몇 명 있더라고요. 그런 선수들이 앞으로도 더 많이 생겨나야 해요. 어렸을 때부터 운동한 선수들은 비전문가가 봐도 그 실력이 눈에 띄게 차이 나거든요.

현재 LG가 여러 면에서 여자 야구에 도움을 주고 계신데, 궁극적으로 어떤 취지를 가지고 있는지가 중요할 것 같아요. 이런 대기업은 충분히 여유가 있잖아요. 유소녀 육성에 좀 더 많은 투자를 해서 선수들을 키웠으면 하는 바람이 있어요. 현재 여자야구연맹에 소속된 대부분의 선수들은 성인이 된 후 취미로 야구를 시작한 것으로 알고 있는데, 사회인 야구팀 선수들을 육성해서 국제 대회에서 성과를 내기엔 냉정하게 기술적인 한계가 있어요. 2006년 KBS <FC 슛돌이>라는 프로그램에 등장했다가 만 10살의 나이에 스페인 발렌시아 유소년 축구팀에 발탁된 이강인 선수(RCD 마요르카) 아세요? LG라면 그런 콘텐츠도 제작할 수 있을 것 같지 않아요? 재미있는 콘텐츠로 야구 붐을 일으키고, 어린 선수들을 교육해서 키워야죠. 그래야

---

16    당진시는 여성 친화도시이다. 이와 같은 이유로 당진주니어여자야구단이 합당한 명분을 가지고 보다 수월하게 출범할 수 있었을 것이라고 생각된다.

결국 한참 앞서있는 일본, 미국, 호주 팀이랑 대등한 경기를 할 수 있어요. 지금처럼 사회인 야구에 투자하는 방식으로는 어떻게 한두 게임은 이길 수 있으나 정상에 서려면 결국 '육성'을 해야 해요. 지금 당진에 있는 선수들이 이대로 잘 자라서 세계대회에 나가면 정말 재미있을 것 같다는 생각이 들어요. 기대가 많이 됩니다.

현재 어린 선수들은 본인이 원하지 않아도 '여자 야구'라는 판 자체를 대변하게 되는 경우가 잦아, 일종의 부담감을 가지고 있어요. "내가 길을 제시해 주고 잘 해야 동생들이 보고 꾸준히 할텐데" 등의 마음이죠. 이런 후배들에게 해주고 싶은 말이 있다면요?

전달이 잘 될지는 모르겠지만, 그런 책임과 부담을 안고 야구를 할 필요는 없을 것 같아요. 내가 아니어도 누군가는 또 할 거니까. 그게 꼭 나일 필요는 없어요. 어쩌면 지금의 나보다 더 잘할지도 몰라요. 2000년대 생이라고 하면 저랑 한 스무살 차이가 날 텐데, 그 친구들도 처음에는 야구가 좋아서 시작했을 거 아니에요. 그 초심을 잃지 않으면 좋겠어요. 야구를 즐기면서 끝까지 했으면 좋겠어요. 부담감 때문에 야구를 즐기지 못 할까봐 안타까워요. 제가 야구를 즐겼던 적이 없어서 지금 엄청 아쉬움이 많이 남거든요. 시작했을 때부터 끝날 때까지 한 번도 제대로 즐긴 적이 없어요. 즐기지 못하면 실력이 발휘되지 않아요.

제가 야구를 했을 땐 따라갈 선배도 이끌 후배도 없었지만 앞으로 나올 후배들의 좋은 길잡이가 되어야 한다는 바로 그런 부담감이 컸었던 기억도 나네요. 야구를 하는 저를 보는 시선은 초등학교 때부터 항상 그대로였어요. 초등학교 때는 "쟤는 중학교 가서 2차 성장이 나타나고 생리하면 야구 못할 거야", 중학교 졸업하고 나니까 "쟤는 고등학교 가면 체력 차이가 더 나고, 엉덩이랑 가슴도 더 나오고, 그럼 야구 못할 거야" 정말 한결같았어요. 그래도 어쨌든 우여곡절 끝에 고등학교를 졸업하면서 여자 선수도 고교리그 대통령배 4강 마운드에 오를 수 있고 체육 특기생 자격을 얻을 수 있다는 선례를 만들었고요. 그런데 야구하는 여자를 바라보는 인식이나 겹겹이 닫혀있는 제도 등을 두드리고 또 여는 과정에서, 결국 전 한 번도 야구를 즐기지 못했어요. 그럴 기회도 없었고요. 지금 야구하는 선수들은 그런 부담감은 적잖아요. 마음만 먹으면 어디서든 다 할 수 있어요. 중학교 야구부, 고등학교

야구부 모두요. 여자는 야구부 등록을 못 한다는 규정은 없어졌으니까요. 언론에서 후배들에게 또 다른 '최초'라는 타이틀을 붙여주면서 부담을 주고 있는 것 같은데, 30년 전이나 지금이나 달라진 게 없네요. 후배들은 그런 것에 휘둘리지 않고 즐기며, 또 열심히 해서 한국의 여자 야구를 대표하는 실력 있는 선수들이 되었으면 좋겠어요.

안향미 선수님께서 뛰었을 때에 비하면 저변이 좋아졌지만, 아직도 기존의 제도들을 계속해서 수정하는 모험을 하면서 선수들이 성장하고 있어요. 이를테면, 김라경 선수의 등장과 함께 (중학교 야구부 입학이 힘든) 여자 선수들에 한해서 리틀 야구단에서 뛸 수 있는 나이가 14세에서 16세까지 연장되기도 했죠. 김라경 선수는 최초로 대학 리그에 서기도 했고요.

리틀야구 연령 제한이 저 때는 중학교 1학년 8월까지였어요. 남자 선수들 기준이었죠. 그래서 저는 창덕여중으로 입학 후, 야구부가 있는 남녀공학인 경원중학교로 전학을 가면서 선수 생활을 이어왔습니다. 지금은 여자 선수들에 한해서 중학교 3학년까지 리틀에서 할 수 있다는 거죠? 그런데 다시 생각해 봐야 할 문제인 것 같아요. 후배들이 중학교 야구부는 왜 안 가는 걸까요? 못 가는 걸까요? 아직도?… 특기생 입학이 가능한데도 말이죠. 리틀야구 연맹에서 여자 선수들을 중3 때까지 뛸 수 있게 룰을 개정했다는 것은 다르게 생각해 보면 여자 야구선수들을 중학교 야구부에서 배제하기 수월해졌다는 뜻이에요. 중학교 야구부 입학 못하면 고등학교 야구부에도 입학 못해요. 그럼 체육특기생으로 대학도 못 가죠. 그럼 이건 다시 원점입니다. (선의였다고 해도) 어떻게 보면 다시 차별이에요. 고등학교 여자 특기생 종목에서 빠져있던 규정까지 바꾸면서 지켜온 자리를 현재까지도 아무도 이어오고 있지 못한 점 아쉬움이 많습니다.

왜 유독 '여자 야구'가 이렇게 큰 전환점 없이 시행착오가 많고 더딘 걸까요? 선수님의 생각은 어떠세요?

제가 봤을 때 아직 야구판에는 오래된 야구 원로분들- 아주 오래된 생각을 가지고 계신 분들이 높은 자리에 계신 것 같아요. 그분들이 은퇴하시거나 생각을 바꾸지 않는 이상 이런 상황이 계속될 거예요. 여자 야구 리그를 '그들만의 리그'라고 칭하지만, 이게 어떻게 보면 야구 자체가 '그(놈)들만의 리그'예요. 반대로요. 그렇지 않아요? 자기들끼리 하겠다는 거죠. 저는 그렇게 생각해요. 그래서 리틀야구 규정이 바뀌었다는 얘기를 듣고 '하- 아직 멀었다'라고 생각했어요.

최초의 선수가 길을 닦으며 열어놓았던 문이 열린 채로 있지 않고, 다음 선수가 등장하기 전의 공백기에 닫히네요.

한 마디로 아직까지는 높으신 분들이 여자 야구를 하나의 홍보 목적으로 사용하거나, 진지하게 생각하지 않는 거예요. 다양한 사회인 야구 경기를 만드는 등의 일은 하고 있지만 근본적인 문제는 해결하지 않는 거죠. 결국 여자 야구를 키워준 건 그나마 언론이에요. 언론의 노출 파워로 인해서, 힘 있는 몇몇 분이 도와주셔서 그나마 이렇게 몸집이 큰 건데, 결국에는 여자 야구/남자 야구가 구분되어서 같이 공생해야 해요. 아직까지 남자 야구 쪽에서는 그럴 마음이 없다고 밖에 느껴지지 않아요. 축구 협회처럼 유소녀들을 키우려는 적극적인 노력을 해야 하는데, 아무도 안하잖아요. 지자체나 기업에서는 하고 있지만 KBSA나 KBO에서 하는 건 없어요. 언론에서 이슈화는 시키지만, 근본적인 울타리 안에는 여성이 못 들어오게 막는 거예요. 현재 여자 선수가 리틀 야구에서 중3까지는 뛴다고 해도, 그 이후에는 (당진이 아니라면) 결국 사회인 야구팀으로 가야 하잖아요. 사실 리틀야구는 학교 야구부 학생들을 위한 야구랑은 달라요. 리틀야구는 어떻게 보면 '학원 스포츠'예요. 그냥 별개예요. 리틀야구연맹도 따로 있어요. 중학 리그나 고교 리그, 프로 리그 등 본인들이 생각하는 성골 울타리에는 여성이 못 들어오게 해놓고 밖에서 너희들끼리 알아서 해라, 이런 느낌이에요. 그래서 발전이 더딘 거 같아요.

한국여자야구연맹이 창단된 지가 꽤 되었는데, 그동안 임원진에 남성들이 많았던 것도 영향을 미쳤을까요.

1대 회장님은 여성 국회의원이었어요. 그동안 회장직을 맡으셨던 분들은 변호사 등 다양한 직업을 가지고 계셨는데 아마 야구에 대해서는 거의 모르셨을 거예요. 올해 새롭게 연맹을 이끄시는 회장님은 여성이기도 하고 사회인 야구에서 오랫동안 몸 담으셨던 분이라, 여자 야구계의 고충을 제대로 잘 아는 분이죠. 수장이 여자 야구를 잘 이해해야 운영도 잘하지 않을까요?

말씀하신 대로, 여자 야구인 출신의 회장이 선출된 현 여자야구연맹은 당진주니어여자야구단을 직접 지원하는 등의 행보를 보여주고 있어요. 지금의 여자야구연맹이나 회장님께 바라는 점이 있다면 무엇일까요?

제가 뭘 바란다기보다는 아마 회장님께서 지금까지 야구를 하셨던 분이라 뭐가 부족한지, 뭐가 제일 필요한지 잘 아실 것 같아요. 제가 한 가지 당부했던 건, 당진여자야구주니어팀에 연맹으로서 지원을 좀 아끼지 않고 해줬으면 좋겠다는 것이었어요. 그때 돌아온 답변이 이미 (지원을 위한) 예산안을 다 짜놨다는 말씀이었어요. 개인적으로 매우 감사했어요. 제가 하고 싶었지만 할 수 없었던 일을 대신해 주시고 계신 것 같아요. 제가 물리적으로 한국에 있고 힘이 있다면 뛰어다니면서 도움되는 어떤 일이라도 하고 싶은데, 멀리 있다 보니까 힘이 닿지 않네요.

아까 <FC 슛돌이>가 잠깐 언급되었는데요, 요즘엔 여자 야구도 미디어 콘텐츠를 통해 활발히 소개되고 있어요. 영화 <야구소녀(2019)>도 그렇고, 접근성이 좋은 예능 프로그램 <마녀들1, 2(2020-2021)>처럼요.

물론 홍보 효과로는 좋아요. 제 얘기들이 너무 엘리트 스포츠로 수렴된다고 느끼실 수도 있는데, 그러나 스포츠는 결국 목적이 세계대회에서 성적을 내는 거예요. 지금 사회인 야구선수들도 국가대표팀에 선발되고 국제 대회에서 성과 내는 것을 목표로 이기기 위해서 정진해요. 세계 무대로 진출하기 위해서는 예능에서 띄우는 것만 가지고는 안돼요. 핵심적인 지점을 언급하는 등의 발전이 있어야 해요.
그리고 좀 염려가 되는 지점이 있어요. 여자 야구가 다른 여성 스포츠 종목에 비해서 언론에서 굉장히 다루기 쉬운 스포츠라고 해야 할까요? 여성 스포츠는 농구, 배구, 탁구 등등 많잖아요. 그런데 왜 유독 야구일까? 그런 생각 안 해보셨어요? 현재 여자 야구가 프로팀이 있는 것도 아니고, 당진을 제외하면 전문적으로 여자 야구 선수를 육성하고 있는 팀이 있는 것도 아닌데. 이런 상황에서 여자 야구를 가시화 시킨다면, 이 예능에 속한 몇몇 선수들이 위험할 수 있어요. 유망주인 스타 선수들이 혹여라도 이런 쪽에 너무 치우쳐서, 언론에 많이 노출되고 사람들이 알아봐 주고 관심을 가져주고 하면 내가 엄청난 선수가 된 것처럼 느낄 수도 있단 말이에요. 그러다 보면 처음에 가고자 했던 방향성을 잃고 주변에서 부추기는 대로 틀어질 수 있거든요. 양날의 검과 같아요. 개인의 방향성에 흔들림이 없으면 예능은 정말 도움이 되는 거죠. 지금 한창 실력 증진에 몰두해야 하는 선수들에게 세간의 관심이 어느 정도 이상으로 몰리게 되면, 서로 이권싸움이라고 해야 할까요? 자리싸움 같은 것도 야기될 수 있어요. 소란스럽게 마음을 흔드는 건 아닌지 알짜배기 없이 빈 깡통처럼 요란하기만 한 건 아닌지 짚어봐야 할 것 같아요.

여자 야구에 대한 관심과 투자가 이어지는 게 콘텐츠의 가장 유의미한 효과라고 할 수 있겠네요. 언론의 조명이 발단이 되어 따라오는 실질적인 투자요.

네. 지금까지는 내실 없이 관심만 반복된 것 같아요. 저부터 시작해서, 한국 여자 야구는 그 등장과 동시에 이십여 년 동안 미디어에 많이 노출됐어요. 타 여성 스포츠에 비해서 조명이 덜 되었다고 생각하지는 않아요. 어느 사회인 축구 혹은 사회인 농구가 이렇게나 언론에 많이 노출되었던 적이 있던가요. 엄청난 혜택을 받은 거죠. 그럼에도 불구하고 아직 제자리걸음이잖아요. 너무 보여주기 식으로 끝나지 않고 내실을 다질 수 있는 뭔가가 필요해요.

턱괴는여자들은 시각예술 장르에서도 여자 야구를 다루는 작품을 선보이고 싶어요. 1세대 야구선수로서 어떻게 생각하시는지 궁금해요.

좋은 취지인 것 같아요. 미국 골프를 예로 들면, 아널드 파머, 벤 호건, 바이런 넬슨

등 역사적인 선수들을 오마주 하기 위해 청동 조각상으로 제작해서 여러 골프 리조트의 필드에 전시해놨어요. 한국 여자 야구의 역사는 짧지만 지금부터라도 잘 준비해서 정리해놓으면 앞으로 엄청난 가치가 있는 자료가 되지 않을까요? 이게 또 잠깐 붐이 일어서 뜨끈했다가 식어버려서 몇 십 년 뒤에나 다시 관심을 가질지언정, 이런 자료들은 굉장히 유의미한 것 같아요.

마지막으로, 야구장이라는 공간에 대해 잠시 이야기해볼까요. 특정 공간 내에서 형성되는 분위기는 사람의 인식에 지대한 영향을 미치는 것 같아요. 하나의 공간은 곧 하나의 사회니까요. 턱괴는여자들은 야구장이라는 오픈된 공간이 사실은 굉장히 폐쇄적이라고 생각해요. 아직도 야구장 내에서 여성이 가질 수 있는 '직업'은 치어리더뿐이잖아요. 쿠베르탱의 근대 올림픽이 여성 선수의 출전을 금지했듯 스포츠 자체가 위계질서적으로 발전해 오긴 했지만, 그렇게 이해하기엔 유독 야구 내에서만 아직도 여성의 입지가 좁습니다. 참 신기해요.

닫혀있으면 열어야죠. 물론 선뜻 열어주진 않을 거예요. 그러니까 더 열고 나가야죠. 제 경험을 예로 들자면 저는 중학교 때는 감독님의 배려로 감독님 방을 제가 옷 갈아입는 탈의실로 사용했어요, 고등학교 때는 화장실이 탈의실이었고요. 그런 공간은 솔직히 당당하게 요구해야 하는 게 맞죠. 남자 선수 30명이 사용하는 탈의실을 만들어달라고 하면 가장 수월해요. 여자 선수 한 명이 쓰기 위해서 탈의실을 만들어달라고 한다면 현실적으로 불가능하진 않겠지만 힘들겠죠. 그런데 여자 선수 30명이 탈의실을 만들어달라고 한다면? 그럼 달라질 거예요. 그러니까 목소리를 높이고, 내가 필요한 걸 당당히 요구해요. 그게 문을 여는 거예요. 당연해지도록 인식을 바꾸어나가는 것도 우리가 할 일이라고 생각해요. '여자로서 이게 필요하니까 만들어 달라'가 아니라, 당연히 있어야 할 것이라고 생각하세요. 당연히 준비가 되어있어야 하는 것. 공공장소에 남자화장실 여자화장실이 당연히 마련되어 있잖아요. 학교나 야구장에서도 탈의실이나 샤워실이 당연하게끔 만들어 나가야 하는 거 같아요.

일본에서 선수 생활을 했을 때, '여자니까' '남자니까'의 구분이 따로 없었어요. 너무 당연한 것들이었으니까요. 그런 점이 저한테는 새로운 세계였고, 그 사회적인 인식이 부러웠어요. 일본에 가기 전에 한국에 있을 때는 마냥 기다렸던 것 같아요. '여자 야구팀이 언젠가는 만들어지겠지, 그럼 내가 그 속에서 뛸 수 있겠지'하고요. 그러다 기다려도 만들어지지 않으니까 제가 만들게 되었고요. 저는 그냥 간절했어요. 여자들이랑 같이 야구를 즐겁게 해보고 싶다는 마음이 간절했어요. 그런 말 있잖아요. 우는 애 젖 한 번 더 물린다고. 요구를 계속해야 알고 들어주는 거예요. 그런데 배가 고픈데도 배고프다고 속으로만 외치면 부모도 몰라요. 똑같아요. 계속 요구하고 얘기하고 싸워야지 이뤄지는 것 같아요. 여자들만의 전용 구장이 굳이 아니어도 돼요. 그렇지만 여자들도 어디서든 같이 야구할 수 있다는 인식은 마련되어야 해요.

남성 스포츠는 사전에 문이 열려있고, 여성 스포츠는 개인이 손잡이를 돌려 문을 여는 경우가 유난히 많다. 그만큼 예상치 못한 인물이 문을 열고 들어섰을 때, 그가 '예외적 손님'이 되지 않도록 동의와 합의를 구하는 과정은 내부자들(제도)의 과제로 주어진다. 안향미가 문을 연 후의 상황도 마찬가지였다. 최초로서 끝까지 살아남고 그 후에 첫 번째 팀을 만들고 월드 시리즈에 출전하는 것까지는 개인이 주도할 수 있는 역량이었지만, 여자야구연맹과 여성 경기 규격이라는 제도적 차원의 밑바탕은 이미 방 안에 있던 내부자들(KBO)의 선의에 일정 부분 기대야만 했다. 오늘날 우리가 고민해 봐야 할 점은, 새롭게 열린 문으로 줄이어 들어오기 시작한 여성 선수들이 여전히 '손님'일까?라는 점이다.

'맨땅에 헤딩', '계란으로 바위 치기'라는 말에 이보다 더 잘 어울리는 경우가 있을까? 모든 첫 번째들의 역사는 자발적인 용기와 투지로 점철되어 있기 마련이지만, 비밀리에의 월드 시리즈 출전은 마중물의 의미를 넘어 스포츠 정신의 정수를 보여준다. 2004년 11명의 국가대표 중 강효람, 강효선 선수와 연락이 닿았다. 2021년 9월, 약 이십여 년 만에 불러오는 그날의 기억은 여전히 선수들을 흥분시킬 만큼 생생한듯했다.

# 강효람·강효선
# '2004 월드 시리즈'에 참여한
# 최초 국가대표 선수들

야구하는 여자는 없다? 야구장 위의 여성들

# 02

# 강효람·강효선

#### '2004 월드 시리즈'에 참여한 최초 국가대표 선수들

● 턱괴는여자들

시작하기에 앞서, 간단한 소개를 부탁드립니다.

● 강효람·강효선

강효람(이하 '람')/ 저는 한국 최초의 여자 야구단인 비밀리에의 초창기 멤버이고
요. 23살 겨울 즈음부터 야구를 시작해서 지금까지 하고있습니다. 지금은 초등학교
방과후 수업으로 야구, 티볼 등을 가르치고 있어요.

강효선(이하 '선')/ 저는 2004년 21살 때 비밀리에 팀에서 처음 야구를 시작했고
2011년인가 2012년까지 했습니다. 제가 호주에 2년 정도 다녀올 일이 있었는데, 그
때 호주의 사회인 야구팀에서도 뛰었고 한국 돌아온 뒤 야구를 그만 두게 되었어요.

그러면 강효람 선수님은 몇 개의 팀에서 뛰어보셨나요? 지금은 어느 팀에 계신지도 궁금합
니다.

람/ 5번 정도 팀을 옮긴 것 같아요. 사회인 야구팀에서는 팀을 자주 옮기거든요. 지
금은 인천의 빅사이팅이라는 팀에 있습니다.

두 분 모두 한국 최초의 여자 야구팀에서 뛰셨잖아요. 처음에 어떻게 야구를 하겠다는 생각
을 하게 되셨는지, 그리고 비밀리에라는 팀은 어떻게 알고 들어가게 되신건지 궁금해요.

람/ 저는 구기종목을 워낙 좋아해서 유치원때부터 남자애들이랑 공놀이 하고 그랬거든요. 야구 글러브랑 공도 어렸을 때부터 가지고 있었고 남동생이랑 캐치볼도 했고요. 그래서 초등학교 땐 리틀야구단에도 관심이 있었는데, 그 쪽에서 여자는 유니폼이 안 나온다는 식으로 핑계를 대더라고요. 그래서 방학 때 다른 리틀 팀이 동네에서 훈련할 때, 감독님의 배려로 옆에서 같이 하기도 했었어요. 그 후에는 21살 때인가 운동이 너무 하고 싶어서 구마다 있는 여성 축구팀에 들어갔고요. '비밀리에'는 인터넷에서 우연히 여자 야구단이 생겼다는 글을 보고 들어가게 됐어요.

인터넷에서 창단 소식을 발견하고 들어가시게 된거네요.

람/ 네. 원래 인터넷을 잘 안하는데 그 날따라 '여자 축구', '여자 야구' 이런걸 계속 쳐보다가 우연히 그게 나온거예요.

선/ 저도 워낙 어렸을 때부터 스포츠를 좋아해서 이것 저것 다 했어요. 태권도 다닐 때 같이 배우던 남자애들이랑 동네에서 야구도 하면서 놀았고요. 그러다 중·고등학교 때부터는 직접 하지는 못하고 경기 영상만 찾아보고 이러다가, 어느 날 스포츠뉴스에 그 얘기가 나오는거예요. 최초 여자 야구팀이 생겼다고요. 그거 보고 카페 가입해서 들어가게 됐어요.

두 분 다 어렸을 때부터 운동에 대한 관심이 꾸준히 있으셨네요. 그럼에도 할 곳이 마땅치 않았던 상황이고요. 그만큼 비밀리에 입단에 설렘도 기대도 많았을텐데, 최초의 여자 야구팀도 여건이 좋지는 않았을 것 같아요. 운영 방식도 각종 장비와 장소 마련도 모두 갖추어 나가야 하잖아요.

선/ 매 달 내는 회비와는 별개로 입단비라는 게 있어요. 초반의 유니폼은 그런 돈을 내고 맞추는거였죠. 그 뒤로 시간이 지나서는 가끔 후원 받아서 유니폼 맞추고, 대신 그 기업 이름을 달고 뛰는 경우도 있었고요.

람/ 근데 구장같은 경우는 구하기가 굉장히 어려웠죠.

선/ 지금은 실내 연습장 빌려주는 곳도 많은데, 그 때는 거의 인맥을 활용해서 아시는 감독님이나 코치님들께 부탁해서 잠깐 쓰는 식이었죠. 보통 저희는 공터에 새벽부터 나가서 미리 공 깔아놓고, 그렇게 자리를 맡아서 썼어요.

람/ 한강 거기서도 했잖아. 추운 겨울에.

선/ 네. 지금 생각하면 미쳤다는 생각이 드는데. 한강 공터에 단장님이랑 몇몇 분들이 새벽에 미리 가져가지고 공 같은거 뿌려놓고 자리 맡아놓고 그랬어요. 선수들이 다 새벽 6시까지 모이는건 무리니까요. 그러면 저희는 8시 즈음에 모여서 칼바람이 불어도, 비가 와도, 날씨가 너-무 나쁘지만 않으면 그냥 운동 했어요. 눈 쌓이면 눈 치우면서 하고요. 그러다 한 번씩 남자팀이랑 친선경기가 잡히면 진짜 부푼 마음을 안고 가죠. 경기장에서 뛸 수 있다고 그러니까. 그러니까 초창기에는 거의 공터 같은 곳에서 많이 했어요. 안향미 감독님 모교였던 덕수고에서도 몇 번 야구장을 쓸 수 있게 해주셔서 대회 나가기 전엔 거기서 연습을 좀 할 수 있었죠.

구장 부족 문제는 아직도 갈 길이 멀긴 하더라고요.

람/ 맞아요. 그래도 옛날에 비해서 지금은 진짜 편하게 하는거예요. 이렇게 얘기하면 라떼인데, (웃음) 그래서 다른데서는 이 말 절대 안 꺼내요!

선/ 저희는 어디든 비어있기만 하면 아무 데나 막 가서 했거든요. 뚝섬 그런 쪽에서도 했던 것 같고.

람/ 이 얘기하면 한 시간 넘어요. 다른 팀들 경기 시작하기 전에 새벽에 일찍 나가서 연습한 적도 있어요.

선/ 한 새벽 6시부터 오전 9시까지? 남자 리그 하기 전에만 운동장이 비니까요.

그 시간에 모여진다는 것 자체가 엄청난 열정이네요. 보통 주말엔 쉬고 싶잖아요.

람/ 오히려 그 날만 엄청 기다려지죠. 일보다 야구 가는게 더 즐겁고, 나머지 5일은 주말 이틀을 위한거고요. 20대 때는 거의 일도 안 다니고 야구만 했을걸요, 평일에도요. 2004년 월드시리즈 나가기 전에, 그 때 우리는 이걸 위해 일도 그만둘 정도의 열정들이 있었어요. 모두가 그랬던건 아니지만 저 같은 사람들은 그랬어요. (웃음)[1]

선/ 합숙을 했어요 그때는.

람/ 일주일 내내 야구 했어요.

선/ 저는 그 때 대학생이었는데. 입단하고 얼마 되지도 않아서 세계대회가 있었거든요. 그래서 방학 하자마자 바로 서울 올라와서 평일에도 나가서 연습하고. 저희끼리 합숙 비슷하게도 하고 그랬어요.

람/ 속사정 모르는 사람들은 팀 만들어지자마자 금방 나가서 뭐 연습이 되었었겠냐 하지만, 보통 사회인 야구팀의 1년치 훈련을 그 때 다 했다고 봐도 되는 정도였어요. 저희 다음에 제대로 준비하고 대회 나갔던 친구들이랑 저희랑 성적이 크게 다르지도 않았고요.

조금 전에 어렸을 때부터 운동을 해보신 경험들이 있다고 말씀해주셨는데요. 두 분은 '개인적으로' 운동에 관심이 많았던 거죠? 당시 학교 체육은 여건이 어땠나요.

람/ 개인적으로 관심이 많았죠. 저는 초등학교 때부터 육상부 활동을 했어요. 멀리뛰기, 높이뛰기 선수로 대회도 나갔고요. 초등학교 6학년때는 운동 잘 한다고 소문이 나서 농구로 유명한 학교에서 국제 농구 심판 분이 찾아오셔서 테스트도 받았었는데 키가 너무 작아서 안 됐죠. 그 후엔 계속 공부를 하다가, 그래도 미련을 못버리고 고2 말에 갑자기 체대 입시를 준비했어요. 수능 점수만 믿고 실기를 너무 늦게 준비했던 바람에 잘 되지는 않았고요. 그 후로는 아까 말씀드린 것처럼 축구를 잠깐 하다가 비밀리에 들어가게 된거죠. 하여간 꿈은 계속 운동쪽이었어요.

아직까지도 여성은 본인이 운동쪽에 지대한 관심을 가져야 체육 활동 접근성이 좋은 것 같기는 해요.

---

1   함께 월드시리즈에 참여했던 박유민 선수에 따르면, 세계 대회 참가 후 다니던 회사에서 사직처리를 받았다고. "저 같은 경우는 그 당시 직장에서 번역일을 했는데, (일본) 다녀와서 잘렸어요. (하하) 왜냐하면 너무 야구에 미쳐가지고 몰두하지 않는다고 사장님께서 생각하셨나봐요. 그 뒤로 다른 일 구해서 잘 다녔어요."

람/ 특히 한국이 그렇죠. 저희 조카가 외국에 사는데 걔가 타고난 운동 신경이 진짜 없거든요. 그런데 테니스로 저를 이기고 다른 운동으로도 다 이기는거예요. 잘하건 못하건 일상에서 애들이 운동을 항상 접하니까요. 다양한 클럽활동이 그냥 기본이고 생활인데, 한국에서는 제가 야구 가르칠 때 보면 여자가 한 명 있을까 말까 해요. 이런 상황에서 여자애가 한 명 들어왔다는 건, 그 애는 정말 운동에 대한 관심이 매우 많다는 거죠. 우리보다 윗 세대는 이게 더 심했을거 아니에요. 야구할 때도 "여자는 소프트볼 아니야?"라는 식의 이야기를 아무렇지 않게 들었을테니까, 아마 더 어려웠을거예요.

선/ 저는 만약 우리나라의 학교 체육 교과가 활발하고 외국처럼 일상적으로 운동을 접하는 환경이었다면, (야구하는) 여자들이 여자 야구팀에 이렇게 집착하지는 않았을거라는 생각이 들어요. 남자 애들은 쉬는 시간마다 농구도 하고, 축구도 하고, 이런게 되게 자연스러운데, 거기 끼어서 같이 하는 여자가 있으면 튀잖아요 한국은. 전혀 자연스럽지 않고 "쟤는 뭐지?" 하는 상황이 되고요. (한국 학교가 그런 상황이기 때문에) 저도 초등학교 때는 여느 여자애들처럼 별 관심이 없었던 것 같아요. 그러다가 월드컵이었나? 그 경기를 보고 나서 스포츠가 어떤 건지 느낀거죠. 한 번 그 느낌을 받으니까 그 다음에 태권도, 검도, 제가 막 찾아서 하고 싶어졌고요. 학교에도 체육 시간이 있기는 하지만, 그 시간을 통해서 스포츠에 관심을 갖거나 좋아하게 되거나 그러기는 힘든 것 같아요. 요즘 아이들 보면 그래도 '1인 1기'같은 정책도 학교에서 하고, '뉴 스포츠'라고 해서 새로운 시도도 많이 하면서 클럽대회도 많아진 상황 같기는 하더라고요. 그런데 저희 때는 운동 관련된 건 동아리 활동을 찾아서 하는거 아니고서야 자연스럽게 접하기는 어려웠어요.

한국 사회는 여학생들에게 팀 스포츠를 권하거나 가르치는 상황이 아니잖아요. 때문에 성인 여성이 하는 운동도 필라테스, 걷기, 요가 등 보통 개인 운동이 많고요. 두 분이 생각하기에 여성도 팀 스포츠를 해야 하는 이유가 있다면 무엇인가요?

람/ 팀 플레이는 경기를 하면서 사회 생활을 하는거잖아요. 내가 이 포지션일때 이렇게 나가면 저 사람은 어떤 행동을 할까 이런 예측도 해야하고. 어릴땐 팀 운동이 하나의 사회 생활이라는 생각을 많이 했던 것 같아요.

선/ 저는 21살 팀 막내로 야구를 시작했다보니 저 말에 완전 동의해요. (웃음) 팀플레이 자체가 시야를 넓게 봐야하는 것이고 나 혼자만 생각해서 되는게 아니니까요. 콜플레이2랑 백업3을 해줘야 하니까 같이 뜻을 맞춰보고 전략을 정하고, 이런 훈련이 모든 협업에 도움이 되는 것 같아요. 그리고 나이대에 따라서도 느끼는게 또 다른 것 같고요. 제가 21살의 나이로 팀에 들어갔을 때 팀원 언니들 중에 40대도 있었거든요. 일반 대학생활에서는 느낄 수 없는 것들, 그 나이대에 원래는 알 수 없을 부분을 배우는 경우도 있어요.

람/ 개인 운동을 할 땐 혼자 목표를 세우고 내가 행동을 하기만 하면 되잖아요. 그런데 단체운동은 내가 저-만큼 앞서 간다고 해도 상대방이 조금밖에 못따라올 수도 있어요. 어렸을땐 '아… 이걸 왜 못따라와.' 하면서 성질도 나고 그랬는데, 점점 단체생활을 하면서 느끼는게 '아 내가 빨리 간다고 다같이 갈 수 있는게 아니구나. 조화를 이루기 위해서는 내가 끌고 가든지 뒤에서 밀어주든지 여러가지 방법이 있겠다' 하고 아무래도 타인하고 어울리는 방향을 조금 더 생각하게 되는 것 같아요. 그래서 단체 운동을 좀 많이 해보는게 좋지 않을까 싶어요.

올해 당진에서는 처음으로 여자 유소년 야구팀이 만들어졌어요. 어릴 때부터 여자아이들끼리 함께 야구를 할 수 있는 장이 마련되었다는 것도 좋은 신호인 것 같아요.

람/ 저희 팀이 그 팀이랑 경기를 했었어요. 애들이 일단 너.무. (강조) 잘하고요. 정말 부러운게 어렸을 때부터 야구를 시작해서 기본기가 진짜 좋아요. 그리고 제일 인상깊었던 건 뒤에서 부모님들이 응원도 해주시고 경기에 참견도 하시고 관심이 되게 많으셨다는 거예요. 그게 너무 부럽더라고요. 우리 때는 "그거 돈 되냐" 아니면 "무슨 여자가 야구를 하냐" 이런 반응들 뿐이었거든요. 그런데 그 친구들은 아빠가 데려오고 픽업해주고 오히려 더 적극적이시더라고요. 여자애라는걸 생각하지

---

2    콜 플레이(Call play) : 구기 종목의 선수들이 경기 중에 서로 대화를 하며 경기 상황을 조율하거나 지시하는 일.

3    백업(back-up) : 야구 따위에서, 수비자의 실책에 대비하여 그 뒤에 다른 수비자가 대비하는 일.

않고 흔한 운동부 남자 애들 대하듯 하세요. 그게 너무 부러운거예요. 확실히 우리 세대보다는 훨씬 많이 좋아지고 있는 것 같아요. 다행이죠.

선/ 보통 이렇게 유소년 때부터 팀에 들어가서 운동하는 아이들은 기본적으로 아빠가 야구쪽에 관심이 있으신 편 같아요. 같이 연습장도 데리고 다니고 하시더라고요. 사실 아직도 그렇게 특별한 케이스가 아니면 하기 힘든 상황이죠. 그래도 이렇게 모인 팀이 두 팀이 되고 세 팀이 되고 점차 늘어나면 나중엔 정말 괜찮은 국가대표팀도 생길 것 같아요. 조금씩 발전하고는 있는데 생각보다는 정말 더뎌요. (웃음) 저희가 '비밀리에'에서 운동 하던 2004년에 생각하기로는, 한 10년 후면 어느정도 기반을 잡겠다 싶었거든요? 그런데 20년이 되어가고 있는데도 아직이네요.

'비밀리에' 창단 후 3년 뒤인 2007년에 여자야구연맹이 발족했는데, 당시엔 3년만에 사회인 야구팀이 16개가 되고, 선수가 200여 명까지 늘어나는 등 발전 속도가 굉장히 빨랐어요. 그런데 20년이 되어가는 시점인 현재는 상승곡선이 굉장히 완만해진 느낌이 들거든요. 그 이유가 뭘까요?

선/ 그런데 초기에도 실제로 인원이 확 늘었던건 아니에요. 팀이 몇 개 없었을 땐 사람들이 한 팀에만 막 3-40명씩 몰렸어요. 그러면 이제 그 안에서 시합 뛸 수 있는 사람은 한정되어 있으니까 일부가 갈라져 나가서 새로운 팀을 만드는 식이었거든요. 그래서 보기엔 폭발적인 성장을 한 것 같지만 같은 무리 안에서 조금씩 유입이 된거지 팀 개수가 늘어난 만큼 인원이 비례해서 늘어났던 건 아닌거죠.

알고 보면 전체 인원은 비슷했다는 말씀이시군요?

선/ 제가 보기엔 그랬어요. 초기에만 우르르 몰렸다가 파생팀이 많아진거지 새로운 선수의 유입이 계속 많았던 건 아니라서 정체기가 있지 않았나 싶네요.
람/ 그래도 한동안은 인원이 조금씩 늘어났어요. 그러면서 실제로 팀이 많이 생기긴 했는데 다시 합병되는 경우도 꽤 있었고요. 개인적으로 이런 현상엔 이유가 있다고 생각해요. 남자 사회인팀은 A팀, B팀, C팀 내가 돈만 내면 다 할 수 있어요. 그런데 여자 야구팀은 사회인 야구이자 선수단인 상황이잖아요? 그러다보니 팀을 옮기려면 '이적동의서'를 써야하거든요.[4] 남자팀엔 이런게 전혀 없어요. 내가 돈만 있으면 여러팀 뛰는 게 가능해요. 그런데 여자 야구는 다른 팀으로 옮기는 기준도 까다롭고, 또 내가 다른 팀으로 옮기면 원래팀에서는 활동을 못해요. 그러니까 인원이 초반보다는 늘었으나 어느 이상으로 팽창은 못한거죠. 이런 기준들을 자유롭게 풀어줘야 한다고 생각해요. 남자 사회인 야구처럼 사회인 야구는 사회인 야구로 흘러가야죠.

선/ 약간 특이한 케이스이긴 하죠. 여자 야구가.

람/ 빨리 이걸 (엘리트와 아마추어로) 분리시켜야 이 쪽은 이 쪽대로 저 쪽은 저 쪽대로 집중해서 활성화가 될 수 있어요. 지금 여자 야구는 이게 최대 관건인 것 같아요.

선/ 사회인 야구팀인데 어떤 연맹같은 느낌이 되는거죠. 약간 특이한 케이스.

람/ 개방적인 활동을 하고 싶어서 들어왔는데 폐쇄적인 활동을 하게 되는거죠.

특히나 지방의 경우 지역 내 팀이 1-2개 밖에 없잖아요. 그런 경우엔 더욱이 이적에 눈치가 보일 것 같아요.

선/ 이적동의서랑 이런 분위기가 왜 생겼냐면요. 여자 야구 초기에는 대회에서 어떻게든 이겨보려고 용병을 데려오고 그랬어요. 예를 들면 엘리트 소프트볼 선수를 영입하는거죠. 어떤 대회만을 위해서 선수들이 들어왔다 나갔다 하는게 심해지면서 그걸 금지하기 위해 이적동의서를 쓰기 시작한거예요. 그런데 그 부작용이 생긴 것 같아요. 약간 기득권 세력이 있는 것도 그래요. 사실 이 점은 어떤 운동부든 똑같이 가지고 있는 문제긴 하죠. 요즘은 국가대표를 나름 투명하게 뽑는다고 하는데 그것도 처음엔 잡음이 많았어요. 이 친구가 실력은 훨씬 더 좋은데 다른 친구가 뽑힌다거나.

람/ 테스트 뛰지도 않았는데 붙은 사람도 있었어요.

---

4  한국여자야구연맹 내 '이적신청'에 관한 설명에 따르면 1.이적신청 (선수본인) 2.양팀 감독 승인여부결정 3.연맹에서 최종확정 4.이적완료의 과정을 거쳐야만 한다.

선/ 트라이아웃(테스트)을 한다는 것 자체가 바로 그 순간의 실력을 보고 사람들을 뽑는게 맞는거잖아요. 부상때문에 테스트에선 좀 부진했지만 원래는 잘하는 친구니까 그래도 뽑아주는, 그런 경우가 있는 것 같아요. 근데 이제 트라이아이웃은 공식적인 거잖아요. 아무리 100점의 실력이라고 하더라도 시험에서 80점 맞으면 80점이듯이 그렇게 공정하게 채점되어야 하는데, 오래 운동해온 사람들은 그 날 못하더라도 '쟤는 원래는 잘 하는 애니까' 하면서 뽑고.

굉장히 작은 규모의 사회인데 너무 큰 대표성을 갖게 되면서 생기는 현상 같네요.

선/ 맞아요. 그 안에선 정말 이게 하나의 사회 같아요. 국가대표 되는 것도 그 작은 곳 안에서 이루어지다 보니까 잡음이 많이 일어나고요. 정말 내가 좋아서 하는 야구니까 한 주의 스트레스를 운동하면서 즐겁게 풀고 대회도 나갔다 오고 그렇게 끝나면 되는 부분인데, 사실 야구팀 할 때는 오히려 더 스트레스 받기도 했거든요. 운동하는 건 즐거운데 운동 외적으로 너무 잡음이 많고 신경써야할게 많으니까···. 초반에 멋모를때는 정말 즐거움으로 시작을 했는데, 나중에 주장을 맡고 이런 저런 행정적인 업무를 하다보면 좀 힘들어져요. 이게 사회인 야구도 아닌 것이~ 프로야구도 아닌 것이~ 여자 야구는 그런 애매한 상황에 있는 것 같아요. 그래서 결국 이것도 정치가 되는거죠.

사회인 야구와 엘리트 야구의 혼종같은?

선/ 네. 여자 야구는 엘리트로 키워진 애들이 없으니까 이렇게 되는거죠. 이제 학교팀이나 아까 당진팀같은 유소년 팀들이 많아지고, 그 친구들을 키워서 국가대표를 만들면 좋을 것 같아요. 그리고 저희는 그냥 남자 사회인 야구처럼 동호회로서 생활운동에만 집중하면 훨씬 더 즐겁게 할 수 있을텐데, 그게 안 되는 상황이 10년 이상 이어져오고 있는거죠.
람/ 연맹을 구성하고 이런 사람들이 아무래도 기득권이잖아요? 그걸 좀 놓아야 된다고 생각해요. 근데 사실 그런 부분은 어디에나 있을거에요. 여긴 팀을 옮기기가 힘들어서 더 심한 것 같기도 해요. 그 안에서 내가 지면 도태되고, 포지션 등등 여러 가지로 내가 하고 싶은걸 못하게 되잖아요. 그런데 남자 사회인 야구팀처럼 여러팀을 자유롭게 옮길 수 있다면, 그냥 선수가 지금 팀과 안 맞으면 다른 팀으로 옮기면 되는거예요. 굳이 거기서 싸울 필요나 세력다툼할 필요도 없고요. 연맹이 생긴 시초도 솔직히 순수한 지원의 의미였다고 생각하진 않아요. 지금 원로이신 분들의 개인적인 욕심이 없었으면 연맹이 생기지 않았을거예요. 감사하지 않다는 말은 아니지만, 남자 야구 세계 안에서의 입지를 위해 한 방이 필요한 시점에 마침 여자 야구를 알고, 안향미라는 선수를 알고 '어 이거다!' 했다고 봐요. 그게 아니라면 여자 야구가 그 분들을 주축으로 해서 진작에 생겼겠죠. 그런데 (여자야구연맹 설립 기준) 불과 3년 전에 우리가 국제 대회 나간다 했을때는 아무도 관심 없었거든요? 조언이나 지원을 받고 싶어서 문화관광부(현 문화체육관광부)에도 알아보고 KBO에도 알아보고 했을땐 전혀 관심이 없다가, 세계 대회에 다녀오면서 스포트라이트를 받으니까 그 때 연락이 막 오기 시작했어요. 그렇게 연맹이 생긴 것이기 때문에 저는 그런 분위기가 빨리 없어지길 바라요. 물론 모든 분들이 그랬다는 건 절대 아닙니다. 분명히 여자 야구에 힘써주신 고마운 분들이 굉장히 많습니다.

선/ 그래서 '그걸(권력의 집중 현상) 견제하는 다른 단체가 생겨야 된다', '그만큼의 힘을 가진 연맹이든, 협회든 생겨야한다'는 얘기도 나왔었거든요. 그런데 사실 엘리트 리그가 없는 이상 연맹을 만들어도 운영하는분들 부터가 그게 생업이 될 수는 없잖아요. 그러다보니 쉽지 않은 일인 것 같아요.

람/ 제가 단체 조직도를 찾아보다가 느낀게 있어요. 대한체육회에 KBO(한국야구위원회)랑 KBSA(대한야구소프트볼협회)가 있고, 그 대한야구소프트볼협회 아래에 여자야구연맹이 있는거잖아요. 차라리 아예 별개의 협회거나 직속 기관이어야 하는데 되게 애매모호하게 문제인 것 같아요. 아예 대한체육회 소속으로 들어가버리면 예산 비율이나 지원제도가 명확할 것 같은데 말이에요.


맞아요. 실제로 예산이 너무 적은게 하나의 어려움이라고 하더라고요. 더군다나 남자 사회인 야구는 협회에서 어떠한 지원도 하지 않는대요. 엘리트와 명확히 구분되는 동호회이기 때문에 자발적으로 돈 내고 즐기는 야구인거죠. 그런데 여자 야구는 프로가 따로 없다보니까 여자야구연맹이 국가대표를 지원하려면 곧 사회인 야구를 지원해야 하는거고, 그와 더불어 유소년쪽 케어까지 해야하는 상황이고요. 여자 야구의 정체성이 모호해서 생기는 애로사항이죠.

람/ 소프트볼 선수는 대한야구소프트볼협회에 정식 선수 등록이 되어 있어요. 그런데 여자 야구선수들은 협회 직속이 아니라서 선수 등록도 적용이 안 돼요. 빨리 재정립을 해야할 것 같아요. 아예 소속을 시켜주거나 아예 떨어져 나오거나요. 그래야 여자 야구에 발전이 있지 않을까요? 리틀 야구같은 경우도 원래는 중학교 1학년까지 뛰었던건데, '김라경 특별법'이 생기면서 여자는 중3까지 소속될 수 있더라고요. 여자 선수가 리틀에서 오래 뛸 수 있는게 잘됐다- 싶다가도 반대로 생각하면, 결국 협회 쪽에 좋은 일인 것 같아요. 중3까지는 말이 안 나올 것 아니에요. 어떤 여자 선수가 남자 선수처럼 초등학교 이후에 계속 야구를 하고싶다고 하면 그 무대의 부족이 리틀야구에서 해소가 되어버리니까 더 근본적이고 중요한 학교 야구에 대한 말은 안 나오고, 거기서 결국 끊기게 되는 것 같아요.

안향미 선수 인터뷰 때도 이 얘기가 나왔어요. 안향미 선수는 남자 팀이더라도 어떻게든 중학교 리그에 발을 넣고 있었는데, 왜 그 뒤로 야구 하고싶은 여학생들이 학교 야구부에 가지 않는지 궁금해 하시더라고요.

람/ 그런데 남자팀에 들어가는 것도 발전은 아니잖아요 사실. 여자 중학교팀이 생겨야 하는거죠. 안향미 선수같은 경우는 전국을 통틀어 유일했고 혼자였기 때문에 남자팀밖에 선택권이 없었던 경우고요. 그런데 만약 지금이라도 팀을 만들고 싶다? 어디 가서 요청을 해본다 하면 들을 말이 뻔해요. "좋다. 그러면 하고싶은 애들이 얼마나 많은지 데려와봐" 그것도 한 팀으로 끝나는게 아니라 여러 팀이 생겨야 하겠죠. 그렇게 추진하려고 한다면 이게 벌써 총대를 메는 누군가에게 '내 일'이 되어버리고 복잡해지죠. 어떤 개인이 이걸 감당할 수 있을까요? 그래서 양쪽 다 '그럴 수 있겠다'는 생각은 들어요. 그런데 아무래도 좀 아쉬운건 이렇게 야구하고 싶은 여자 아이들이 많은 때에, 어느 학교에서든 중학교 취미팀이라도 만들면 좋겠다 싶은거죠. 어느 한 팀이 그렇게 시작되면 옆에서 다른 친구들 혹은 다른 학교가 보고, "저 중학교에 여자 야구 취미팀이 있대" 하고 또 생길 수 있는거고요. 아니면 좀 더 보급형인 티볼 팀이 생길 수도 있고. 요즘 여학생들이 티볼은 많이 하거든요. 그런식으로 접근성을 늘릴 수 있지 않을까요.[5]

결국은 또 이렇게 교육으로 회귀하게 되네요.

람/ 네. 교육이 근본적인 해답에 가장 밀접한 것 같아요. 굉장히 밀접하죠.

그럼 이제 좀 더 '비밀리에'와 '선라이즈'에 집중된 질문들을 해볼게요. 2004년 3월에 창단된 팀으로 7월에 제4회 월드시리즈에 출전했어요. 아마추어 선수들이 야구를 한 지 4개월만에 국제 대회에 나가는 건 그 결심부터가 쉽지 않았을 것 같은데요.

람/ 한국 대표로 나간다는 것 자체가 모험이었죠. 경제적으로 좀 더 여유있는 3-40대였으면 자비로도 선뜻 가겠다고 할 수 있었을텐데, 당시엔 되게 갈등을 많이했어요. 그런데 딱 하나, 한국이 세계 여자 야구 대회에 나가는 첫 걸음이잖아요? 그 순간에 제가 당사자이고 싶었어요. 그리고 대한민국이라는 이름을 걸고 나가는 경험을 제가 언제 해보겠어요. 그래서 되게 좋았고 또 어려웠죠.
그런데 일본에서 돌아왔을 때 사람들의 평가가 너무 속상했던 게, 여자 야구가 발전하는 첫 걸음으로 생각을 해줬으면 좋았을텐데 그렇지 않았던거죠. '4개월만에 갔다'라고들 말하는데, 4개월같지 않은 4개월이었거든요. 사회인 야구팀은 주말에 2번씩 나가면 많이 나가는건데 우리는 일주일 내내 훈련을 했었단 말이에요. 매일 매일 하루 종일요. 제 생각에 저는 그 때 짧고 굵게 훈련한 야구 덕으로 한 4-5년을

---

5    한국티볼협회에 따르면 학교 스포츠클럽으로 개설된 티볼 팀의 수는 초등학교 917개 학교에서 1,466개 클럽, 중학교 204개 학교에서 350개 클럽, 고등학교 54개 학교에서 92개 클럽으로 총 1,175개이다. (클럽은 저학년/고학년의 나이나 성별로 나뉜다.) 총 학생수는 등록학생 기준 41,520명, 실적학생(출전 기준을 충족한 학생) 기준 31,185명이다. 남학생에 비해 여학생이 3배 더 많다.

주전으로 뛰고 잘한다는 소리를 들었어요. 저는 그 준비과정을 인정해 줘야 한다고 봐요. 국제대회 출전을 결과만 두고 되게 좁게 생각할게 아니라요. 우리끼리 엄청 땀 흘리고 고생 많이 했거든요, 처음이라서요. 그 부분이 평가절하되는 게 좀 속상 하더라고요.

선/ 저는 그 때 진짜 얼떨결에 갔어요. 6월에 야구를 시작했거든요. 두 번째 연습인 가 갔을 때 세계대회 있는데 갈거냐고 물어보는거예요. 그래서 간다고 하니까 미리 맞춰두었던 유니폼을 입히더니 프로필 사진을 바로 찍더라고요. (웃음) 그 때는 실 력이고 뭐고 인원수를 채우는 것도 일이었기 때문에 제가 그렇게 선수로 나가게 됐 어요. 저는 그 때 대학교 2학년이었는데, 아무것도 모를 때라 그냥 새로운 경험이 좋았던 것 같아요. '와 나 처음 비행기탄다' 이런 마음으로 따라갔던 것 같네요. 뭐 가 무서운지 뭐가 뭔지도 모르는 상태로요.

람/ 안향미 선수는 엘리트 코스에서 오래 야구를 했고, 효선이처럼 입단하자마자 바로 간 경우도 있지만 당시 5-6명은 바로 다음 대회에서도 국가대표로 뛸 수 있을 정도의 실력이었어요. 이렇게 잘 하는 선수들도 있었는데 '일본에 몇 대 몇'이 결과 만…. 우리가 일본에 53 대 0으로 졌잖아요. 우리끼리 농담으로 공항에서 나오면 계란 세례 맞는거 아니냐 했어요. 너무 웃겼죠, 우리한테 아무도 관심 없는데! 대회 나가고 경기한 것도 모르는데 말이에요. 근데 입국하고 나서 나중에 <제3지대> 방 송이 나왔거든요. 그걸 본 사람들이 막 댓글을 단거예요. '대한야구협회 뭐하나', ' 이렇게 어렵게 출전했는데 뭘 도와준거냐.' 이런 식으로요. 그 전에는 '53 대 0? 미 쳤구만' 이러다가.[6] (웃음)

선/ 어떤 팀이 어떻게 나간거지 모르니까 처음엔 부정적인 반응이었다가, <제3지 대> 방송이 나가고 '아 이렇게 열악한 상황에서 준비해서 나간거구나'를 알고 나서 는 분위기가 약간 바뀐거예요.

한일전이어서 초반의 반응이 더 격하지 않았나 싶어요. 그 당시는 2002 한·일월드컵 여운 도 있었을테고요. 그런데 처음부터 너무 최강자인 일본이랑 붙어서 점수차가 그렇게 나버 리니까 나중엔 일본 관중들도 한국팀을 응원하는 분위기가 되었다고 들었어요.

람/ 1회에 17대0으로 지고 있었어요. 13 대 0 인가? 저희가 공을 너무 오래 던지고 있는 상황인거죠. 투수가 공을 컨트롤해서 던져도 다 쳐내더라고요. 그 때 제가 나갔는데, 저는 투수가 처음이었거든요? 제가 컨트롤이 안되니까 관중석에서 막 웃더라고요. 그 때 제가 일본어는 모르고 영어로 웃지 말라고 "Don't laugh!" 하고 엄청 크게 소리쳤어요. 그 다음부터는 좀 조용하더라고요. 제 말 알아듣고 그런건지는 모르겠어요. 우리가 손 다쳐도 끝까지 열심히 하고 막 이러니까 아무래도 거기서 웃지는 못했겠죠. 그 상황이.

2004년 월드 시리즈 출전 이후 2006년에는 처음으로 전국 대회가 생겼다고 알고 있습니다.[7] 당시만 해도 섬처럼 떨어져서 각자 야구하던 팀들이 서로를 만나는 첫 기회가 되었을 것 같아요. 최초의 팀으로서 감회가 새로웠을 것 같기도 한데, 어땠나요?

람/ 솔직히 말하면, 저희 팀에서 거의 파생되어서 팀들이 생겼기 때문에….
선/ 지방팀 말고 서울팀들은 거의 다 알던 사람들이었던 것 같아요. 그리고 일단 저희 목표는 우승이다 라는게 있었어요.
람/ 맞아. 우리는 지면 안 됐지.
선/ 당시에 약간 공공의 적 같은 팀이었거든요. 첫 번째 야구팀이다 보니 잘 해도 본전인 팀이고, 아니면 잘 하면 잘하는대로 못 하면 못하는대로 욕 먹고요. 안향미라는 최초 여자 야구선수가 감독도 맡고 있고 그러다 보니까 우승을 못하면 안 되는 상황이었죠. 그리고 초기엔 아무래도 다 저희팀에서 분리되어서 나간 팀들이다 보니까 얼마나 저희를 잡고 싶겠어요. 그래서 다른 팀들 얘기가 종종 들리더라고요. '어디서 소프트볼 선수를 용병으로 데려왔다.' 그게 첫 대회부터 그랬는지는 정확히 기억이 안 나는데 아무튼 그 후에도 그런 얘기는 종종 있었으니까요.

---

6    월드시리즈 한일전의 결과는 53 : 0. 놀랍게도 현지에선 우승한 일본팀보다 오히려 비밀리에팀에 관심과 격려가 쏟아졌다. 일본 관중은 숙소까지 찾아와 '감동했다'며 팀을 격려했다. (출처 : 경창환, "전패 불구 갈채받은 한국 여자야구", <동아일보>, 2004.08.05.)

7    KBO 총재배 여자야구대회, 함평여자야구대회.

여자 야구의 고질적인 문제 중 하나가 소프트볼과의 경계가 흐릿하다는 지점이잖아요. 이건 소프트볼에게도 마찬가지일 거고요. 초기의 사회인 야구팀이 어떻게 소프트볼 선수를 데려올 생각을 했을까요?

람/ 그게 가능하고 빈번했던 이유가, 기준이 없어서예요. 우리가 소프트볼 팀으로 대회에 나가려면 무슨 정식 소속이어야 되잖아요. 근데 소프트볼 선수들은 야구팀에서 뛸 때 어떤 기준이 없어요.

선/ 어차피 사회인 팀이니까요.

람/ 유니폼만 맞춰주면 뛸 수 있는거예요. 근데 아마 그게 팀에 득이 되지는 않았을거예요. 왜냐하면 외부 영입 선수가 경기를 뛰면, 실제 팀원 한 명은 못 뛰거든요. 당장은 이기고 싶어서 데려온 거겠지만요.

선/ 그래서 중간에 룰이 생겼던 걸로 기억해요. 문제라는 얘기가 나왔었거든요. 야구 팀에 소프트볼 선수들이 자꾸 유입되는거예요. 돈이 있는 팀들은 '유니폼 맞춰줄거고 회비도 안 내도 되니까 와서 뛰기만 해라' 이렇게 된거죠. 그렇게 소프트볼 선수들 영입전이 되다보니까 원래 사회인 야구팀의 목적은 흐려지고, 야구를 즐기면서 경기를 뛰고 싶은 선수들이 있는데 그 몫을 잃게 되잖아요. 그러면서 '이렇게까지 하는건 문제다'라는 의견이 나왔던걸로 기억해요. 중간에 어떤 제약이 생겼던 걸로 기억하는데 지금은 모르겠어요.

람/ 지금도 복잡해요. 우리 야구팀에서도 몇 명이 소프트볼협회에 가입되어 있더라고요? 대한야구협회가 대한야구소프트볼협회로 바뀌었잖아요. 그래서인지 찾아보니까 소프트볼 대회들이 되게 많아요. 그 중에 시마다 하는 대회들이 있는데, 야구선수들이 몇 번 거기 가서 뛰기도 하더라고요. 또 이 쪽(야구)에서는 소프트볼 선수들이 뛰고. 이러다보니까 경계가 점점 더 모호해지는 것 같아요.

사회인 야구팀의 경우는 팀 내에 '즐기자'와 '이기자'의 분위기가 혼재하는 것 같아요. 소프트볼 선수를 영입한다는 건 그중 '이기자'에 치중된 의도잖아요. 그 균형을 잡는 게 또 어려워 보여요.

선/ 그런데 결국은 '즐기자'에서 '이기자'로 가더라고요. 계속 지기만 하면 재미가 없거든요. 저희팀에서도 그렇게 굳이 이기는걸 추구하지 않겠다고 해서 나간 분들이 만든 팀이 있었는데, 거기도 '이기자'로 변했어요.

사회인 팀이더라도 '이기자'가 야구 수준을 끌어올리는 데는 일조를 하죠.

선/ 네 맞아요.
람/ 맨날 지면 재미 없잖아요.

혹시 여자야구연맹에게 바라는게 있다면 어떤 것일까요? 현재로서는 어쨌든 여자 야구를 대변하는 유일한 기관이잖아요. 왠지 2007년 창단 당시가 더 희망적이었을 것 같기는 하지만요. 그 때와 현재, 두 가지 모두 말씀해 주셔도 좋아요.

람/ 야구팀 창단 초기에 저희가 바로 일본을 접했잖아요. 몇 번 다녀오기도 하고 일본 팀들이랑 교류도 꽤 했었거든요. 그 쪽 얘기를 들어보면 여자 야구 국가대표 선발을 다 공개 테스트로 진행하더라고요. 일본은 연식 야구/경식 야구가 나뉘어져 있는데, 통틀어서 오로지 실력으로만요. 그런 공정한 시스템을 지향하는 방향으로 흘러가면 좋겠어요. 그리고 하루 빨리 사회인 야구팀하고 엘리트가 분리가 되어서 여자 아이들도 엘리트 쪽은 대한야구소프트볼협회 직속 등록이 되고, 남자애들처럼 지원을 받는 쪽으로 갔으면 좋겠다는 생각이 드네요. 그리고 사회인 야구팀은 이적동의서 같은 것 없이 자유롭게, 동호인들 답게 즐기면서 운동 했으면 좋겠고요. 아무쪼록 모두 공개적으로 투명하게 발전했으면 좋겠어요.
그리고 애들을 생각하면 학교에서부터 야구를 클럽활동 형태로라도 좀 많이 접하게 했으면 좋겠어요. 솔직히 초등학교 때까지는 남녀를 구분할 필요가 없는게 여자 애들이 더 잘하는 경우가 되게 많아요. 그리고 여학생들이 어릴 때 혼성 스포츠를 접하는게 왜 좋냐, 남자랑 구분 없이 하기 때문에 그 가치관이나 사고방식, 행동이 다 달라지거든요. 매일같이 '남자랑은 달라서', 혹은 '여자니까' 소리를 들으며 자랄 때와는 엄연히 달라지겠죠. 그런 작은 지점이 바뀌면 결국 세상도 바뀌고요.

되게 크게 얘기하자면 그럴 것 같아요.

선/ 저는 야구를 안 한지가 오래되어서 여자야구연맹 설립 당시 기준으로 이야기 하자면, 일단 구장 여건이나 환경이 좀 좋아질거라는 기대를 많이 했던 것 같아요. 후원이나 지원을 기대한 부분은 없었고요. 일단 그 때는 실내 연습장이 지금처럼 많지 않아서 비용과 별개로 빌리는 것 자체가 힘들었거든요. 그래서 비 오면 운동 을 무조건 쉬어야 하는게 너무 싫었어요. 운동장이라도 우선 좀 안정화가 되고, 당 시엔 대회도 1년에 한 두개 있을까 말까였으니까 더 생겼으면 했고요. 그 때는 그런 것만 생각했던 것 같아요.

그럼 마지막으로, 여자 야구사에서 중요했던 사건이 있었다면 무엇을 꼽을 수 있을까요? 특 히, 강효람 선수님 같은 경우는 한국 여자 야구 초기부터 지금까지 꾸준히 활동해오고 계시 잖아요.

람/ 처음으로 세계 대회에 출전했던 사건이 가장 중요한 것 같아요. 이런 팀이 세계 대회에 나가서 국가대표로 뛰었다는 그 사실을, 사람들이 확실하게 기억해주고 생 각해줬으면 좋겠어요. 세계 야구 연맹에서 주관하는 정식 국제 대회에서 단순 이벤 트가 아닌 경기를 했다는 것. 그게 저는 제일 중요한 부분이라고 생각해요. 그래서 기록이 좀 확실히 남았으면 좋겠어요. 공식이다 비공식이다 말이 나오기도 하는데, 그러면 한도 끝도 없어요. 대회 이름도, 주관도, 단체의 소속도 끊임없이 바뀌어요. 단체의 입지와 엮어서 그 전 단계를 없애는건 야구 발전에 있어서도 좋지 않은 것 같아요. 공식의 기준이 도대체 뭔가요. 있었던 일은 제대로 인정을 해주고, 그 사건 으로 인해서 무언가 생성이 된 것에 집중하고, 그 다음으로 나아가야 하는거죠.

창단 4개월 만에 최초의 여자 야구 국가대표가 되었던 팀 비밀리에의 월드 시리즈 출전기는 <현장르포 제3지대>팀 덕분에 생생한 영상 기록으로 남을 수 있었다. 현재 국립중앙도서관에서만 볼 수 있는 이 자료에 담겨있는 그들의 투지와 오기는, 기억에 의존한 묘사와 인터뷰의 흥분감만으로 전달되기에는 역부족이다. 영상 속 앳된 선수들은 비를 맞으며 온종일 훈련한 후에 다 같이 모여 흙탕물에 젖은 글러브를 닦다가도, 타격 폼에 대한 토론이 벌어지자 곧바로 가로등만 켜진 골목길로 나서 스윙 연습을 한다. 개회식에서는 전문적인 코치진들까지 대동하고 온 다른 팀들에게 기가 눌리지만 이에 질세라 기합을 넣고, 경기에서는 점수에 연연하지 않고 이를 악물고 최선을 다한다. 하지만 한국 언론에는 부족했던 결과에 대한 기록만이 남았고, 그마저도 잊혀가는듯하다. 이제 이 이야기를 알게 된 여러분은 그들을 어떻게 기억하게 될까?

한국은 세계 대회에 빠짐없이 참가하는 여자 야구 주요국 중 하나지만, 야구로 돈을 버는 '여자' 선수는 없다. 즉, 모든 국가대표 선수들이 본업을 따로 가지고 있다는 얘기다. KOREA 유니폼을 벗은 선수들은 학교 선생님, 회사원, 은행원, 변호사 등등이 된다. 기꺼이 두 개의 세상을 살아내는 그들의 원동력이 무엇인지 궁금해져, 2021년 여자 야구 국가대표 김보미, 이빛나 선수의 이야기를 들어보았다.

# 김보미·이빛나
# 2021 국가대표 야구선수

야구하는 여자는 없다? 야구장 위의 여성들

# 03

# 김보미·이빛나

### 2021 국가대표 야구선수

한 분씩 자기소개를 부탁드립니다.

● 김보미·이빛나

김보미(이하 '김')/ 21년도 대표팀에 선발은 됐는데 아직 코로나 때문에 연습은 시작 못 한 김보미라고 합니다. 지금 33살인데 20살이던 2008년부터 야구를 시작했어요. 지금까지 사회인 야구를 하면서 대표팀도 하고 있습니다.

이빛나(이하 '이')/ 사회인 야구팀에서 활동하는 이빛나입니다. 나이는 32살이고 야구는 2010년도부터 시작했어요. 보미 언니랑 똑같이 올해 대표팀으로 선출되어서 같이 활동하고 있습니다.

처음 야구를 접하게 되신 시기가 각각 2008년, 2010년입니다. 그 계기는 무엇이었나요?

이/ 그 당시에 좋아하던 남자 연예인이 야구를 좋아한다고 해서 야구를 시작했습니다. (웃음)

김/ 저는 2008년 대입 때 체육교육과를 지원하고 대학 합격 발표를 기다리면서 팀 운동을 하고 싶었어요. 그래서 남자들이랑 같이 섞여서 하는 거 말고, 여자들끼리 하는 팀 운동이 뭐가 있을까 검색을 했어요. 그러다 대전에 여자 야구팀이 있는 걸 알게 된 거예요. 여자 야구는 당시에 처음 들어봤어요. 너무 생소해서 카페에 글을 남겼는데, 그 팀에서 답을 적극적으로 해주셔서 얼결에 가봤다가 그때부터 야구를 했어요. 야구를 알고 시작한 게 아니라, 우연히 시작하게 됐어요.

야구보다 환경이 잘 갖추어져 있는 다른 단체 운동도 많았을 텐데 야구를 고수했던 이유가 있나요?

김/ 배구나 이런 건 원래 많이 하는거잖아요. 그런데 여자 야구는 체육에 관심이 있었던 저에게도 정말 새로웠거든요. 신기해서 '어? 이거 한 번 연락해볼까?'하고 시작하게 됐습니다.

여자 야구의 매력은 무엇인가요? 그 매력이 원동력이 되어서 두 선수님께서 오랜 시간 야구를 하고 있을 텐데요.

김/ 야구는 역동적이기도 하고 정치적이기도 해요. 아슬아슬하게 '줄타기를 잘하는 스포츠'라는 생각이 들어요. 한마디로 표현하면 정중동? 지능과 본능을 잘 넘나드는 스포츠 같아요. 야구는 투수의 손에서 공이 떠나지 않으면 시작되지 않아요. 공이 던져지기 전까지는 투수와 포수 그리고 타자가 수 싸움을 하고, 또 수비들은 만약 지금 공이 나한테 오면 어떻게 해야 하는지 엄청나게 생각하거든요. 이럴 때는 정적이고 지능적인 면이 있다가도 투수의 손에서 공이 떠나는 순간, 그때부터는 정말 본능적으로 빨리빨리 움직여야 해요. 머리를 쓰고 몸도 쓰고 다 활용하는 스포츠라 재미를 느끼고 있어요. 더욱이 (투수로서) 수 싸움을 할 때, 내가 원하는 것을 끌어내는 확률이 높다 보니까 거기에 재미를 느껴요.

이/ 저는 야구를 취미로 하고 있는데, 운동을 이렇게 체계적으로 해본 적이 없어서 오히려 재미를 더 느꼈던 것 같아요. 또, 노력하면 보이는 결과가 있어서 계속할 수 있었던 것 같고. 야구라는 게 기복이 굉장히 심한 스포츠이다 보니까 그걸 이겨내는 쾌락, 그리고 팀워크의 희열, 그 매력이 매우 커서 계속하게 된 것 같아요. '(이제 만족스러울 만큼) 정말 잘한다, 아 여기서 그만해도 되겠다'를 느낄 수 없는 스포츠예요. 야구는 스스로 발전할 수밖에 없는 운동이라 지금까지 계속하고 있어요.

두 분 모두 원동력으로 '팀플레이'를 언급하셨어요. 사실 여자들의 경우는 학생부터 성인까지 팀 운동을 할 기회가 별로 없잖아요. 경험자로서 여성도 팀플레이를 꼭 경험해봐야 하는 이유를 꼽는다면 무엇이 있을까요?

김/ 제 생각에 여성들이 팀 스포츠를 해야만 하는 이유는, 여성뿐만 아니라 남성도 그렇긴 한데요. 사회가 많이 바뀌고 있지만 아직 여성은 결혼하고 아이를 가지면 경력단절도 생기고 친구들도 잘 못 만나게 되잖아요. 남자들보다 그 정도가 더 심하죠. 그런 면에서 생활체육으로 단체종목을 하면 평소 내가 속하지 않은 집단의 새로운 사람들을 만나게 되는 게 좋은 것 같아요. 나이도, 직업도, 사는 환경이나 지역도 다 다르거든요. 당장 알고 있던 친구들이 다 끊기더라도 내가 만나본 적 없었던 사람들이 많이 생겨요. 함께 땀 흘리고, 같이 해내고, 목표를 이뤄간다는 걸 느끼면서 사회적 단절에 대한 상실감도 많이 줄일 수 있고요. 또, 팀플레이를 꾸준히 하면서 상대를 배려하고 어떤 것에 대해선 손해도 보고 어떨 땐 내가 이익도 얻는 이런 걸 여성들이 계속해서 경험하고 느끼다 보면, 이게 일종의 살아가는 원동력이 되지 않나 싶어요.

이/ 김보미 선수가 말한 게 거의 다 해당됩니다. 그리고 저희 둘 다 사회인 야구를 좀 이른 나이에 시작했잖아요. 저는 진로가 정해지지 않은 학생인 상태에서 야구 동호회를 시작했는데, 직업이나 사회적 경력 부분에서 같이 야구팀 언니들이 엄청나게 큰 도움을 줬어요. 그래서 지금까지 (그렇게 인연이 된) 회사에 다니고 있고, 커리어적인 부분에서도 조언을 많이 구할 수 있었어요. 야구는 사회생활을 굉장히 일찍 경험하게 되는 스포츠인 것 같아요. 작은 사회랄까요, 회사 생활보다는 즐겁고요.

김/ 사회인 야구를 일찍 시작하면 애늙은이가 될 수 있어요. (웃음)

이/ 일종의 끈끈함이 생겨요. 친구 관계에서 갖춰야 할 격도 있고 선도 있잖아요. 그런데 같이 뛰고 땀 흘리면 그 관계가 굉장히 깊어져요. 장점이자 단점이라면 너무 좋으니까 그 안에서만 놀아서 어느 순간 주변에 야구인만 남아있을 수도 있어요. (웃음) 그만큼 관계가 깊어서 외롭지 않아요. 원래 30대 되면 여자는 결혼이나 육아 때문에 주변에 사람도 없어지고 좀 외로워지는 감이 있잖아요. 정말 한순간에 친구들이 금방 끊어지거든요. 그런 외로움이 우린 없어요.

야구로 만났지만, 그 이상의 커뮤니티를 형성하면서 인생에 중요한 페이지로 남는 것 같아요. 남자분들이 사우나에서 사회적 관계를 형성하고 그게 비즈니스로 이어지기도 하잖아요. 얘기 들으면서 그런 비슷한 맥락일 수도 있겠다는 생각이 들었어요.

　　김/ 남성들의 사우나! 너무 와닿아요. (웃음)

학교 체육 시간에 했던 발야구만 해도, 같은 팀이었던 친구들과 잠깐이나마 느끼는 유대감이 있잖아요. 그게 함께 나이를 먹어갈 정도로 오랜 시간 지속되는 거니까 미운 정 고운 정 다 드는 게 확실히 있을 것 같네요.

　　김/ 삶의 큰 부분이 돼요. 나가서 야구 안 하면 같이 놀 사람이 없어요. (하하) 슬프기도 한데, '야구 그만두면 뭐 하고 놀지?' 이런 생각이 들어요. 좋아한다고 해서 매일 마냥 좋은 건 아니잖아요. 몸도 아플 수도 있고, 가끔은 하기 싫을 수도 있는데, 우리 팀 사람들 보러 나가면서 슬럼프를 극복한 적도 몇 번 있었어요. 그 점이 좋아요.
　　이/ 여자 야구엔 엘리트가 없다 보니까 전국 대회도 생활체육인 사회인 야구팀 위주로 크게 열리잖아요. 저 같은 경우에는 이제 막 가입했을 때, 소속 팀이 우승하고 이런 시기였거든요. 저 혼자 엄청나게 못하는 거예요. 팀에 민폐를 주지 않기 위해서 엄청 열심히 했던 거 같아요. 일종의 팀워크랄까요, 팀원들에게 도움을 주기 위해 열심히 해요.

말씀하신 것처럼 여자 야구는 엘리트와 아마추어의 경계가 모호해요. 그렇기 때문에 아무래도 '즐기자'와 '이기자'가 공존하는 분위기가 문제가 될 수도 있을 것 같아요. 팀 내에서 견해차가 생길 때, 이 부분은 어떻게 해결하나요?

　　김/ 제가 한 팀에 14년째 있거든요. 저희도 14년째 항상 경기 끝나면 다 같이 술 한잔 하면서 이야기하는데, "나는 이겼으면 좋겠다", "아니, 그래도 자기 돈 내고 즐겁게 야구하려고 온 건데―" 이 의견 차이가 분명히 있어요. 그런데 이 문제에 있어서 저희 팀은 다행이라고 해야 할까요, 대전에 야구하는 사람이 많지 않고 분열되면

모두가 힘든 거라 그 안에서 저희끼리 항상 의견을 잘 조율해요. 가급적 다 같이 만족하는 방안으로 얘기를 해요. 예를 들어서, 리그는 두 리그 이상 참여하도록 해요. 이제 막 야구를 시작한 입문자들을 위한 리그에도 참여하고, 잘하는 팀이 많은 리그에 참여할 경우엔 실력이 좋은 선수들을 많이 참여시키는 등의 방식을 찾았어요. 그런데 전국 대회는 무조건 우승을 목표로 하는 거니까 '서로 서운해하지 말고 양보하며 잘하자'라고 하고요. 이런 분위기를 차근차근 14년 동안 잘 만들어 온 거 같아요. 이런 큰 틀 안에서 서로서로 양보하고 배려하면서 하고 있어요. 그래도 항상 고민은 되죠. 이기는 방향으로 하고 싶은데, 또 팀 내에 (다른 의견의) 사람들도 있고 하니까 그 점이 항상 고민되고 서로 조심스러운 부분인 것 같아요. 아직까지도요. 그래서 꼭 대화를 많이 해요. 대화를 안 하면 서로 쌓여서 결국 안 좋게 끝나는 것 같아요.

야구는 필요한 장비가 많아서 접근성이 떨어진다는 의견이 있어요. 그 때문에 진입 장벽이 높은 스포츠라는 인식이 있는 것 같아요. 사회인 야구팀에 들어가면 첫 장비는 어떻게 마련하나요?

이/ 우선, 저희 팀은 대부분 장비가 구비되어 있어요. 시작할 땐 맨몸으로 와도 돼요. 빌리면 되니까.

김/ 저희도 기본적으로 처음 온 사람들이 쓸 수 있는 글러브, 공, 배트 등이 팀에 구비되어 있어요. 아무 장비가 없어도 시작할 수는 있어요. 그런데 초기 자본이 드는 운동이라는 건 부정할 수 없는 사실이긴 해요.

그런데 사실 골프도 그렇고 볼링도 그렇고. 어떤 운동이든 제대로 하려고 하면 모두 개인장비가 생기긴 하죠.

김/ 맞아요. 처음엔 팀에 구비되어 있는 공용 장비로 시작하더라도, 재미를 느끼고 잘하고 싶어지면 개인 장비를 갖추고자 하는 마음이 들기 시작해요. 욕심이 나거든요. 그 때문에 비용이 들기는 하지만, 모든 걸 갖춰야만 시작할 수 있는 운동은 절대 아니에요.

김보미 선수는 대전 레이디스, 이빛나 선수는 양구 블랙펄스에서 활동하고 계신데요. 두 팀은 사용하는 구장이 정해져 있나요?

이/ 저희는 양구에서 지원을 받기 때문에 '양구' 블랙펄스로 되어있지만, 양구 구장만 사용하는 게 아니에요. 팀 선수들은 다 서울에 있거든요. 구장은 다른 팀과 동일하게 매번 알아봐요. 비싸면 두 시간에 30만 원 짜리도 있고, 뛰고 있는 리그에서 연결해주는 구장도 있고요. 아니면 시에서 관리하는 데 있잖아요, 난지야구장 같은 곳을 추첨을 통해 들어갈 수 있어요. 서울은 이래요.

수도권에서는 야구장을 잡는 게 굉장히 치열할 것 같아요.

이/ 어려워요. 보통 전국 대회랑 리그를 꾸준히 출전하기 때문에 야외에서 연습할 시간 자체가 별로 없기는 하지만, 저희 팀의 경우엔 단장님이 계셔서 소개받는 구장을 가거나 해요. 다른 팀들보다는 환경이 좋은 편이죠.
김/ 구장 사용의 경우는 지역마다, 그리고 여자팀, 남자팀마다 살짝 차이가 있어요. 남자팀의 경우엔 대체로 모여서 '시합'만 뛰거든요. 경기 일정 잡아놓고 "자 ○일 시합입니다" 공지하고, 모이고, 시합 끝나면 흩어지고요. 그런데 여자 야구팀은 전국 대회 등을 목표로 꾸준히 연습할 공간이 필요해요. 그럼 매주 연습 구장을 예약해야 하는데, 대전 레이디스의 경우는 서울의 난지야구장처럼 대전시에서 관리하는 생활체육 야구장 공원이 있어요. 그곳을 빌려서 사용하고 있습니다.

여자 야구팀만 보자면, 지역팀은 각각 한두 팀 정도 있기 때문에 구장 경쟁률이 적을 거라는 생각이 들 수 있는데요. 사실, 남자 야구팀도 고려해야 하는 거죠.

김/ 맞아요. 구장을 빌리는 건 모든 야구인이 경쟁하는 거예요. 전국적으로 야구장이 없어서요.

김보미 선수의 경우에는 대전 연고팀에서 활동하고 계신데, 지역에서 야구하는 장단점이 있을까요?

김/ 수도권 팀에 비해서 이점을 꼽아보자면, 일단 저희가 구장 빌리는 면에서는 용이한 것 같아요. 수도권이 지방보다 야구장이 많다고 하지만 그만큼 거긴 선수들도 많아요. 그렇다고 저희가 쉽게 빌리는 건 아니고요. 그리고 또, 수도권은 여자 야구 팀이 굉장히 많아요. 제가 있는 대전은 2개밖에 없거든요. 팀이 적다 보니 아무래도 결속력이 더 좋지 않을까요? (웃음) 제가 수도권 팀을 경험해 보지 않아서 직접적으로 비교할 순 없지만요.

'결속력'에 대한 이야기를 하고 나니 궁금한 게 생겼어요. 전국 대회나 리그를 제외하고 여자 야구인이 모일 수 있는 행사가 있나요? 19년도부터 <여자야구 페스티벌>이라는 프로그램이 열렸다고 하던데요.

김/ 맞아요. 저는 <여자야구 페스티벌>에 저희 팀 소속으로 가본 적은 없고, 국가대표로 참가했었어요. 2019년이 1회였는데 그 후에 바로 코로나가 터져서 지금 못하고 있거든요. 너무 아쉬워요. 2019년엔 난지 구장에서 열렸어요. '구속 왕' 등 대중들도 참여할 수 있는 다양한 이벤트를 많이 기획해 주셨어요. 물론 주로 여자 야구선수들이 참여했지만, 우연히 지나가다가 "저게 뭐지"하시면서 오신 분들도 있었고요. 서울에서 난지 공원은 대중들도 많이 이용하는 장소이기 때문에 같이 어우러져 놀 수 있어서 좋았어요. 그런데 코로나 터지고 나서는 개방된 공간에서 할 수가 없어서 작년엔 연천 베이스볼파크에서 열렸어요. 작은 전국 대회처럼 참가팀들 간에 조별리그로 게임도 시켜주고 '도루 대회', '홈런 대회' 같은 걸 열었죠. 재작년에는 선수와 대중이 교류하는 시간이었다면, 작년엔 선수들이 다 모여서 같이 즐기는 시간이었어요.

코로나가 아니었으면 <여자야구 페스티벌>이 홍보나 마케팅에 중요한 역할을 했을 것 같아요.

김/ 맞아요. 이걸 한 번밖에 못하고… (코로나 상황은) 아무도 예상하지 못했던 거라 더 아쉬워요. 작년에 많이 느꼈어요. '2019년처럼 했다면 여자 야구를 더 많이 알릴 수 있었을 텐데'라고요.

전국 대회에 대해서도 여쭤보고 싶어요. 여자 야구인들의 가장 큰 행사죠. 팀의 대회 참가 비용은 어떻게 충당하나요?

김/ 이 질문은 코로나 이전의 경우를 얘기해야 할 것 같아요. 전국 대회에 출전하는 팀은 참가비를 십만 원 정도 씩 내요. 그리고 숙박비, 교통비, 식비를 각 팀에서 부담합니다. 사회인 야구팀은 회비로 운영이 돼요. 동호회니까요. 전국 대회나 리그 출전 시 필요한 참가비는 그동안 모은 회비에서 지출해요. 더 필요하다 싶으면 조금씩 갹출하고요. 예를 들어서, 저희 팀 같은 경우엔 지난번에 전국 대회를 가기 위해 버스를 대절했어요. 선수도 많고, 보통 전국 대회 구장이 굉장히 멀리 있거든요. 버스 대절 비용 같은 경우엔 회비로 결제하고, 지출이 많았다면 식비를 위해 2-3만 원 씩 더 걷는 식으로 운영해요.

지원금의 경우, 경주에서 열렸던 '선덕여왕배 전국여자야구 대회' 같은 경우는, 경주까지 오는 각 팀의 이동거리에 따라서 금액에 차등을 뒀어요. 서울·경기 같은 경우에는 팀당 40만 원, 충청·대전 권은 20만 원, 경주랑 가까운 경상도 지역은 10만 원 등, 이렇게 1회씩 지원을 받았어요. '익산시장배 전국여자야구 대회'도 참가비는 10만 원을 내고, 팀당 1회씩 지원금을 받는데 거리에 따라서 35만 원 25만 원. 그리고 4강에 든 팀들에게는 30만 원씩 더 지원해 주기도 했어요. 물론 지원이 없는 곳도 있어요. 기장군에서 열리는 '전국여자야구 대회(기장 대회)'의 경우는 지원금이 없어서 모든 팀들이 조금 부담스러워하기도 했었고요. 모든 대회 중에 제일 지원금 규모가 큰 곳이 'LG배 한국여자야구 대회'인데, '매 경기'마다 30-45만 원씩 지원해요. 그래서 모든 팀들이 경기에 목숨을 걸죠. 많이 이길수록 돈이 계속 나오니까요. 일 년 중 LG배가 제일 마지막에 열리는 대회예요. 그래서 모든 팀들이 다른 전국 대회는 여기서 우승하기 위한 기반을 다지는 단계로 보고, 마지막 LG배에 사활을 걸죠. 돈도 많이 벌고 우승도 하고. (웃음) 2012년 제1회 LG배 때는 MVP에게

냉장고나 TV 등 가전제품들을 포상으로 줬어요. 포상 방식이 점점 바뀌긴 했지만, LG배 전국 대회는 갈 때마다 또 승리할 때마다 이익을 남길 수 있는 유일한 대회예요. 그래서 거의 대부분의 팀들이 앞선 전국 대회에서 돈을 많이 쓰고, 여기선 지출을 채우는 식으로 열심히 해요. (웃음)

여자 야구 국가대표팀은 2015년부터 상비군 체제를 마련했어요. 상비군 체제 전후로 운영 방식에 있어서 어떤 차이가 있었는지 궁금한데, 두 분은 2015년 이전에 국가대표로 활동한 적이 있나요?

김/ 전 2015년 전에 오라고 연락받은 적이 있었는데, 개인적인 사정으로 참여할 수 없었어요. 그래서 저도 처음 국가대표에 선발된 건 2015년이었어요.

그럼 상비군 체제가 적용된 연도에 국가대표가 되신 거네요. 상비군이 어떻게 운영되는지 궁금해요.

김/ 좀 변화가 있었어요. 2015년만 해도 한국여자야구연맹에서 대표팀을 관리하고 운영했어요. 그 해 대표팀 감독 및 코치를 맡을 분들과 팀 관계자들과 연맹 회장님, 이사님께서 전국 대회 경기를 다 관람하세요. 그러다가 괜찮은 선수, 가능성 있는 선수가 있으면 연맹 측에서 "○○○ 선수는 선발전 보러 오세요"하고 지정을 해줬어요. 처음에는요. 그래서 15년도에 저도 전국 대회에 오신 담당자가 "김보미 선수, 선발전 오세요"라고 얘기해 주셔서 상비군으로 발탁된 거예요. 그런데 지금은 트라이아웃 체제로 바뀌었어요. 연맹 측에서 "언제 국가대표 선발전이 열립니다. 지원서를 내주세요"라고 공지가 뜨면, 선수 개인적으로 지원서를 내기도 하고 감독님 추천서를 받기도 해요. 그러면 연맹에서 선발전 테스트 일정 연락을 줘요. 테스트를 보면 "선발전에 합격하셨습니다. 상비군 훈련에 참여하세요"라고 연락을 또 주고요. 상비군은 대체로 40-45명 정도 뽑아요. 그리고 2주간의 상비군 훈련이 끝나면 절반이 정리되고 대표팀으로 딱 20명이 남는 방식이에요. 최종 선발이 되면 그때부터 국가대표로서 훈련이 계속 이루어져요. 이런 방식의 변화가 있었죠.

더 체계적이고 공정한 방법으로 바뀌게 되었네요.

김/ 변화된 이유가, 지명된 선수 개개인은 물론 잘 하지만 야구는 팀 운동이잖아요. 내가 잘한다고 (팀 대항에서 자신의 장점을) 다 보여줄 수 있는 게 아니거든요. 그런 문제점들이 계속 언급되었어요. 팀 성적이 잘 나오지 않아서 선발과정에서는 주목받지 못했던 분들이 있었고, 그런 분들도 트라이아웃을 통해 스스로를 보여주는 계기가 될 수 있는 거죠.

그렇군요. 이빛나 선수는 2015년 이전에 국가대표로 선발된 적이 있나요?

이/ 2014년도에 국가대표 상비군(WBAK) 팀에 참여했어요.

상비군 제도는 없었지만 비슷한 역할을 하는 팀이 있었던 거군요. 어땠나요?

이/ 그때는 1군, 2군 체제였어요. 2014년이 제1회 LG컵 국제 대회였거든요. 그 때 Korea 팀을 원년 국가대표 언니들이 했었고, WBAK라고 하는 신예 팀이 또 있었어요. 이렇게 두 팀이 한국 대표로 나갔는데 그때 한 번 참가했어요. 예선 단계 없이 바로 선발되었던 게 Korea 팀이었고, WBAK 팀은 각 야구팀의 감독님들이 선수를 추천하시면 그 이후에 WBAK 감독님이 선발하는 방식이었어요.

상비군이 되면 2주간 훈련이 이어진다고 하셨는데요. 아무래도 여자 야구선수들은 본업이 있다 보니까 연속으로 진행되는 훈련 참석에 어려움이 있을 것 같아요.

이/ 보통 훈련은 주말에 해요. 그런데 대회 나갈 때는 아무래도 2주간 쭉 빠지거든요. 그런 경우엔 연맹에서 공문으로 협조 요청을 해요. 대부분의 회사들이 휴가로 처리해 주시긴 하는데, 만약 그게 불가능하면 이것(국가대표 출전)도 명예와 관련된 것이다 보니까 (회사를) 그만 둘 각오를 하고 2주간 시합에 나가는 선수들도 많아요. 이렇게 공문으로까지 요청했는데 회사에서 협조를 안 해주겠다는 건… 사실

결국은 선수 개인의 '연차'를 쓰는 거거든요. "내 연차 쓰는 건데 이런 것도 안 빼주면 나 그만둘래"하는 선수들도 있고요. 저도 그런 케이스였고요. (웃음) 그런데 본인의 연차를 사용하는 조건이니까 대부분의 회사에서는 이해해 주세요. 그래서 대표팀이 되면 경기 스케줄을 먼저 확인을 해요. 이게 연차로 해결될지 안 될지 보는 거죠. 실력도 실력이지만 이런 스케줄 문제를 해결하는 선수들이 대표팀이 되는 것 같아요. 그런 거 있잖아요. '나는 이걸 안 해주면 관두겠다'하는 마음가짐요. (웃음)

**국가대표 상비군 훈련은 어디서 하나요?**

이/ 매년 달라지는데요. 16년도엔 서울에서 진행을 했었어요. 17년도에도 서울에서 진행하다가 화성에 여성 구장이 생기면서 그쪽으로 넘어갔죠. 화성에서 사회인 야구 리그가 엄청 열려요. 그런데 남자팀도 워낙 많다 보니까 남자 야구 전국 대회가 열리면, 여성 구장을 사용하지 못하고 저희는 다른 구장으로 가야 해요. 여성 구장이라고 해서 보장되어 있는 건 아닌 거 같아요. 보통 화성이나 아니면 당진을 많이 이용하는데요. 올해는 화성 구장을 쓴다고 했어요.

'국가대표'임에도 불구하고 보장되어 있는 연습장이 없는 상황이네요.

김, 이/ 보장된 건 없죠.

**그러면 상비군 훈련과 대표팀 훈련에 참여하기 위해서는, 김보미 선수 같은 경우에는 주말마다 대전에서 서울로 이동하는 건가요?**

김/ 네. 금요일 퇴근하면 저녁에 서울로 올라가거나 아님 토요일 오전에 가요. 기본적으로 훈련비가 조금씩 나오긴 하는데, 그건 거의 기름값 정도고요. 사실 훈련 가면 기름값만 쓰진 않잖아요. 친한 사람들이 있다면 밤에 저녁도 먹고 해야 하는데. (하하) 그래서 훈련비는 고스란히 다 쓰죠.

상비군 중에서 국가대표 최종 엔트리를 선발하는 기준은 무엇인가요? 2주간의 훈련 과정을 관찰하나요, 아니면 트라이아웃을 한 번 더 하게 되나요?

이/ 대부분 상비군 훈련 다음 주에 전국 대회가 열려요. 전국 대회 동안 경기하는 모습을 체크하고 대표팀 선발이 완료돼요.

이제 국가대표로서 참가하시는 국제 대회 이야기를 좀 해볼게요. 현재 여자 야구 세계 랭킹 1위는 의심의 여지없이 일본인데요. 그 외에도 '이 팀은 내공이 있다', '경기를 해보니 예상보다 더 잘하더라'하고 생각한 나라가 있나요?

김/ 미국팀이랑 붙었던 적이 있는데요. 제가 느낀 점은 와… 이건 마치 '성인과 아이의 대결'이랄까요? 미국 선수들이 키도 크고 등치도 좋아서 알아봤더니 소방관 출신이 많더라고요. 체격 차이로 경기가 쉽지 않겠다 생각했는데 붙어보니 정말… 일본은 잘하긴 하지만 엄청난 파워로 압도하기보다는 기술적으로 모든 게 뛰어난 팀이거든요. 그런데 미국전 때는 파워가 '와- 그냥 남자다', 그 충격적인 느낌이 아직도 기억나요. 그때 제가 투수로 이빛나 선수가 포수로 배터리[1]를 함께 했었는데요. 이빛나 선수가 '변화구를 던져라'라고 사인을 줬는데 변화구가 문제가 아니라, 아니 그건 의미 없다는 생각이 들 정도였어요. 그 순간이 굉장히 강렬했어요.

이/ 저희가 사회인 남자팀 하고도 경기를 하는데, 미국 선수들은 (웃음) 너무 무서워요. 포수다 보니까 바로 옆에서 타자의 스윙 소리가 다 들리거든요. 제가 아직도 생생한 게, 김보미 선수가 공이 엄청 빨라요. 그런데도 불구하고 미국 타자가 파울볼을 쳤는데 이게 제 팔목에 맞은 거예요. 그 후유증이 2년 갔어요. 스윙을 하면 공이 안 보여요. 진짜 무서웠던 기억밖에 없어요 미국하고 했을 때는. 약간 프로선수들 같다고도 생각했어요. 그만큼 피지컬도 좋고 스윙 스피드도 빠르니까요.

---

남자 사회인 팀과도 경기를 해보셨다고 했는데, 그보다도 미국 여자 선수들의 파워가 남달랐다고요?

이/ 네. 어느 정도였냐면 타구가 홈런 라인 파울 존에 있는 의자를 때렸어요. 그 정도면 사회인 남자 야구팀보다 더 잘 치는 거 같은데.

그런 미국팀조차도 체격이 작은 일본이 이기잖아요. 이런 걸 보면 '정말 야구는 힘으로만 하는 게 아니구나'라는 생각이 뚜렷해져요. 팀의 구성부터 스킬, 메커니즘의 합이 전반적으로 두루 높아야 하는 스포츠인 것 같아요.

김/ 맞아요. 일본팀 자체가 대단해요.

현재 국가대표에는 소프트볼 출신의 선수들이 있나요?

이/ 올해는 세 명이요.
김/ 매년 조금씩 달라요. 제가 기억하기로는 엄청 많지는 않았지만, 한 20-30% 사이로 항상 소프트볼 선수 출신이 있었던 것 같아요.

여자 야구의 저변이 더디게나마 확대되면서, 여자 야구 국가대표 내의 소프트볼 선수들 비중에 변화가 있지 않았을까 궁금했어요. 두 분 다 오랜 시간 국가대표에 참여하셨잖아요. 어떤가요?

이/ 여자 야구의 성장과는 관계없이 소프트볼 선수들이 점점 국대에 참여를 안 하는 거 같아요.

여자 야구의 수준이 높아졌다는 인과관계는 아직 확신할 수는 없다는 말씀이시죠.

이/ 그렇죠. 야구선수든 소프트볼 선수든 생계가 먼저다 보니, 스케줄에 맞춰 출전하는 게 우선인 것 같아요. 그냥 '(소프트볼 선수들 중에) 생업 스케줄과 국가대표 스케줄이 딱 맞아떨어지는 사람들이 올해는 좀 적었다?' 같아요. 엘리트가 없는 여자 야구는 아무래도 (소프트볼 엘리트 선수와) 자유롭게 동등한 경쟁을 할 수 있는 상황이 아니잖아요. 지원도 적고요. 각자의 상황에 따라 달라요.

실력과 의지만 있다면 국가대표 트라이아웃에 지원할 수 있는 게 아니라, 근본적으로 생업을 고려해야 한다는 거네요. 열정만 가지고 할 수 있는 게 아니니까.

이/ 네 맞아요. 정말 야구를 잘하는 선수들이 있거든요. 같이 뛰고 싶은데 상황이 안되다 보니까 못 나오는 선수들도 있고요. 저희 팀과 김보미 선수 팀에도 잘하는 선수들이 있는데 그분들이 못 나와서 좀 아쉽기도 해요.

김/ 그런데 포지션에 따라 소프트볼 출신 선수들이 유리하기도 해요. 내야수[2]는 확실히 소프트볼 출신 선수들이 정말 잘해요. 기본기도 다르고, 움직임이 자동반사적으로 이뤄지거든요. 성인이 되어서 야구를 배운 선수들은 아무래도 다소 민첩하지 못한 부분이 있으니까요. 하지만, 투수나 외야 쪽은 달라요. 투수 포지션엔 소프트볼 출신이 거의 없어요. 저처럼 사회인 야구하던 사람들이 거의 다 하고 있고. 흔히 우스갯소리로 소프트볼 출신이 아닌 선수에게 "너 대표팀 하고 싶으면 투수해"라고 말할 정도거든요. 포지션에 대한 편차는 조금 있어요.

이/ 맞아요. 어렸을 때부터 배우는 움직임은 어쩔 수 없는 거라 소프트볼 선수들이 수비 포지션을 잘해요.

이번 국가대표에 선발된 선수들 중 2000년대생 학생들이 많더라고요. 그들 대부분이 어릴 때부터 야구를 시작했고요. 바로 지금이 리틀야구부터 전문적인 코칭을 차근차근 받은 선수들이 국가대표에 편입하는 시점으로 보여요. 기본기가 탄탄한 선수들이 참여하며 여자

---

2    내야수(infielder) : 내야 지역을 맡아 수비하는 1루수, 2루수, 3루수 유격수를 통칭하는 말. 포수와 투수를 포함해 총 여섯 명을 가르키기도 한다. 내야수는 내야로 굴러오는 땅볼과 번트 등에 효과적으로 대처하기 위해서 민첩하게 움직여야 하며 순간적인 판단 능력이 좋아야 한다.

야구팀의 역량에도 변화가 있을 것 같은데요. 국가대표 경험이 많은 선수로서 새로운 선수들에게 가지는 기대가 있는지도 궁금합니다.

김/ 저희 같은 기존의 여자 야구선수들은 성인이 되어서 시작한 경우가 99.9%다 보니까 어쩔 수 없는 (신체적) 한계가 없지 않아 있거든요. 그래서 이제 조금 야구를 알 것 같고, 기량이 꽃 필 땐 나이를 먹어요. 공부도 운동도 다 조기교육이 중요하다고 하잖아요. 리틀 야구부터 시작한 선수들은 일단 기본기가 탄탄해요. 예전엔 김라경 선수 하나밖에 없어서 그 선수 혼자 참 열심히 고군분투를 했죠. 리틀 야구 출신 선수들이 포기하지 않고 꾸준히 야구를 해준다면, 이 친구들을 보고 리틀 야구단에 가입하는 친구들이 생길 거예요. 시간이 오래 걸릴 수도 있지만 그러면 기본기부터 탄탄한 여자 야구가 되지 않을까 기대돼요. 또, 리틀 야구 여자 선수들이 하나, 둘, 셋, 넷… 아홉 이렇게 늘어나다 보면 여자로만 구성된 여자 리틀 구단도 생길 거고. 여자들만 하는 리틀 야구 경기도 생기면 지금 주니어 남자 야구선수들이 밟는 인프라들이 점점 갖춰지지 않을까요? 먼 미래의 이야기일 수 있지만 그래도 기대하고 있어요. 제가 야구를 처음 시작했던 2008년과 비교해서 14년이 지난 지금 이미 엄청난 발전을 했는데, 리틀 여자 야구선수들이 늘어난다면 지금보다 더 빠르게 바뀔 거예요.

이/ 확실히 야구를 어렸을 때부터 하면 겁이 없어요. 공이 날아오면 무섭거든요. 10대 선수들은 '겁이 없어서' 빨리 성장하는 것 같아요. 폼이나 수비하는 모습을 보면 저도 더 어렸으면 좋겠어요. 올 초에 당진주니어여자야구팀이 창단했잖아요. 국가대표가 점점 더 어린 선수들로 바뀌지 않을까요? 그 친구들이 너무 잘해서 저희가 물러나야 하지 않나 싶어요. (웃음)

김/ 맞아요. 저희도 물러날 준비를 해야 할 것 같아요.

이/ 원래 대표팀 선수들의 평균 연령대가 3-40대로 높았는데, 요새는 정말 확 낮아졌어요. 파이팅도 넘치고 열심히 해서 보기 좋아요. 이제 떠나야 하지 않나….

김/ 은퇴하기 전에 이런 인터뷰를 할 수 있어서 영광이에요. 저 지금 눈물 고이고 있는 거 보이시나요. (하하)

국가대표로 활동하시면서 가장 기억에 남았던 대회나 경기가 있다면?

이/ 처음 국가대표팀에 선발된 2016년에 부산 기장에서 열린 여자야구월드컵이 가장 기억에 남아요. 대회 마지막 경기이고 7회 1아웃 주자 1루 상태였을때 제가 대타자[3]로 들어갔어요. 심지어 상대는 일본이었고, 또 심지어 상대 투수는 사토 아야미 선수[4]였어요. 아직도 유명한 일본 MVP 투수의 공을 맡게 된 거죠. 파울 몇 번 치다가 병살이 됐어요. 결국 게임 종결이자 대회 종결이었죠. 쓰리지만 큰 경험이라 지금도 기억나요. 정말 유명한 투수의 공을 맞혔다는 게 기분도 좋고요. 그 뒤로 그 선수를 경기에서 만난 적이 없네요. 일본은 아시안컵 같은 경우는 대학생이나 유소녀 선수들이 출전하고, 월드컵만 일본 국가대표 선수들이 나오거든요. 16년 경기 때 일본 국가대표 MVP의 공을 쳐 본 것, 그게 가장 기억에 남아요. 사토 선수는 수비도 잘하고, 던지는 볼이 변화구인데 보이지가 않거든요.

김/ 저는 아까 말씀드린 미국팀과의 충격적인 경기가 기억나고요. 좋은 의미로 기억되는 경기는 미국 플로리다주 비에라에서 열린 2018 여자야구월드컵이에요. 그때 부모님이 마침 미국에 계셨거든요. 부모님께서 제가 경기하는 야구장에 오셨어요. 애국가가 나오는 마운드에서 딸이 태극기를 보는 모습을 관중석에서 부모님이 지켜보시는 상황이 개인적으로 뿌듯했어요. 맨날 "너는 이 나이에도 대표팀하고 있니", "언제 야구 접니"하셨는데 그날은 응원해 주시더라고요. 기분이 묘했어요.

부모님의 감상도 남다르셨을 것 같아요. 두 분은 야구를 오랜 시간 꾸준히 해왔고 국가대표로도 활약하고 계신데, 주변의 반응은 어떤가요.

---

3    대타자(pinch hitter) : 야구에서 다른 선수 대신 타석에 들어선 선수를 가리킨다. 일반적으로 팀에서 타력이 약한 타자를 대신할 필요가 있을 때 핀치 히터를 내보낸다.

4    일본 여자 프로팀 아이치 디오네 소속으로, 일본 국가대표로 활약중인 세계적인 여자 야구 스타. 부산 기장에서 열린 2016 WBSC 여자야구월드컵 결승전에서 캐나다를 상대로 일본의 완봉승을 이끌었으며 대회 3회 연속 MVP에 선정되기도 했다.

김/ 아버지는 맨날 놀리시죠. "이제 노장 아니냐"하시지만, 항상 지원해 주시고 응원해 주세요. 국가대표팀에서 KOREA 붙은 물품이 나오면 이번엔 뭐 받아왔는지 궁금해하시기도 하고요. 주변에서 "무슨 여자가 야구를 해" 이런 말은 한 번도 못 들어봤어요. 항상 "대단하다", "멋있다" 등 축하해 주는 분위기였어요, 제 주변은요. 제가 중학교 체육교사를 하고 있어서 학교에서 수업 소스로 많이 써먹고 있습니다. (웃음) 학생들한테도 이미 다 알려진 상태라 축하를 많이 받고 있어요.

선생님이 국가대표라니, 제자분들이 자랑스러워할 것 같아요.

김/ 네. 그걸로 우려먹고 있죠 매년. (웃음)

이빛나 선수님은 어떤가요?

이/ 부모님께서는 제가 하는 모든 일을 지지해 주세요. 제가 야구하는 걸 좋아하시고, 대표팀 선발됐다고 말씀드리면, 뭐 거의 부모님의 자랑이죠. 그래서 더 열심히 해요. 명절에 친척들 모이면 약간 제 얘기가 화두가 된다고 할까요. 나이가 있는지라 명절이면 결혼이나 애인 얘기를 물어보실 법도 한데, '국가대표'라고 하니까 여자 야구의 저변이 어떻든 나라를 대표하는 최고의 팀에 속해 있는 거라고 생각하시는 것 같아요. "결혼 안 해도 된다", "하고 싶은 거 다하고 살아라!" 이런 분위기예요.

맞아요. 국가대표는 한국을 대표하는 명예로운 자리죠. 그런데 한국 여자 야구는 '국가대표' 와 '사회인 야구'로만 나뉘어서 중간 단계가 없는 상황이에요. 또 올림픽에선 남자 야구조차 정식 종목에서 제외되었고, 여자 야구는 소프트볼이 대체하고 있어요. 야구를 둘러싸고 굉장히 다양한 공백이 존재해요.

김/ 모든 스포츠가 갑자기 올림픽 종목으로 채택되지는 않잖아요. 단계적인 과정을 밟아야 해요. 남자 야구도 올림픽 종목에서 빠지는데, 여자 야구의 경우는 학교 팀조차 없는 실정이니까요. 아까 말했던 것처럼 유소녀 선수들이 차근차근 올라와야 만들어질 수 있는 인프라가 있어요. 거시적인 관점을 가지고 연맹에서 투자를 해주셨으면 좋겠어요. 유소녀 친구들을 끌어올릴 수 있는 프로젝트를 기획한다거나, 같이 차근차근 이루어나가야 궁극적으로 리그가 생기는 길이 열리지 않을까요? 그런데 이 문제는 입체적으로 바라봐야 해요. 리틀 선수들만 있어서 되는 것도 아니고, 사회인 야구만 있어서 되는 것도 아니고, 그리고 연맹만 있다고 해결되는 문제도 아니니까요. 제가 은퇴를 하겠다고 농담했지만, 지금까지 야구를 해온 저 같은 사람도 도움이 될 수 있는 지점이 있을 거예요. 저는 지팡이 짚고 경기장 가서 여자 선수들이 프로 리그 뛰고, 실업팀 뛰는 모습을 보고 싶어요. 그래서 지금까지 야구하고 있어요.

국내에서 치러지는 여자 야구 경기는 아무래도 무관중이거나 소수의 지인만 참석하는 경우가 많다고 들었어요. 그래도 국가대표들이 모이는 경기는 좀 다를 것 같은데요. 선수님들께서는 관중의 응원을 받으면서 경기를 했던 기억이 있나요?

이/ 2016 부산 기장 월드컵의 경우는 한국 주최의 첫 국제 대회라 좀 신경 쓰셨던 것 같아요. 매 경기 관중이 엄청 많았어요. 응원 북도 치고요. 그런 대회 말고는 관중은 주로 지인이나, 부모님이나, 친구들 정도죠. 찾아서 오시는 분들이 많지는 않은 것 같아요. 사회인 남자 야구팀에서 종종 오기도 하고.
김/ 아직까지는 우리만의 축제이지 않나. 그런 느낌이 있죠.

해외에서 열리는 여자 야구 경기는 어떤가요?

이/ 2018 미국 야구월드컵의 경우엔 한국 교포분들이 오셔서 응원해주시기도 했어요. 그리고 월드컵 경기는 세계야구소프트볼총연맹(WBSC)에서 유튜브로 중계를 해요. 당시 한국 시간으로는 새벽에 중계되었는데도 많은 분들이 댓글로 응원을 해주시더라고요.
김/ 욕도 먹었어요.
이/ 욕은 하는 사람만 하는 거죠.

김/ 맞아요.

무플보다 악플이 낫다고, 그래도 다 관심이라고 생각해야 할까요.

이/ 맞아요. 그런데 그 새벽에 정말 관심을 많이 가지고 봐주셨어요.
김/ 신기하긴 하더라고요.

세계야구소프트볼총연맹 주최 중계라면 전 세계에서 볼 수 있는 거네요?

김/ 네 맞아요. 그래서 영어로 중계가 나갑니다. (웃음)

세계야구소프트볼총연맹도 유튜브를 활용하듯이, 요즘 광범위한 미디어 채널에서 여성 스포츠를 다루는 경우가 늘어나고 있어요. 전에 비해서 커진 관심을 체감하시나요? 그리고 선수님들께서는 야구 관련 콘텐츠들을 챙겨보시는 편인지 궁금해요.

김/ 확실히 예전보다는 미디어에 출연하는 여자 야구선수들이 늘어난 것 같아요. 유튜브 같은 경우엔 업로드되는 빈도도 잦고요. 그런데 사실 개인적으로 다 챙겨보진 않고, 섬네일로 확인하거나 가끔 짧게 짧게 봐요. 미디어 창작자분들이 여자 야구에 관심을 많이 가지고 계신 것 같아요. 그런 걸 보면 인지도가 좀 생겼나 싶더라고요.
이/ 저는….
김/ 이빛나 선수는 자기 야구하는 것만 관심 있어 가지고. (웃음)
이/ 제 부분만 봐요. (웃음)

관심은 늘어났지만 방송은 아무래도 흥미 유발을 목적으로 제작되는 거잖아요. 프로그램 성격에 맞춰서 편집될 수도 있고요. 지금은 레거시 미디어보다도 오히려 유튜브가 한 주제를 깊이 있게 입체적으로 다룰 수 있는 환경이 되었어요. 여자 야구와 관련해서 앞으로 더 조명해 주었으면 하는 면이 있다면요?

이/ 2019 중국 아시안컵에 한국 여자 야구 국가대표팀이 참가했을 때, 유튜브 채널 '썩코치의 야구쑈'[5]의 윤석 님이 협찬도 없이 자비로 오셨어요. 일일 코치도 해주시고 숙소부터 경기장까지 이동하는 장면, 훈련과 경기 장면을 촬영해 주셨거든요. 그 콘텐츠가 정말 좋았어요.[6] 또 누군가 여자 야구를 촬영해 주신다면, 대표팀 말고 여자 사회인 야구선수들이 어떻게 전국 대회를 준비하는지도 조명해 주셨으면 좋겠어요. 예를 들면, 지원이 없는데 어떻게 대회 출전 준비를 하는 건지, 경기가 기장에서 열린다면 차를 배정하는 과정부터 또 다섯 시간 졸면서 타고 가는 모습이나 숙소를 어떻게 구하며 어떻게 찾아가는지. 정말 열악하거든요. 정말 더운 날에 아이스커피가 다 뭐예요, 비가 오는 날은 또 비 다 맞으면서⋯ 그런 부분들이요. 요즘 여자 야구를 다루는 콘텐츠들은 <여자가 ◯◯◯km/h 던진다> 이런 건데, 좀 진부해요. 차라리 <여자 야구선수들은 ◯◯식으로 야구를 잘 즐긴다!> 이런 게 더 재미있지 않을까요? '남자 야구선수는 이만큼 하는데 여자들도 이만큼 해야지!' 이런 느낌이 아니라, 사실 애초에 두 성별의 비교가 목적이 아니잖아요. 정말 여자 야구선수들의 이야기가 보였으면 좋겠어요. 'LG컵 국제여자야구대회' 때는 MBC에서도 취재 오고 그랬어요.[7] 대표팀은 짤막하게라도 미디어에 비치는데, 더 내밀하게 여자 야구선수들이 어떻게 현실적인 문제를 해결해 나가는지, 이런 부분도 재미있지 않을까요?

김/ 사실 제가 위에서 언급했던 콘텐츠들을 잘 안 보는 이유가 이빛나 선수가 말씀하신 내용과 같아요. <여자가 100km/h를?>, <여자가 이렇게 배팅을 한다고?> 이런 식의 제목. 사실 우리는 이만큼 던지고 치는 선수들 심심치 않게 봐요. 익숙해요. 근데 굳이 저런 식으로 제목을 뽑는 게 개인적으로 마음에 안 들어서 안 봐요. 모든 스포츠가 그렇지만 여자 경기, 남자 경기는 관전 포인트가 다르거든요. 여자 배구랑 남자 배구가 다른 것처럼요. 야구도 마찬가지예요. 남자 야구 같은 경우는 힘, 파워, 스피드의 3요소가 유기적으로 빠르게 이루어져야 재미있다고 보는데요. 여자

---

5    엘리트 야구선수 출신의 야구 전문 유튜버. 인터뷰 제3장에 등장할 인터뷰이이기도 하다.

6    <당신이 몰랐던 국가대표 야구팀>. (2019.12.01)

7    '국가대표 여자야구팀의 36.5', MBC <생방송 오늘 저녁>. (449회, 2016.09.22)

들은 아무래도 남자들이랑 다를 수밖에 없는 신체구조를 가지고 있으니, 어떤 다른 부분에서 즐거움을 찾아서 야구를 하고 있는지 조명해 주면 어떨까요. 힘, 파워, 스피드를 무엇으로 채우는지, 혹은 부족한 부분을 어떻게 보완해 나가는지 어떻게 노력하는지 등등. 그게 또 관전 포인트가 되지 않을까요? 이런 콘텐츠는 야구를 잘 모르는 여성이나 야구를 하고 싶어 하는 잠재적인 플레이어들에게 새로운 야구를 보여줄 수 있을 거예요.

재미있는 인사이트네요. 훨씬 스포츠의 본질에 가깝기도 하고요. 여자 배구를 좋아하는 포인트 중에는 선수들 간의 시스터 후드도 분명히 있거든요. 여자 야구를 바라보는 시선도 좀 다양화되어야 할 필요가 있어요.

김/ 맞아요. 세게 때리고, 빠르게 치고. 이런 부분으로만 얘기하려면 남자 배구를 보는 게 나아요. 힘과 스피드의 기준만으로 여자 스포츠를 바라보면 재미 없어지는 게 사실이거든요. 여자 배구 같은 경우는 '김연경 선수님이 남자 프로 배구 선수만큼 어마어마한 파워를 소유했냐 아니냐'가 주요 관건이 아니라, 다른 부분에서 드러나는 월등한 실력과 매력이 있는 거거든요. 선수들 간의 케미라든지, 리더십이라든지. 또 여자 배구에서 이루어지는 다양한 전략, 이동과 공격 등에서 보는 사람은 재미를 느껴요. 여자 야구의 재미도 더 디테일하게 알아가면 좋을 것 같아요.

여자 야구가 조금 더 활성화되기 위해서 개선이나 지원이 가장 시급한 지점은 무엇이라고 생각하시나요?

김/ 처음 야구를 시작했을 때에 비해서 지금은 지원도 많아지고 인식이나 제도가 나아지고 있죠. (과거에 비해서는) 야구하기 편하고, 전국 대회도 많이 열리고요. 원래는 100% 자비로 야구했는데, 지금은 훈련비나 숙소 지원은 되니까. 가장 필요한 건, 헤드가 바뀔 때마다 따라서 바뀌는 정책이 아닌 여자 야구를 거시적인 관점에서 바라본 10년, 20년 단위의 플랜이에요. 그리고 현역 선수와 연맹, 협회, 문화체육관광부를 아우르는 야구 관련 스포츠 정책이라고 생각돼요.

이/ 그리고 남자 야구(제도권) 쪽에서도 여자 야구를 인정하고 같이 가야 해요. 그런 부분이 부족한 것 같습니다. 여자 야구 쪽에서 뭘 요구하고 제시해야 그 정도 맞춰서 움직이는 게 아니라, 함께 묶인 '야구'로 인정하고 같이 나아갈 정책을 마련해야 해요. 그러지 않으니까 자꾸 여자 야구는 요구하고, 요청하는 거예요.

하나의 스포츠, 하나의 야구로 묶어서 바라봐야 한다는 말씀이시죠?

이/ 네.

말씀하신 대로 '하나의 산업'으로 두고 멀리 보고 나아가면 좋을 것 같아요. 남자 프로 야구 선수 혹은 엘리트 코스를 밟았지만 마지막에 프로 지명은 안 된 선수들이, 학교 야구부 과정이 끝나거나 은퇴하게 되면 할 수 있는 일이 매-우 제한적이잖아요. 적극적으로 여자 야구를 블루오션으로 바라본다면 오히려 더 다채롭고 재미있는 일, 경제적 관점에서도 새로운 가능성을 품은 시장이 형성될 텐데 말이에요. 엘리트 선수들이 자신의 경력을 활용할 수 있는 산업이 더 커질 거라고 생각해요. 여자 야구의 청사진에 더 집중해 보자면, 저변 확대를 위해 엘리트 체육과 생활 체육 중 어느 곳에 더 무게를 실어야 한다고 생각하시나요?

김/ 여자 야구든 남자 야구든 엘리트 체육이랑 생활 체육이 이분법적으로 나누어지면 안 된다고 생각해요. 예를 들어, 일본에서는 학교 체육 수업과 연계해서 모든 학생들이 한 종목씩 스포츠 클럽에 가입하게끔 되어있어요. 이렇게 운동을 접하는 게 결국 다 일상생활로 이어지거든요. 생활 체육의 저변이 확대되어야 자연스럽게 엘리트 체육이 형성되는 거죠. 한국의 경우엔 (많이 바뀌고 있는 중이긴 하지만) 독재 정권 때부터 조기 육성을 주장하면서 엘리트 체육과 생활 체육이 나뉘어서 규정되고 분절되어 버렸거든요. 그 결과, 운동하는 친구들은 이걸 그만두면 아무것도 할 수 없는 현실이에요. 생활 체육과 엘리트 체육 사이의 중간지대를 두껍게 만들 필요가 있어요. 예를 하나 들자면, 수영이나 탁구 종목에서는 취미로 오래 하신 분들 중에 웬만한 선수 급의 실력을 갖춘 분들이 계세요. 각종 지역 대회를 나가서서 성적도 내시는 거죠. 이런 경우가 늘어나면 결과적으로 종목 전체가 발전하게 되겠죠. 우선 생활 체육이 활성화되어야 다양한 종목을 접해볼 수 있어요. 다른 종목을 하다 야구로 넘어올 수 있고, 야구를 하다가 타 종목으로 넘어가고 이런 식으로요. 재능이 있다면 나아가서 엘리트 체육을 두드리게 되겠죠. 우선 교육에서부터 시스템이 바뀌어야 할 것 같아요.

이/ 저는 시스템은 잘 모르지만, 엘리트 체육이든 생활 체육이든 유소녀 친구들이 많잖아요. '그들이 야구를 해서 돈을 벌 수 있을까?'라는 생각을 해요. 여자 야구로 먹고 살 길이 아직 없는데 말이에요. 어린 친구들이 야구를 직업으로 삼아 돈을 벌 수만 있다면 엘리트 코스든 뭐든 있었으면 좋겠어요. 중학교는 생활 체육(스포츠 클럽)이지만, 고등학교는 엘리트 야구 리그, 이런 식으로도 좋고요. 저는 취업을 했고 야구는 좋아서 취미로 하고 있지만 지금 유소녀 친구들은 미래에 대한 고민이 얼마나 많겠어요. 정말 좋아하는 야구로 돈을 벌 길이 없으니까 공부도 하고 야구도 하잖아요. 자기 청춘을 다 바쳤는데, 야구로 자신의 인생을 꾸릴 수 있는 그런 길이 생겼으면 좋겠어요.

남자 야구의 경우, 상위 1%에게만 프로 지명의 문이 열리는데 그 작은 출구만 바라보고 달리는 천여 명의 학생들이 매년 배출되는 상황이죠. 반면, 여자 야구는 엘리트 선수 없이 생활 체육과 국가대표가 혼재되어 있고요. 여성 스포츠가 새롭게 조명되고 있는 현시점에서 야구 전반의 제대로 된 점검이 필요해 보여요. '기존의 방식에서 이것만은 답습하지 말아야겠다'하는 지점도 잘 파악해야 하고요. 여자 야구와 남자 야구의 현황이 너무 달라서 상호보완적으로 서로 참고할 부분을 얻어 갈 수 있을 것 같다는 생각이 듭니다.

앞서 장기적 마스터 플랜에 대한 얘기가 나왔는데요. 혹시 여자 야구선수들이 기록과 정보를 공유하는 '플랫폼'이 있나요? 그래야 과거를 참고하고 다양한 의견도 모으고 청사진에 대한 논의도 이루어질 수 있을 텐데요. 안향미 선수가 대한야구협회 선수로 정식 등록된 1996년에 한국 여자 야구가 시작했다고 본다면 벌써 한국 여자 야구가 25주년을 맞이하는데, 아직 그런 기회가 없었다는 생각이 듭니다.

김/ '모여서 의견 공유해 주세요' 이런 플랫폼은 없어요. 그래도 여자 야구의 판이 엄청 큰 게 아니라서, 국가대표팀을 한 번이라도 했다면 기본적으로 발이 넓어진다고 해야 할까요? 스스로 야구에 관심을 가지고 전국 대회도 자주 출전한다면 서로서로 알게 되는 건 어렵진 않거든요. 자연스럽게 서로 알게 되면서 소식이 다 닿아요. 그런데 이 질문을 듣고 보니 모든 여자 야구선수들이 서로의 의견을 공유하는 플랫폼이 있으면 좋겠다는 생각이 드네요. 그리고 말씀해 주신 기록 콘텐츠 같은 경우에는 개인적으로 너무 좋을 것 같다는 생각이 드는데요. 왜냐하면 제 주변만 해도 야구를 오래 한 사람들이 많아요. 그런데 여자 야구의 발전과 흐름 등을 이야기하거나 잘 아는 사람들이 흔치 않거든요.

**그렇다면 한국 여자 야구사를 정리해 본다고 할 때, 두 분께서 생각하시는 빼놓을 수 없는 중요한 사건이 있을까요?**

김/ 너무 초반의 얘기이긴 한데요. 제가 야구를 시작한 2008년은 여자 야구가 리틀 구장의 규격을 사용하고 공도 리틀 야구용 공을 썼어요.[8] 여자들은 일반 규격에서 일반 야구공으로 던지기가 힘들다고 생각하셨나 봐요. 2010년에야 남자 야구랑 똑같이 정식 규격에서 경기하도록 바뀐 거거든요. 다른 사람들은 어떻게 느꼈을지 모르지만, 저를 비롯해 야구를 하는 선수들은 우리가 비로소 야구하는 주체로 인정받았다는 말을 많이 했어요. 사실 여자 야구 국제 대회에서는 애초에 남자와 똑같은 일반 규격을 사용하고 있었거든요. 세계대회에 출전하려면 한국 여자 야구도 적응을 해야 했죠. 저에겐 그때가 여자 야구가 한 계단 뛰어넘은 시점이 아닌가 싶어요. 그 점을 꼭 짚어주셨으면 좋겠어요.

이/ 저는 2016년도 부산 기장 여자야구월드컵, 한국에서 처음 열린 국제 대회였어요. 그래서였는지 소프트볼 현역 선수들과 여자 야구선수들을 반씩 섞어서 국가대표 팀을 이루었는데, 매우 획기적인 시도를 했던 것 같아요. 해외엔 이런 사례가 있

---

8    성인 구장 공식 규격(투수와 포수 사이의 거리 18.44m, 각 루 사이의 거리 27.432m)에 비해 리틀 구장 공식 규격(투수와 포수 사이의 거리 14.63m, 각 루 사이의 거리 21m)은 더 작다. 여자 야구가 리틀 규격을 쓰게 된 경위는 안향미 선수의 인터뷰 참고.

긴 했지만, 우리나라에선 최초였고, 그리고 마지막일 것 같은 기획이라고 생각해요. 앞으로는 이런 사례가 없을 것 같아서 짚고 넘어가야 할 것 같아요.

야구 선수 반, 소프트볼 선수 반이라는 비율은 주최 측에서 정한 방침인가요?

김/ 그전에도 소프트볼 출신 선수들이 늘 섞여있었는데요. 2016년에는 한국여자야구연맹과 대한야구소프트볼협회가 합심을 해서 양 종목에서 선수들을 반반 데려오기로 정했어요. 원래 소프트볼 현역 선수는 여자 야구에서 뛸 수 없는 조항이 있는데, 16년 대회에선 소프트볼 현역 선수도 대표팀으로 출전한 거죠. 연맹과 협회 측에서 직접 섭외해서 데려온 거예요. 한국에서 열리니까 어떻게든 성적을 내보자, 이런 취지였던 거 같아요. 성적 면에서는 좋은 점도 있었겠지만, 당연히 갈등이 생기기도 했죠.

아이러니가 많은 결정이네요. 장단점이 있었나요?

이/ 장단점이라기보단 획기적이었다고 생각하고, '야구선수들끼리 했어도 좋지 않았을까?'라는 생각이 들었어요.

그렇다면 두 선수분들께서는 여자 야구에 제일 시급한 지원은 무엇이라고 생각하시나요?

김/ 저도 내부 사정을 정확히는 모르겠지만, 연맹도 발전 중이고 과도기에 있다 보니까 갈등이나 이런 것들이 생기는 것 같더라고요. 한 명이 회장을 10-20년씩 하는 게 아니니까, 임원이 바뀔 때마다 연맹의 목표나 노선이 바뀌어요. 항상 같은 것을 추구해야 하는 건 아니지만 그래도 하나의 큰 기준점이 있었으면 좋겠어요. 회장이 바뀔 때마다 선수들만 그 밑에서 이랬다저랬다 한다는 생각이 가끔 들어요. 종종 '나는 무엇을 바라보고 대표팀도 가서 훈련을 하고 있나, 연맹은 왜 이렇게 힘이 없는가' 싶기도 하고요. 여자 야구 인프라가 확장되기 위해서는 연맹도 힘이 있어야 한다고 생각하거든요. 어떤 종목이든 연맹 없이 일반 선수들끼리 화이팅해서 되

는 건 아니니까. 같이 나아가기 위해서는 연맹 측도 그쪽에서 할 수 있는 일들, 문체
부랑 사업을 한다든지 하는 일들 있잖아요. 계속해서 그런 곳과 사업을 추진하려고
하고, 사업을 받아오면 잘 처리하려고 하고, 좀 힘을 같이 키워야 하지 않나 싶어요.
그게 가장 시급하지 않나 싶어요.

이／ 저는 최근 유튜브에는 여자 야구가 많이 올라오지만, 오히려 TV 중계나 미디
어(뉴스) 쪽은 관심이 적어진 것 같아서 아쉬워요. 그 쪽에서도 여자 야구를 활발하
게 더 많이 알렸으면 좋겠어요. 아직도 모르는 사람이 많아요.


2015년까지는 트라이아웃 선발이나 상비군조차 갖춰지지 않았고 2016년엔 야구협회와
소프트볼협회의 합병에 따른 엔트리 분할 구성 정책으로 인해 정체성이 흐려지기도 했지
만, 그 가운데에서도 여자 야구선수들은 늘 국가대표를 명예로운 자리로 여기며 최선을 다
해왔다. 국가대표가 사용할 전용구장 하나 없는 상황에서도 트라이아웃과 훈련에 참가하기
위해 주말이면 서울에 모이고, 연차로 해결되지 않는 대회 일정에는 퇴사도 마다하지 않으면
서. 2018년 국가대표 사령탑을 맡았던 동봉철 감독은 한 인터뷰에서, "내 마음이 숙연해지는
것을 느꼈다. 꽤 오랜 시간 야구를 했지만, 내가 이 선수들만큼 야구에 진짜 열정을 쏟고, 애
정을 줬었나"라고 말한 적이 있다. 그만큼 여자 선수들이 야구를 대하는 태도는 이미 올림픽
에 출전하는 것에 버금간다. 그들에게 지금 필요한 것은 관심과 관중이 아닐까? 김보미, 이빛
나 선수가 말한 여자 야구만의 관람 포인트를 참고한다면 그 진가를 발견할 수 있을 것이다.

2000년생인 김라경 선수는 유소녀 트레이닝부터 시작한 한국 여자 야구 2세대이다. 1세대인 안향미 선수와는 약 20여 년의 갭이 있다. 그만한 시대적 배경의 차이로 인해 걸어온 길도 개척한 길도 다르기에, 그만큼 김라경을 두고 '최초'라는 프레임 역시 다시 짜였다. 2020년, 또 한 번 '최초의' 대학 리그 여자 선수가 된 그를 2021년 봄에 서울대 근처 카페에서 만났다. 아직 새내기인 티가 느껴지는 수줍은 첫인사를 나누었지만, 이내 야구를 하기 위해 또래보다 일찍이 당차고 단단해져야 했던 내공이 느껴지는 대화가 이어졌다.

# 김라경
## 대학 야구팀에서 활동하는 첫 여성

야구하는 여자는 없다? 야구장 위의 여성들

04

# 김라경

**대학 야구팀에서 활동하는 첫 여성**

일본 진출 준비하고 있다고 들었습니다. 어떻게 지내고 계시나요?

● 김라경

제가 이렇게 야구에 올인해 본 적이 없다고 생각될 정도로 요즘은 야구에 많은 투자를 하고 있어요. 지금이 저한테 너무나 소중한 시간이에요. 저는 야구를 직업으로 생각해보지 못했거든요. 직업으로 삼을 수 없기 때문에 동기부여가 계속되지 않았었고, 보여줄 수 있는 대회나 무대도 많지 않아서 선택사항이라는 느낌이 컸고요. 지금은 제가 일본 리그라는 정해진 루트를 가기 위해서 준비하고 있다는 점이, 그 동기부여 자체가 차원이 다른 것 같아요.

김라경 선수님은 성별의 경계를 넘나들며 다양한 팀에서 야구를 하셨어요. 오늘날에도 여자가 야구를 하기 위해서는 남자팀에 들어가야만 할까요?

오늘날 어디서 야구를 하는 것이 가장 좋은지에 대한 질문이라면, 저는 리틀야구단이 그나마 여자가 가장 전문적으로 야구를 배울 수 있는 곳이라고 생각해요. 사회인 야구는 정말 말그대로 사회인 야구예요. 본격적으로 실력을 키우기 보다는 주말에만 모여서 취미로 즐기는 야구거든요. 그런데 리틀야구단도 중학교 3학년이면 끝나요. 그 이후로는 여자가 야구를 할 수 있는 곳이 없어요. 국가대표도 주말 밖에 안 모이고요 그게 너무 아쉬워요.

그 이후에 여자 선수는 어디로 가야 할까요?

중학교 3학년 이후로는 따로 소속팀이 있어야 해서 저는 사회인 야구팀에 들어가게 됐고 그 다음에 국가대표도 같이 뛰었어요. 그리고 대학리그의 경우는 저 스스로도 이게 될지 의심스러웠는데요. '서울대에 입학한다 하더라도 내가 리그를 정상적으로 뛸 수 있을까?'[1] 하는 생각이 있었거든요. 그런데 열린 분들이 많으셔서 제가 작년에 대학리그에서 정식 절차를 밟고 선수로 뛰게 되었어요. 그런데 소외감은 들어요. 아무래도 제가 이례적으로 배려를 받고 뛰는 선수라는 인식이 있거든요. 대학리그에서 저만 여자잖아요. 세 명도 아니고 두 명도 아니고 저 한 명이잖아요. 그러다보니 내가 여기에 정상적인 루트로 들어온 사람이 아닌듯한 느낌, 중간에 끼인 그런 느낌이 있어요. 판을 뒤흔든 사람이랄까요.

'침입자'라는 표현을 쓰더라고요.

네! 침입자요. 그런 느낌이 있어요. 누가 뭐라고 하지는 않지만 아무래도 규정과 내부를 혼란스럽게 하는 것도 있고요. 저에게 선택권이 있었던 것은 아니지만, 아무튼 제 동료들은 다 남자이기 때문에 합숙할 때도 배려를 받아야만 하거든요. 그런 게 많이 아쉽죠. 그래서 지금 상황에서는 어디에 들어가고 어떻게 야구를 해야 한다고 딱히 추천해줄 수 있는 루트가 없어요. 저도 제 딸을 낳으면 "야구 해도 돼"라고 말해야 할지 잘 모르겠어요.

올해에 당진주니어여자야구단이라는 고무적인 무대가 생겼어요. '판'을 만드는 것을 제안하면 줄곧 "아직 부족해. 거기서 뛸 수 있는 사람이 많지 않잖아." 이렇게 말을 하곤 하는데 당

---

1    서울대 야구팀은 대학 리그에 속해있지만 야구 엘리트 코스를 밟은 체육특기자들로 구성된 타 대학 야구팀과 달리 취미 야구 성격이 강하다. 그만큼 엘리트 체육 특유의 카르텔적인 폐쇄성이 없다.

진을 보면 생긴지 몇 달 안 되었는데도 전국 각지에서 많은 선수들이 참여하고 있어요.

네. 저도 당진을 보고 그 문제에 대해서 생각이 굉장히 많이 바뀌었어요.

여자 야구를 서포트 해주는 제도가 더 생긴다면 어떤 변화가 있을지 기대되는 이유이기도 해요. 여자 주니어 야구팀이 더 생긴다거나 중·고등학교 팀이 생긴다면 어떨까요?

"사람이 없으니 여자 야구팀을 만들어도 안 될 거야"라고 생각해서 지원을 안 해주 잖아요. 저도 처음엔 그렇다고 수긍을 했는데 당진팀 하나 만들어지니까 사람들이 몇 달 만에 이렇게 모여드는 거예요. 결국에는 이 '장' 혹은 '판'이 없고 지원이 없으 니까 사람들이 안 모이고 또 못 모이는 것이더라고요. '판'이 만들어지기만 한다면 여자 야구인들도 더 많아지고 인식이 확 바뀔 것 같아요. 그리고 야구가 이렇게 인 기 스포츠인데도 전국 체전에는 여자 야구 종목이 아예 없어요. 이것도 저는 늘 의 아해요. 저는 '컬링'에 많이 빗대는데, 솔직히 컬링이 생활 스포츠로 인기종목은 아 니거든요? 그렇지만 올림픽 종목이라서 문체부에서 많이 지원도 해주고 실업팀, 그러니까 시청팀도 있어요.[2] 결국 무대가 정해지면 이렇게 컬링처럼 클 수 있다고 생각되거든요. 야구인들보다 컬링을 하는 분들이 훨씬 적을걸요? 그런데 올림픽 종목이니까 이렇게 지원이 이뤄지고 컬링 선수를 직업으로 갖는 사람들도 있는 거 죠. 그런데 여자 야구는 올림픽 종목도 안 되고 실업팀도 안 만들어지는 게 정말 이 상하다고 생각이 들어요.

안향미 선수님은 여자 야구가 발전하기 위해서는 결국 여자 유소년 육성을 활성화해야 한 다고 강하게 주장하셨어요. 리틀야구부터 시작하신 입장에서, 김라경 선수님은 어떤 제도 적 지원이 가장 이상적이라고 생각하세요?

---

[2]  전국에 여자 컬링팀 16개(94명), 남자 컬링팀 20개(127명)가 대한컬링연맹에 등록되어 있다(2021년 5월 대 학부·일반부 기준). 한국여자야구연맹에 등록된 사회인 야구팀은 49개(1,022명)이다(2021년 11월 기준).

저도 유소년 야구요. 저는 여자 야구가 기존의 엘리트 스포츠 제도와는 다른 길을 걸었으면 좋겠어요. 일본의 경우는 생활체육으로 유소년 야구가 많이 보급됐어요. 그런데 우리나라는 철저히 엘리트 체육화 되어서 "운동할래? 공부할래?" 이런 식이거든요. 여자 야구는 애초에 성인의 생활체육으로 시작한 거잖아요. 저는 이 성격이 나쁘지 않다고 봐요. 그런데 이제는 더 나아가서 자연스럽게 (여자) 청소년들이 생활 체육으로, 취미로 접할 수 있게끔 하는 것이 가장 시급하다고 생각해요. 어렸을 때 야구를 하는 건 정말 다른 것 같아요.

자연스럽게 얘기가 나왔는데, 생활체육과 엘리트 체육 중 어떤 형태로 여자 야구를 육성하는 것이 좋다고 생각하시는지 여쭤보고 싶었어요.

저는 무조건 전자요. "운동할래? 공부할래?"라는 큰 위험부담이 있으면 부모님들께서도 안 시키실 것 같아요. 생활 체육 성격의 판이 먼저 만들어져야 한다고 생각해요. 학교의 방과 후 체육 같은 활동이요.

남자 야구부를 보면 선수로 가는 길이 어린 학생들에게도 부담이 될 수 있겠다는 생각이 들어요. 학교 끝나고 밤 8시 9시까지 매일 야구를 하고, 그렇게 중학교 고등학교 팀을 가잖아요. 그런데 만약 중간에 내가 이 길이 아니라는 느낌이 온다면 이미 또래 친구들과는 학업 격차가 너무 심한 상태고요. 야구가 특히 엘리트 체육 쏠림이 심한 것 같아요. 왜 그럴까요?

제 생각엔 일단 실업팀이 없어서 같아요. 야구는 대중적인 인기 스포츠인데도 불구하고 그 무대가 너무 좁아요. KBO는 사실 사기업이라고 보면 돼요. 대기업에서 자본을 대고 이끌어나가는 하나의 기업이다 보니까 수익을 전제로 하는 스포츠 산업에 가깝죠. 야구에 실업팀이 없는 건 문제예요.

결국 어릴때부터 키워진 선수들 중에서도 정말 소수의 스타만을 위한 산업인 거잖아요.

네. 정말 모 아니면 도인 거죠. 저희 오빠도 야구선수였거든요. 엘리트 체육 시스템

안에서 '야구할래 공부할래' 중에 야구를 선택한 경우이다 보니, 지금 야구를 그만 두고 할 수 있는 게 지도자밖에 없어요. 코치 외에 다른 길로 전향할 수 있게 해주는 교육시스템도 많지 않아요. 다 루트가 똑같아요. 야구선수 은퇴하면 레슨하죠.

야구장이라는 거대한 공간이 많이 필요하다 보니 확산과 대중화에 제동이 걸린다는 생각이 들어요. 야구장이 굉장히 부족한 상황이라고 하더라고요.

네 맞아요. 사회인 야구를 즐기시는 분들이 진짜 많거든요. 사회인 팀들이 새벽 5시, 6시에도 경기를 할 정도로 야구장이 많이 부족해요. 그리고 야구장은 규모가 크다 보니 다 땅값이 싼 외딴곳에 있잖아요. 접근성이 가장 떨어지는 스포츠인 것 같아요.

안향미 선수와 연락이 닿은 적이 있다고 알고 있어요. 두 분은 어떻게 알게 되셨나요?

중학교 2학년 때 제가 뛸 수 있는 무대가 없어서 엄청나게 방황했어요. 그때 한 2-3달간 야구를 안 했는데, 오히려 야구를 너무 좋아한다는 걸 스스로 느끼게 됐고요. 그래서 '내가 그냥 길을 만들어야겠다' 생각했어요. 어렸을 때라서 그런 무모한 생각도 할 수 있었던 것 같아요. 그때 제가 엄청 방황하니까 사회인 야구팀 언니들이 "너보다 이전에 같은 길을 걸었던 선배가 있다"며 소개해준 분이 안향미 선배님이었어요. 안향미 선배님이 호주에 계실 때인데 그렇게 통화를 하게 된 거예요. 제 이야기에 공감도 많이 해주셨고, 2시간 넘게 얘기를 했어요.

안향미님의 선수 생활에 대해 찾아보기도 하셨나요?

네. 그분에 대한 기사를 봤어요. 제가 처음 야구를 시켜달라고 조르던 게 2011-2012년 즈음이거든요. 그때 부모님이 '안 된다. 조금 기다려라. 오빠 프로 보내고 생각해볼게' 이런 식으로 저를 어르고 달랬어요. 여자 야구선수를 본 적이 없으니까요. 그런데 그때 안향미 선수님 기사를 접하신 거예요. 그 후에 부모님께서 '이런 분도 있네', '안향미 선수가 뛰었던 일본에는 실력 있는 여자 야구선수들도 많네'하고 생각이 조금 열리신 것 같아요. 그래서 제가 야구를 할 수 있었던 것은 안향미 선배님 덕분도 있다고 생각해요.

앞에 참고할 수 있는 선례가 있다는 건 엄청난 차이잖아요.

네, 커요. 내 딸, 내 소중한 자식을 아무도 안 걸어본 길을 보내고 싶지는 않잖아요.

김라경 선수께서도 '내가 처음이 아니다'라는 안도감이 들었을 것 같아요. 그리고 한편으론 안향미 선수가 걸었던 길이 너무 순탄치 않아서 걱정도 됐을 것 같은데요.

네. 걱정도 됐죠. 결국은 선배님이 야구의 길을 안 걷고 계셨으니까요. '나도 결국엔 야구를 취미로만 즐겨야 하나?' 그래서 많은 응원을 받았던 동시에 큰 위로가 되지 못했어요.

안향미 선수가 남자 엘리트 코스의 문법을 따른 반면에, 선수님은 리틀 리그에서 좀 더 오래 활동하셨죠. 그 배경은 <김라경 특별법>[3]이고요. 이 새로운 규정은 선수님의 요청으로 성사된 건가요 아니면 협회 쪽에서 먼저 제안한 건가요?

저도 아주 자세한 과정은 모르지만, 결론적으론 한국리틀야구연맹에서 회의를 통해 결정됐어요. 저는 일단 시즌이 마무리되고 계룡시 리틀야구단을 나갔었거든요. 앞서 말씀드린 것처럼 더이상 제가 야구를 할 수 있는 곳이 없다는 생각에 한창 방황했고요. 그런데 리틀야구단 감독님께서 저를 관심 있게 지켜봐 주셨고, 마침 여자 야구 공론화의 필요성도 조금씩 확산하던 분위기였어요. 그때 당시 리틀야구연맹의 사무실이 장충동에 있었는데, 제가 유일한 여자선수이기도 했고, 그곳으로 시

---

3    기존 리틀야구단 나이 제한은 14세였으나, 김라경 선수의 등장과 진로 문제로 여자 선수만 16세까지 뛸 수 있도록 개정되었다. 중학교 남자 야구팀에 여자 선수가 입단하는 것이 현실적으로 쉽지 않고 17세부터는 국가대표 선발 대상 나이가 된다는 점에서 이러한 나이 조정이 이루어졌다.

합을 하러 갈 때마다 회장님께 인사를 드렸어요. 그 기회로 어떤 의미를 전달하고 자 했어요. "야구할 곳이 없다"고 회장님께 고민 상담도 계속하고요. 그리고 감독님 께서도 대표자 회의 같은 곳에서 제안하셨대요. 여자 선수들만 중학교 3학년까지 뛸 수 있도록 하는 게 어떻겠냐, 그리고 그게 감독자 협의회에서 통과가 된 거예요. 그래서 제가 중학교 2학년 말부터 다시 리틀 야구단에서 뛰게 되었죠.

리틀야구단에서 같이 운동했던 친구들은 중학교 진학과 함께 야구 '선수'가 될 준비를 하잖 아요. 그런 장면들을 바라보기만 해야 할 때 좀 심적인 힘듦이 있었을 것 같아요.

네. 저는 야구 그만두려고 했어요. 여자 선수는 중학교 3학년까지 뛸 수 있다고 규 정이 바뀐 후에도 개인적으로 별로 희망적이지는 않았어요. 룰이 개정되기 전에, 그러니까 한창 '나는 어디로 가지? 중학교 1학년이면 리틀야구단도 끝이네?'라는 고민이 컸을 때 남자인 친구들은 이제 중학교 팀으로 간다고 자랑을 해요. 그때는 또 어리다 보니 '나 이 학교로 간다!' 이런 식으로 얘기도 많이 하고요. 룰이 바뀐 이 후에도, 제가 중학교 2학년부터 다시 리틀에서 뛸 수 있게 되었을 때도 사실 똑같았 죠. '나는 다음에 어디로 가지? 중학교 3학년 되면 그냥 공부해야 하나? 사회인 팀 도 주말밖에는 안 하는데'하고요. 그냥 모든 게 다 불확실해서 너무 힘들었어요. 동 료들이 하나둘 다 떠나갈 때 남겨지는 기분을 3년 동안 느꼈어요. 중학교 1, 2, 3학 년 내내요. 같이 뛰었던 친구들이 나갈 때마다 너무 허무했어요. 나랑 다른 길을 걷 는 친구들이구나 하는 이질감도 느꼈고요.

결론적으로 그 기준이 어쨌든 '성별'이 된다는 것 자체가 굉장히 납득하기 힘들잖아요.

제가 그 사진이 있어요. 리틀야구단은 매년 졸업생들을 위한 파티를 하거든요. 학 기 말에 선배들 중학교 잘 보내주자 라는 의미의 연말 파티가 있는데 저는 그 '졸 업'을 3번을 했잖아요. 참석할 때마다 참 묘했죠. 다른 친구들한테는 "잘 가라, 새 출발이다"하는데 '나는 뭐지…'만 되풀이하면서 시간이 가고.

안향미 선수의 경우 경원중 야구부에 들어갔잖아요? 중학교 리그에서 뛴 후에 덕수정보고 (남자) 야구부에 입단했고요. 김라경 선수님은 중학교나 고등학교 야구부는 생각하지 않으셨나요?

생각은 잠깐 했었어요. 중학교 3학년 때 지인분 통해서 어느 남자야구단 코치님과 감독님으로부터 연락이 왔거든요. "일본의 남자팀에서 뛴 '요시다 에리'라는 선수를 알고 있느냐. 내가 너 그렇게 만들어 줄 테니 우리 팀으로 와라"라고 하셨는데, 알고 보니 그 팀이 해체 위기에 있었던 거예요. 홍보 목적으로 저를 데려가려고 한 거죠. 그런데 일단 의도를 다 떠나서 너무 불확실하잖아요. 내가 남자 야구부에 들어간다고 하더라도 시합에서 뛸 수 있을지, 또 숙소 생활을 어떻게 할지도 자신이 없었고요. 중학교 진학은 그렇게 무마가 되었어요. 그 후에 '여자 국가대표 활동하면서 공부해서 서울대를 들어가자!'하는 마음을 먹었죠. 방황을 많이 하는 과정에서 남자 야구부 생각을 안 했던 건 아니에요.

사실 안향미 선수처럼 중·고등학교 야구부에 입단해도, 그 후에는 남자 선수들 틈에서 '침입자'로서 내 자리를 지켜야 하잖아요.

내부 균열을 일으킬 수밖에 없죠. 음… 균열이라기보다는 정착되어있는 규율을 제가 또 흔들게 되는 거죠. 본의 아니게. 제가 원치 않아도요.

그래서 차라리 사회인 야구팀에 입단해서 혼자 실력을 다지면서 국가대표로 여자 야구 대회 등에 출전하는 방향을 선택하신 거군요.

네.

<김라경 특별법>으로 리틀야구단 규정이 바뀐 후에 여자 선수들이 늘었다는 기사를 봤어요. 근본적인 해결책은 아니었지만, 여자가 야구에 입문하는 문턱은 조금 낮춘 것 같아요. 야구하고 싶었던 친구들이 그만큼 감춰져 있었다는 얘기겠죠. 후배들이 늘어난 걸 체감하시나요?

제가 고등학교 1학년 때 부산 기장 월드컵에서 국가대표로 뛰었는데요. 그때 페이스북 메시지로 10명 정도의 친구들에게서 연락을 받았어요. "저는 야구를 너무 좋아하는데 할 곳이 없어요" 혹은 "야구는 남자의 운동인데, 제가 야구를 해도 되는지 고민돼요"라는 내용이었어요. 제가 야구를 하는 게 많은 힘이 됐대요. 그런 친구들이 있다는 것 자체에 저도 깜짝 놀랐어요. 진짜 그렇겠구나 '내가 야구를 해도 되나?'하고 망설이는 애들이 나 말고도 많이 있겠다 싶었고요. '이건 알려야 하고, 공론화를 시켜야 하는 일이구나. 나만 즐겁게 해서는 안 되고 책임감을 가져야겠다'하고 그 때 저도 생각이 많이 바뀐 것 같아요. 지금은 소름이 돋을 정도로 후배들이 많아졌어요.

유소년 야구부터 시작한 여자 후배들이 지금은 얼마나 있나요?

우선 저는 당진주니어여자야구단에 있는 친구들이 너무 놀랍고요. 그리고 유튜브에서도 여자 야구 알고리즘으로 뜨는 영상을 많이 보는데 '상황이 이렇게 열악한데 어떻게 이런 친구들이 나오지?'하고 매번 놀라요. 정말 고맙기도 하고요. 영상으로 드러나는 친구들이 이만큼 있다는 것은 보이지 않는 친구들이 더 많다는 얘기거든요. 그렇게 생각할 때마다 저는 굉장히 뿌듯한 동시에 책임감도 더 느끼게 되고, 복잡한 심경이에요.

서울대학교 야구부 얘기가 궁금해요. 대학리그에 선 최초의 여자 선수시죠. 자신만의 길을 개척해 중·고등학교 야구부를 거치고 프로 지명을 노리는 야구선수들이 서는 마운드에 합류하셨어요. 대학 리그에 서 본 감상은 어떤가요?

일단 지금은 일본 리그를 준비하고 있기도 하고 국가대표 선발전도 있어서 대학 리그 활동은 중단한 상태예요. 신입생으로 들어오자마자 작년 시즌 1년을 활동했는데, 솔직히 원하던 만큼 제대로 된 공론화를 못 시켰어요. 원체 경기 수가 몇 안 되는데 제가 시즌 초반에 손가락 부상을 당하는 바람에 거기서 절반이 날아가 버렸고, 그마저도 코로나 때문에 완전히 폐쇄적으로 진행됐고요. 원래 대학 리그 자체가 관중이 많지는 않지만 이번엔 기자들조차도 못 들어왔거든요. 저는 그게 아쉬워요. 많이 알려졌어야 여자 야구 기록이 또 남는 건데.

맞아요. 사실 작년이 상징적인 해였던 거잖아요. 대학 리그 최초로 여자 선수가 마운드에 선 거니까요. 그런데 그런 공론화에 대한 책임감은 입학할 때부터 가지고 있었나요?

네 조금은 있었어요. 이게 첫발이 될 거라고 생각했거든요. 저는 솔직히 낯도 엄청 나게 가리고 부담도 많이 느껴요. 알려지면 알려질수록 이게 결국 저한테는 다 부담이거든요. 그런데 그런 부담보다도 저는 여자 야구가 성장하길 바라는 마음이 훨씬 크기 때문에, 제가 소비되더라도 감내하면서 공론화가 되어야만 한다는 생각이에요. 그래서 작년이 매우 아쉬워요. 이제 저는 일본 리그를 생각하고 있고 대학 리그는 또 언제 뛸지 모르는 상황이니까요.

이전에 대학 야구에서 3년 정도 뛰고 일본 프로 리그로 가고 싶다고 인터뷰하신 기사를 봤어요. 일본행을 앞당기신 이유가 있나요?

일단 스포츠선수로서 시간이 갈수록 몸의 노화가 빠르게 진행 될 거라는 생각이 있었고요. 제가 몸이 언제 망가질지도 모르고, 또 손가락 같은 사소한 부상들도 고려해야 하기 때문에 조금이라도 몸이 더 건강할 때 가야겠다고 생각했어요. 또 서울대학교 내에서는 학업과 운동을 아무리 병행한다 해도 운동이 주가 될 수는 없는 분위기예요. 게다가 마침 코로나 상황이기도 하니 '휴학을 좀 더 앞당기자' 싶었죠.

그럼 지금 휴학하신 상태이신 건가요?

아니요. 이번 학기까지 다니고 다음 학기부터 휴학을 할 생각이에요. 최대 2년 정도 일본 선수 생활을 할 수 있다고 보고 있어요. 그리고 앞에서 대학 리그에서 뛴 느낌을 물어봐 주셨는데, 조금 더 덧붙이자면 주변의 대학 리그와 관련된 분들이 많이 도와주시고 오픈 마인드로 저를 받아주셨기에 제가 작년 시즌을 뛸 수 있었다고 생

각해요. 그런데 아무래도 '최초'이다 보니까 스스로 그 점을 인식하게 돼요. 나를 바라보는 시선에서 느끼는 어려움이라기보다 저 혼자라는 생각 때문에 목소리를 내기가 많이 어려웠어요. 뭐든지 홍일점 청일점들이 눈치를 보기 마련이잖아요? 그래서 빨리 어른이 되긴 했지만요. 그리고 숙소 같은 민감한 문제들이 있잖아요. 그렇게 서로 배려해야만 하는 문제들도 불가피하게 생기고요. 좀 오래 뛰었으면 더 많은걸 느꼈을 테지만, 일단 한 시즌 뛰었을 때의 느낌은… 이걸 말로 표현하기 어려워요. '나는 선수로서 받아들여져야 하는 게 맞나?' 팀 내에서 저 말고 유일한 여성으로는 매니저분들이 있어요. 제가 그분들이랑 방을 같이 쓰는데, 매니저 언니들이 전국대회같이 먼 곳에서 열리는 대회에 가지 못할 때는 부득이하게 저 혼자 방을 쓰게 되거든요. 그런데 처음에는 "너도 선수니까 (방을) 같이 써라"하고 하셨어요. MT만 해도 남녀가 방을 같이 쓰기도 하니까 저도 처음엔 그럴 수 있다고 생각을 했거든요? 그런데 이건 공과 사의 문제인 거예요. 저도 마음 같아서는 남자 동료들이랑 똑같이 선수 방을 쓰고 싶어요. 같이 야구 얘기도 하면서 소속감과 정을 느끼고 싶은 게 당연하고, 다 같이 방 쓰는데 저만 혼자 있는 것도 상당히 외롭고 소외감 들고요. 저도 정말 선수들이랑 모든 걸 함께하고 싶은데, 잠자는 문제는 다르다는 생각이 들어요. 혼자서만 다른 성별이면 그런 것에서도 눈치를 보고 양해를 구해야 하는 상황이 생겨요. 그런 문제들이 생길 때의 심정은 말로는 다 표현할 수 없는 것 같아요.

경기 전날 아니면 경기가 끝난 날 밤에 "우리 뭐가 부족했다", "이건 이렇게 해볼까?" 이런 얘기 같이 하고 싶잖아요. "걔네 약점이 뭘까"하고 분석도 해보고 싶고요. 그런데 혼자 동떨어져있게 되거나 매니저분들이랑 방을 같이 쓰게 되면 많이 외로웠을 것 같아요. 함께 있어도 불편하고 떨어져 있어도 불편한 거네요.

네. 그래서 처음에는 감독님께서 '선수들이랑 그냥 같이 방을 써라'하셨는데, 그러면 이제 거기서 서로 눈치를 보게 되거든요. 저는 화장실 가서 옷을 갈아입어야 하고, 그럼 선수들은 그동안 화장실을 못 쓰게 되고. 서로 눈치 보고 불편해져야 하는 상황을 마주하게 되는 건데, 저희도 시합 때 컨디션이 좋아야 한단 말이에요. 그런데 그렇게 서로 불편하게 있는 건 도저히 아닌 것 같다고 생각이 되어서 제가 조심스럽게 주장 오빠에게 얘기했어요. 아무리 그래도 이건 다른 문제인 것 같다고요. 저도 같이 쓰고 싶은 마음은 굴뚝같으나 이건 서로에 대한 배려가 아닌 것 같다. 저는 어렸을 때부터 남자들이랑 생활하고, 오빠도 있어서 되게 덤덤하고, 적응을 잘하는 편이지만 아무래도 (같은 팀) 오빠들도 분명히 불편하고 눈치를 볼거란 말이에요.

저희가 여성도 대학리그 선수 등록을 할 수 있는지 대학야구연맹 측에 전화로 문의를 해봤더니 '경기인 등록 규정'을 보라고 하시더라고요. 규정에 따르면, '19세 이하 선수(고교 선수)'에 등록된 전적이 있다면 가능하다고 나와요. 성별에 관한 규정은 따로 없고요.[4] 하지만, 일단 대부분의 대학 야구팀들이 '체육 특기자 전형'으로만 선수를 뽑고 있어요. 체육 특기자가 되려면 고교리그에서 성과를 거두어야 하고, 고등학교 야구부는 사실상 여자 선수가 진입하기 힘든 곳이죠. 즉, 김라경 선수 이후에 대학 리그에서 뛰는 여자 후배가 또 나올 수 있을지 현재로선 미지수예요. 이 애매한 부분을 여쭤보니 대학야구연맹에서도 "선수는 있는데 제도가 없는 상황인 게 맞다"라고 말씀하셨고요.

일반전형이 아니고 체육 특기자로 입학하려면 고교리그를 거쳐야만 하는데 고등학교 리그는 사실상 여자가 뛰기 힘들고, 대학 리그는 규정을 모호하게 써놓은 상황인 거네요. 결국에는 고교 리그가 문을 막고 있는데 대학 리그는 문을 열어둔 것처럼 보이는 거잖아요?

네. 김라경 선수님의 경우는 '예외'였던 거죠. 국제대회에서 실력을 증명했으니까요.

우리 서울대 야구부는 일반 선수들이 많아요. 일반인들이 엘리트 리그를 뛰는 거예요. 굉장히 특수한 경우인 거죠. 저도 그 덕에 야구부의 일원으로 다른 엘리트들, 꾸준히 야구만 해온 친구들과 투수로서 마주할 수 있었던 거예요. 개인적으로 경기에 서보니까 '여자도 이렇게 남자 선수들 상대할 수 있는 거구나'하고 야구에 있어서

---

4    대한야구소프트볼협회(KBSA) 경기인 등록규정 제 12조 [등록 구분] 2항 참조.

는 희망을 많이 봤어요. 제가 성적으로 봤을 때는 방어율이 9점대라서 그렇게 좋은 편은 아닌데 우리 야구부에서는 1위였거든요. 손가락 부상 등으로 침체기가 아니었으면 더 좋았을 것 같아요. 대학 리그 마운드에서 저는 되게 자신있게 피칭을 했고 2이닝 무실점도 했고 자신감을 많이 얻었어요. 여자도 어릴 때부터 야구를 하기만 한다면 이 엘리트 리그라는 곳에 끼어도 전혀 손색이 없겠다 하고 기대감과 자신감을 가졌는데, 결국은 제도가 이런 가능성을 막고 있네요.

궁극적으로는 제도가 정비되거나 새로 생겨야 하는 거죠.

제가 대학 리그 들어올 때 선수 성별이 남자라고 규정 되어있는지 물어봤어요. 왜냐하면 저도 다른 엘리트 남자분들처럼 체육 특기자 전형으로 입학하는 방법들을 알아봤거든요. 그런데 한양대, 고려대, 연세대 이런 곳은 '선수는 남자다'라고 규정하고 있어요. 신입생을 받을 때부터. 근데 또 대학야구협회에서는 '규정상' 성별을 구분하고 있지는 않다고 하네요.

네. 연맹 측에서는 안향미 선수가 성별 규정을 없앴기 때문에 대학 리그에서 여성/남성으로는 구분짓지 않는다고 했어요. 그런데 그분들이 스스로 생각해 보아도, 고교 야구는 사실상 남자들의 판이기 때문에 중간 과정이 끊긴 상황이라는 거죠. 그런데 선수님 이야기를 들어보니 열린 듯 보였던 대학 리그도 협회 규정과는 무관하게 학교 내의 방침이 또 다른 셈이네요.

2020년 대학 리그 경기 얘기를 좀 더 해볼게요. 보통 투수 포지션으로 서시잖아요. 그런데 대학 리그 상위권 팀인 연세대를 상대로 7회에 타자로 들어가서 안타를 치셨어요. 다른 선수들 반응은 어땠는지 궁금해요.

저는 경기장에 들어가면 소리가 안 들리는 타입이라서 나중에 다른 오빠들이 말해주는 걸 들었어요. 그게 제 대학 리그 첫 타석 첫 안타였거든요? 들어가자마자 안타를 쳤는데 상대 더그아웃이랑 저희 더그아웃에서 깜짝 놀라서 탄성이 나왔다는 거예요. 근데 상대 투수도 자존심이 있기 때문에 저를 봐주지 않았어요. 변화구도 던지고 똑같이 최선을 다해서 던졌는데 제가 안타를 쳐서 놀란 것 같아요. 근데 뭐 놀랄 것까지야? 이것도 편견이죠. 그런데 저는 아무래도 경기장에서 저 혼자만 여자인 경우였으니까요.

**현재 체육교육과에 재학하고 계시는데요. 이 전공은 대학 야구부에 들어가기 위한 전략이었는지 아니면 다른 커리어를 생각하고 선택하신 건지 궁금해요.**

저는 애초에 야구선수를 꿈꾸고 들어온 게 아니에요. 야구선수는 서울대를 목표로 할 때부터 아예 제 관심 밖이었어요. 야구선수가 될 수 없다는 걸 고등학교 때부터 너무 잘 인지하고 있었고요. 다만, '내가 야구를 사랑하는 사람이라는 점은 바꿀 수 없으니 여자 야구를 키우기 위해서 다른 할 일을 찾자. 그러기 위해서는 서울대가 가장 길이 넓겠다'고 생각했어요. 일단 서울대 야구부가 일반인들도 엘리트 리그에서 뛸 수 있다는 점에서 특수하고 또 가장 열린 대학교로 보였고, 그 덕에 저도 리그를 뛸 수 있을 것 같았고요. 미래에 탁상행정이 되지 않으려면 현장을 계속 느껴야 하는데, 현장을 느낄 수 있게 해주는 게 서울대 야구부인 거죠. 아무튼 그래서 저는 행정 쪽 일을 하고 싶다는 마음으로 일단 서울대에 진학했는데, 지금은 야구가 굉장히 산업적인 스포츠라는 것을 몸소 깨닫고 있어서 스포츠 경영에도 관심이 있어요. 아직은 진로가 그렇게 뚜렷하지는 않아요. 일단은 '애초에 선수는 꿈이 아니었다, 꿈이 될 수가 없었다'라고는 말할 수 있어요.

**그런데 지금 일본 리그 진출을 준비하고 계시잖아요. 그건 선수 생활을 좀 더 꿈꾸고 실현하게끔 해주는 우회적인 루트인가요?**

이건 최종 목표로 가는 길목에 있는 1차 목표예요. 제가 1차 목표로 일본 리그를 생각한 건, 선수로 뛸 수 있다는 점도 있지만 제 가치를 인정받고 싶은 마음? 나름 여기서 10년간 야구를 해왔으니 야구를 보여줄 수 있는 정식 무대를 가보고 싶은 마음도 있었어요. 또 일본은 야구 역사가 100년 정도 돼요. 여자 야구의 실업팀이나 동아리 체육도 잘 되어 있고요. 그래서 '어떻게 그렇게 여자 야구가 자리 잡고 발전할 수 있었을까?' 이런 것도 직접 느끼고 오고 싶어요. 지금 제가 목표하고 있는 곳이 중소기업 실업팀인데요. 일단 회사원으로 고용이 되어서 일과 야구를 병행하는 거예요. 저는 그런 구조가 어떻게 운영되는지 너무 궁금해요. 이게 한국에서도 자연스럽게 자리 잡을 수 있을까? 저도 가봐야 더 자세히 알 수 있겠지만 지역 연고 시스템이 잘 되어 있더라고요. 예를 들어, 교토 지역팀이라 하면 그 지역의 여학교 야구부에 자원봉사를 하러 많이 가고, 주민들도 여자 야구팀에 굉장한 애정을 가질 수 있게끔 잘 연결을 시키더라고요. 그런 노하우를 알고 싶어요.

만약 대학야구연맹에 정식으로 등록되어 리그에도 참가할 수 있는 대학 여자 야구팀이 등장한다면 어떤 변화가 있을까요?[5]

일단 입시제도요. 여자 야구가 입시제도에 편입이 될 테고, 그러면 부모님들께서도 딸을 야구 시키겠다는 마음이 커질 수 있을 거예요. 여자 야구 시장도 더 자리 잡을 것 같고요. 우리나라에서는 입시가 정말 크게 작용하는 것 같아요. 내 아이가 일단 야구로 좋은 대학에 입학할 수 있다면 그게 크게 작용할 것 같고, 나아가서 실업팀도 만들어질 것 같고요. 한 팀 가지고 될지는 모르겠지만 그래도 일단 첫발을 내딛는 팀이 있다면 줄줄이 따라가게 될 테니까요. 그런데 냉정하게 수준으로만 말하자면 너무 차이가 나요. 일단 그 이유는 유소년 체육 과정이 없다는 게 너무 크고요. 그래서 수준으로만 보면 초반엔 무시를 받을 수도 있을 것 같아요. 그래도 입시랑 연결되어서 여자 야구가 하나의 루트로 인정이 된다면 더 발전할 것 같기는 해요.

재밌는 점이 여자 야구는 중·고등학교에 선수팀이 없지만, 국가대표는 있어요. 그래서 사회인 야구팀 위주로 구성되고요. 김라경 선수의 경우 만 14세 때 처음으로 국가대표로 선발이 되셨는데요. 중간 과정이 통째로 비어있는 현 상황에 대해 어떻게 생각하시나요? 턱괴는여자들은 개인적으로 이 지점이 굉장히 모순적이고 시스템상의 버그 같다는 생각이 들었거든요.

---

5　　현재 한국여자야구연맹에 등록된 유일한 대학팀은 이화여자대학교의 '플레이걸스'이다. 중앙동아리로 운영중이며 사회인 야구팀으로 분류되어 있다.

모순이죠. 이건 너무 이상할 정도로 모순되어 있어요. 관심이 없어서 그런가? 중간 단계가 없이 왜 바로 국가대표일까? 아니면 그나마 국가대표라도 있는 게 다행인 건가? 저도 모르겠어요. 왜 이렇게 되어있는 건지. 왜 이렇게 시작된거지. 어떻게 이렇게 되어있을까 싶어요.

그래서 국가대표임에도 모든 선수가 각자 본업을 가지고 있잖아요. 유니폼을 벗으면 누군가는 은행원, 학생, 회사원, 선생님 등 또 다른 다양한 옷을 입는 사람들이에요. 이들이 국가대표로 한자리에 모인다는 게 신기하기도 해요. 회사에 다니는 선수들의 경우 국가대표 일정에는 어떻게 참여하시는 건가요? 연맹이나 협회에서 도움이 될 만한 서포트를 해주시나요?

일단 제가 학생이었을 때는 공문이 내려왔었고요. 그런데 그 공문이 회사에서 통할 리가 없잖아요. 일반적인 회사의 경우는 "여자 야구 국가대표라고? 그래서 뭐?" 이런 느낌이란 말이에요. 스케줄을 조정하고 이해받는 데에 굉장히 어려움이 있었어요. 부산 기장 월드컵 나갈 때 실제로 있었던 일인데요. 엔트리가 20명인데 저희 팀에 초등학교 체육 교사가 3명 있었거든요? 대회기간은 5-6일인데 이분들 연차는 최대 3일인 거예요. 그래서 이틀간은 이 선수들이 없었어요. 국가대표 선수가 3일만 뛰고 가야 했던 거죠. 저는 이건 정말 심각한 문제라고 생각했어요. 그렇게 국제 대회에서 국가대표 전원이 참여하지 않은 상황 자체가 이해할 수 없는 상황이었어요. 이게 말이 안 되잖아요 국가대표인데. 여자 야구가 전반적으로 인정을 못 받는 현실을 보여주는 거잖아요. '국가대표가 이 정도밖에 안 되는 건가? 공문이 이 정도 효력밖에는 없는 건가? 비인기 종목이라서 그런가?' 별의별 생각을 다 했던 것 같아요.

이런 현실로는 국제대회에서 외국 선수들을 만나면 기량 차이가 날 수밖에 없을 것 같아요. 여자 야구 여건이 좋은 일본이나 다른 나라는 어떤 식으로 국가대표팀이 꾸려지나요?

일단 일본의 경우는 생활 체육으로 잘 자리 잡았어요. 어릴 때부터 야구를 접하고 여자 유소년, 중학교, 고등학교, 대학교, 실업팀 리그가 있고요. 거기서 차출된 굉장히 실력 있는 상위권 선수들만 국가대표에 합류하죠. 경쟁률이 되게 세다고 해요. 일본의 경우는 그런데, 그 외의 미국이나 호주, 캐나다 이런 나라는 사회인 야구팀에서 선발하는 우리랑 다를 바가 없어요. 그런데 되게 실력이 좋단 말이죠? 저도 그 점은 더 알아보고 싶어요. 그런데 호주의 경우는 호주프로야구리그(ABL, Australian Baseball League) 주최로 여자 클럽 리그가 만들어진다고 한창 떠들썩했던 적이 있어요. 2020년에 세계 여자 야구 리그를 만든다는 뉴스가 있었는데 코로나 때문에 좀 묻혔어요. 저도 그 후로는 잘 모르겠어요.[6] 미국은, 제가 초청을 받았던 적이 있는데 수능을 8일 남긴 상태여서 참석하지 못했어요. 그때 갔다면 제가 미국 실정을 좀 알았을 텐데…. 그런데 저랑 나이대가 비슷한 모나 데이비스라는 선수가 남자 유소년 올스타 리그를 뛴 적이 있거든요. 그 사건이 미국에서도 엄청난 화제가 되었던 걸 보면 거기도 아직 여자 프로 리그는 따로 활성화되지 않은 것 같아요.

사회인 팀 출신의 국가대표여도 실력이 좋은 건 생활 체육 기반이 좋아서 그런 게 아닐까요.

네 맞아요.

우리나라에서 96년도에 없어진 '성별에 따른 프로 선수 제한'과 비슷한 규정이 메이저 리그에서도 92년도에 와서야 없어졌어요.[7] "야구는 내셔널 스포츠이고 남자를 위한 거야"라는 인식이 되게 공고하더라고요. 그래서 미국의 많은 스포츠 학자들도 이 지점에 대해 아직 계속 의문을 제기하고 연구하는 중이에요.

미국에서도 '최초'라는 타이틀이 붙는 경우가 많아요. 이번엔 메이저리그 단장이

---

6    호주는 2019년 여자 프로야구 리그 정식 출범 확정을 알렸으나 코로나로 중단되었다. 그 후 2021년 4월 세계 야구소프트볼총연맹(WBSC)에 올라온 자료에 따르면, 호주야구연맹이 새 여자 프로야구 리그 개발을 염두하고 있으며 5월에 이벤트 시범 경기를 개최했다고 한다.

7    1952년 메이저리그는 '여자 선수와의 계약을 금지한다'는 규정을 만들었지만, 1992년 이 규정도 사라졌다. (출처 : Sheryl Ring, "Can Major League Baseball Legally Exclude a Woman?", <FanGraphs>, 2018.03.07)

된 그분도 있고 또 배팅볼 투수 코치인 여자분, 그분이 최초의 여자 코치라는 기사도 본 것 같고요.[8] 그러고 보면 야구가 정말 젠더적인 성향이 많다고 생각돼요.

여자 야구 지원에 회의적인 입장에서는 여자 경기가 재미없다고 하는 데 아니더라고요. 우리나라가 2018년 미국 여자 야구 월드컵에서 네덜란드 상대로 한 경기를 봤어요. 김라경 선수님께서 4회 말부터 나오셨는데 완전히 호투하셨고 역전승을 거뒀죠. 되게 재밌게 봤어요.

그때 제가 고등학교 3학년이었고 수능을 한 달 반 정도 남기고 다녀온 거라 멘탈이 아주 좋은 상태는 아니었어요. 네덜란드가 첫 상대였던 걸로 기억하는데, 제가 팀이 위급한 상황에 올라가게 됐어요. 당시 네덜란드는 무조건 이기고 간다는 생각이었는데 시차 적응이 안 됐는지 상황이 좀 꼬였거든요. 제가 무조건 막아야만 하는 상황이었어요. 어떻게 어떻게 잘 막아냈는데 경기에 대해서는 정확히 기억이 안 나요. 잠깐 다른 얘기인데, 그 대회에서 일본이 주최한 세미나가 열렸었어요. 일본이 아무래도 세계적으로 인정받는 여자 야구 강국이고, WBSC라는 국제여자야구소프트볼연맹의 고위급 임원도 일본사람들이 많은 것으로 알고 있어요. 그래서 그 대회에서 일본이 여자 야구 역사에 대한 세미나를 열었어요. 원래 연습 시간이 겹쳤었는데 감독님께 양해를 구하고 한 시간 정도 행사에 참여했어요. 일본 여자 야구의 현황, 실업팀 구조, 발전 과정을 보여주는 체계적인 세미나였어요. 그때 일본에 가고 싶다는 생각이 좀 들었던 것 같아요. 그전에는 일본행을 그렇게 크게 생각하지는 않았거든요.

WBSC 주최의 월드컵이 아니면 여자 야구 국가대표들이 만날 기회가 별로 없는데, 우리나라의 LG가 LG배 국제여자야구대회를 주최하고 있어요. 한 기업이 이렇게 큰 대회를 주도하는 것은 이례적이죠.

네. 우리나라에서 여자 야구가 이만큼이나마 발전할 수 있었던 것은 LG의 지원이 있었기 때문이라고 생각해요. 아무래도 필요한 지원을 LG가 많이 담당해주어서 없어선 안 되는 존재이죠. 여자 야구인들도 다 인식하고 있어요.

2019 LG배 국제여자야구대회에 참가하셨는데, 그 당시 해마다 실력이 늘고 있다는 호평을 받았어요. 여자 야구선수는 체계적인 트레이닝이 자신에게 달려있는 상황인데요. 준비 과정은 어땠나요? 당시의 출전 소감도 궁금해요.

미국전에서 제가 선발을 던졌는데 퀄리티 스타트[9]를 했거든요. 그런데 저는 항상 아쉬워요. 2019년 대회는 제가 학교에 다니고 반수도 병행하던 때거든요. 주말에만 사회인 팀에서 야구하고 평일에는 개인적으로 연습하면서 준비한 거라 아쉬움이 많이 남아요. 잘했다고 해주시는 분들이 많지만 스스로는 단 한 번도 야구에 올인했다는 실감이 안 난다고 해야 할까요? 후회가 남지 않을 만큼 운동만 한 적이 없어요. 그런 면에서 2019년도 매우 아쉬웠던 시즌이었어요. 만약 내가 인프라가 더 좋은 상황에서, 주말에만 야구를 하는 것이 아니라 체계적인 시스템에서 야구를 했다면 더 잘 할 수 있지 않았을까 하는 아쉬움이 커요.

대회를 준비하면서 체력 관리와 연습을 하는 루틴도 스스로 만드셨겠네요.

네. 지금은 제가 스스로 운동 루틴을 찾아서 하는 게 당연하다고 느끼는데, 원래는 이 모든 걸 내가 알아서 해야 하는 게 너무 억울했어요. 남자애들은 선수라는 진로를 따라가며 체계적인 훈련을 계속 받잖아요. 철저히 엘리트화되어있는 훈련을 받는 데에서 오는 남자 야구만의 고충이 또 있겠지만, 제 상황이 계속 대조되니까 항상 못마땅한 게 있었거든요. 그런데 올해부터는 이게 너무 당연하다고 생각되어서 스스로 스케줄도 짜고 억울한 마음 없이 운동하고 있어요.

지금 김라경 선수님과 같은 코스를 밟고 있는 친구들이 적지 않을 거라고 생각해요. 공부 하고 식단 관리도 하고 동시에 운동도 해야 하잖아요.

---

8    2020년 11월 마이애미가 메이저리그 최초로 중국계 미국인인 킴 응을 단장으로 임명했다. 여성 단장이 임명된 것은 메이저리그는 물론이고 북미 4대 프로스포츠 역사를 통틀어 최초이다.

9    선발로 등판한 선수가 6이닝 이상 공을 던지는 가운데 3점 이하의 점수만 내주며 방어한 경우를 말한다.

얼마 전에 당진주니어여자야구단의 후배가 저한테 고민 상담을 했거든요. 제가 그 랬던 것처럼, "언니 저는 야구를 어떻게 해야 될지 모르겠고 스스로 찾아서 운동을 해야 하는 게 너무 억울하고 힘들어요" 이렇게 얘기를 하더라고요. 그래서 "나도 그 렇게 생각했었어. 그게 당연한 거야, 우리는 지금은 그렇게 해야만 해" 이렇게 얘기 를 해줬어요. 요즘 야구하는 친구들도 여전히 그렇게 느끼긴 하는 것 같아요. 당진 이라는 팀이 생겼지만, 평일엔 어쨌든 스스로 해야 하거든요. 사실 당진이라는 팀 자체도 굉장히 특수한 케이스이고 당진에만 있는 거잖아요. 그래서 너무 상황을 비 관하지 말아라, 우리가 첫 스타트이고 그게 당연한 거고 나도 그렇게 스스로 찾아 서 하고 있다고 얘기해줬어요.

여자 야구 국가대표팀에 합류하셨을 때 이광환 감독님께서 팀을 맡고 계셨었죠. 이광환 감 독님은 야구 대중화에 관심이 많은 분이고, 오랜 시간 봉사 같은 개념으로 서울대 감독도 맡 으신 거로 알고 있어요. 야구가 여자를 배제해서는 안 된다고 꾸준히 강조하시기도 했고요. 지도자 중에 이런 분이 있다는 게 큰 힘이 되었을 것 같은데, 감독님과 진로 상담이라던가 속 깊은 대화를 해볼 기회가 있었나요?

감독님은 여자 야구를 관심 가지고 키워주신 분이고, 여자야구연맹의 고문도 하셨 었고, 국가대표감독을 맡으셨을 때 여자 사회인 야구팀이랑 게임도 많이 잡아주셨 어요. 무엇보다 저에겐 서울대를 꿈꿀 수 있게 만들어준 은인 같은 분이세요. 그분 이 너무 당연하게 만들어 주셨어요. "너 서울대 들어와라. 들어오면 너 한국에서 대 학 리그 뛸 수 있다." 그래서 '이게 가능해?'라고 생각하기도 전에 자연스럽게 꿈을 가질 수 있게끔 해주신 것 같아요. 지금 생각해보면 감독님이 그렇게 서울대랑 연 을 만들어주시지 않았으면 꿈도 못 꿨을 것 같아요. 여자인 제가 대학 리그에서 뛴 다는 건 생각도 못했을 거예요.

뭔가 다음의 스텝을 정해주신 분인 것 같네요.

네. 그리고 되게 열려있는 분이셨어요. 고척돔 개장 기념으로 여자 국가대표팀이랑 서울대가 경기를 했었는데요. 그 기록이 남아있을지 모르겠지만 나름 역사적인 일인데, '전혁주'라는 여자 선수가 서울대 팀에서 뛰었어요. 외야 라이트로요. 그분이 프로 야구선수 '전민수' 님의 동생이에요. 야구가 좋아서 서울대 매니저로 있던 선수인데, 감독님이 "너 야구 해봐라. 오빠도 야구하는데 캐치볼 해봐라"하셔서 선수들 도와주면서 캐치볼을 했대요. 근데 또 운동신경이 있어서 야구를 틈틈이 했던 거예요. 감독님이 시키기도 하셨고요. 그래서 고척돔 개장 경기 때 야구복을 입고 뛰게 해주신 거죠.

서울대 소속으로 여자선수가 뛴 적이 있었던 거네요?

제가 최초로 대학 리그에서 정식으로 뛴 선수이지만, 비공식 경기에서는 그 이전에 여성 선수가 있었던 거죠. "여자도 야구를 할 수 있다"고 늘 강조하셨고요. 이광환 감독님께서 이런 말도 하셨어요. "여자가 야구를 무조건 해야 한다. 여자가 야구를 해야 나중에 (딸이든 아들이든) 자기 아이도 야구를 시킬 수 있고 야구라는 스포츠가 지속해서 발전한다", "야구 관객이 천만에서 800만으로 떨어지고 정체되어있는 것은 여자가 야구판에서 배제되어있기 때문이다", "엄마들이 야구를 해야 한다. 딸들이 야구를 해야 야구가 지속 가능하다." 정말 공감 가는 말들이에요.

이제 콘텐츠와 관련된 얘기를 좀 해볼게요. 혹시 영화 <야구소녀>를 보셨나요? 턱괴는여자들 연구의 발단이 된 영화인데 선수로서는 어떻게 보셨을지 궁금해요.

아쉽다? 더 담아낼 수 있는 이야깃거리가 많은데. 아무래도 제가 느껴온 건 더 크고 깊으니까요. 저한테 감독님이 자문을 구하러 오셨는데 제작이 거의 완료된 상태에서 오신 거라 '좀 더 일찍 이야기를 나누고 했으면 좋았겠다' 싶었어요. 보고 나서 느낀 것은, '맞아 여자라는 성 때문에 배제되는 곳이 내가 몸담은 야구구나'라는 거예요. 저도 새삼스레 느꼈어요. 그 영화를 대학교 언니 한 명이랑 같이 봤는데, 언니가 그걸 보고 우는 거예요. "너 힘들었겠다"하면서 손을 딱 잡는 거예요.

그렇죠. 나는 야구를 할 때 행복한거고, 좋아서 하는 것뿐인데 말이에요. 농구하는 여자분이 쓰신 책이 있어요.[10] 거기서도 비슷한 얘기가 나와요. "왜 내가 좋아하는 것에 대해서 이렇게까지 설명해야 해? 나는 좋아하는 걸 하는 것뿐인데?"라고요. 김라경 선수님도 이런 에피소드가 있나요?

제가 계룡시 리틀야구단에 있을 때, "너 왜 소프트볼 말고 야구해?"라는 질문을 너무 많이 받았어요. 처음에는 친절하게 답변을 해줬는데 어느 순간 현타가 왔어요. '내가 이 질문에 왜 대답해야 하는 거지? 그럼 여자는 무조건 소프트볼이고 남자는 야구야?'하는 생각에 화가 나서 "그냥 좋아서요"라고 불친절하게 답변을 하기도 했고요. 정말 그 질문을 너무 많이 들었어요.

요즘도 그러시는 분들이 있나요?

요새는 많이 줄어든 것 같아요. 시선이 진짜 많이 바뀌었어요. 저는 현장에 있잖아요. 감동적일 정도로 시선이 많이 바뀌어서 너무 편해요.

그런 인식의 변화가 뚜렷하게 나타나는 대표적인 예가 콘텐츠인 것 같아요. 김라경 선수도 여자 아이돌의 프로야구 시구 프로젝트였던 <마구단>에서는 코칭하는 역할로 잠깐 출연하셨었고, 이번엔 <노는 언니>에서 야구를 하셨잖아요. 최근 <마구단> 후속으로 나온 <마녀들>에도 여자 야구팀이 등장하고요. 이런 콘텐츠들이 대거 등장한다는 것 자체가 큰 변화를 보여주고 또 이끄는 것 같아요.

<마녀들>이라는 프로그램을 보고 저는 미디어를 무시할 수 없게 됐어요. 그 콘텐츠 덕분에 지금 여자 야구선수들이 너무나 당연한 존재가 되었거든요. 예전에는 무슨 포켓몬 같은 존재였어요. 그런데 지금은 "당연하지. 그럴 수 있지" 이런 반응이 와요. 너무 놀라워요. 이걸 뭐라 말로 표현할 수 없어요. 저는 초등학교 때, "뭐야.

10    허주영, 『계집애 던지기』 이음, 2020.

쟤 야구한대" 이런 시선을 받았는데, 지금은 "오 야구하네" 해요. 이런 시선의 차이 자체가 정말 엄청난 거예요. 정말 감사해요, 저는. 내가 야구가 하고 싶어서 하겠다는데 왜 내가 당연하게 받아들여지는 상황에 대해 감사까지 해야 하는지는 잘 모르겠지만, 하여튼 감사해요.

아무래도 편해졌으니까요.

네 편해졌으니까. 내가 야구를 하는 것에 대해서, 이 목표를 가지고 있는 것에 대해서 일일이 설득하고 설명하지 않아도 되니까요.

선수로서 좀 더 진지하게 야구에 관해서만 이야기할 수 있다고 생각하시나요?

맞아요. 옛날에는 어떤 이벤트에만 관련된 존재였다면, 지금은 야구선수로서 조명이 되고 "너 이럴 때는 어떻게 대처해?" 같은 질문을 받아요. 한 명의 선수로 인정을 받게 되면서 야구에 관해서만 이야기할 수 있게 되었어요.

여성 스포츠를 다루는 매체가 정말 많이 생겼잖아요. 그 중에서도 여자 야구를 다루는 콘텐츠에 바라는 점이 있다면요?

기록을 잘 남겨주셨으면 좋겠다. '최초'가 너무 많이 등장하니까. 이걸 꼭 기록으로 남겨주셨으면 좋겠어요. 네 일단 기록이요.

여자 야구를 주제로 창작물을 만드는 것에 대해서는 선수로서 어떻게 생각하시나요?

저는 무조건 좋아요. 대학교 전공이 체육교육과라서 다양한 수업을 듣는데요. 몸으로만 운동을 하는 게 아니라, 활자나 애니메이션 같은 여러 가지 매체를 통해서 스포츠를 향유하라고 권고를 많이 하더라고요. 실제로 야구 애니메이션이나 영화 등을 보라고 과제를 내주시는데 그게 영향력이 되게 커요. <하이큐> 같은 애니메이션에 빠져서 운동을 직접 하게 되는 경우도 많고요. 그런데 스포츠 애니메이션들을 보면 다 주인공이 남자예요. 그리고 제가 일본 야구 애니메이션 <메이저>를 좋아하는데, 거기서 여자들은 다 팀 매니저고요. 남자 주인공의 서포터죠. 시청자나 독자는 그런 설정에 무조건 영향을 받거든요. 그래서 저는 영화뿐만 아니라, 예술가들이 그냥 여자 선수가 당연한 애니메이션이나 창작물을 많이 만드셨으면 좋겠어요.

야구하는 김라경을 다루는 기사들이 많잖아요. 가장 마음에 들었던 수식어와 가장 마음에 안 들었던 수식어는 뭔가요?

가장 마음에 들지 않았던 수식어는 '천재 야구소녀'요. 천재가 아닌 것 같은데 천재라고 해주고, 그리고 뭔가 최초라서 더 조명을 받는 느낌이라고 할까요. 최초라는 더 과장된 시선으로 저를 바라본다고 느꼈어요. 제가 최초라는 아이콘이 되는 과정에서 붙여진 과분한 수식이 아닐까 해서 뭔가 거부감이 들었고. 천재는 선천적인 재능을 타고난 이들을 지칭하는 말인데, 저는 물속의 오리처럼 안에서는 앞으로 나아가기 위해 발장구를 엄청나게 치는 거거든요. 천재라는 이야기를 들으면 그 후천적인 노력이 묵살되는 느낌이랄까요. 마음에 드는 수식어는 선구자, 여자 야구의 개척자입니다. 이 말이 저를 제가 사랑하는 야구를 놓지 않도록 벗어나지 않도록 꽉 붙잡아준 말이에요. 책임감을 느끼고 진짜로 개척자가 되어야만 할 것 같았거든요.

선수님은 리틀야구단을 시작으로 다양한 팀에서 활동하셨는데요. 남녀가 혼성으로 함께 야구장을 사용한 경우와 여성팀끼리 야구장을 사용한 경우 느꼈던 장/단점이 있을까요?

일단 혼자라는 거? 야구장이라는 공간에서 혼자만 다른 특징(성별)을 갖고 있다는 사실 자체만으로 사람들의 이목이 집중되는데 이 시선이 부담으로 돌아올 때가 있었어요. 이 부담감은 때론 행동을 작아지게 만들었고 플레이에만 온전히 집중할 수 없도록 만들기도 했어요. 야구가 아니더라도 생각해보면 그냥 우리 체육 할 때 있잖아요. 학교 체육 시간에도 남자애들은 운동장 전체를 향유하고, 여자애들은 관중석에서 응원하는 게 익숙한 분위기잖아요. 운동장 안에서도 가장 큰 공간은 남자들이 쓰는 공간이고, 여자들은 상대적으로 작은 공간을 쓰는, 농구나 피구를 하는 정도? 여자들이 향유하는 공간의 크기 자체가 그냥 작은 것 같아요. 운동 관련해서요.

그래서 정책적인 관점에서는 '생활체육과 운동이 공공재라면 이 공간을 실제로 향유하는 성비가 반반이 될 것을 고려해야 한다'는 의견이 조금씩 나오더라고요. 그런데 아직 야구장에 대해서는 그런 시각이 더디죠. 서울대 야구장의 공간은 어떻게 사용되고 있나요? 샤워실, 탈의실, 휴게실 등의 야구선수를 위한 제반 시설이 따로 갖춰져 있는지, 김라경 선수가 그 시설들을 사용 하실 수 있는지 궁금해요.

학교 내 시설이다 보니 아무래도 평등해요. 운동장 바로 앞에 체육관이 있는데 그 안에는 여자 화장실, 탈의실, 샤워실도 똑같이 갖춰져 있고요. 그런데 서울대 말고 사회인 야구팀이 사용하는 야구장들에서는 남자 화장실을 자주 사용하는 분위기이긴 했어요. 2013년이니까, 8년 전 즈음에는 남자 화장실이 보통 접근성이 좋고 여자 화장실은 멀리 떨어져 있어서, (동료 리틀야구단 남자 선수들에 비해) 제가 시간이 좀 걸리는 편이었거든요. 야구장에도 남자들은 간이화장실 작게 하나 있는데 저는 화장실을 가야 할 때마다 엄청나게 멀리 돌아가야 했어요. 지금은 좀 바뀐 걸로 알고 있는데, 그런게 좀 '여자가 선수로서 경기장을 이용할 것이다'를 아예 고려하지 않은 상황인 거죠. 학교 내에서는 괜찮았던 것 같아요. 탈의실 같은 경우는 남자 선수들은 창고 내에서 같이 옷을 갈아입곤 하는데, 저는 화장실이나 다른 체육관 가서 갈아입고 나와요.

공간에 대한 논의와 정비는 정말 필요한 것 같아요. 현재 여자 사회인 야구팀도 꾸준히 늘어나고 있고, 김라경 선수처럼 남자팀에 소속되어서 함께 시설을 사용해야 하는 경우도 앞으로 늘어날 테니까요.

김라경 선수님은 지금까지 야구를 하면서 가장 기억에 남는 순간이 언제인가요?

기억에 남는 순간은⋯ (길게 고민) 저는 2016년 부산 기장 월드컵이 가장 기억에 남아요. 딱 어떤 경기가 기억에 남았다기보다는 그 분위기가 떠올라요. 그때가 우리나라에서 개최한 최초의 월드컵이어서 의미도 있었고 특히 응원해주시는 분들이 되게 많이 왔어요. 시민들을 경기장으로 픽업해주는 시스템을 잘해놨어요. 부산 시민분들뿐만 아니라 전국에서 응원하러 많이 와주셨고요. 그때 처음으로 관중과 함께 매우 시끄러운 상태에서 야구를 해봤거든요. 역시 사람들의 응원을 받는 건 뭔가 다르구나, 함께 축제를 즐기는 공간과 순간이 스포츠 선수에게는 정말 필요하다는 생각이 들었어요. 정말 잊지 못할 느낌이었어요. 우리만의 리그가 아니라 다 같이 즐기는 축제다운 축제 느낌? 그리고 그때 소프트볼 선수 10명, 여자 야구선수 10명을 한 팀으로 만들어서 월드컵에 출전했거든요. 여자 야구 인프라와 선수 풀이 워낙 적어서요. 우리나라에서 처음 개최하는 월드컵이니까 좋은 성적을 내야 한다는 이유도 있었던 것 같아요. 개인적으로 이 대회로 인해서 야구를 그만둘뻔 했는데 결국 야구를 못 놓는 걸 보고 '내가 미쳤구나' 싶었죠. 내가 나서서 여자 야구를 발전시켜보자고 그때 마음먹었어요.

어떤 연유에서 이 대회로 인해 야구를 그만둘 뻔하신 건가요?

월드컵은 여자 야구에서 가장 큰 축제이자 세계적으로 인정받는 무대라고 할 수 있어요. 그런 대회가 한국에서 열렸고 당시 열악한 인프라에도 역대 최고의 성적을 기록했는데, 그 열기가 별로 오래가지 않더라고요. 어떠한 변화의 발판도 만들지 못했고요. 그때 되게 실망과 상실감이 커서 눈앞이 깜깜해졌던 것 같아요. '어떻게 하면 여성도 자연스럽게 야구를 즐기고 누릴 수 있을까?', '어린 내가 그런 환경을 만들 수 있을까?', '내가 할 수 있는 게 무엇이 있을까?' 하면서 방황을 했었죠. 그런데 한 편으로 제가 우물 안 개구리라는 것을 느낀 계기이기도 했고, 제가 얼마나 야구를 좋아하는지도 깨닫게 됐어요. 제가 여자 야구를 직접 발전시켜보자고 마음을 다잡은 계기이기도 해요.

이 부분은 대중의 관심과 이어지는 부분이네요. 한국은 아직 관중이 스포츠를 향유하는 폭도 좁은 것 같아요.

네. 여자 야구는 항상 소외되어 있었거든요. 보통 지인들이 관중으로 조금 오기는 하지만 분위기가 많이 다르죠. 국가대표 경기인데도요. 그런데 부산에서는 사람들이 꽉 차있는 상태로 야구하니까 그 느낌이 되게 달랐어요. 그래서 영상도 찍어놨어요.

김라경 선수님은 어떤 야구선수로, 어떻게 기억되고 싶나요?

'이런 선수도 있었구나'하는 선수요. 여자 야구가 나중엔 결국 발전을 할 것 같거든요. 할 수밖에 없는 사회적인 분위기가 갖춰지고 있고요. 그 과정에서 다른 선수들이 야구하던 중에 현타가 오거나 이 길이 밝지 못하다는 의심이 들 수도 있을 거예요. "그러면 예전에는 어떻게 야구를 했었던 거지?"라는 생각이 들었을 때 위로가 되었으면 좋겠어요. 그러니까, 나도 이렇게 했으니까요. 시대마다 또 다른 힘든 점이 생겨나기 마련이고요. '여자 야구 인프라가 더 열악한 상황에서도 야구가 좋다는 이유로 꾸준히 했던 사람이 있구나', '정말 야구에 미친 사람이었네' 그렇게 기억되었으면 좋겠어요. 위로되는 선배? 존재? 그런 거요.

안향미 선수님이 그런 얘기를 하셨어요. "후배들이 무게와 압박 때문에 즐기는 감각을 잃지 않았으면 좋겠다"고요. 좋아서 즐겨서 하는 한 명의 선수일 뿐인데 어쩔 수 없이 기사화가 되고 어떤 프레임이 씌워져서 노출되잖아요. 그런데 거기에 져서 즐기는 걸 잃지 않으면 좋겠다고 하셨어요. 그 얘기를 듣고 김라경 선수님이 생각났습니다.

그거 정말 중요한 말이에요. 저도 그 말은 꼭 전해주고 싶어요. 타인이 만드는 프레임이라는 그 짐을 내가 못 이겨서 원래 그토록 바랐던, 좋아했던 야구를 잃어버리는 경우가 있거든요. 그래서 프레임을 신경 안 썼으면 좋겠어요. 저한테는 안향미 선수님이 위로가 됐거든요. 그래서 저도 그런 존재가 되었으면 좋겠어요.

20여 년 만에 재가동된 여자 야구였기에, 김라경 선수가 의지할 선배는 현재에 없었다. 1세대와 같은 2세대로서 그는 새로운 룰(김라경 특별법)을 만들기도 했고 새로운 길(서울대 야구부)을 찾아내기도 한다. 자신은 야구를 너무나 사랑해도 직업 선수가 될 수 없다는 것을 정확하게 인식하고 있는 만큼, 후배들을 위해 한국 여자 야구 발전에 이바지하고 싶다는 그는 최근 JDB(Just Do Baseball)라는 외인구단 팀을 직접 만들었다. 한 팀을 이룰 수 있을 만큼 동시대에 등장한 유소녀 선수들이 많아졌다는 점에서, 그리고 뉴 미디어의 등장으로 레거시 미디어 노출에만 기대지 않아도 된다는 점에서, 2세대만의 저력과 한국 여자 야구에 대한 기대감이 높아진다.

한국 여자 야구의 현재를 논할 때 빠지지 않고 언급되는 유망주 중에 박민서가 있다. 그의 타격과 투구 폼은 남성 선수에게서도 찾아보기 힘들 정도로 정확하고 일정하다. 초등학생 때부터 매일같이 야구 일지를 쓰고 지하 주차장에서 보충 연습을 하는 등, 치밀하고 꾸준했던 노력으로 정직하게 만든 실력이다. 이렇게 제도의 부족함을 자신의 욕심으로 채워온 어린 선수들을 볼 때면, 그들이 열 수 있는 문이 성별에 의해 제한된다는 사실이 새삼스레 더욱 부당하게 느껴지곤 한다. 오늘날의 유소녀들은 어떤 마음으로 야구를 하고 있을까?

# 박민서
# 여자 야구 저변 확대를 위해
# 다양한 진로를 생각하는 유소년 선수

야구하는 여자는 없다? 야구장 위의 여성들

# 박민서

여자 야구 저변 확대를 위해 다양한 진로를 생각하는 유소년 선수

● 턱괴는여자들

현재 고등학교 2학년으로 리틀야구단 소속은 끝난 상태예요. 어떻게 지내고 있나요?

● 박민서

말씀하신 대로 중학교 3학년 때까지는 성동구 리틀야구단에 있었고요. 고등학교 진학한 후에는 활동할 수 있는 팀이 없어 야구 연습장에서 개인 연습을 했어요.

2017년 한 인터뷰에서 "고정관념과 편견을 깨고 여자도 야구 할 수 있다는 것을 보여드리 겠다"고 얘기했었어요.[1] 어린 나이였는데도 여자 야구에 대한 보수적인 시선을 느꼈던 것 같아요.

2017년이면 행당중학교 1학년 때예요. 요즘은 야구를 하려는 여자애들이 많아서 좀 덜하지만 제가 야구 처음 시작했을 때는, 아니 시작하기 전에 인터넷으로 찾아볼 때부터 여자 야구 기반이 부족하다는 것을 느꼈어요. 제가 야구를 한다고 했을 때 도 주변에서 다 의아해했고요. 그리고 제가 스스로 (야구를) 좋아하는데도 '여자라 서 못한다'는 생각을 가지게 될 만큼 사람들이 반대를 많이 했었어요. 아무래도 한 국 여자 야구가 발전이 많이 안 되어있고 또 남자 프로 선수처럼 야구로 먹고살 수 있는 환경이 없어서 그런 것 같아요. 그래도 초등학교 때부터 그런 얘기를 듣는 건 이해가 안 돼요. 주변 사람들이 "여자가 야구를 왜 하냐"는 식으로 얘기를 하면 꿍

장히 화가 많이 났었어요.

그래도 부모님께서 든든한 지원군이 되어주신 것 같아요. 리틀야구단 시절 만족스럽지 않았던 연습량을 스스로 채우기 위해 아버지와 함께 지하주차장으로 이동식 타격망을 옮겨 연습했다는 기사를 봤거든요.[2]

> 아버지께서 처음엔 반대를 많이 하셨어요. 그래도 (제가) 좋아하니까 결국 하게 됐지만요. 초등학교 4학년 때부터 야구를 하겠다고 졸랐는데 5학년 12월에 리틀야구단 입단 테스트를 봤으니까 2년 정도 걸린 셈이죠. 부모님은 "취미로만 해라, 공부를 했으면 좋겠어"라고 하셨어요. 그땐 아빠도 한국에 여자 야구가 있는 걸 몰랐으니까. 또 제가 외동딸이기도 해서 집에서 반대가 심했습니다.

프로야구 팬들은 가족 단위도 많잖아요. 야구장에서 어떤 일이 벌어질까 생각해봤어요. 딸 혹은 아들이 "엄마, 나 야구하고 싶어"라고 얘기했을 때 과연 얼마나 많은 부모가 자녀의 성별에 관계없이 "그래, 할 수 있어!"라고 말할 수 있을까요. 꾸준히 보고 그게 즐거워지면 직접 하고 싶어지기 마련인데 말이에요.

> 저도 프로야구 팬인 부모님과 함께 야구장을 다녔어요. 사실 저는 야구장을 굉장히 싫어했는데, 엄마 아빠가 워낙 좋아하시니까 억지로 따라다니고 계속 접하다 보니 좋아하게 된 케이스예요. 원래 운동을 좋아하기도 했고요. 그래서 주말에 하는 티볼부터 시작했는데, 그 후에 야구에 관심을 많이 가지게 되었어요.

보통 여성 종목이라고 생각하는 소프트볼 대신 왜 굳이 야구를 선택했나요?

> 초등학교 5-6학년 때는 야구, 티볼, 소프트볼 세 종목을 모두 다 했어요. 취미로

1    "'제구력 마술사'와 '천재 야구소녀'의 이색 대결" KBS 뉴스(2017.01.10).
2    김두홍, "지하주차장서 정상까지, '15세 천재' 박민서의 야구인생", <스포츠월드>, 2019.12.04.

요. 그런데 제가 세 가지 모두 해본 결과 일단 소프트볼이랑 티볼은 야구만큼 재미있지 않았고, 매력을 많이 느끼지 못했어요. 또, 소프트볼의 경우 여자 선수끼리 같이 한다는 점은 좋았지만 학교에서 만든 클럽이다 보니 함께 했던 친구들이 전부 선수를 꿈꾸는 것은 아니었어요. 취미반 느낌이었죠. 그런데 저는 실력을 향상하고 싶었거든요. 소프트볼보다는 야구가 더 하고 싶었고, 실력을 늘리기에도 야구가 더 좋다고 생각했어요. 그리고 원래 처음부터 야구의 매력에 빠졌던 거니까, 끝까지 야구를 계속하고 싶었고요.

왜 실력을 늘리기에도 야구가 더 좋다고 생각했는지 궁금해요.

정확히 제가 야구선수를 하기로 마음먹었던 건 초등학교 6학년 때에요. 리틀 야구단의 남자 선수들은 다 프로 리그를 꿈꾸면서 열심히 하는 선수들인데, 그 사이에서 같이 열심히 하니까 실력이 늘더라고요. 그때는 제가 지금보다도 더 야구를 즐기고 엄청 좋아서 했던 거라 힘들지도 않았어요. 시간만 나면 연습하러 가고. 그러니까 저도 모르게 실력이 늘었던 것 같아요. 아까 제가 말씀드린 것처럼 "여자가 야구 왜 하냐"는 식의 이야기를 들을 때면, 실력이 빨리 늘어서 남자애들 못지않은 플레이를 보여주고 싶어서 열심히 한 것도 있어요.

리틀 야구단에 있는 남자 친구들은 대부분 프로 선수라는 꿈을 꾸나요?

네. 대부분 프로를 생각해요. 물론 리틀엔 취미반도 있고 선수반도 있어요. 저는 선수반이었는데, 거기는 다 (프로) 선수를 생각해요.

취미반도 선수반과 같은 감독님께 코치를 받나요? 성동 리틀 야구단 감독님 입장에서도 여자 선수를 가르치는 건 흔치 않은 일이었을 것 같아요.

네. 취미반도 선수반도 같은 감독님께서 가르쳐주세요. 취미반에 여자 선수가 3명 정도 있었고, 선수반에서는 제가 첫 번째 여자선수로 알고 있고요.

한국 여자 야구 1세대인 안향미 선수의 경우, 동료들의 유치한 따돌림을 당하기도 했어요. 90년대 중후반의 이야기죠. 박민서 선수가 리틀 야구단에 있을 때는 남자 선수들과 같이 어울려 연습하는 것에 어려움이 없었나요?

네. 같은 동료들 사이에서는 문제가 없었어요. 같은 초등학교 나온 친구들도 있어서 잘 어울렸고요. 제가 6학년 때 리틀 야구단에 입단한 건 빨리 들어간 게 아니거든요. 게다가 여자만 중3까지 리틀야구단에 있고 남자 애들은 중학교 1학년이 되면 나가는 게 룰이기 때문에, 아무래도 리틀 소속인 내내 다른 선수들이 저보다 동생들이었어요. 편하게 연습했어요.

박민서 선수가 리틀 야구단에 있는 동안 여자 후배들은 더 안 들어왔나요?

취미반에 있는 세 명이 전부였어요. 그나마 성동 리틀 야구단이 여자 선수가 많은 편이었던 거예요. 취미반 여자 세 명 그리고 선수반에 있던 저까지 4명이요.

리틀 야구단에선 탈의실 없이 모두 섞여서 운동복을 갈아입는 경우가 많더라고요. 탈의실이 없어서 불편하지는 않았나요?

제 생각은, 사실 다른 분들의 견해를 많이 들어서 그럴지도 모르겠는데…. 일단은 탈의실 같은 것도 남녀 선수들이 모두 많으면 남녀 탈의실이 다 있었으면 좋겠어요. 그런데 사실 성동 리틀 야구단에서는 저 혼자 여자였잖아요. 그래서 저 하나 때문에 탈의실을 하나 더 만들어주거나 이러긴 힘들고, 그냥 최대한 신경 안 쓰이게 있고 싶었어요. 나중에 다른 (여자) 후배들을 위해서는 탈의실이나 샤워실이 따로 있었으면 좋겠고요. 아 그런데 화장실은 남녀 화장실 다 있어요. (웃음)

앞으로 야구장을 사용하는 여성들은 계속 늘어날 것 같아요. 여성 남성을 모두 선수로 고려하는 야구장이 되려면 어떤 개선이 필요할까요?

보통 야구장은 남자 선수들만 있으니까 탈의실이나 샤워실의 구분이 없어요. 여자 화장실은 있습니다. (웃음) 다른 여자 선수들이 있었다면 저도 고민해 보았을텐데, 그동안 주로 저 혼자였기에 너무 당연하게 생각해왔던 것 같아요. 마운드에 대해 이야기해 보자면, 지금 여자 야구는 남자 리그와 똑같은 경기장 사이즈가 적용돼요. 투수와 타자의 거리가 18.44m입니다. 이 지점에서 야구가 어려운 스포츠라고 생각해요. 팀 스포츠로서 규칙도 많고 또 구장이 넓기 때문에 야구공을 쳐서 넘기려면 훈련된 힘도 필요하고요. 만약 여자 리그를 만든다면 리틀 구장보다는 크고 프로 구장보다는 작은 중간 사이즈를 찾는 것은 어떨까 생각하기도 해요. 보통 여자 야구를 재미없다고 하시는데, 그 이유가 외야수들이 수비를 위해 앞으로 나와 있거든요. 그래서 공이 뒤로 빠지면 다 그라운드 홈런인데 애초에 구장을 좀 작게 만들면 그런 부분이 보완되어서 경기가 더 재미있어지지 않을까 싶어요. 아, 그래도 남자선수들은 나무배트를 써야한다는 규제가 있는데 여자 선수는 그런게 없어요. 체력적인 한계를 보완해주는 반발력이 좋은 배트를 쓸수 있어요.[3]

2019년 8월 미국 일리노이주 락포드에서 열린 내셔널 걸스 베이스볼 토너먼트(2019 National Girls Baseball Tournament)에 참가했어요.[4] 15세 이하 팀인 뉴욕 원더스에서 아시아인 최초로 뛰었죠. 우승도 견인했고요. 여자들끼리 야구해본 경험은 어땠나요? 남자팀에서 경기했을 때와의 차이점은 무엇이었는지 궁금해요.

여자들끼리 야구하니까 "못해도 괜찮아"하며 하이파이브하고 서로 격려해 주는 분위기였어요. 뭔가 이겨야 하는 압박감이 덜 하고 즐기는 야구를 새롭게 알게 된 것

---

3    대한야구소프트볼협회(WBSC)의 시행세칙에 따라 협회가 주최하는 전국대회에서 고교·대학 및 실업팀 선수는 협회 승인을 받은 목재배트만을 사용하여야 하며, 초등·중학 선수 및 생활체육 동호인, 소프트볼 선수 및 동호인은 협회 승인을 받은 비목재배트만을 사용해야 한다. 비목재배트의 반발력이 목재배트보다 더 좋다.

4    2017년 'LG컵 국제야구대회'에 출전하기 위해 미국여자야구대표팀을 이끌고 한국을 방문한 저스틴 시걸 감독과 인연이 닿아 공식 초청되었다. 당시 박민서 선수의 플레이를 동영상으로 확인한 시걸 감독은 "매우 인상적이다"며 미국 여자 야구 최대 축제인 내셔널 걸스 베이스볼 토너먼트에 초청을 약속했다. 한편, 저스틴 시걸 감독은 미국 여자 야구선수 출신으로 메이저리그 최초의 여성 코치를 지냈다.

같아요. 실력적인 부분은 남자 리틀 야구가 훨씬 세요. 애초에 프로를 지망하는 남자 선수들과는 꿈 자체가 다르잖아요. 여자 선수들은 아무래도 아직까지는 즐기려고 야구하는 거라… 서로 화이팅해서 많이 웃고 분위기도 좋았어요. 제가 참가한 리그가 '15세 이하'라서 제가 거기서 나이가 제일 많았거든요. 그래서 미국에서 좋았던 건 제가 팀을 좀 주도하고 리드하는 느낌, 그게 기분 좋았어요.

미국 내셔널 걸스 베이스볼 토너먼트에서 만난 여자 야구선수들의 꿈은 무엇이었나요?

물어본 적은 없는데요. 미국도 지금 여자 프로야구가 없어요. 소프트볼만 여성 프로가 있고요. 그래서 보통 미국 여자 선수들은 어렸을 때는 야구하다가 소프트볼로 방향을 틀기도 하고, 아니면 그냥 좋아서 (야구를) 계속해요. 거긴 여자 야구 프로팀이 없어도 꾸준하게 하는 애들이 많아요. 아무래도 미국은 야구가 가장 대중적인 스포츠 중에 하나니까 어렸을 때부터 다 접해보는 것 같아요.

프로는 없지만 일단 야구를 하는 친구들이 많으니까 팀이랑 리그를 만들어 뛸 수 있는 거네요. 일본이나 미국은 여자 청소년들의 야구 접근성이 훨씬 좋은 것 같아요.

(어렸을 때부터 해서 그런지) 미국에서 저보다 나이가 위인 언니들의 경기를 봤는데 정말 잘해요. 그 언니들도 다 취미로 하는 거잖아요. 그런데 일단 힘이 좋고, 남자 선수들 못지않게 잘 치고 잘 던지는 것 같아요.

내셔널걸스 베이스볼 토너먼트에 출전하는 동안 뉴욕 원더스 팀과 함께 코칭을 받아보셨나요?

네. 선수의 아버님들께서 코칭을 해주셨어요. 프로는 아니셨고요.

선수들의 아버지들이 코칭을 한다니 대회의 분위기가 어느 정도 그려지는 부분이네요.

미국은 실수해도 뭐라고 하지 않고 '재미있으면 된다'는 분위기였어요. 한국은 그

정반대의 분위기잖아요. 아직 운동이란 분야가 좀 거칠기도 하고 군기도 잡고요. 아무래도 (한국) 남자 선수들은 자기 인생을 다 걸고, 야구에 목숨을 걸고, 직업으로써 야구를 하는 거니까 저희(여자 야구선수) 같이 야구를 즐기면서 하고 야구로 행복을 찾는 느낌이랑은 다른 것 같아요.

여자 야구 콘텐츠인 <마녀들>에서 활약하셨어요. 방송 후 주변에서 어떤 반응이 있었는지 궁금해요.

함께 출연하신 여자 연예인분들이 단기간(너무 단기간이라 아쉽긴 했지만)임에도 불구하고 실력 향상을 위해 많이 노력하셨어요. 그리고 실제로도 늘었고요. 같이 뛰었던 여자 사회인 야구인 분들도 다 기량이 높으신 분들이어서, 그 프로가 만들어진 후에 '여자 야구도 지원 좀 해줘라' 이런 얘기를 많이 들었어요.

선수님 입장에서는 야구하는 여자 어른들을 처음 만나보는 자리이기도 했겠네요.

그렇죠. 팀으로 같이 야구하는 여자분들을 처음 만나봤어요. 제가 막내여서 연예인 언니들, 사회인 야구팀 언니들이 되게 많이 챙겨주셨어요. 제가 외향적으로 보이지만 내향적이고 낯을 많이 가리는 편이에요. 그래서 처음에 적응을 잘 못했어요. 중간에 합류하기도 했고요. 아무래도 카메라가 그렇게 많은 곳에서 촬영한 건 처음이라 떨렸는데, 언니들이 많이 챙겨주셔서 나중엔 즐기면서 임했습니다.

<마녀들>에서는 남자 사회인 야구팀들과 대결했어요. 여자 팀이랑 경기했으면 하는 아쉬움은 없었나요?

맞아요. 만약 이게 장기 프로젝트였다면 처음에는 여자 야구팀들과 시합을 하다가 최종으로 남자 야구팀과 붙었다면 좋았겠다는 생각을 했어요. 아무래도 단기 프로젝트이다 보니까 뭔가를 빨리 보여줘야 해서 그렇게 된 것 같고. 만약에 다음 시즌을 하게 되면 여자 야구팀들과 대결한다고 들었어요.

한국은 여성이 직업으로서 야구를 할 수 있는 무대가 없어요. 그래서 선수님께서도 일본 프로 리그 진출 계획을 세우고 계신 걸로 알고 있습니다.

원래 중학교 3학년 때까지는 일본 대학에 진학하려고 했어요. 그래서 고등학교도 그쪽에 관련된 학교로 입학했었다가, 올해 다시 다른 학교로 전학 왔거든요. 코로나 때문에 상황이 바뀌기도 했고요. 그렇다고 제가 '이젠 해외를 나갈 계획이 없다' 이건 아니에요. 그런데 말씀하신 것처럼 야구를 직업으로 삼기가 어려우니까 야구는 그냥 지금처럼 취미로 계속하려고 해요. 일단 내년에는 제가 고3이라 한국에 있는 대학교에 가기 위해 공부에 몰두하려고 합니다. 대학교 입학하고 코로나가 좀 잠잠해지면, 그때 휴학하고 일본이든 미국이든 가고 싶어요. 꼭 프로팀이 아니어도 그 나라에 있는 선수들과 야구로 교류하고, 유학과 같이 저를 위한 시간을 가지고 싶고요. 제 커리어를 위해 외국을 다녀오는 거예요. 만약 미국과 일본 두 국가를 모두 다녀온다면 동양인 최초로 3개 국가에서 야구를 해본 선수가 되잖아요. 커리어도 생기지만, 다양한 경험에 비례하여 시야도 넓어질거고요. 그 후에 야구하는 여자 선수들이 많아지면 자연스레 직업을 연결해서 생각할 수 있을 것 같아요. 코치 생각도 있고, 프로야구 관련된 일이 하고 싶기도 해요. 하고 싶은 일은 많아요. 아무래도 코칭은 좀 나중에 해도 되니까, 일단 대학 들어간 뒤에 제가 하고 싶은 야구를 더 하려고요.

지금 국가대표로도 활동할 수 있는 나이인데, 관련 계획은 없나요?[5]

국가대표에 들어가면 규칙 상 아마추어 팀에서는 못 뛰게 되거든요. (아마추어 팀에) 더 어린 선수들이 있는데 그 선수들과 함께 서로 도움을 주고받으면서 야구하고 싶은 마음이 있어요. 내년엔 대입을 위한 공부를 해야 하기에 국가대표를 할지 안 할지 아직 정하지 못한 것도 있고요.

---

부족한 환경에 대해서 "○○를 해주세요" 등 어떤 제안을 하기보다는, 스스로 실력을 향상하고 즐기는 야구를 하고 있는 것으로 보여요. 야구를 꾸준히 하기 위한 본인만의 노력이 있나요?

슬럼프가 왔었어요. 남자 선수들은 잘 안 되고 힘들때 그래도 (프로라는) 목표가 있으니까 '내가 지금 열심히 해야 나중에 프로 선수가 되어 돈을 많이 번다' 등 뭐 이런 목표의식이 있는데요. 저는 가끔 야구가 잘 안 되고 힘들 때, '내가 이걸 왜 해야 하지?'라는 생각이 많이 들어서 동기부여가 잘 안됐어요. 결국 야구를 해서 제가 갈 수 있는 곳이 없으니까요. 일본 프로 야구선수가 되겠다고 마음먹었지만 사실 길이 좁고, 힘들고, 이렇게까지 해야하나 생각도 들었어요. 주변 시선도 역시 이겨내기 좀 힘들었고, 물론 제가 사춘기이기도 했고요. (웃음) 결국, 활성화가 되어있든 아니든 한국 여자 야구에서 '최고가 되고 싶다'라는 목표를 설정했어요. 그 꿈을 계속 쫓고 야구를 잘 할 수 있는 방법에만 몰두했던 거 같아요.

진로 등 야구에 관한 고민을 나누는 동료들이 있나요?

아무래도 저보다 어린 선수들도 있어서 동료와 진로 고민을 나누는 것 같지는 않아요. 오히려 제가 물어보면 동료들이 "나는 이런 생각을 가지고 있어" 등 자연스럽게 얘기해요. 저는 진지한 주제의 이야기는 어른들과 얘기하는 것을 선호해요. 중학교 때는 아무래도 멘토가 없었으니까 진로 고민 같은 건 미술 선생님이랑 나눴어요. 중2 때 담임 선생님이셨는데, 부모님께 말씀드리기 힘든 걸 얘기하기도 하고 힘들 때 제가 의지했던 선생님이었어요. 보통 친구들은 어른들한테 조언을 받고 그런 걸 어색해하는데 저는 뭔가 문제다 싶으면 바로 이야기해요. 사소한 것도 헷갈리는 게 있으면 어른들께 여쭤보고요.

다행히 좋은 어른이 옆에 계셨네요. 가려고 하는 길에 멘토가 없거나 적다는 건 야구뿐만 아니라 다양한 분야의 여성들에게 공통적으로 힘든 요인 중 하나인 것 같아요. 관련 분야의 선배가 많아야 다양한 경험을 들을 수 있잖아요.

라경 언니가 있어요. 그런데 저도 라경 언니 바로 다음이라서 여쭤볼 분들이 많지는 않아요. 안향미 선수님에 대해서는 얘기만 들어봤고요. 길을 물어볼 사람이 없다는 것이 선구자가 어려운 점 같기도 하고… 저는 나중에 많은 선수들의 멘토가 되고 싶은 마음입니다.

선수님께선 아직 어리신데도 여자 야구 유소녀 육성에 큰 관심을 가지고 있다는 느낌이 들어요.

일단 하는 선수들이 많아야 나중에 여성 팀, 여성 리그가 생길 수 있으니까요. 제가 어렸을 때는 여자 선수만 모인 야구팀이 없었는데 지금은 그래도 있잖아요. 솔직히 남자들 사이에서 혼자 야구하는 게 쉽지는 않아요. 여자 주니어 선수들을 위한 팀이 많이 생겼으면 좋겠어요.

<마녀들>을 시작으로 <노는 언니>라는 프로그램에서도 여성 스포츠를 다뤘어요. 점점 더 많은 미디어가 여성 스포츠를 주목하는데요. 여자 야구 콘텐츠에서 앞으로 조명해 주었으면 하는 부분이 있나요?

아무래도 <마녀들>, <노는 언니> 모두 연예인 분들 위주로 진행됐잖아요. 한 번쯤은 진지하게 여자 사회인 야구선수들을 중심으로 같이 촬영해서 많이 알렸으면 좋겠어요. 아직 활성화되지 않은 환경에서도 열심히 하는 사람들을 조명하면 좋을 것 같아요. 이런 프로그램들을 보면 또 여자 선수들이 많이 생기지 않을까요? 제도적으로 도와주려는 분들도 생길 것 같고요. 또 여자 선수들의 스포츠에 대한 생각을 담은 인터뷰도 많이 진행되었으면 좋겠습니다.

여성에게 야구는 선택과 설득의 과정인 것 같아요.

맞아요. 남자 애들이나 저나 똑같이 야구가 좋아서 시작한 건데, 그 친구들은 보는 것을 좋아하는 동시에 야구선수가 될 거라는 꿈을 꾸잖아요. 여자애들은 보면서도 그런 생각을 안(못) 하게 되니까. 선택하고 설득하고 그런 과정이 이어지죠. 그래도 지금이 여자 야구 붐이라고 할 만큼 야구를 하고자 하는 선수들이 늘어나고 있어요. 삼 년 전과 지금은 제가 피부로 느낄 만큼 달라요. 일단 취미로 접하는 친구들이 많아지면 10년 후가 또 어떻게 달라질지 궁금해요. 그런데 취미 야구를 많이 하려면 체육을 좋아해야 할 것 같아요. 지금 학생으로서 느끼는 점은 애들이 체육 하는 걸 싫어한다는 거예요. 다른 나라와 비교해도 아마 (운동을) 제일 안 할걸요. 기사에서 봤던 것 같아요. 중학교 체육시간에도 선생님들이 남자 애들은 운동장에서 자율적으로 운동하게 하는데, 여자애들은 여름에도 요가실 가고, 겨울에도 요가실 가요. (여자) 애들이 하도 (운동하는 걸) 기피하니까요. 요가실에 가면 매트가 있는데 여름에는 에어컨 키고 애들끼리 놀아요. 체육 시간은 딱 수행평가 정도만 하고요. 그런데 저는 남자애들이랑 운동하는 걸 좋아했죠.

여자 야구선수는 공부와 야구 밸런스를 계속 맞춰야 하잖아요. 프로 선수가 되는 길이 없으니까요. 그런데 어쨌든 균형을 맞추려고 노력하는 것은 어느 예체능 계열이든 현명하다고 생각해요. 그 균형을 스스로 지향하는 것과 불가피한 상황에 있는 것은 다르긴 하지만요.

엘리트 운동이 전에 비해서는 많이 밸런스를 맞춰가는 것 같아요. 예전엔 야구부 학생들은 1-2교시만 듣고 혹은 거의 수업도 안 듣고 야구부실에 있다가 훈련 가고 그랬대요. 지금은 선수들도 기본적인 평균 점수가 나와야 시합에서 뛸 수 있거든요. 공부도 야구도 균형 있게, 그렇지만 그게 쉽지 않잖아요. 선수가 되기 위해 필요한 운동량이 적은 것도 아니고, 거기에 공부도 어느 정도 하라고 하니까… 남자 애들도 힘들겠다는 생각도 들면서 또 운동하기 이전에 당연히 학생이기도 하고. 지금은 저도 잘 모르겠어요. (웃음)

공부는 나중을 위해서 여러 가지 가능성을 열어두는 거잖아요. 여자는 '못'하는 거지만, 남자여도 모두 프로선수가 되는 것은 아니니까. 공부를 꾸준히 하는 건 어떻게 보면 선택지를 넓히는 거죠.

맞아요. 중학교 때 야구 관련된 직업을 생각하다가 기자 생각을 잠시 했었어요. 코치는 굉장히 나중의 일이고 선수는 아무래도 직업이라기보다는 이뤄보고 싶은 목표니까. 그 사이에서 제가 할 수 있는 것은 다 해보고 싶어요. <마녀들>에 출연한 신수지 언니도 되게 다양한 스포츠를 해보셨잖아요. 저도 다양한 종목을 경험해 보고 싶기도 해요.

박민서 선수님은 여성 프로 리그에 대해서 어떤 생각이나 바람을 가지고 있나요?

당장 "여자 야구 프로팀을 만들어 달라!"라고 말하기는 어렵죠. 프로가 없는 이유는 야구하는 여자 선수들이 많지 않아서니까요. 팀이 만들어지려면 선수들이 일단 있어야 하는데 말이에요. 그래도 점점 많이 생기는 추세예요. 계속 이런 식으로 어릴 때부터 야구하는 여자 선수들이 꾸준히 많이 나오고 또 야구선수를 꿈으로 갖는 이들이 많이 생긴다면, 그때 즈음엔 꼭 팀을 만들어 줬으면 좋겠다고 생각해요.

박민서 선수는 2021년 3월 1차 인터뷰가 진행된 이후 같은 해 9월에 골프 선수로 전향했다. 그의 고민을 알고 있었기에 공감했고, 한국 여자 야구의 발전을 바라던 대중으로서 아쉬웠다. 선수 육성 혹은 코칭 제도가 성과보다 선행되어야 하는 또 하나의 이유가 바로 이런 경우 때문이 아닐까. 최근 들어 인프라가 부재한 상황에서도 '좋아서' 야구를 선택하는 유소녀들이 늘어나고 있고, 이제 그들은 더 이상 소수가 아니다. 좋은 팀 하나를 만들기 위해서는 선수 하나하나를 놓치지 않는 것이 중요한데도 여전히 그들을 위한 체계적인 사다리는 없는 상황이다. 어쩌면 여자 야구의 성과가 늦춰지는 원인은 제도에 있는 것이 아닐까?

최근 골프로 전향하셨다는 소식을 들었습니다. 현재의 한국 여자 야구 환경에서 충족되지 않았던 지점은 무엇이었나요?

여자 야구는 소년체전, 전국체전 종목이 아니고 때문에 중·고등학교에 여자 야구부도 없어서 선수라는 진로를 이어나갈 수 없어요. 학생일 때는 개인 연습을 통해 야구를 꾸준히 하더라도 성인이 되었을 때 직업으로서 여자 야구선수로 뛸 수 있는 리그와 팀이 없는 상황이고요. 가장 좋아하는 것을 직업으로 삼는 것은 누구나 원하는 거잖아요. 지난 인터뷰 이후로 생각해보니 저는 야구 '선수'가 되고 싶은 거더라고요, 야구 관련 직업을 가진 사람이 아니라요. 하지만 여자 야구선수라는 직업은 우리나라에 아직 없기 때문에 취미로 하기로 결정했습니다.

**다른 수많은 스포츠 중에서는 왜 '골프'를 선택했나요?**

야구를 해오면서 골프를 해보라는 권유를 정말 많이 듣기도 했고, 골프는 아무래도 공을 치는 스윙의 메커니즘이 야구와 비슷하거든요. 그래서 그동안 야구선수로서 했던 노력을 버리지 않을 수 있을 것 같아 골프를 선택했습니다.

**골프로 전향하는 데에 있어서 조언을 구한 선배가 있나요?**

<마녀들>에 출연할 때가 가장 제 진로에 대해 고민이 많던 때였는데, 촬영을 하면서 다양한 분야에 계시는 어른들을 만나 이야기를 나누었던 게 골프로 결정한 것에 가장 큰 영향을 주었던 것 같아요.

**전향한 시간이 아직 길지는 않지만, 선수님께서 실감하시는 팀 운동(야구)과 개인 운동(골프)의 차이가 있는지 궁금해요.**

기술적으로 야구의 덕을 보기는 했지만 생각했던 것과는 다른 메커니즘에 당황스럽고 힘들었어요. 특히 활동적이고 여러 팀원이 함께하는 종목을 하다가 정적이고 나 혼자만 하는 운동을 하니 적응하기가 어려웠던 것 같아요.

**야구와의 인연은 이어나가실 예정인가요?**

잠시 골프라는 새로운 목표에 도전하고 집중하기 위해 당분간 야구를 내려놓는 것뿐이지, 절대로 완전히 야구를 그만둔 것은 아니기 때문에 골프 선수로서의 목표를 이룬 후에는 다시 야구를 이어나갈 생각을 하고 있어요.

골프 선수로서의 계획이 궁금해요.

꼭 KLPGA 투어 프로 선수가 되어서 지금의 제가 선택한 길을 후회하지 않고 싶고, 은퇴 이후에는 다른 선수들이 할 수 없는 저만이 할 수 있는 야구와 골프를 엮은 무언가를 하는 게 꿈입니다.

박민서 선수는 리틀 야구를 일찍 시작한 편은 아니다. 그럼에도 불구하고 빠르게 유망주로 급부상한 그의 성장 속도는 여자 야구의 미래를 문득 그려보게끔 만드는 든든함을 주었다. 때문에 그의 골프 전향 소식을 들었을 때, 턱괴는여자들은 한국 여자 야구가 이렇게 미래를 잃어온 적이 여러 번 있을 것이라는 생각이 들었다. 우리에게 보이지 않는 곳에서도, 불가피하게 수많은 선수들을 놓쳐왔다고 말이다. 실제로, 인터넷에는 여자가 야구할 수 있는 방법에 대한 고민을 올려놓은 글이 2000년대 후반부터 부쩍 많아졌다. 제도가 우선되어야 선수들이 모일 수 있다는 진리를 이제 여자 선수를 위한 인프라에도 적용시켜야 하지 않을까?

황정희 한국여자야구연맹 회장은 첫 여자 사회인야구팀 선수 및 감독 출신 회장이다. 또한 첫 번째 대의원의 직접 투표로 뽑힌 회장이기도 하다. 2021년 2월 회장직을 맡아 4년간 여자 야구 마운드에 큰 그림을 그릴 인물이기에 물어보고 싶은 게 많았다. 운영 계획부터 앞으로 그릴 그림의 뼈대가 무엇인지 등. '여자 야구'라는 인식을 만드는 건 제도니까 말이다. 설레는 마음으로 연락했고, 2021년 7월 13일, 역삼동의 사단법인 한국여자야구연맹 사무실에서 황정희 회장과 정지은 홍보이사를 만났다.

# 황정희
## 한국여자야구연맹 회장

여자 야구, 의식과 제도의 힘겨루기

# 06

# 황정희

### 한국여자야구연맹 회장

● 턱괴는여자들

무언가에 익숙해지는 데에 시각적인 노출이 굉장히 중요하죠. 그런데 국내엔 여성 스포츠, 여자 야구를 주제로 만들어진 자료가 거의 전무해요. 해외로 넓혀도 마찬가지이고요. <Artsy>라는 현대 미술 작품 아카이빙 플랫폼이 있는데, 거기서 '야구'를 검색해 나오는 작품 수에 대비해 '여자 야구'를 검색해 나오는 작품의 비율은 약 1%에요. 그 마저도 야구 배트가 항의와 투쟁의 도구로 쓰인 작품들이고요. 저희는 여자 야구는 왜 아직까지도 이렇게 시각화 되기 힘들까 하는 생각을 하게 됐어요.

● 황정희

황정희(이하 '황')/ 그럴 수 밖에 없는게, 학교 운동장을 보면 축구를 하고있는 애들이 남자애들이 거의 다고요. 아까 시각예술에서 드러나는 여성이 1%라고 했죠? 남학생 10명이면 여학생 1명이라는게 운동장에서 표면적으로 보여지는 비율 아닐까 라는 생각이 들어요.

그래서 저희 연구집의 부제가 '야구장 속 여성들의 자리는 어디인가'이기도 해요.

황/ 이건 여성들을 차별했다거나 이런건 아니에요. 남자들이 축구하려고 모인 운동장에 여자애들이 간다고 해서 남자애들이 '너 오지마' 이런건 아니거든요. 그냥 여자애들이 안 나가는거예요. 그동안 부모님들한테 보았던 모습만해도 아빠들은 축구든 뭐든 일상에서 액티비티한 활동을 하는걸 보여줬다면, 엄마들은 가정에서 요리를 하거나 집안일을 하는 이런 것들만 비춰졌으니까, 그런 영향도 있지 않을까 하는 생각이 들어요. 그래서 굳이 이게 차별이라기보단 남자들은 거기에 관심이 많은거고요 여자들은 관심이 적은거예요. 제가 보기에는 그런 것 같아요. 그리고 그나마 관심있는 적은 여성들 속에서 이렇게 목소리를 내려고 하는 사람들이 있는 것 같거든요.

여성이 학생때부터 운동장이나 체육 활동에 참여하는 비율 자체가 현저히 적은 것도 사실이고, 또 여성 종목이 힘이 없어서 재미가 덜하다-라는게 보통 저변에 깔려있는 인식인 것 같아요. 그럼에도 불구하고 4대 구기종목 중에 야구만 여성 리그가 없거든요. 이런 점은 어떻게 설명되어야 할까요. 만약 야구가 힘의 운동이라고 한다면 한국 프로 리그보다 메이저 리그가 더 재미있는게 당연한 이치잖아요. 그럼에도 불구하고 국가 주도로 꾸려졌던 KBO 사업이었고 또 독재정권이라는 이점 덕분에 수월하게 완성될 수 있었어요. 하지만, 이제는 여자 야구를 포함해 어떤 스포츠든 정부의 전폭적인 지지를 받을 수 있는 환경은 아니에요. 그리고 이제 사람들은 '제도가 먼저다, 의식이 먼저다'하면서 줄다리기를 하고 있어요. 그래서 그런 안건에 대해서 현장에 계신 또는 전문가로 계신 분들의 의견은 어떤지 들어보고 함께 공론화시키고 싶었어요.

> 황/ 좋은 지점을 짚어주신 것 같아요. 사실은 누군가가 한 번은 정리를 해야하지 않을까 생각해요. 이렇게 사람들이 관심을 가져주는게 시작인 것 같아요. 야구인이 아닌데도 '어 왜 여자 야구만 유난히 주목받지 못하지?'라고 궁금해하는 것부터가 좋은 스타트이지 않나 하는 생각이 듭니다.

회장님은 처음에 어떻게 야구를 하게 되셨나요?

> 황/ 2009년도에 친구가 야구를 하러 간대요. 여자인 친구가. 그래서 그 때 "여자가 야구해?"하고 저도 똑같은 반응이었어요. '내가 더 잘할걸?'이라고 생각해서 따라간 게 나인빅스라는 팀이었는데, 한국여자야구연맹의 전 총무 이사님이셨던 채

수정 감독님이 만든 팀이에요. '비밀리에'가 여자 야구팀으로는 최초인데, 그 다음이 정확히 나인빅스도 그 무렵에 생긴 오래된 팀이죠. 그리고 그 전에 2008년도였나? 국제대회에서 일본하고 우리나라하고 시합을 했는데 53 대 0으로 졌다고 하더라고요.[1] 저는 사실 학교다닐 때 운동을 했던 사람이 아닌데 그 소식을 듣고 '아 내가 야구를 해야겠구나', '내가 살아생전에 한국이 일본을 이기는걸 한 번 보고싶다', '내가 야구를 함으로써 여자 야구 저변이 좀 확대되었으면 좋겠다'고 생각했어요. 그래서 '내가 죽기 전에는 한 번 이기지 않을까. 53 대 0이 뭐야?' 애국심은 아니지만 뭔가 그런 마음이 있었어요. 잠실 야구장에 가서 프로야구 볼 줄만 알았지, 여자가 야구 한다는 것도 몰랐죠. 사실 저 조차도 '여자는 소프트볼 아니야?', '여자 야구 규격은 더 작지 않을까?' 이렇게 생각했었거든요.

그런데 아니잖아요. 프로야구하고 18.44m 투포수 거리 똑같죠, 베이스간 거리 똑같죠, 다 똑같은 공식 야규 규격 써요. 어제 울진 전국대회[2] 할 때도 보니까, 울진 부의장님 조차도 자기는 소프트볼인줄 알았다고 하시더라고요. 그렇게 따로 설명 드려야 알 정도예요. '아 아직까지 사람들이 관심이 많이 없구나' 그런 생각을 하게 됐어요.

하여튼 처음 야구를 '하게 된' 계기는 그거였구요. 2011년도에는 NC W다이노스라는 팀을 하나 만들어서 그때부턴 계속 운영을 해온 것 같네요. 2011년부터는 감독으로서 팀원 모집하는 것부터, 운동장, 연습할 장소 찾는 것 등을 맡아서 했죠. 어려운 부분이 많아요. 그런데 이건 지금도 똑같아요. 축구는 학교 운동장이랑 공만 있으면 되지만, 야구는 일단 학교로부터 출입을 금지당해요. 왜냐하면 야구공이 날아가면 축구공보다는 위험하거든요. 그래서 가장 어려운 제약 조건 중에 하나가 운동장 확보인 것 같아요. 연습할 수 있는 장소가 없어요.

**회장님께서도 그렇고, 보통 여자 야구인들은 본업을 따로 가지고 야구를 하잖아요. 어려운 점은 없나요?**

---

1    제4회 Women's World Series (2004.07.18-07.21). 안향미 선수 인터뷰 참고 p.196.

2    2021 울진전국여자야구대회 (2021.07.03-06). 총 27개팀이 참가했다. 우승은 대전 레이디스.

황/ 이건 모든 여자 야구인들이 똑같아요. 저희는 프로팀이나 실업팀이 없기 때문에 야구는 그냥 취미로 하는거고 본업은 다들 직장인이거나 학생이거나 주부이거나 각양 각색이죠. 야구는 거의 주말에만 해요. 아, 그런데 요즘에는 개인적으로 주중에 연습하는 경우도 많이 있어요. 실력 향상을 위해서 레슨장을 끊어가지고 퇴근 후에 가는 선수들이 많더라고요.

개인적으로요?

황/ 네 개인적으로. 야구선수들 중에 자기 기량이 부족하니까 그걸 보충하기 위해서 가까운 연습장에 등록해서 헬스장 다니듯 가는 그런 선수들이 많이 늘었더라고요.

회장님께서는 선수보다는 감독으로서의 경력이 더 오래되신 거죠?

황/ 네 맞아요.
정지은 홍보이사(이하 '정')/ 그라운드에서 선수로 활동도 하면서 감독과 선수의 역할을 병행하는 사람을 플레잉 코치라고 하는데, 순수한 선수로서의 활동 기간보다는 플레잉 코치로 계셨던 기간이 훨씬 길어요.

회장님께서도 그렇고, 보통 여자 야구인들은 본업을 따로 가지고 야구를 해요. 거기서 오는 어려운 점은 없나요?

황/ 저는 지금이 어려운 것 같아요. 연맹이라는 이 사단법인 운영체에 2월달부터 제가 들어왔거든요? 들어와서 일을 해보니까 실질적으로 더 많이 느꼈죠. '아, 밖에서 바라볼 때랑 실제로 겪을 때랑 다르다. 정말 너무나 어렵구나.'

여자야구연맹의 상황이요?

황/ 네. 일단 제정적인 지원이 너무 없고요. 이제와 보니 전 집행부가 최선을 다해서 했었던거구나 싶어요. 사실 저는 그런 생각도 했었거든요. 제가 6대 회장인데 1, 2, 3대 회장이 모두 국회의원이었어요. 김영숙 국회의원, 김을동 국회의원, 전여옥 국회의원. 4대는 야구인이었던 정진구 회장님, 5대가 한택근 변호사님. 그리고 6대 가 이제 저인데. '1, 2, 3대 국회의원이 회장을 맡았을때 왜 여자 야구 전용 구장을 하나 못만들었을까? 그들의 힘이라면 서울에 유휴부지에 전용 구장 하나 짓기 수 월했을 텐데, 왜 아직도 여자 야구 전용 구장이 없을까?'하는 생각이요. 야구장은 현재 저에게 제일 큰 숙제 중에 하나이고, 공약사항 중에 하나이기도 해요. 여자 야 구는 기타 일정에 구애받지 않고 경기를 치를 수 있는 전용 구장이 없다는게 제일 어려운 점이거든요. 그래서 국가대표 훈련도 화성시(화성시 드림파크야구장, 여자 야구장)에서 "우리 (경기장) 못열어줘요"하면 훈련 못하거든요.

국가대표도요?

황/ 네. 요즘은 코로나 상황이긴 한데, 국가대표 연습도 난지구장이든 뭐든 공문 다 보내고 요청을 해야해요. 사실, 코로나 상황인걸 감안해도 동호회들 경기하는거 보 면 완전히 다 멈춘건 아니잖아요. 만약 여자야구연맹이 전용 구장을 가지고 있었다 면 방역수칙을 지키는 한에서 선수들은 뛰게 하고 (경기는 열고) 싶거든요. 내년에 재개될 국제대회라도 나가려면 연습해야 되잖아요. 지금 여자 야구가 비인기 종목 인 이유중에 하나는 성적 같아요. 국제대회에서 성적을 빵빵 내면 축구처럼 한 번 에 쑥 클 수 있을텐데 그런 계기가 없었어요.

한 방이 없었다는 말씀이시군요?

황/ 한 방도 없을 뿐더러, 뭔가 여자 축구의 지소연 선수처럼 스타플레이어가 나와 야 되거든요. 골프는 박세리 등. 여자 야구는 그게 없어요. 만약에 저희가 지금같은 상황에서 국제대회에서 일본을 이긴다고 하면 영웅이 되지 않을까요. 일본을 이기 려면 어떻게 해야 하겠어요? 그만큼의 실력을 쌓아야 하고, 실력은 또 갑자기 쌓는 다고 쌓아질까요? 이게 다 함축된 내용인데, 결국 주니어부터 육성을 해야해요. 전국 단위의 주니어 팀들이 육성되고, 학교 클럽에서부터 여자 아이들도 쉽게 생활체육으로 야구에 다가갈 수 있어야 하고요. 여자 야구가 요즘 <마녀들>이나 이런 프로그램에서 계속 다뤄지고, 김라경 선수가 롤모델처럼 되어서 애들이 "나 저 언니처럼 공 던지고 싶어!"하는 마음이 들도록 눈에 계속 들어와야 해요. 그래야 주니어 클럽들이 각 지역마다 생길 수 있고 아이들도 "아 여자도 야구 할 수 있구나"하며 쉽게 접근할 수 있어요. 여자라고 굳이 배드민턴, 탁구, 이런것만 할게 아니라 같이 작전 야구같은걸 경험해야 하지 않을까 싶어요.

이번에 최초로 당진에 주니어 여자 야구단이 생겼잖아요. 그 전에는 여자 선수들이 리틀야구단에서 각자 한두 명씩 뛰었었는데, 당진팀이 생기고 보니까 전국에서 모인 수가 의외로 꽤 많더라고요.

황/ 그렇게 좀 고무적이긴 해요. 그중 당진에 사는 친구들은 별로 없지만 아무튼 팀이 하나가 생기니까 모아지는 경향이 있더라고요. 저는 이게 좀 더 확대가 되어서 서울에도, 부산에도 주니어팀이 생겼으면 좋겠어요. 그들이 어렸을 때부터 체계적인 훈련을 해야 일본을 이길 수 있습니다. 서른 넘어서 동호회 훈련 받아서 하는 것과 유소년 때부터 시작했을 경우의 그 갭은, 네… 차이가 많이 나죠.

당진에 방문하셨다는 기사가 있더라고요. 여자야구연맹에서 지속적인 지원을 하실 계획이 있으신건가요?

황/ 당진을 딱 집어서 얘기하는게 아니라, 모든 주니어 육성은 연맹에서 같이 가야한다고 생각해요. 연맹도 어렵지만, 주니어팀을 연맹에서 육성하는 것만이 여자 야구의 미래인 것 같아요. 물론 당진은 계속해서 저희가 지원할 수 있는 부분은 용품이든 뭐든 뒷받침을 해줄거고요. 앞으로 연맹에게 주니어 육성은 필수죠.

당진팀이 생기기 전에는 딱히 여성 청소년을 위한 지원 같은게 뚜렷하지 않았던 편인가요?

황/ 없었던걸로 알고 있어요. 저도 제가 대의원[3]으로 있을때는 이런 고민을 안 해 봤잖아요. (회장으로서) 넓게 봐야하니까 보여요. 이전에는 한 팀의 대표로서 이득이나 권리를 주장했다고 한다면 지금 연맹 회장으로서 특정 팀이 아니라 전체를 봐야만 하는 상황인거죠. 전체를 조명해보니 여자 야구의 해답은 유소녀 육성밖에 없어요. 연맹 대의원들은 모두 동호인들이긴 해요. 여자 야구는 동호회도 지원이 필요하겠지만 사실 '대한야구소프트볼협회' 같은 곳에서 남자 동호인 팀에 지원하는 거 없잖아요. 그쪽은 스스로 회비 내고 그냥 취미로 즐기는 거예요. 회장으로서 포커스를 어디에 둘지 고민을 많이 했습니다. 지금 여자 야구의 정체성은 동호회(사회인 야구팀)이고 이건 어떻게 보면 취미 활동인건데 연맹에서 어디에 집중해야 할지에 대해서요.

황정희 회장님의 인사이트로, 현 여자야구연맹은 엘리트 야구와 생활 체육 중 어느 쪽에 더 무게를 두고 계실까요?

황/ 현재로서는 생활 체육이에요. 그런데 지금은 생활 체육이지만, 앞으로는 엘리트 방향으로 가야할 것 같아요. 그렇게 가는게 맞을 것 같고요. '우리 연맹이 자체적으로 노선을 뚜렷하게 잡고 가지 않으면 안되겠구나'하는 생각이 들었는데, 장기적인 방향성은 엘리트예요. 궁극적으로는 엘리트 주니어들을 육성하는거고요. 동호회는 엘리트가 탄탄해지면 그냥 둬도 자생을 합니다. 그런데 엘리트는 체계나 규정이나 뭔가를 해주지 않으면 확대되지도 않고 만들어지지도 않아요. 그래서 이런 틀을 우선 어떻게 만들어야할지, 그게 숙제인 것 같아요. 제가 있는 동안에 할 수 있을지 모르겠지만, 해야 하는 일인 건 확실한 것 같습니다.

여자야구연맹 회장의 임기는 어떻게 되나요?

황/ 4년이요. 모든 체육계는 다 4년이에요.

---

3    여자 사회인 야구팀의 각 대표자들이 여자야구연맹의 대의원을 구성한다.

고민이 되게 많으시겠네요.

황/ 할 게 되게 많더라고요. 전용 구장도 없고, 유소녀 육성도 해야하고, 대의원들의 요구사항도 또 어느 정도는 해결해야 하고, 게다가 임기 초기라 직원도 지금 제대로 세팅이 안 됐고. 상황은 안 좋은데 하고 싶은 건 너무 많아요. 연맹 내부에서 이사님이랑 국장님이 힘드실거예요. 저는 이것도 하고 싶고 저것도 하고 싶은데 이걸 제가 말하면 밑에서 해야하잖아요.

사실 중간 단계인 중학교·고등학교 야구팀을 만드는 주체는 학교잖아요. 그러다 보니까 주니어(리틀 야구)만 지원을 했을 때, 그 다음 진로가 없으면 여자 야구 '육성'이 이어질 수 없고요.

황/ 없어요. 중간에 이 공백이 또 숙제인 거예요. 리틀에서 배운 선수들을 지역마다 클럽에서 흡수해서 육성을 시켰으면 좋겠어요. 지금 당진이 하나 생겼는데, 이를 계기로 지역별로 확산되었으면 하는 것도 희망사항이고요. 주니어 애들이 야구를 시작하는 주된 이유는 국가대표를 할 수 있다는 것이더라고요. 제가 당진에 가서 "너네 왜 야구하니?"라고 물어봤어요. "왜 일요일날 친구랑 안 놀고 부산에 있는 애가 여기(당진)까지 와서 야구하니?", "야구하는 목적이 뭐야? 정확하게 알고 해야지"라고 물으면 국가대표로 세계 최고의 여자 야구단이 되고 싶대요. "세계 최고? 너희 일본 이길 수 있어? 일본만 이겨줘 내가 다 해줄게. (웃음)"라고 했더니 일본 이기고 세계 최고가 되고 싶어요. 세계 최고 이전에 국가대표라는 그 자부심을 갖고 싶어 하더라고요. "당진에 가면 좋은 코치진이 있어서 국가대표 될 확률이 더 높대" 이게 당진에 모이는 주된 이유인 것 같아요. 그러니까 지역별 주니어 팀들이 이렇게 어릴 때부터 잘 배운 친구들을 흡수해서 육성해주면, 국가대표 트라이아웃 할 때도 파릇파릇하고 훌륭한 선수들이 모여서 경쟁하겠죠. 그 아이들을 체계적으로 훈련시켜서 국제대회에서 성적을 가져오는게 궁극적인 목표가 아닐까요? 그렇게 되려면, 말은 쉽지만 주니어와 학교 체육부터 하나 하나가 과제거든요. 이걸 어떻게 풀어나가야 할지는 생각을 해봐야죠.

'여중·여고에 왜 여자 야구팀이 없을까?'라는 생각을 했어요. 여중 여고는 야구팀을 만들면 좋은점이 많을 것 같거든요. 요즘 학생들이 신체 활동이 부족하다던데 그런 부분도 충족 될거고요. '왜 진작에 팀이 만들어지지 않았을까?' 소프트볼같은 경우는 신정여중, 신정여고 감독님께서 팀을 먼저 만드셨더라고요.[4] 그렇게 학생들이 육성되니까 다음 단계들이 따라왔고요.

　황/ 저도 궁금해요. 왜 학교 팀이 없었을까요.
　정/ 야구가 소프트볼과의 관계에 전략적으로 접근했던 부분이 있어요. 야구가 도쿄 올림픽엔 잠깐 재진입했지만, 정식 종목에서는 여전히 빠져 있잖아요. 여자 종목까지 아우르지 못한다는 결점이 그 이유였고요. WBSC(세계야구소프트볼총연맹)가 실제로 그 지점 때문에 소프트볼이랑 전략적인 협력관계를 맺었죠. 그래서 모든 세계 연맹이나 협회들이 수정되었고, 지금 우리나라도 대한야구소프트볼협회(KBSA)로 되어있고요. 올림픽에서 야구는 남자 종목 소프트볼은 여자 종목으로 채택되는 조건에 협약을 맺은 거예요. 그 과정에서 낙동강 오리알이 된게 여자 야구고요. 여자 야구는 실제로 같은 규격에 같은 공으로 똑같은 조건의 운동을 하는 동일 종목인데도 올림픽 정식 종목으로는 채택되지 못하다보니까, 지원과 국가대표 운영 등 이 모든게 다 줄줄이 열악한 상황이 되었죠. (체육 지원은) 국제대회 참가라는 당위성이 없이는 힘들어요. 소프트볼은 엘리트 체육에서 학교팀이 만들어질 수 있는 환경이지만, 여자 야구는 그렇지 못한 환경이 되어버린거죠. 이것이 굉장히 큰 문제이고 그래서 (주니어 육성에) 공백이 있는 것이기도 합니다.

신정고 소프트볼팀 감독님과 진행한 인터뷰를 보면, 소프트볼은 실업리그가 생기거나 전국체전에 등록되기도 전에 이미 학교팀부터 만들었더라고요. 중학교, 고등학교 팀이 생겼고 그들이 졸업할 때 즈음 97년에 대우 실업팀이 생겼고요. 당시는 실업팀 하나였지만, 졸업생들이 거기에 입단하면서 자연스러운 흐름이 만들어진 것으로 보였어요. 그 너머에는 말씀해주신 것처럼 올림픽이라는 확실한 무대가 있다는 점도 큰 차이를 만들어냈을 것 같긴 하네요. 하지만, 학교에서는 오히려 순수하게 야구를 즐기는 클럽팀 운영을 할 수 있지 않을까요? 생활 체육 성격으로요. 운동부가 따로 있는 것보다 이런 방식이 접근성은 더 좋은 것 같은데 말이에요.

정/ 여러면에서 한국 체육계에 문제가 있는거죠. 일단 엘리트 위주의 성장이 있었고, 대한체육회와 국민생활체육회[5]가 합쳐지는 과정에서 있었던 진통들, 그런 과정에서 누락되는 부분들이 분명히 생겨요. 실제로 사람들이 접하는 스포츠(종목)라는 측면, 그 다음에 생활체육이라는 측면, 거기서 같이 성장해야하는 엘리트. 그런 부분들이 다… 이 얽혀있는 많은 문제들을 같이 설명하기 좋은 종목이 여자 야구라고 생각해요. 저는 만약에 이 주제를 이런 측면에서(제도/체계/이해관계) 잡으셨다면 대단히 성공하셨다고 생각해요. 이 모든 문제들을 다 한 번씩 건드리면서 지나갈 수 있는게 여자 야구예요.

그런데 신정여고 팀도 그렇고, 대우 실업팀도 그렇고, 심지어 일본의 여자 야구 프로 리그까지. 최초의 시작은 한 명의 영감과 선의로 시작되더라고요. 그냥 제도권에서 총대 메고 나서는 사람이 있으면 만들어지잖아요.

정/ 생각보다 많은 것들이 한 사람의 영감에서 생겨나죠. 그런 것들이 재밌는건 사실 그게 구성될 수 있는 소스들은 이미 있었다는 거예요. 일본은 프로야구 회장이 보러 갈만큼 실력이 충분했다는 얘기인거고, 소프트볼이라는 종목이 한국에 전혀 없는 상황이었다면 학교팀도 생기지 않았을 거고요. 기폭제가 작용했던 부분은 있겠지만 모든 작은 조각들은 다 마련되어 있었다는 것, 그게 중요한 점이지 않을까 싶어요. 실업팀도 마찬가지고요. 엘리트팀 밑에 학교팀이 아예 없었다면 실업팀이 선수를 발굴할 수 없었을 것 같거든요.

말씀해주신 '소스'를 여자 야구도 가지고 있다는 느낌이 들어요.

황/ 누군가 그 소스를 조합해서 (판을 만들고) 이끌어나가는 것이 지금 중요한 단

---

4    조명기·유경희·최민희 선수의 인터뷰 p.381 참고.

5    국민생활체육회(Korea Council of Sport for All)는 대한민국 생활체육 활성화를 위해 비영리 민간단체로 출범했던 스포츠 행정 기구이다. 1991년에 설립되었고 2016년 대한체육회에 합병됐다.

계인 것 같아요. 대의원들이나 사회인 야구팀에 다양한 직업을 가진 유능한 분들이 정말 많거든요. 연맹에서 이런 문제를 좀 더 오픈해서 이런 유능한 사람들과 함께 공론화 한다면 더 많은 소스가 모이지 않을까 싶어요. 그런데 이게 전에는 좀 닫혀있던 느낌이었고, 저는 좀 더 공개하고 알려서 문제들을 해결하고 싶어요. 대의원들이나 선수들 만날 때마다 얘기해요. "저 혼자 바꿀 수 있는게 하나도 없습니다. 여러분들이 힘을 다같이 모아 주셔야 바꿀 수 있습니다." 정말 제가 혼자 할 수 있는게 없거든요. 사실 저는 연맹 회장이라는 자리에 정말 '회장님'을 모셔오려고 했었어요. 예를 들어 어떤 기업의 총수가 오셔서 후원금 내고 투자하면 더 발전적이지 않을까 싶었는데요. 그런데 마지막에 제가 나오기로 결심한게 그거예요. '꼭 회장님들만 회장 해야하나? 내가 여자 야구팀 감독도 했었고 대의원들 사정도 잘 아는데, 현장을 아는 선수 출신이 회장 나가는 것도 괜찮지 않을까?'

처음으로 사회인 야구팀 출신의 회장님이 당선되신 거라고 들었어요.

황/ 네. 처음으로 대의원들이 투표해서 뽑은 회장이죠. 그 전에는 외부에서 모셔온 분들이 회장직을 맡으셨었고요. 그만큼 의미가 있지만 그래서 더 힘든 것 같기도 해요. 근데 여자 야구는 정말로 긁지 않은 복권 같아요. 문제를 하나하나 풀어나가면서 잘 긁으면 저는 당첨이 될거라고 생각해요. 인식도 점차 변하고 있다고 생각하고요. "여자 야구가 있구나!"부터 시작인 것 같아요. 예전에는 "여자가 더그아웃 들어오면 경기 진다", "재수없어" 이런 말을 하는 경우도 있었다고 하더라고요. 이젠 바뀌어야죠.

다음 질문이랑 좀 연결되는데, 여자 야구에 12년동안 발을 담그고 계셨어요. 2009년과 지금을 비교하면 인식의 변화를 체감하시나요?

황/ 많이 바뀌었죠. 제가 처음 야구했을 때는 정말… 아마 그 때 감독님들은 다 힘드셨을거예요. 그런데 지금은 예를 들면 지자체, 수원같은 경우에도 수원시야구협회에서 여자 야구팀을 만든다고 하고, 창원같은 경우도 창원야구소프트볼협회에서 여자 야구팀을 후원을 해준다던가, 이런 경우가 좀 많아졌어요. 여자 야구인들이 많이 늘어나면서요. 사실 서울보다는 지방이 이런 정책들을 하기에 여건이 좋은 상황이에요. 왜냐하면 서울엔 야구장이 없는데 지역은 지방마다 야구장이 있거든요. 야구장, 축구장, 수영장 등 지자체 등급 규정이 있고 그 조건에 충족하기 위해서는 야구장을 만들어야 해요. 이번에 울진군같은 경우도 '야구장 몇 개' 이런 기준을 통해서 군에서 시로 승격될 수 있었던, 그런 조건이 있더라고요. 그래서 지방에서는 이런게 유기적으로 잘 돌아가요. 전주, 포항 등 지역 야구 협회에서는 여자 야구팀을 하나씩 만들었고요. 근데 서울은 힘들죠. 그런데 이런 인프라 수준도 많이 나아진거예요. 운동할 수 있는 야구장만 있다고 해도 굉장히 큰 베네핏이거든요. "뭘 지원해줄까"라고 하면 저도 지금 얘기하지만 여자 야구 전용 구장이에요. 이것처럼 대의원들한테 "가장 필요한게 무엇인가요" 얘기하면 "운동할 장소"라고 하거든요. 제일 어려운거죠.

회장님께서는 여자 야구에 대한 인식이 크게 개선된 시점이 언제라고 생각하시나요?

황/ 2016년도에 여자 야구 월드컵을 기장에서 했잖아요. 많은 분들이 애써주셔서 국제대회를 우리나라에서 열게됐어요. 이런 행사가 가장 큰 계기가 됐고. 그리고 또 올림픽 무대 등에서 한일전이라든가 남자 야구에 이슈가 생기면 여자 야구도 덩달아 관심이 살짝 오는 것 같아요. 미디어도 중요하죠. 16년도에 국제대회 후, 방송에 비춰지고 나면 각 팀에 문의가 들어왔어요. 또, <마녀들>같은 프로그램이 지상파 방송을 타면 반응이 오고요. '요새 이런게 있네?'하고 보다 보면 또 재밌거든요. 이런 노출들이 효과가 있는 것 같아요. 그래서 제가 KBO 측에도 항상 얘기해요. "이건 (여자 야구 육성은) 선순환이다. 지금 코로나 이슈를 차치해도 프로야구 관중 수가 줄어들고 있었고[6], 이런 흐름을 잘 방어하려면 구단들이 여자 야구에 지원을

---

6    프로야구 경기당 평균 관중수는 2017년에 11,838명, 2018년에 11,398명, 2019년 10,280명으로 집계됐다. 프로야구 창단 이래 최대 관중을 기록했던 2017년(871만명)에 비해 프로야구 관중 수는 2019년 764만명에 그쳤다. (출처 : 2019 스포츠산업백서, 문화체육관광부)

하고 육성을 해라. 특히, 지원보다는 육성을 해줬으면 좋겠다"라고요. 왜냐하면 우리 여자 야구는 사실상 인프라가 없어서 못하는 거거든요. 10개 프로팀이 보유하고 있는 정말 제대로 된 코치가 각 지역에서 (여성을 대상으로) 야구를 가르쳐달라는 거죠. 그래야 KBO 관중도 늘어요. 여자들이 가야, 남편이랑 애 데려가는 거예요. 여자들이 야구 더 좋아하잖아요 요즘.

실제로 20대에서는 야구에 진지한 여성 관중이 더 많고[7], 야구용품 시장에서 여성의 지출[8]이 엄청나게 늘었다고 합니다.

황/ 그렇죠. MD 소비도 그렇고요. 여자 야구인들이 늘어나야해요. 남자 야구인들이 은퇴하고 나면 결국 어떻게 되나요? 은퇴한 선수들이 다 코치하고 연습장 운영하는데, 소비자가 많아지면 이게 다 선순환이거든요. KBO나 야구 관계자 만나면 "여자 야구에 신경 좀 쓰세요. 투자하는만큼 다 돌아옵니다"라고 해요. 선수 생활 끝나고 코칭하고 연습장 차리면 누가 가나요. 이게 다 여자 주니어나 여자 야구 국가대표가 탄탄해지면 수요가 더 많이 늘어나는 거잖아요. 아까도 말했듯이, '내가 팀에 등록을 했는데 나 때문에 시합 지는게 싫어.' 그럼 따라잡기 위해서 여자들도 알아서들 스스로 연습장을 찾아요. 이런 효과를 자꾸 얘기하고 표현해야 생각을 하게 되는 거죠.

예를 들면, 자동차 업계도 이제 여성들이 블루오션이기 때문에 집중적으로 공략하잖아요. 부동산도 그렇고요. 야구도 산업인데, 비즈니스적인 맥락에서 접근해도 굉장히 좋은 점이 많을 것 같아요.

정/ 야구는 4대 종목 중에 블루오션이 될 가능성을 가장 많이 가지고 있는 분야거든요. 실제로 프로 리그 없는 것부터 시작해서요. 이것 자체로 굉장히 큰 거잖아요.

어떤 한 명이, 한 기관이 포문만 열어주면 그 쪽도 굉장히 시류를 잘 읽은 사람이 되는거고, 상업적으로도 되게 좋은 맥락에 와있는데 딱 그 한 방이 없는 상황인 것 같아요.

정/ 이제 슬슬 분위기가 잡혀가는 거죠.

이전에 회장님의 다른 인터뷰에서 여자 야구를 하는 큰 이유가 '연대'라고 하셨더라구요.

황/ 네. 한 12년 정도 야구를 했는데 제가 야구하는 이유 중에 하나가 연대라고 느꼈어요. 제가 나이가 마흔 일곱이거든요. 그런데 저희팀에서 야구하는 친구 중에 가장 어린 친구가 스무살이에요. 20년의 갭이 있단 말이죠. 또 저희 팀에서 가장 나이가 많은 분은 70년생이고요. 20세부터 52세까지 있는 거예요. 주말에 이들이 야구 하나로 모이는 거잖아요. 다른 이해관계가 전혀 없거든요. 야구장에 모이면 캐치볼 하면서 웃고 떠들어요.

연대라고 한 건, 저희가 이제 나이를 먹어가면서 어린 친구들 진로 문제나 알바 관련해서 자연스레 조언하게 돼요. 상담을 해줄 수도 있고요. 남자들의 경우는 뭐 학연, 지연 이런거 다 따지고 군대 동기도 있죠. 거기다 입사도 다 기수별로 동기를 따져요. 그런데 일반적으로 여자들은 결혼하면 사회와의 연결고리가 다 끊겨요. 대부분의 여자들이 결혼하면 땡이잖아요. 남자들과는 다르게 단절되거든요. 그래서 저는 여자 야구가 연대라고 봤어요. '언제나 든든한 언니들이 있다.' 살면서 장례식이 있을 수 있고 결혼식이 있을 수 있는데 그 희노애락을 함께 할 수 있고, 진로 고민도 또래들이 못 풀어주는 부분을 들어주고 어쩌면 해결해 줄수도 있고요. 아니면 집에 일이 있거나 법적인 문제에 조언이 필요할 때도 저희가 다 네트워크가 되잖아요. 인적 인프라죠. 그래서 저는 개인적으로 뭔가 일이 있을 때 친구도 있고 가족도 있지만, 크게 도움이 될 수 있는게 저희 팀원들이라고 생각해요. 야구로 모였지만

---

7    "여성팬의 증가는 놀라울 정도다. 지난해 프로야구 관람객 성향 조사를 살펴보면, 남성이 52%, 여성이 48%를 차지했다. 2016년 여성 관람객 비중이 43%까지 증가한 데 이어 해마다 꾸준히 상승하고 있다. 특히, 20대 여성이 19.8%로 가장 많았다. 20대 남성(16.2%)보다 오히려 높은 비율이었다" (출처 : 선수민, "10% 직관 찐팬, 절반 육박-주목받는 여성관중", <스포츠조선>, 2020.07.31.)

8    오픈마켓 11번가에 따르면 2015년도 프로야구용품 중 여성 고객 매출은 전년도 같은 기간보다 47%늘어 남성(15%)보다 크게 증가했다고 한다. (출처 : 안선영, "여심 사로잡은 프로야구단 1위는 '두산 베어스'", <아주경제>, 2014.10.05.)

이게 사회 안에서의 연대로 커갈 수 있지 않나 싶어요. 저는 그래서 팀원들한테 항상 "앞으로 같이 할 수 있는 언니들을 얻은 거야"라고 말해요. 저희 팀 뿐만 아니라 49개 야구팀이 다 이럴 것 같아요. 전용 구장이 생긴다면 선수들은 마운드에서 결혼식이나 피로연을 할 수도 있을 거고요. 괜찮지 않나요? (웃음) 여자 야구 페스티벌의 경우도, 대의원들이 올스타를 뽑아요. 각 포지션마다 투표를 해서 가장 많은 득표를 얻은 사람들끼리 팀을 이뤄 경기를 하는거예요. 연맹에서는 이런식으로 다양한 팀이 섞여서 함께 할 수 있는 방법도 찾게 되는 것 같아요.

'든든한 언니들이 함께하는 네트워크'라니 정말 귀하고 멋지네요. 연대에 대해 다른 인터뷰에서 표현하신 걸 봤어요. 캐치볼을 할 때 글러브에 공이 꽂히는 순간, 그 감각에서 굉장히 연결된 느낌을 받는다고 하셨더라고요.

　　황/ 네 그렇죠. 느껴져요. 한 번 그 느낌에 꽂히면 헤어날 수 없습니다. (웃음)

확대해서 해석해보자면, 그게 결국 경기 안에서는 더 많은 사람들과 순식간에 그리고 센스 있게 흐름을 파악해서 공을 주고받는 과정이 되잖아요. 그래서 투아웃을 쓰리아웃으로 만들고, 실점을 커버하고요. 그런 순간을 경험하면 정말 연대의 감각이 증폭되는 느낌일 것 같아요. 그래서 저희는 야구가 힘의 스포츠가 아니고 팀플레이가 중요한 종목이라고 생각하는데요.

　　황/ 당연하죠. 이번에도 울진에서 경기가 있었는데, 다들 A라는 팀이 우승후보라고 예상했어요. 거기에 잘 하는 선수가 있었거든요. 그런데 그 팀이 8강전에서 떨어졌어요. 결국 야구는 혼자하는 게 아니고, 같이하는 거예요. 실수를 줄이고 수비를 잘하는 팀이 이기는거죠.

보통 여자 야구의 재미가 떨어지는 이유로 남자 선수에 비해 떨어지는 파워, 힘을 얘기해요.

　　황/ 힘은 차이날 수 있죠. 왜냐하면 18.44m라는 남자 기준의 투포수 거리가 일반적인 여성들에게는 먼 거리거든요. 그러다보니 여자 야구 시합을 하면 포볼이 많아요. 꽂히는게 현저히 떨어지기 때문에요. 그래서 '여자는 1m 만 앞에서 던지면 어떨까?'하는 생각도 했어요. 볼로 나가는 경우만 좀 줄이면, 안타로 맞더라도 플레이가 이어지는 상황이 재밌거든요. 야구를 투수 놀음이라고 하잖아요. 투수가 계속 볼질만 하면 재미가 없어요. 투수하고 포수만 캐치볼을 하면 뭐하나요. 같이 해야 하는데. 이게 일단 힘의 차이라고 말할 수 있는 부분이고요.

그런데 여자도 리틀때부터 체계적인 훈련을 받으면 이 투포수 거리가 만만해져요. 제가 미국 국가대표했던 선수랑 얘기한 적이 있어요. "세계적인 룰로 여자 투포수 거리를 좀 줄이면, 그래서 포볼을 줄이면 여자 야구 경기가 더 다이나믹하지 않을까?" 이렇게 얘기를 했더니 그 친구가 하는 말이요. "일본이나 미국의 선수들은 이 거리가 전혀 문제가 되지 않기 때문에 동의하지 않을거다"라고 하더라고요.

어렸을때부터 훈련이 된 선수들에게는 그 거리가 멀지 않다는 거네요.

황/ 네. 멀지 않은거죠. '우리는 유소녀 단계부터 배워온 게 아니라서 이 거리가 힘든거구나'라고 납득하게 됐어요.

현재 스타플레이어로 언급되는 여자 선수들은 리틀 야구부터 야구를 했기 때문에 실제로 구속도 빠른 편이잖아요?

황/ 구속도 빠르고 정확도도 높아요. 힘의 차이라고 말하는 문제는, 결국 언제 야구를 시작했느냐의 차이인 것 같아요.
정/ 흔히 말하는 '하드웨어'의 차이가 아닌거죠.

연맹이 야구하는 여자가 모일 수 있는 '원앤온리'라는 점을 고려했을 때, 목적이 분명한 다른 협회에 비해 운영에 어려움이 있을 수도 있겠다. 선수 양성에서부터 동호회 적인 기존 여자 야구 사이에서 많은 대화와 여러 시도와 의견의 충돌이 꼭 필요할 테니까. 그래도 희망찬 미래가 그려지는 이유는 아마 황정희 회장이 말하는 '연대감'에 있을 것이다. 직업도 연고지도 다른, 사회에서 만난, 20-50대의 여자들이 아무런 이해관계도 없이 매주 모여 몸을 부딪치는 집단은 여자 야구 외에 정말 없다. 그들이 만들어내는 순수한 열정을 연료 삼아 대화의 장을 만든다면 어떠한 거시적인 계획도 그려볼 만하다.

허구연 해설위원은 중고교 야구부, 실업팀 선수, 프로 야구 감독 등 제도권 야구에 오랫동안 몸담아 온 한국 야구의 산증인이다. 턱괴는 여자들은 여자 야구의 현주소와 앞으로의 발전 방향 등을 들려줄 이로 허구연 해설위원을 찾았다. 서울 마포에 위치한 그의 사무실에는 벽에 걸린 TV와 데스크톱, 태블릿, 손에 든 핸드폰 모두 미국 곳곳에서 실시간으로 진행 중인 야구 경기가 재생되고 있었다. 저녁에 있을 야구 해설을 위해 하루에 봐야 할 경기들이었다. 허프라(허구연+인프라)로 불리기도 하는 별명이 무색하게 허구연 해설위원의 관심사는 '비제도권 야구'에 더욱 초점이 맞춰져 있었다.

# 허구연
## MBC·MBC 스포츠 플러스 야구 해설위원

여자 야구, 의식과 제도의 힘겨루기

# 허구연

## MBC·MBC 스포츠 플러스 야구 해설위원

● **턱괴는여자들**

야구가 국민스포츠라고 불리는데, 남자 야구보다 여자 야구는 상당히 더디게 발전하는 것 같습니다(물론 세계적인 흐름이기도 하지만요). 구기 종목 중에 유일하게 야구만 여자 리그가 없는 실정입니다. 야구가 진정한 의미의 국민스포츠가 되기 위해서, 여자 야구와 어떻게 함께 가는게 좋을까요?

● **허구연**

음, 일단 질문에서 남녀를 위한 야구를 보는 기준이 다른 것 같아요. 국제올림픽위원회(IOC, International Olympic Committee)에서 올림픽을 주최할 때, 남자는 야구, 여자는 소프트볼을 하나의 스포츠로 묶어서 정의하고 있잖아요. 여자 야구를 소프트볼로 보고 있는 거죠. 그러니까 소프트볼도 야구의 범주에 속한 거예요. 개념이 그렇게 정립되어야 하는 거예요. 내가 볼 때는 그래요.

기준을 그렇게 잡고, 여자 야구가 순수하게 남자들이 하는 야구의 범주로 넘어오려면 지금보다 더 발전해서 소프트볼을 대체 해야겠죠? 올림픽이 세 종목일 순 없잖아요. 그런 시각에서 봐야 해요. (턱 : 여기까지만 듣는다면 논란의 여지가 될 수 있는 말이지만, 허구연 해설위원의 말을 이해하기 위해서는 좀 더 내밀한 한국체육계의 실정을 알아야 한다. 한국올림픽위원회(KOC, Korean Olympic Committee)와 통합 운영되는 '대한체육회'는 올림픽 등록 스포츠 위주로 육성/투자한다. 따라서 IOC에 '여자 야구'가 등록되어야 대한체육회에서도 여자 야구를 본격적으로 육

성/투자할 명분이 생긴다는 것)

'여자 야구가 더 발전해서 소프트볼 말고 남자하고 똑같은 야구를 해야겠다' 이런 계획을 가져야 맞는 거죠. 소프트볼은 오래전부터 기획이 되어있고, 저변이 확대되어 왔어요. 물론 IOC에도 가입되어 있죠. 반면에 여자 야구는 그게 안 되어 있는 거 잖아요. 그러니 수준을 높여서, 그 위상을 고취해야 해요. 종주국 미국에서조차 여자 야구 리그를 하다가 중단된 것도 다 같은 맥락이에요. 그런데 이번에 올림픽에서 일본이 남자 야구/여자 소프트볼을 다 우승했잖아요. 일본은 어릴 때부터 남녀 모두 야구 종목을 하는 거예요. 체육 시간에 여학생들이 소프트볼뿐만 아니라 야구를 다 해요. 그런데 우리는 지금 여자 야구선수 중에 소프트볼 선수 출신들이 제일 잘해요. 그러니까 여기부터 정립이 되어야 해요. 여자 야구가 발전하려면 남자하고 똑같은 룰 속에서 잘해야죠. 하는 사람도 기본적으로 많아야 하고요. 여자 야구와 소프트볼 내에서 정리할 때, 궁극적으로 소프트볼에서 여자 야구로 가자! 이게 맞겠죠. 소프트볼은 소프트볼대로 장점이 있지만, 어쨌든 야구하고는 조금 룰도 다르고 전반적으로 다르잖아요.

말씀처럼 여자 야구를 즐기는 사람들이 많아지고 그 위상이 높아지려면 우선적으로 어느 정도의 투자가 필요합니다. 그 지점에서는 특히 기업들의 스폰서가 필요한데, 후원을 받을 만큼의 인프라는 없어요. 악순환의 굴레인 것 같은데요.

여자 야구랑 비슷한 사례가 있어요. 제가 지금 대학동아리 야구를 한 7년째 지원하고 있거든요. 대학동아리 야구는 전국에 500개 팀이 있어요. 7년 전에 KBO 야구발전실행위원회 위원장 할 때, 인턴으로 들어온 친구가 대학 동아리 야구가 사각지대라는 얘기를 하더라고요. 첫째로는 팀들이 경기할 만큼의 야구장이 턱없이 부족해요. 야구장이 있어야 야구를 하지. 야구장을 빌리려면 임대료가 비싸요. 또, 둘째로는 대학생들이 돈이 없으니까 장비나 기구 등 사고 싶어도 못 사요. 대학 동아리를 이렇게 사각지대에 두면 안 되겠다 싶었어요. 엘리트 스포츠는 투자처가 있어서 잘 굴러가고 있으니까요. 많은 사람이 제가 '돔구장', '프로구장 건설' 외치니까 프로야구에만 관심을 가지는지 알고 계시는데, 시간을 더 많이 투자하는 곳은 야구 내의 비인기 종목 내지는 제도권 외의 종목이에요. 벌써 7년째 후원하고 있어요.

후원 첫해에 제가 익산시랑 정부 프로젝트를 한 뒤, 9천만 원 예산을 타서 '전국 대학 동아리 야구 대회'를 성대하게 열었어요. 지금은 횡성에서 대학 동아리 야구에 대회 때마다 3천만 원 정도 지원을 해줘요. 야구장도 공짜로 제공해주고 있어요. 또 양구에서도요. 기사도 났지만, 대학 동아리 야구 500개 팀[1]에서 YB, OB 전을 하다가, 그다음엔 로스쿨 경기, 의학 전문대학원 경기 등으로 계속 세분되어 발전하더라고요.[2] 그런 운영, 기획이 필요해요. 대학 야구 클럽 애들은 자기네들끼리 해요. 사회생활도 배우고, 이 친구들이 돈 가지고 장난치는 것도 없고, 정말 잘해요. 일전에 대회 결승전도 보고 왔는데, 야구를 즐기는 것도 좋지만 집행부 친구들끼리 회의와 운영을 해보라고 조언했어요. 이런 경험들이 살아가는 데 얼마나 큰 도움이 되겠어요? 이 친구들이 웬만한 협회보다 잘해요. 깨끗하잖아요, 학생들이. 그렇게 자기들끼리 대회도 만들고 뭉치고 기획하고 운영해야 해요.

그런데 여자 야구는… 한국여자야구연맹을 창설했던 이광한 감독님이 저랑 야구 같이 했던 선배님이세요. 여자 선수들이 야구를 굉장히 힘들게 한다고 계속 말씀하시더라고요. 그래서 제가 난지구장에 한 번 나가봤어요. 얘기를 들어보니까 대학클럽 선수들이랑 똑같은 상황이에요. 돈도 없고, 야구장도 없고. 다 자기들이 낸 회비로 운영하고 있잖아요. 그때 '아- 안 되겠구나'라고 생각했어요. 그래서 그때 제가 LG전자에 얘기해서 후원을 받아 약 6억 원 규모의 전국 여자야구대회를 만들었어요. 그 규모가 되다 보니 대단한 대회가 됐어요. 야구장 사용료도 안 받고요. 그렇게 2012년 'LG배 한국 여자 야구 대회'가 생긴 거예요. 또 제가 MBC 스포츠+에 제안을 해서 LG배 여자야구대회 중계를 했어요. 그렇게 해서 폭발적으로 여자 야구의 격이 올라갔죠. 또 2014년 'LG컵 국제여자야구대회'도 만들었고요. 그래서 그때 여자 야구가 한 단계 또 도약했어요.

**야구 내에서도 비주류에 많은 관심을 두고 계시네요.**

---

1    전국대학야구연합회(KUBA)에 따르면 2015년 기준으로 421개가 있다고 한다.

2    박진, "2021 횡성군수배 전국대학클럽야구대회 개최", <KSPnews>, 2021.08.03.

사람들이 잘 모르는데 제가 엘리트 스포츠가 아닌 분야에 많은 관심을 가지고 지원을 하고 있어요. 다문화 가정 아이들 야구단(턱 : 고양시-허구연 무지개 리틀 야구단, 2012년 창단)부터 티볼, 여자 야구 등에요. 그래서 여자 야구가 잘 되려면 어떻게 해야 하느냐, 그 질문에 대한 답을 잘 알고 있어요. 우선은 선수층을 늘리는 등 저변 확대를 해야 하고, 야구장 등 이 선수들이 경기를 할 여건과 환경이 만들어져야 뭐라도 되는 거죠. 주말에만 나와서 야구하는데 그게 뭐가 되겠어요. 일본 여자 야구의 경우는 학생 때부터 많이 해요. 그런데 한국 여자 야구의 경우는 성인이 되어서 취미로 시작하는 거예요. 그래서 경기하면 제일 부족한 부분이 '베이스 러닝'이에요. 선수들이 제대로 뛰지를 못해요. 모든 구기 스포츠가 기본적으로 달리기가 탄탄해야 하는데 말이죠…. 예를 들어 일본 선수들은 내야 땅볼을 치고도 빠르게 달려가서 다 세이프가 돼요. 그런데 우리 선수들은 내야 땅볼 치면 다 아웃이죠. 느리니까. 그래서 한국 여자 야구는 세계무대 가려면 한참은 걸리겠구나 싶어요. 그래도 지금은 야구 자체를 좋아하는 여성 선수들이 많아서 '즐기는 야구'가 됐어요.

**결국 교육에서부터 제도를 만들어야 한다는 말씀이시네요.**

네. 안향미 선수도 그렇고, 요즘 젊은 친구들이 잘해도 지속해서 뛸 곳이 없잖아요. 이런 것들이 문제예요. 한국여자야구연맹에서 잘 생각하고 제도화를 시켜야 하겠지요. 쉽지는 않아요. 단순하게 얘기해서 소프트볼은 올림픽과 아시안게임 종목이기 때문에 국가의 정책 종목이에요. 그렇기 때문에 지자체 소속으로 실업팀이 있잖아요. 말이 실업팀이지 정책 종목이니 국비를 지원해서 유지되는 거죠. 여자 야구도 그렇게 되어야 해요.

**지자체의 선의도 있어야겠네요.**

아니, 지자체에서 지원을 받으려면 먼저 올림픽이나 아시안게임 종목이 되어야 해요. 그렇게 되면 자연적으로 지자체에선 지원할 수밖에 없어요. 현재 우리나라 비인기 종목이 다 지자체의 지원으로 돌아가잖아요. 양궁도 그렇고.[3] 그럼 어떻게 해야 하느냐? 원론으로 돌아가지만 첫째, 야구하는 나라가 많아져야 하고, 둘째, 여자 야구가 어느 정도 수준에 올라가 소프트볼을 대체하는 거예요. 그런데 제가 몇 년 전, 아시아야구기술위원장 할 때 직접 가서 봤는데, 소프트볼은 하는 나라도 많고 선수들도 잘해요. 일본, 미국, 캐나다도 잘하지만, 중국, 북한, 인도네시아도 잘하고. 현재 소프트볼은 여성들에게 보편화 되어있거든요. (턱 : 사실 의아한 지점이기도 하다. 우리나라는 '야구=남자/여자=소프트볼'처럼 이분법적인 정의를 내리지만 전 세계에서 남자 소프트볼도 꽤 보편화 되어있다는 점!) 이걸 야구하는 여자들로 바꾸려면 엄청난 힘이 드는 거예요. 야구를 하려면 도구를 새로 사야 하잖아요. 예산이 부족해서 하기 힘든 나라도 많아요. 그래서 제가 지금도 캄보디아와 베트남에 장비 등을 지원하고 있거든요. 그들은 자국의 야구협회에 경비가 없어서 제대로 운영도 못하고 있어요. 왜냐면 야구공 하나가 여기서는 7달러인데 거기 가면 15달러에요. 천 개를 산다고 하면 공 값만 15,000불이죠. 그쪽 협회가 그 공 값을 댈 수 있을까요? 못하죠. 또, 유럽은 기후가 야구하기 좋아서 체코도 야구하거든요. 그런데 경제적인 이유로 야구가 더 확장되기 힘들어요. 그래서 남자 야구는 전 세계에 총 132개 정도의 야구 가맹국이 있어요. 여자 야구는… 소프트볼 하는 나라가 야구로 바뀌어야 해요. 그게 순차적으로 맞겠지요. 우리나라만 여자 야구한다고 되는 문제가 아니에요. 일본은 (여자 야구 저변이) 잘 되어있지만. 미국, 호주, 프랑스도 우리나라에서 LG컵 국제여자야구대회를 하면 출전해요. 그런데 대게 소프트볼 선수 출신들이 급조로 팀을 꾸려서 나오죠. 그러니까 시간이 오래 걸리는 문제예요. 이건 국제적인 관점인 거고, 우리나라에서는 여자 야구가 제대로 가야겠죠. 소프트볼하고 이분화가 되더라고요. 지금은 여자 야구 붐이 좀 일어서 팀은 많아졌지만, 지금

---

3  "올림픽 종목 등 공공부문의 체육지원 실태를 살펴보면, 첫째, 공공부문의 전체 체육예산 중 지방비가 74.1%, 기금이 15%, 체육단체 수입 6.6%, 국고 4.3%로 지방비의 비중이 절대적이다. 둘째, 비인기종목은 주로 지방자치단체에서 자체 운영하는 스포츠팀 운영을 통해 지원되고 있다. 전국 944개 스포츠팀 중 지자체 운영 473개 팀, 지자체 보조금에 의존하는 경기 협회와 연맹 운영 288개 팀으로서 사실상 지자체가 스포츠팀의 80.6%를 담당하고 볼 수 있다. 그러나 최근 지방자치단체들이 재정악화를 이유로 자체 운영하던 비인기종목 스포츠팀을 해체하는 경우가 늘어나고 있어 우려를 자아내고 있다. […]" (출처 : 이현우, 송상우, 이용환, 『올림픽 선전과 공공부문의 역할』 이슈&진단(61호). 경기연구원, 2012)

현 상황에서 엘리트 체육으로 갈 수 있을 정도로 발전해야 하는데, 그러려면 마스터 플랜을 잘 세워야 해요. 우선은 지금 잘하는 여자 야구선수들이 가서 뛸 팀도, 리그도 없는 게 안타까운 현실이에요.

**그렇다면 여자가 야구 할 수 있는 제도는 어떻게 만들어야 할까요?**

야구의 첫 단추는 티볼이에요. 그래서 제가 티볼 대회를 쭉 지원하고 있어요. 우리나라에 티볼 잘하는 초등학교 여학생들이 정말 많아요. 일본이랑 경기해도 안 지는데, 공부도 다 잘해요. 제가 예전에 일본 삿포로 돔구장에 갔을 때, 우리나라 친구가 홈런을 쳐서 일본 선수들이 사인받으러 오고 그랬어요. 정말 잘했어요. 그런데 그렇게 잘하는 선수들이 중학교 진학 시점에 다 운동을 그만둬요. 야구도 안 하고 소프트볼도 안 합니다. 공부해야 하니까요. 더군다나 야구는 중학교 팀도 없는데 부모가 계속 운동시킬까요? 공부도 잘하는데 서울대 보내야죠. 한국같이 교육열이 높은 나라에서 운동 안 시키죠. 그래서 제가 이화여대나 숙명여대에 여자 야구 대학팀을 만들어야 한다고 했었어요. 연고전(고연전)처럼 이숙전(숙이전)도 하고 그래야 재미가 있는데, 이런 일을 연맹이 거시적인 계획을 세우고 하나씩 잡아가야 해요.

**이화여대에는 현재 동아리 야구팀(플라잉 걸즈)이 있어요.**

예를 들어 이화여자대학교나 숙명여자대학교 체육교육과를 진학할 때, 고등학교에서 야구했던 친구들에게 체육 특기자 특전이나 가산점이 주어진다면 많은 친구가 야구에 관심 가질 거예요. 그런 제도를 갖추지 않으면 쉽지 않아요. 그래야 야구도 하고, 특기자로 대학도 가는 거죠. 그럼 자연스럽게 "야, 우리 야구하자. 야구하면 공부도 할 수 있고 대학도 갈 수 있어!"라는 문화가 생기는 거죠. 그래서 우선 여자 중학교 야구팀이 생기고, 여고, 여대 야구팀이 생겨나야 해요. 제가 알기로 아직 한 팀도 없어요. 동아리팀만 있고. 그런 마스터 플랜을 얘기하는 겁니다.

**그럼 여중, 여고부터 시작한 제도화가 궁극적으로 지향할 목표는 무엇일까요?**

구조적인 측면에서 보자면요, 제도권 안으로 들어가야 해요. 먼저, IOC가 있고, 여기에 대한체육회-KOC[4]가 속해 있어요. 또, 그 속에 수십 개의 가맹단체가 있는데, 그중 하나가 대한야구소프트볼협회(KBSA)에요. 이쪽(대한체육회-KOC) 안에 정식으로 여자 야구가 등록되어야 해요. 지금은 한국여자야구연맹이 준가맹단체로 있어요. 여기서부터 제도화가 되지 않으면 안 돼요. 굉장히 근본적인 문제예요. (준가맹단체이기 때문에) 여자야구연맹이 힘이 없는 거예요. 그럼 어떻게 해야 하냐면 대학부가 있어야 하고 고등학교 부가 있어야 하고 초·중학교 야구부가 있어야 해요. 배구, 농구는 이런 게 (여자 프로리그 창설 전에) 다 있었어요. 예전에 숙명여대, 이화여대 옛날에 농구, 배구 얼마나 잘했는데요. 초·중·고 팀이 다 있었어요. 다만, 축구 같은 경우에는 여자 축구가 정식 종목으로 된 지가 얼마 되지 않았어요. 한 2-30년밖에 안 됐어요. 그래도 축구는 대한축구협회 밑에 여자 초·중·고팀이 다 있잖아요. 이렇듯 여자 야구를 관장하는 연맹이나 단체 역시 제도권 안으로 들어가야 하는 거예요.

그런 의미에서 지금 당진의 경우는 고무적인 시작이네요.

그러니까요. 그런데 한 팀만 있어서도 안 돼요. 다수의 팀이 생겨야 해요. 지금처럼 마찬가지로 잘하는 애들이 그다음 갈 길이 없잖아요. 중학교 졸업했으면, 고등학교 팀도 있어야 하고, 대학교도 잘하는 팀, 못하는 팀 이렇게 학교로 혹은 네임밸류로 나뉘던지. 그렇게 있어야 해요. 그게 안 되어있으니까 연속성이 없어요. 지금은 그냥 여자 야구 좋아하는 사람들이 즐기는 거죠. 동호인 수준이에요. 이거를 여자야구연맹에서 잘 해야 해요. 제가 LG를 엮었어요. 누가 여자 야구에 그렇게 지원합니까? 전 세계적으로 이렇게 여자야구대회를 성대하게 그리고 체계적으로 해주는 곳이 없어요.[5] 어느 나라에서도 못해요. 그러니까 국제 대회 때 일본 여자 야구팀도 오고 하는 거죠. 그런 스폰서가 있을 때 (여자 야구가) 자리를 잡아야 해요. 그건 자기들의 몫이에요. 그런데 여자 야구의 경우는 제가 생각하는 것보다 빨리 체계화가 안 되고 있어요. 매년 성장하는 모습을 보여줘야 하는데… 이게 시스템으로 구축되는 모습이 안 보여요. 그냥 자기들끼리 즐기는 야구로 그치는 거죠.

야구부가 생기기 전에 일단 한국에선 체육 시간이 많지 않은 것부터가 문제네요.

그건 말할 것도 없어요. 한국은 엄청나게 문제가 많아요. 스포츠계를 쭉 보고 있으면 선수들은 공부를 너무 안 하고, 공부하는 애들은 운동을 안 해요. 이런 커리큘럼은 정신 질환을 계속 만들어 내는 거예요. 제가 30년 전부터 강의하면서 얘기했어요. 한 번 두고 보라고, 앞으로 존속살해나 뒤에서 동료를 총으로 쏘는 놈들이 나올 거라고. 왜냐면 애들은 성장기 때 움직이면서 놀아야 하거든요. 그런데 애들이 앉아서 컴퓨터 게임만 하려고 하니까 심신이 건강하지 않아요. 이걸 계속 방치하다 보면 정신질환자가 계속 나오는 거예요. 그러니까 지금 '묻지마 살인' 나오고, 아기 낳아 놓고 바로 쓰레기통에 버리는 등 그런 사건들이 계속 나오잖아요. 이걸 어떻게 할 거냐 말이에요. 미국이나 프랑스에서 애들한테 왜 스포츠를 시키느냐, 다 이유가 있으니까 시키는 거예요. 체력이 국력이란 말은 국제대회 나가서 메달을 많이 따서가 아니란 말이에요. 전 국민의 체력과 마음이 균형 있게 좋아야 하는 거예요. 중요한 건 신체나이인데, 정부나 정치하는 사람들이 신경을 안 써요. 왜냐하면 인 풋/아웃풋이 금방 나타나는 것이 아니니까, 자신의 표와 관계가 없으니까요. 그러나 국민들의 심신은 지금 썩어가고 있어요.

저는 교육부가 제일 문제라고 생각해요. 어릴 때부터 아이들이 다 한 종목씩 음악/

---

4    2009년 대한체육회와 KOC가 통합됐다. 대한체육회는 대한민국에서 스포츠를 총괄하는 스포츠 행정 기구이다. 문화체육관광부 소관의 특수법인이며, 시·도 대항으로 열리는 전국체육대회를 주최한다. KOC는 IOC 산하의 스포츠 외교단체로서 독자적인 결정권을 행사하는데, 한국에서만 국내 기구인 대한체육회와 통합되어 있다. 대한체육회-KOC는 경기 종목별로 시·도 및 해외지부 아마추어 스포츠 단체를 결성할 수 있다. 현재 57개 스포츠 종목에 대한 가맹단체(대한야구소프트볼협회 포함)가 있으며, 7개 스포츠에 대해서는 인정단체로 분류한다. (+ 여자야구연맹은 대한체육회-KOC의 직속 가맹단체가 아니며, 그만큼 문체부와의 거리도 멀다. 이렇게 제도권 직속 기관이 아니라는 점은 여자 야구 저변 확대에 있어 근본적인 걸림돌이 되고 있다.)

5    LG전자는 여자 야구 저변 확대에 기여하고자 한국여자야구연맹, 세계야구소프트볼총연맹 등과 협의해 2014년부터 'LG컵 국제여자야구대회'를 개최하고 있다. 현재 여자 야구인이 참가할 수 있는 국제대회는 총 4개이며(LG컵 국제여자야구대회, 홍콩 피닉스컵, 괌 국제여자야구대회, 세계여자야구월드컵), 한 기업이 여자 야구 국제대회를 주관하는 것은 매우 이례적이다. 2016년에는 WBSC 주최의 여자야구월드컵을 LG전자와 LG생활건강이 공식 후원하여 국내 부산 기장에서 'LG 후원 WBSC 2016 기장여자야구월드컵'이 열리기도 했다.

미술/체육을 해야 한다고 생각해요. 그래서 그중에서 더 잘하는 애는 선수로 가고, 그렇게 가야 해요. 지금 우리는 어떻게 하고 있나요? 프로리그 가려고 운동하는 애들은 죽어라 운동에만 올인하고. 다른 애들은 공부에만 올인하고. 그래서 지금 야구계에 음주운전, 사건·사고 등의 문제들이 막 생기잖아요. 이 야구선수들은 학창 시절부터 일반 학생들하고 어울리는 시간이 거의 없어요.

**맞아요. 폐쇄적인 환경에 갇혀있게 되지요.**

네. 그러니까 Covid-19 술판 같은 사건이 터질 수밖에 없죠. 또. 지금 연예인이나 일반인이 나와서 시구하면 공을 다 패대기치잖아요. 학창 시절에 체육을 안 해봐서 그래요. 사람은 신체나이가 굉장히 중요해요. 내가 51년생인데, 병원에서 뭐라는 줄 알아요? 신체나이가 42살이래요. 이게 왜 중요하냐면 스포츠를 하는 국가와 하지 않는 국가를 비교해보자면, 우리나라 3-40대는 스포츠를 장려하는 국가의 5-60대 신체나이가 나오는 거예요. 이게 엄청난 국력의 손실인 거죠. 스포츠를 왜 해야 하는지 사람들이 모르는 거고, 정부도 한심한 거예요. 여자 야구 얘기하다 옆으로 샜는데, 청소년들이 여자 야구도 하고, 한 종목씩 운동을 해야 해요. 스포츠에서 오는 협동 정신, 페어플레이 정신, 승복하는 자세, 팀워크, 희생정신을 어디서 배웁니까? 교육에서 알려주는 과목이 없는데요? 내가 볼 때는, 스포츠를 통해서 배우는 거예요. 이 중요한 걸 투표 때문에 무시하는 거예요. 지금 정치인들 보세요. 토론하다가도 승복을 안 하잖아요. 전 국민이 다 그렇게 되는 거예요. 그 사람들도 속으로는 '맞아 내가 잘못하고 있어'라고 생각해도 겉으로는 절대 인정 안 하죠. 페어플레이 정신, 즉 스포츠 정신이 없기 때문에 그래요. 그럼 왜 없느냐, 어릴 때 해봤어야 알죠. 어렸을 적부터 운동을 안 하는데? 이게 얼마나 큰 문제예요. 그래서 스포츠들을 다 한 종목씩, 음악도 하고 미술도 해야 해요. 그래야 수요도 생기고, 리그도 나오고 하는 거죠. 그러면서 야구도 저변이 확대되어야 한다는 거예요. 자연스레 중학교 팀도 생기고. 중학교 팀이 구 대회도 가고, 시 대회도 하고 이렇게 순차적으로 확장되어야 해요. 근본적으로 이걸(교육제도) 바꾸지 않으면, 국력 손실이 엄청난 거예요. 제가 이번 도쿄올림픽 야구 중계를 하러 갔는데요. 야구가 아닌 다른 종목에서도 일본이 금메달을 따는 게 너무 부러운 거예요. 금메달을 딴 게 부러운 게 아니라, 그 선수들의 히스토리를 얘기할 수 있는 환경이 부러웠어요. 어릴 때부터 자연스레 운동하면서 아버지하고 선수(아들)의 관계가 초등학교 때 코치와 선수의 관계로 형성이 되고… 유년 시절부터 낮엔 공부하고, 저녁엔 운동하는 이런 게 막 다 나오는 거예요. 운동선수, 운동기계를 만드는 게 아닌 거죠. 그들의 휴머니즘적인 스토리가 부러웠어요. 우리는 스포츠 기계처럼 되고 있잖아요. 그 휴먼스토리가 없으면 여자 야구도 뭐도 안 되는 거예요.

**스포츠의 근본적인 문제를 짚어주시네요.**

야구 종목뿐만 아니라 다른 종목도 다 마찬가지예요. 근본적인 문제가 해결되어야 해요. 일본은 지금 금메달이 여러 종목에서 나오잖아요. 그렇게 되어야 해요. 그러니까 우리나라 사람들은 체력이 너무 약해지고 있어요. 젊은이, 청소년들이 체격만 커지고 체력이 떨어지는 거예요. 심신이 쇠약해진 것을 누가 어떻게 할 거냐, 각자한 종목씩 운동을 해야 여자 야구든 여자 축구든 뭐든 된다 이거죠.

**유럽의 경우가 생각나요. 초등학교 때부터 수영을 필수로 가르치거든요. 생존과 직결된 문제라서요. 국내의 경우 다수의 선생님이 이제 학교가 애들을 돌봐주는 역할을 맡고 있다고 말씀하시는데, 다르게 생각해보자면 오히려 운동하기엔 더 좋은 환경이 된 것 같거든요. 그런데 교과과정에 스포츠가 포함되면 의외로 학부모분들이 좋아하지 않죠.**

네. 그러니까 유럽이나 선진국에서 왜 스포츠를 시키겠어요. 예를 들어서 아무리 똑똑한 친구라도 암 진단 받으면 어떻게 돼요. 저도 미국을 몇 년 동안 오가고 있는데요. 실리콘 밸리 가보세요. 미국 친구들은요 일주일 한 달을 밤새도 끄떡없어요. 우리는 코피 쏟고 다 쓰러지지만. 진짜예요. 미국 하버드 대학교 도서관에 가봐요. 우리 애들은 며칠 동안 코피 쏟아요. 미국 애들은 체력이 있으니까 일주일, 보름 밤새도 아무 관계 없어요. 사실 금메달도 중요한 게 아니에요. 모든 국민의 기초체력, 이게 얼마나 중요해요. 그렇잖아요. 이걸 왜 모르냐는 거죠. 교육부에서 이런 걸 주

도적으로 해야 해요. 저변 확대를 위해서는 이런 문제부터 상쇄되어야 해요.

남자 야구는 엘리트 스포츠로만 발전해왔어요. 여자 야구가 남자 야구의 문제점을 답습하지 않으면서 발전할 방법이 뭘까요? 이 질문을 드리고 싶었던 이유가, 여자 야구의 미래를 결국 남자 야구의 문제와 떨어뜨려서 바라볼 수 없는 것 같거든요. 프로야구를 봐도 하는 것보다는 관람 위주의 문화가 자리 잡았잖아요.

아니에요. 예전보다 많이 바뀌었어요. 남자 야구는 전국에 동호인 야구팀이 15,000개가 넘어요. 물론 복수로 등록된 경우도 많지만. 지금은 조기 축구회보다 더 팀이 많아요.[6] 이건 매우 큰 변화예요. 제가 계속 야구 인프라를 얘기하는 이유가 야구장이 있어야 놀 수 있기 때문이에요. 제가 돔구장 얘기하고 프로야구장에 대해 언급을 많이 했지만, 실은 아마추어나 동호인 야구장이 더 많이 필요해요. 그저께도 대학 야구 때문에 횡성에 다녀왔어요. 그리고 양구도 다녀오고. 이렇게 지방에 다 다니면서 야구 환경 개선에 대해 신경 쓰고 발언해요. 예를 들어, 원래 4대강 유역에 축구장으로 쓰이던 체육시설이 있었어요. 그 당시 제가 그걸 강력하게 피력해서 야구장으로 다 바꿨어요. 40 몇 면[7]이 더 생겼어요.[8] 그래서 안동 일직중학교(2019 창단)[9], 안동 영문고(2017, 현 예일메디텍고)에 야구부가 생기고, 문경 글로벌선진학교(2014)[10]에도 생기고, 양산 물금고등학교 야구부(2015)도 생겼죠. 야구장이 없는데 어떻게 야구를 해요. 제가 가서 얘기해서 예전보다 야구장이 많아졌어요. 야구를 하다 보면, 유리창도 깨지고 그러기 때문에 학교 운동장에서는 못 해요. 인프라 구축을 해놔야 해요.

---

6    대한축구협회 생활축구본부에 따르면 생활 축구 남자 조기 축구팀은 총 2,456개이다. (여자 조기 축구팀은 101개) 게임원(사회인 야구 기록 플랫폼)에 따르면 남자 사회인야구팀은 9,327개이다. (여자 사회인 야구팀은 49개)

7    면은 실제 야구를 할 수 있는 운동장의 단위로, 한 야구장에 여러 개의 면이 있을 수 있다.

8    배중현, "4대강 수변지역, 총 45면의 야구장 마련", <JTBC>, 2012.07.26.

9    안동 일직중학교가 야구부를 창단하면서 서울·경기 등에서 12명의 학생이 전학 와 학교가 되살아났다고 한다. (출처 : 백경서, "신입생 2명뿐이던 시골 중학교 야구부 만들어 폐교 위기 모면", <중앙일보>, 2019.03.08)

한국여자야구연맹의 역할이 중요한데, 사실 시작점을 잡기가 어려운 것이 지금까지 여자야구 저변이 약했기에 결과적으로 연맹의 힘 역시 약한 상황이에요. 발언권 파워가 없어서 어떤 큰 변화를 주도하기가 어렵기도 하고요. 그래서 또 그만큼 발전이 더뎌지고. 이게 돌고 도는 것 같아요.

그럼요. 연맹은 힘이 없어요. 제가 잘 알아요. 회장 맡는 사람들도 본업이 다 있잖아요. 우리나라 스포츠가 이렇게 올라올 수 있는 건, 사실 재벌의 후원이 큰 역할을 했죠. 삼성, 현대 등. 양궁대회에서 우리 선수들이 왜 우승합니까? 현대에서 지원하니까 우승하는 거예요. 삼성에서 후원하니까 육상, 레슬링을 하는 거죠. 돈이 없으면 스포츠는 국제무대에서 어떻게 할 수 없어요. 그런데 여자 야구는 올림픽, 아시안게임, 전국체전 종목도 아닌데, 누가 이걸 거들떠보냐 이거예요. 반면에, 소프트볼은 전국체전에 등록된 종목이란 말이에요. 그럼 지자체에 점수가 들어가니까, 지원을 하죠. 야구도 빨리 그거(전국체전)에 들어가도록 노력 해야 해요. 그래야 지자체에서 예산도 나오고.[11] 그런 적립을 꾸준히 해야 목표를 달성할 수 있죠. 누가 이걸 도와주겠어요. 그렇죠? 여자 야구가 갈 길이 쉽지가 않아요. 그래도 지금은 많이 활성화되어있는 편이에요. 멀리 내다보고 해야겠죠.

제일 중요한 건 아까 얘기한 야구를 좋아하는 유소녀들이 진학을 하면서 계속 야구를 할 수 있는 길이 있어야 한다는 거예요. 진짜 지금 티볼 하는 친구 중에 잘하는 애들 정~말 많아요. 제가 깜짝 놀라요, 남학생들보다 잘해서요. 그래도 나중에 보면 걔네 티볼이나 야구 안 해요. 왜냐? 팀이 없으니까. 그러니까 여자야구연맹에서 어떻게 생각하고 계실진 모르겠지만, 자기 본업 챙기고 연맹 일하면서 주말에 뭐 야구장 다니고. 이걸 야구를 어떻게 해야겠다, 뭐 이런 생각할 시간이 있을까요? 그걸 제대로 해야 정상화가 되겠죠. 그죠? 회장이 그걸 해야 할 일이 너무 많을 거예요. 시간도 투자해야 하고 돈도 있어야 하고.

유의미한 결과를 만들어내기엔 4년이라는 임기도 너무 짧아요.

쉽게 얘기하면, 제가 LG에 얘기해서 한 6억 원 정도 후원하에 대회 열기 전까지 여자 야구는 동네 야구 수준이었어요. 지금 동네에서 새벽에 어른들 배드민턴 하잖아요. 그런 차원이었어요, 그냥 좋아서 하는 것. 그래도 'LG배'하면서 어느 정도 골격을 갖춘 거죠. 그다음의 스텝은 연맹에서 잘해야죠.

그럼 해설위원께서 생각하시기에, 한국 여자 야구가 걸어온 시간 중 가장 유의미한 순간은 언제인가요?

별로 유의미한 시간이 여자 야구에… 있나? LG배 외에는, 유의미한 게 하나도 없어요. 그 대회는 처음에 익산에서 했는데, 익산시의 캐치프레이즈가 '여성친화도시'예요. 그래서 제가 익산시에 "말만 여성친화도시 하지 말고, 여자야구대회를 해라, 중계팀도 붙이겠다"라고 했어요. 그래서 익산시에서 여자 야구 대회를 개최했고, 그 스폰서를 LG전자가 했고, 익산시에서 돈도 많이 냈죠. 그래서 처음으로 전국

---

10  국제형 대안학교인 글로벌선진학교에서 문경캠퍼스를 개교하며 2011년 중등부 야구부를, 2014년 고등부 야구부를 창단했다. 야구부 선수들은 일반 학생과 마찬가지로 학과 수업과 야구를 병행하며, 프로 선수만을 목표로 하는 것이 아니라, 스카우트, 야구 행정가, 스포츠 재활 전문가 등 야구와 관련된 전문 직업을 양성할 목표를 가진 선수들을 타겟팅 했다. 고등부 야구부 출신 투수 진우영이 MLB 캔자스시티 로열스와 마이너리그 계약을 맺는 등 좋은 성과를 보였지만, 선수 부족으로 2020년 야구부가 해단했다고 한다. (출처 : 이종서, "최향남의 도전, "공부와 야구 병행 가능하다"", <OSEN>, 2017.12.08)

11  대한민국 전국체육대회(전국체전)는 전국 각 시도를 중심으로 열리는 스포츠 대회로 국제 대회를 제외하면 국내에서 가장 권위가 높은 공식 대회이다. 지방 체육의 활성화와 전국 시도 민간의 우정과 친목 그리고 세계적인 스포츠 선수 육성과 실력향상 그리고 국민의 체육 증진을 목적으로 한다. 남녀 고등부, 대학부, 일반부로 분류되며 각 시도 대표로 나서게 되는 선수들이 경기를 치르고, 최종으로 도별로 순위를 매긴다. 비인기 종목 선수들이 직업운동선수로 살 수 있는 최후의 보루로서, 시도에서 기초 종목 팀을 운영하면서 선수는 운동에 전념할 수 있고, 시도 측은 홍보 효과와 지자체 예산을 얻는다.
"(전국체육대회는 팀에게는) 일단 예산을 확보하기가 가장 좋은 (기회입니다). 왜냐하면 국가(지자체)가 모든 종목과 모든 대회를 지원할 수 없으니까, 전국 체육대회 하나에 모든 예산을 지원하죠. 그래서 (현장에서 대회의 중요성이) 커질 수밖에 없어요. 지자체의 예산이 각 시도(체육)단체로 해서 학교까지 내려가고 또 (고등학교의 경우) 교육청을 통해 훈련비가 나오고. 그러니까 뭐 커질 수밖에 없죠…. 근데 (예산지원금의) 단위가 그 상상보다 엄청나게 큽니다. (비인기 종목) 학교 운동부로는 쉽게 만질 수 없는 돈이죠(제보자 A). (출처 : 한태룡, 전국체육대회운영의 법제도적 개선방안. 한국스포츠개발원. 2016, p.299)

대회를 하면서 중계도 했던 거예요. 비록 게임 내용이 형편없어서 시청률이 안 나왔지만요. 그렇게 제도화를 시켜나가야 언젠가는 빛을 보는 거지. 그냥 자기들끼리 논다고 되는 게 아니에요. 산악회가 어디 한두 개입니까? 그거랑 다를 게 뭐가 있어요. 그 'LG배'가 터닝 포인트에요. 제가 해줄 수 있는 건 야구장 마련과 자금 지원 그리고 홍보까지고요. 그다음은 자기들이 해야 하는 거예요. LG배가 여자 야구의 주춧돌이 되었는데도, 그다음 활동이 팍팍 늘지 않는 거예요. 그게 뭐겠어요, 마스터 플랜이 없는 거죠. 마스터 플랜이 있어야 '몇 년 후에는 이렇게 팀도 늘리고, 제도권으로 들어가고, 그러려면 초·중·고·대학교에 어떻게 들어가고'하는 거시적인 계획을 세우고 백년대계를 내다보지요. 나중에 여자야구연맹이 국제대회도 해야 하고 야구가 올림픽 종목에 등록되려면 세계화를 시켜야 하고 뭐 이런 게 있어야 하는데 그런 계획이 있습니까? 제가 볼 때는 아니에요. 그냥 자기들끼리 즐기고 놀고 이런 거지. 이제 여자 야구를 좀 하는 사람들이 많아졌으니까 제도권에서 활성화하고 인정을 받도록 해야겠죠.

요새 대중매체나 문화 콘텐츠에서 여자 야구나 여성 스포츠를 주목하는데, 어떻게 생각하나요?

그건 맞죠. 여자 야구 리그가 대중화되면서 티비중계도 되고 그렇게 되어야 하죠. 우선 대중들의 관심을 끌어야겠죠. 그러려면 여자 야구 저변을 확대해야 하고요. 쉬운 문제는 아니지만 마스터 플랜을 가지고 차근차근 가야 5년 뒤, 10년 뒤에 뭐가 되는 거죠.

몇몇 영상 콘텐츠를 제외하면 스포츠하는 여자에 대한 관심이 전무한 실정이에요. 그래서 운동하는 여성을 보여주고 싶은게 저희의 계획이에요.

좋은 기획이에요. 사실 이런 기획은 문체부에서도 지원을 많이 해야 하는 부분이에요. 왜냐하면 우리나라 청소년들이 운동을 많이 하는 편이 아닌데, 특히 여성 청소년은 더 안 해요. 여성이 튼튼해야 해요. 그러려면 스포츠를 해야죠. 그런데 우리나라만큼 여성들이 스포츠를 안 하는 나라도 없어요. 애들 꿈이 다 아이돌 스타 되는 거죠? 왜 여성 스포츠가 중요한가, 건강한 산모, 건강한 여성이 있어야 결국 다음 세대가 건강해지는 건데 엄마가 비리비리한데, 무슨 건강한 애들이 나옵니까? 아니잖아요. 그렇게 접근했으면 좋겠어요. 그런 생각을 위정자들이 가져야 하는 거예요. 정부도.

먼저 운동을 시작하고 즐겼던 윗세대, 언니들의 이미지조차 없는 게 문제인 것 같아요.

제가 얘기하잖아요. 애들이 아이돌 스타만 꿈꾸고 체육을 안 하는데, 시구해봐요 다 패대기치지. 이걸 교육부, 정부에서 그대로 두면 안 되는 거예요. 남자들도 마찬가지예요. 남자들도 안 하는데 여자들은 더 안 할 거 아니에요. 안 먹고 날씬해지려고만 하고! 이걸 누가 나중에 책임질 거냐 이거예요. 전시나 영상 콘텐츠 등 그런 쪽으로 컨셉을 잡아서 어필해보세요. 문체부에서 이런 건 크게 해야 해요. 좋은 기획이에요. 체력 문제, 국력 문제로 좀 더 확장해서 연관이 다 되어야 해요.

저희만 해도 처음에 "어? 여자가 정말 야구를 못 한다고?" 이렇게 생각해서 이 질문들이 시작된 건데, 이 질문을 사람들과 함께 나눠보고 싶었어요. 영화나 콘텐츠를 너머서 더 쉽게 접근할 수 있도록요.

여자 야구… 한국은 모든 게 교육과 연결되어 있기 때문에, 결국은 뭡니까? 대학. 고등학교. 중학교. 이런 데 여자 야구팀이 있어야 해요. 뭐 지금은 한국에서 여자 야구 붐이 일어나서 많이 발전한 거죠. MBC에서 방송했던 <마녀들>의 이성배 제작자 같은 경우도 MBC 아나운서였어요.[12] 그래서 내가 거기 구단주로 출연하잖아요. 그때 장소도 섭외해주고 그랬어요. 어쨌든 매스컴을 타야 하잖아요. 대중들에게 보여줘야 하거든요. 그래서 <마녀들>이 나올 수 있었던 거예요. <마녀들 2>도 나오고. 그런데 대부분 사람은 이걸 잘 몰라요. 타깃은 누구고, 후원은 어떻게 받고, 마

---

12    현 MBC 제작자. 본 단행본에 인터뷰이로 참여했다. p.374 참고.

케팅은 어떻게 하고, 지자체는 누구 소개해주면 되고, 제가 그걸 아니까 해주는 거예요. 그래서 그 친구(이성배)가 되게 잘하죠. LG컵 국제대회 마지막 날, 시상식 할 때 보면, 정말 재미있어요. 선수들이 춤추고 노래 부르고 하는데, 그런 거죠. 뭐. 상도 받고 기분도 좋지만, 함께 어울리고 이런 게 친선이죠.

여자 야구와 남자 야구가 있잖아요. 모든 종목이 여자 배구/남자 배구 이런 식으로 다 있는데, 이 리그들의 재미와 관전 포인트는 각자 다 다르거든요. 재미의 요소 측면에서 봤을 때, 여자 야구는 어느 쪽으로 초점을 맞춰야 그 고유한 재미가 부각될까요?

야구는 좀 독특한 스포츠예요. 룰이 엄청나게 복잡하거든요. 그래서 경험에 의한 개념이 필요해요. 게임 수와 비례하여 쌓이죠. 어떤 상황이 딱 벌어지면 경험에 의해 축적된 것에 따라 순간적으로 팍팍- 공을 저기 던져야 하고, 한 베이스를 더 달려야 하고. 누가 가르쳐준다고 되는 게 아니에요, 야구는. 그리고 야구는 시간제한이 아니고 횟수 제한이거든요. 그래서 평소에 연습을 엄청나게 해놨다가 일 년에 엄청나게 많은 게임을 하죠.[13] 그리고 순간적인 폭발력. 이런 것들이 굉장히 중요하죠. 물론 유연성과 지구력도 있겠지만. 스피드로 빡 뛰고 멈추고 이런 거거든요. 여성들은 그런 면에서 쉽지 않은 거예요. 이 종목 자체가. 그렇죠? 힘을 폭발시켜야 홈런이 나오는데, 그런 면에서도 근육 자체가 어릴 때부터 야구를 아주 많이 하면 모를까. 그런 야구의 특성이 있어요. 그래서 어렸을 때부터 해야 그게 가능한 거예요. 지금처럼 하면 그냥 놀이지 (웃음). 야구 좋아해서 하는 거죠. 그래도 요즘 (여자 야구) 보면 치고받는 건 많이 늘었어요. 그런데 뛰는 게 여전히 안 돼요. 어렸을 때부터 야구도, 체육도 안 했기 때문에 그래요. 그래서 일본과 우리나라 여자 야구 국가대표팀이 경기하게 된다면, 일본이 100점도 낼 거예요. 무제한으로 한다고 하면. 왜냐하면 개네가 빨리 달려서 우리가 아웃을 거의 못 시키거든요. 반면에 우리는 안타 치면 아웃되는 확률이 높거든요. 달리기가 안 돼서. 그런 것들이 야구는 좀 다른 종목과 달라요. 사실 여자 야구도 잘하고 인기만 있으면, 올림픽 종목이 선정되든 안 되든 여자 야구끼리 리그를 만들면 돼요. 지금도 사회인 야구 리그가 있지만, 지자체랑 함께 자체적으로 리그를 만들어서 관중도 참관하에 경기하겠다는 계획이 있으면 그럴 수도 있는 거지. 독립팀 하듯이. 그런 마스터 플랜을 만들어 놓고 접근을 해야 활성화가 될 거예요. 그다음에 크게 보면 여성들도 양성평등을 이야기하면서, 뭐 소프트볼이 있긴 하지만, '종목마다 양성이 있는데 야구만 없으니까 우리도 야구도 해야 한다'라고 주장해야 문체부나 이런 곳에서 예산을 타낼 수 있는 거죠.

올림픽 종목, 즉 정책 종목으로 채택이 안 되어 있으니까 예산을 줄 수 없고, 그러면 사람들은 더 모르고, 그럼 발전할 가능성은 더 멀어지고, 그럼 또 종목에 채택이 되지 않네요.

아시안게임에 야구가 정식 종목으로 제일 먼저 등록된 게 1996년인가였고, 그때 아시안 게임에 들어갔어요. 2000년 시드니 올림픽 때 야구가 정식 종목이 됐죠. 그러니까 70년 이럴 땐 우리가 못 살 때라 체육 예산이 많지 않기 때문에 금메달 따는 종목, 인기 종목, 예를 들어 우리나라 체육 예산의 50%는 축구가 가져갔어요. 지금도 거의 그래요. 축구가 많이 가져가요. 그다음에 육성 종목 막 이러는데… 야구는 올림픽, 아시안게임 종목이 되어도 예산이 거의 안 나와요. 한창 아시안 게임 정식 종목이 되었을 때, 그러고 나서야 지원이 조금 나왔어요. 그렇기 때문에 지금 똑같아요. 거기 들어 가봐야 이게 뭐야 제도권에 있는 올림픽 종목도 아닌데, 거기서는 신경을 다 써줄 수가 없죠. 이번에 야구가 올림픽 종목에 들어갔잖아요. 그러니까 메달 종목이니까 예산이 나오는 거예요. 어쩔 수 없이 우리나라는 그렇게 되어있어요. 야구가 KOC, IOC에 들어가야 지원금이 집행돼요. 풀어야 할 문제들이 좀 많을 거예요.

올림픽 정식 종목인 소프트볼도 야구장은 제가 좀 많이 만들어놨어요. 제가 고양시, 익산시에 (남자 야구) 국가대표 전용 훈련장 명목으로 시예산으로 야구장을 짓는 프로젝트를 추진했거든요.[14] 그게 (인프라가) 있어야 하는 거예요. 소프트볼은 전국체전과 올림픽 종목이라 괜찮은데, 여자 야구는 시 차원에서도 해줄 수가 없어요. 그래서 LG에 얘기해서 그때 익산이랑 대회를 한 거죠. 지금은 환경이 많이 좋

---

13    단일리그제로 구단마다 144경기(구단 간 16차전), 총 720경기를 치른다.

14    민경훈, "허구연, "지자체가 좀 더 야구장 건설 나서주길"", <동아일보>, 2011.08.08.

아졌지만 연맹에서도 죽어라 매달려도 될까 말까인데, 쉽지 않죠. 그래서 야구인으로서 보면 안타까운 일이 매우 많아요. 이렇게 저는 야구 일만 계속하니까, 대중들은 모르시겠지만 그래도 야구계는 알아요. 허구연이 제도권 밖의 일을 많이 한다는 걸요. 왜냐하면 그쪽은 힘이 없어서 아무도 바라봐주지 않으니까. 대학동아리 야구도 여자 야구랑 맥락이 비슷해요. 그래서 제가 횡성 군수 만나서 "내년에 (대학동아리 야구) 지원 잘해주세요" 뭐 이런 거지. 대학동아리 야구연맹에서는 지자체에 접근이 안 돼요. 지자체에서 안 만나주죠. 여자 야구도 마찬가지예요. 하고 싶으면 누군가 해줘야 해요. 제가 그 역할을 하고 있고요.

허구연 해설위원은 여자 야구에 LG의 후원을 엮어 가시적인 발전을 견인했다. 그러나 그가 제시한 여자 야구의 비전은 학교 운동장에 있었다. 이는 한국 스포츠가 직면한 가장 근본적인 문제라서, 풀기 어려운 엉켜버린 실타래와도 같다. 그래서 많은 이들이 지레 겁먹고 떠나가 버리기도 한다. 그래도 허구연은 문제를 꾸준히 제기한다. '교육열이 높은 한국에서 학업과 스포츠가 공생할 수 있을까'에서부터, 궁극적으로 '학생 때부터 공부도 하고 야구도 하며, 프로와 아마추어의 경계가 없는 건강한 스포츠를 양성하는 방법'까지. 그가 원하는 이상적인 스포츠는 고대 그리스의 체육관 김나시옴에서 직접 레슬링 경기를 즐기면서도 청년들을 만나 토론을 즐기던 소크라테스의 것과 유사해 보인다.

2021년 6월 23일, 서울 신정고등학교 운동장을 찾았다. 한국 최초 여자 소프트볼 고교팀의 지도자를 만나기 위해서다. 1994년 창단한 서울 신정고등학교 소프트볼팀은 현재까지 선수를 육성하고 있다. 프로 스포츠인 소프트볼은 생활 체육이 활성화되지 않았고, 여자 야구는 즐기는 선수들은 있으나 프로팀이 없다. 이러한 관계성 속에서 여자 야구를 취미로 즐기는 소프트볼 현역 선수 출신 지도자들을 만났다. 야구와 소프트볼과의 관계에서 찾을 수 있는 논의 점들을 주목해보자.

# 조명기·유경희·최민희
# 국내 최초 엘리트 소프트볼 고교팀 지도자

## 여자 야구, 의식과 제도의 힘겨루기

# 08

# 조명기·유경희·최민희

국내 최초 엘리트 소프트볼 고교팀 지도자

● 턱괴는여자들

먼저 간단하게 두 분의 소개를 부탁드립니다.

● 조명기·유경희·최민희

유경희(이하 '유')/ 저는 현재 서울 신정고등학교 소프트볼 감독을 맡고 있는 유경
희라고 합니다. 소프트볼로 신정고등학교와 실업팀을 거쳤고, 현재까지 약 10년째
지도자를 맡고 있습니다. 야구를 한 지는 12-13년 정도가 됐고요.

최민희(이하 '최')/ 저는 여자 야구 한지는 7년 정도 되었고요. 소프트볼 지도자를
약 5년 정도 하다가 현재는 전업주부로 휴직 상태에서 아이들을 키우고 있습니다.
소프트볼은 중학교 3학년 때 시작해서 신정고를 거쳐 대학 가고 실업팀도 갔다가
아이를 가져서 휴직을 했었고요, 첫째 낳고 나서 지도자를 했다가 둘째 가지고 다
시 그만두게 되었어요.

두 분 모두 신정고에서 소프트볼 선수 생활을 하셨군요. 소프트볼 명문인가 봐요. 찾아보니
47번을 우승했다고 하더라고요.

유/ 네. 이 학교가 소프트볼로 한국에서 가장 전통 있는 곳이에요. 94년도에 창단
이 되었어요.

소프트볼과 야구를 하신 경력은 각각 정확히 어느 정도 되시는 거죠?

유/ 저는 소프트볼 약 13년, 야구 12년 정도요.

최/ 저는 소프트볼도 7년, 야구도 7년.

소프트볼 선수였던 두 분이 야구를 하게 되신 계기가 있을까요?

유/ 제가 야구를 시작한 무렵엔 소프트볼 선수들이 야구를 같이 하지는 않았어요. 그때가 여자 야구 초창기였거든요. 저도 처음에는 후배가 (야구팀) 인원이 없다고 시합을 한 번 도와달라고 해서, '비밀리에'라는 안향미 선수가 이끌던 최초의 여자 야구팀에 가서 도와주다가 3년 정도 그 팀에 있게 되었어요. 그때도 여전히 소프트볼 현역 선수이긴 했고요.

여자 야구는 주말에만 연습하니까 병행이 가능했던 거군요.

유/ 네. 흥미가 생겼어요. 소프트볼은 저에게 직업이었던 스포츠이고, 여자 야구는 뭔가 취미라는 느낌이 들어서 재미를 느꼈었죠. 그렇게 겸업을 시작해서 이렇게 지금까지 계속 같이 하고 있습니다.

최/ 저는 운동을 하고는 싶었는데 소프트볼은 직업이 아닌 취미로 하기가 어렵더라고요. 여자 야구가 취미로서의 접근성은 더 커서, 저도 그런 면에서 야구를 시작하게 된 것 같아요.

소프트볼은 오히려 프로 선수의 길만 있었고, 그 때문에 취미로서의 접근성은 여자 야구가 더 높았던 거네요.

유, 최/ 네. (소프트볼은) 엘리트 위주인 거죠.

유/ 소프트볼은 아직 생활체육이 활성화되어있지 않아서 취미로서의 접근성이 좋지 않아요.

유경희 감독께서는 야구팀도 직접 만드신걸로 알고있어요. 이 팀은 언제, 어떤 마음을 가지고 만드신 건가요?

유/ 비밀리에는 지인을 통해 들어간 팀이었고, 저는 또 제가 원했던 사람들이랑 팀을 하나 만들고 싶더라고요. 비밀리에 에서 3년 정도 있었다가, 나중에 경기도 고양시에서 '레이커스'라는 팀을 만들었습니다.

'레이커스'라는 팀을 만드신 시기도 여자 야구 초창기인데요. 그럼에도 불구하고 당시 고양시의 후원을 받으셨어요. 시 측에서 여자 야구에 긍정적인 인상을 가지고 있었던 건가요?

유/ 아무래도 저희가 당시 우승도 하고, 상위권 팀이라서 그랬던 것 같아요. 멤버가 좋았거든요. 창단은 2012년 정도일 거예요. 지금 제가 학교 소프트볼팀을 맡고 있다 보니 여자 야구에서 조금씩 손을 떼고 있는데, 그 당시에는 KBS <천하무적 야구단(2010)>이라는 프로그램에도 출연하고, 신문 앞면에도 나왔었거든요. 그때는 여자 야구에도 (대중의) 관심이 더 많았죠.

두 분은 소프트볼과 야구를 모두 경험하셨는데요. 두 종목은 굉장히 유사해 보이면서도 각자의 리그와 국가대표가 있어요. 대중에게는 이 모양새가 가뜩이나 작은 파이를 나눠 갖는 듯한 느낌을 주기도 해요. 게다가 경계가 명확하지 않은데, 서로를 향한 시선이 복잡 미묘하지는 않나요?

유/ 아니요, 전혀요. 두 종목은 전혀 달라요. 2년에 한 번씩 열리는 세계여자야구월드컵이 부산에서 개최된 적이 있어요.[1] 그때 소프트볼 선수들이 야구팀에 합류해서 같이 대회를 나갔어요. 대부분 현역 선수들이었죠. 처음으로 우리나라에서 하는 월드컵인지라 소프트볼 선수들이 함께했지만, 제가 봤을 땐 (현역 선수가) 병행을 한다는 건 현실적으로 아주 어려워요. 왜냐하면 소프트볼 실업팀 선수들은 '전국체

---

1    세계야구소프트볼총연맹(WBSC) 주관의 2016년도 여자 야구 월드컵은 부산 기장에서 열렸다.

전'이라는 대회가 제일 중요하거든요. 만약 야구를 하다가 부상을 당하면 거기에 영향을 미칠 수 있으니까 동시에 하기는 어렵더라고요. 또, 여자 야구는 주말에만 하다 보니까 실력 자체가 떨어질 수밖에 없어요. 아무리 레슨을 한다고 하더라도 확실히 체력이나 기본적인 틀이 갖춰져 있지 않기 때문에, 확실히 엘리트와 아마추어에서 나타나는 실력 차이가 날 수밖에 없더라고요. 그래서 지금은 서로 활발하게 공유하고 같이 어울리고 그런 건 없는 것 같아요.

소프트볼은 전국체전, 소년체전 정식 종목이고 심지어 과거엔 올림픽에도 포함되어 있었습니다. 어떻게 이렇게 제도적으로 확연하게 앞서갈 수 있었을까요?

유/ 왜냐하면 '진학'을 시킬 수 있는, 그리고 시켜야만 하는 환경이 있잖아요. 소프트볼은 중학교 팀부터 있거든요. 중·고등학교, 대학교, 실업팀 이렇게 단계가 있어요. 그런데 여자 야구는 전혀 그런 상황이 아니고 동아리, 동호회 개념이기 때문에 소프트볼과는 다른 노선일 수밖에 없는 것 같아요. 소프트볼도 인프라가 많은 것은 아니지만 진로가 있고 진학 과정이 갖추어져 있기 때문에 확실히 가는 길 자체가 다른 것 같습니다.

앞서 소프트볼의 경우는 오히려 생활체육 개념이 약하다고 하셨죠. 이게 참 신기하네요.

유/ 미국이나 일본은 두루두루 활성화가 잘 되어있어서 인식 자체가 다르긴 한데, 몇십 년이 지났는데도 아직 우리나라에서는 소프트볼은 비인기 종목이라는 인식이 있어요.

여자 야구 쪽에서도 유소녀 육성의 필요성을 어필하지만, 아직도 부족하다는 인식이 많아요. "팀이 먼저 생기면 사람들이 모인다", "그래도 수요나 인지도가 아직 부족하다"라고 힘겨루기를 하죠. 그런데 신정고 소프트볼팀의 경우처럼, 학교 운동부는 어떻게 보면 의욕과 여건이 갖춰진 한 명의 결심으로 시작될 수 있는 일 같거든요. 여자 야구는 그런 스파크가 유난히 없었어요.

유/ 왜냐하면 지금 현실적으로 봤을 때는, 학교들이 운동부 자체를 새로 만들려고 하지 않아서 그래요. 운동부 신설을 되게 많이 꺼려요. 관리할 것도 얽히는 일들도 너무 많다 보니까 쉽지가 않아요.

최근 여자 야구가 미디어 콘텐츠를 통해서도 많이 조명되고 있는데요. 혹시 소프트볼을 하는 친구들 중에서 이 영향을 받아 야구에 흥미를 보이는 학생들도 있나요?

유/ 지금 현역인 친구 중에는 없어요. 지금 리틀야구에서 뛰고 있는 유소녀 선수들이 몇몇 있잖아요. 솔직히 저희는 그 친구들을 영입하고 싶어요. 왜냐하면, 저희 팀에도 그 친구들이 정말 많은 도움이 되니까요. 일반인들보다는 어렸을 때부터 더 많은 연습을 해왔고 기본기도 더 갖춰진 상태거든요. 그런데 야구하는 친구들은 소프트볼 안 하려고 해요. 척박한 환경임에도 야구 쪽 꿈을 꾸고 있는 거죠. 한 번 저희 팀에도 야구를 했던 선수가 있어서 물어봤어요. "너희는 꿈이 뭐야?" 물어봤더니 "서울대 가는 거요"래요. 서울대 가고 일본 프로팀에서 뛰고 싶대요. 그런데 현실적으로 그게 쉽지는 않죠. 김라경 선수도 서울대 들어가기까지 많은 시간을 투자했고요. 그리고 냉정하게 봤을 때 우리나라 여자 야구선수가 일본이나 해외 리그에 간다고 해도 환영받지는 않을 것 같아요. 왜냐하면 일본엔 우리나라보다 훨씬 좋은 실력을 갖추고 있는 선수들이 이미 많잖아요.

아무래도 아마추어 필드밖에 없는 환경이 많은 걸 좌우하게 되는 것 같아요. 그럼 소프트볼 선수들의 진로에 대해 여쭤볼게요. 신정고 소프트볼부 졸업생은 몇 명 정도 되나요? 졸업 후 바로 실업팀에 입단하는 학생의 비율도 궁금해요.

유/ 이번 졸업생은 6명이에요. 일단, 저희 신정고등학교 학생들은 거의 100% 진학을 하고 있고요. 선수에 따라 대학팀을 원하는 경우가 있고 실업팀을 원하는 경우가 있는데, 학교에서 한두 명 정도 되는 A급의 선수들이 보통 실업팀을 가죠. 실업팀 자리도 매번 나는 것이 아니라 선배들이 나가야 자리가 생기는 거고, 나가는 사람이 없는 경우에는 그 팀을 못 가는 상황도 생겨요. 지금 저희 학교에도 고등학교

리그에서 가장 뛰어난 A급 투수가 있는데 자기가 원하는 팀에 못 가요. 실업팀은 이런 문제가 있는데, 대학팀 같은 경우는 늘 신입생 자리가 있어요.

전국에 소프트볼 실업팀의 규모는 어느 정도 되나요?

유/ 인천시 체육회, 경남시 체육회, 광주시 체육회, 대구도시공사, 부산시 체육회가 있었는데 여기(부산시)는 작년에 코로나로 인해서 해체되었고, 또 하나는 대전시 야구 소프트볼 협회에서 주말반을 운영하는 걸로 알아요.

여자 야구는 구장을 구하는 문제가 굉장히 어렵더라고요. 소프트볼팀 같은 경우는 운동장을 어떻게 확보하는지 궁금해요. 경기장 규격이 야구와는 다르잖아요. 야구장을 공유하나요? 혹은 엘리트팀에게는 따로 배정된 구장이 있다든지.

유/ 소프트볼도 펜스를 조금 당겨서 규격을 조절하는 거지 똑같이 야구장을 쓰고요. 그러다 보니 저희도 운동장을 구하기가 쉽지는 않아요.
최/ 말씀하신 대로 야구와 소프트볼은 사용하는 규격 자체가 다른데요. 여자 야구는 야구장 정식규격을 사용해야만 하지만 소프트볼 선수들은 보통 (더 작은) 리틀 야구장도 사용할 수 있고, 소프트볼 전용구장[2]도 있어요. 전용구장이 없는 지자체에선 일반 야구장에서 펜스를 쳐서 소프트볼 규격으로 변경해서 사용해요.[3]

대한야구소프트볼협회(KBSA)는 '야구'와 '소프트볼'을 아우르는 기관인데요. 협회조차도 여성 종목(여자 야구, 소프트볼)에 대한 전반적인 관심이 적어 보입니다. 협회가 균형을 맞추면서 종목의 저변을 넓히고자 하는 마음이 있다면, 어떤 지원을 해주는 게 좋을까요?

---

2     부산 기장 현대차 드림볼파크 소프트볼구장, 원주 태장체육단지 소프트볼구장, 춘천시 송암동소프트볼 전용구장 등.

3     야구장의 정식 규격은 투구 거리가 18.44m, 베이스 라인 길이가 27.431m이며, 소프트볼 구장의 정식 규격은 여성의 투구 거리가 13.11m(남성은 14.02m), 베이스 라인 길이가 18.29m이다.

유/ 정말 실질적인 도움을 주려면 팀을 만들어야죠. 그런데 그게 아니잖아요. 그걸 계속 못 하는 거잖아요. 형식적으로 클리닉 만들어주고 행사를 개최해주는 정도의 개념이지, 정말 여자 야구를 마음먹고 살릴 거면 팀을 만들어야 한다고 생각해요. 그러니까, KBSA가 실제로 키워 보려는 관점으로 보고 있는 것 같지는 않아요. 단지, "여자 야구라는 게 있다", "관심 좀 가져달라" 이런 것뿐이지.

최/ 엘리트 체계가 갖춰져야 하는 거죠. 왜냐하면, 소프트볼도 '체전'이라는 명목으로 나오는 지자체 지원금이 있고, 굴러가는 원리가 있으니까 유지가 되는 거거든요. 그리고 엘리트 체계로 넘어갈 수 있으려면 유 감독님이 말씀하신 것처럼 우선 팀이 만들어지고, 팀이 늘어나서 체전 종목에 들어가야죠. 정식 종목이 아니더라도 시범 경기로 들어갈 수 있어요.

유/ 소프트볼도 처음엔 전국체전 시범종목으로 들어갔어요.[4] 그리고 그때는 팀이 그렇게 많지도 않아서, 대학 일반부랑 고등부는 섞여서 (경기를) 뛰었어요. 왜냐하면, 어떻게든 8개 팀이 되어야 하거든요.[5] 선수풀이 넓어야 나이별로 경기가 분리가 되는데 여건이 안 되다 보니까 다 같이 뛴 거죠.

신정고에서 소프트볼팀이 창단된 게 94년인데 전국체전에서 정식 종목이 된 건 09년이더라고요. 그 사이에 선수님들은 어떤 무대에서 활동을 하신 건가요. 실업팀이 먼저 생겼나요?

유/ 네. 예전에 제가 (고등부에서) 뛰던 때 대우자동차, 삼익건설 이런 팀들이 있었는데요. 하나둘씩 없어지다가 제가 졸업할 때 대우자동차가 해체되었죠. 그래서 저는 졸업하고 갈 팀이 없어서, 한 2년 간은 자격증을 따서 헬스 트레이너를 했었어요. 그리고 2년 후에 경북체육회가 생겼어요. 그래서 제가 그 팀에 들어갔죠. 경북

---

4　대한체육회의 전국종합체육대회규정 제5장 경기종목 제29조 1항에 따라, 체육회가 특별히 보급, 발전이 필요하다고 인정하는 경우 전국체전 시범종목이 될 수 있다.

5　대한체육회의 전국종합체육대회규정 제5장 경기종목 제30조 1항에 따라, 정식 종목이 되기 위해서는 10개 이상의 시·도지회가 결성되어야 한다는 조건이 있으며, 그 외에 대한체육회 의결에 따라 생활체육 활성화에 특별히 필요하다고 인정되는 종목은 정식종목으로 할 수 있다. 정식 종목으로 지정되더라도, 해당 연도 전국체육대회에 8개 미만의 시·도가 참가한 종목(세부종목 포함)은 그 다음 해부터 시범종목으로 실시한다.

체육회를 시작으로 해서 다시 팀이 생기기 시작했고 활성화가 되었어요. 저는 경북 체육회에서 한 3년 있다가 경남체육회로 옮겼고요.

그럼 지역팀들이 하나둘씩 생기면서 전국체전에 나갈 수 있는 인프라가 생기기 시작한 거네요.

유/ 네. 그런데 지금도 전국체전에서 대학부랑 일반부는 같이해요. 아직 그쪽은 팀이 많지 않아서요.

이 때 유경희 감독과 최민희 선수의 호출로 신정고등학교 소프트볼부의 창립자이신 조명기 감독님께서 자리에 함께 해주셨다. 내년의 은퇴를 앞두고 현재는 신정고등학교 체육부장을 맡고 있다.

저희가 인터뷰를 하다가 궁금한 점이 생겼어요. 감독님께서 94년에 신정고 소프트볼팀을 만드셨잖아요. 그 당시에 왜 다른 운동이 아닌 소프트볼을 선택하신 건가요?

조명기(이하 '조')/ 당시 학교에 운동을 잘하는 학생들이 몇 있었어요. 메이저라고 하는 4대 구기 종목이 있잖아요. 배구, 농구, 축구, 야구. 그런데 당시 학교가 메이저 종목의 팀을 만들 여력은 없었고, 제가 야구를 좋아해서 소프트볼팀을 만들게 됐죠. 소프트볼에 대해 알아봤더니 고등학교에서 시작해도 늦지 않겠다는 생각이 들더라고요. 다른 종목들은 초등학교 때부터 시작해야 선수로서 좀 갖춰지는데 고등학교에서 팀을 만들어서 시작해도 괜찮을 것 같은 종목이었어요. 선수 풀이 많지 않은 상태였으니까 경쟁력도 있었고요, 대표선수도 될 수 있고 대학도 갈 수 있겠다 싶었고요. 그래서 시작하게 됐죠.

94년도 첫 번째 팀을 구성하기가 가장 어려우셨을 것 같아요. 어떻게 선수들을 모으셨나요?

조/ 눈여겨봤던 친구들에게 얘기를 많이 했죠.

유/ (운동부가 정식으로 창단되기 전에도) CA 시간에 소프트볼이 있었거든요. 저도 그런 식으로 스카우트된 케이스고요.

그럼 창단 멤버였던 학생들부터 소프트볼로 대학에 진학을 할 수 있었나요?

조/ 네. 그 당시에 대학도 바로 갔죠.

바로 진학할 수 있었군요. 고교부 창단 당시에 실업팀도 이미 있었나요?

조/ 한 팀 있었어요. 대우자동차라고.

소프트볼이 전국체전 종목이 된 정확한 시기는 언제인가요?

조/ 시범종목으로는 1996년. 그런데 고등부, 대학부, 일반부를 구분 없이 다 합쳐서 경기를 한 시간이 꽤 길고요. 거기서 고등부가 먼저 분리되면서 공식 종목이 된 것은 2013년이죠.[6]

소프트볼 선수의 전망은 어떤가요? 진학 제도가 존재는 하지만, 팀이나 리그가 매우 많은 상황은 아니잖아요.

조/ 프로야구라고 생각하시면 돼요. 프로야구도 못 하면 방출되고 잘하면 연봉이 오르고 그러잖아요. 한 선수가 한 포지션에서 10년 20년 뛰기도 하고요. 소프트볼도 마찬가지거든요. 지금 4개 팀이 있는데, 능력만 있으면 결혼해서도 하고 마흔살까지도 선수로 뛰니까요. 운동만 잘하면 선수로서의 진로는 괜찮은 것 같아요. 정규직은 없지만 그건 모든 종목이 다 그래요. 실업팀뿐만이 아니고 정규직으로 인정해주는 운동부는 거의 없다고 보면 돼요.

---

선수의 능력껏 계약한다는 말씀이시죠?

조/ 네 그렇죠. 대표선수로 뛰면 훈련수당도 잘 나오거든요. 그런 면에서 능력만 있으면 괜찮은 것 같아요. 임용고시 보고 체육 교사로 가는 경우도 있고요.

그럼 코치를 뽑는 중·고등학교 소프트볼팀은 많은가요? 선수들이 은퇴하고 지도자로 일할 수 있는 학교요.

조/ 중·고등학교 합쳐서 한 20여 개, 대학팀이 4개 있고, 실업팀도 4개 있어요. 어느 분야든 간에 열심히 하고 잘하는 사람들이 살아남는 거니까요. 일단 대학에 체육과로 진학해서, 거기서 다른 진로를 찾기도 하고요.

고등학교 선수라면 '체육 특기자'로 대학을 가는 경우가 많고, 진학 후에 다른 진로를 찾는 경우도 있다는 말씀이시죠?

조/ 그렇죠. 대학에 특기자로 들어간 경우더라도 스스로 한계를 느끼면 개인적으로 시합만 뛰면서 전공을 바꾸거나 자기 공부하는 경우도 있어요. 학생들에게 그런 얘기를 많이 하죠. "소프트볼로 먹고사는 것보다도 이걸 발판으로 해서 대학도 가고 여러 분야로 뻗어 나갈 수 있는 계기를 만들자." 그러니 꼭 소프트볼로만 성공하려고 고등학교 때 운동을 하는 건 아니죠.

신정고 소프트볼팀은 2023년이면 창단 30주년이 되는데요. 최초의 고등학교 팀이었던 만큼 창단 과정이 쉽지는 않았을 것 같아요.

조/ 그렇죠. 사실 반대가 많았죠. 그 당시만 해도 "여학생이 무슨 방망이를 휘두르냐"라고 했어요. 그런데 이제는 남녀의 벽이 많이 무너졌잖아요. 권투, 레슬링 등도 여자 선수가 있고요. 그런데 그 당시는 솔직히 힘들었죠. 지원도 많이 없었고요.

그래도 이미 대학팀도 있고 대우라는 실업팀도 있었던 것이 든든한 명분이 되었기에 창단이 가능했던 걸까요?

조/ 네 그렇죠. 아무래도 운동하는 아이들에게 출구가 있어야지. 취미로만 하는 건 아니니까요.

반면, 여자 야구는 지금 유소녀 선수들의 진로가 전무한 상황이에요.

조/ 그렇죠. 거기는 동호인 중심인 거죠. 회비 내고 즐기는 차원인 거고, 소프트볼은 그래도 열심히 하면 급여가 해결되니까요. 고등학교 졸업하면 최저 3000만 원 이상은 받아요. 사실은 저도 처음에 시작할 때 '과연 애들이 먹고살 수 있을까'하고 개인적인 의문이 많이 들었었죠. 이제는 열심히만 하면 괜찮을 것 같아요.

중·고등학교 팀이 없는데 대학팀, 실업팀이 있었던 것도 놀라운데요. 대우자동차는 어떻게 소프트볼팀을 만들게 된 걸까요?

조/ 사실 하나의 팀이라는 게, 학교의 체육 선생님 하나가 한 팀이라고 생각하시면 돼요. 대우라는 곳도 감독이었던 분이 야구를 했었어요. 야구에 대한 열정이 있다 보니까 야구팀은 못 만들어도 소프트볼은 해보자 해서 시작했던 거죠. 그리고 인맥도 약간 있었고요. 왜냐하면 대우팀이 만들어지기 전에 상지대에 소프트볼팀이 먼저 생겼어요. 그 이전에 이화여대, 서울여대, 경희대에 소프트볼팀이 있었고 그다음 상지대에서도 팀을 만들게 된 건데, 상지대 팀을 만드신 분이랑 (대우팀을 만든 분이) 아는 사이였던 모양이에요.[7] 그래서 너도 회사팀을 만들어보는 게 어떻겠냐 하는 식으로, (다른 팀에 대한 정보를) 전혀 모르는 상태에서 만든 게 아니고요.

---

[7] 2021년 기준 대한야구소프트볼협회(KBSA)에 등록된 대학 팀은 단국대(스포츠과학대학), 대구대, 상지대, 서울여대, 원광대, 호서대로 총 6개이다.

여자 야구 세계 1위는 의심의 여지 없이 일본인데요. 소프트볼도 일본이 앞서가고 있는 편인가요?

조/ 그럼요. 우리나라 전국에 있는 팀을 다 합쳐도 일본의 조그마한 현에 있는 팀 개수가 안 될 거예요. 일본은 고등학교 팀만 3,000개 정도가 되거든요. 우리나라에서 체육 시간에 피구 하듯이 거긴 소프트볼 해요. 그리고 일본 프로 골퍼들 경력을 보면 전직 소프트볼 선수가 굉장히 많아요. 초·중·고등학교 거치면서 (학교에서) 소프트볼을 안 한 경우가 거의 없는 거죠. 미국도 마찬가지고요. 거긴 여학생 체력 증진 프로그램에 소프트볼이 들어가거든요. 그래서 미국 유학 간 친구들이 방학을 틈타서 배우러 오는 경우도 종종 있어요. 유학 가기 전에 배우는 친구들도 있고요. 미국에서 운동을 못 하면 애들이랑 어울리는데에도 한계가 있거든요. 대학 갈 때 가산점도 있고. 그런데 우리나라에서는 배울 곳이 많지 않으니까 학교(신정고)로도 레슨 연락이 많이 오더라고요.

소프트볼도 일본의 환경이 가장 좋다고 볼 수 있겠네요. 신정고에서 소프트볼 하는 학생 중에 일본 진출을 희망하는 경우도 있나요?

조/ 그런 학생들도 처음엔 있었어요. 그런데 쉽지 않죠. 입학까지 하고 포기한 경우도 있었고요. 우리나라에서 좀 잘한다는 선수들도 일본 가면 아주 평범한 선수가 되어버리니까요.

소프트볼도 일본과의 실력 격차가 크군요.

조/ 네 그렇죠. 그러다 보니 가서 견디기가 힘들죠. 거긴 워낙 잘하니까. 일본은 초등학교 들어가기 전부터 운동하니까요. 야구도 그렇고요. 일본에서 소프트볼하고 야구는 거의 종교잖아요. 그만큼 소프트볼, 야구장 인프라가 너무 좋아요.

그런데 야구는 왜 남성 스포츠가 되고 소프트볼은 여성 스포츠가 되었을까요?

조/ 세계적으로 보면 남자 소프트볼 선수들도 많아요. 아시아 선수권 대회, 세계 선수권 대회도 있고요. 엄청나요. 우리나라만 좁게 국한되어서 하는 편이죠. 그런데 아직은 사람들이 소프트볼 남자 선수가 있다는 것조차 잘 몰라요. 일본은 그것도 또 너무 잘 되어있고요.

신정고팀 창단 이후에, 대한소프트볼협회[8] 차원의 지원은 좀 있었나요?

조/ 일단 전국체전 정식 종목이 되고 나서는 입상 상금도 생겼고요. 그리고 훈련비도 나오고요.

협회의 지원이 확대되기 시작한 시점이 '전국체전 정식 종목'이 되고 난 후라는 말씀이시죠?

조/ 그렇죠. 시범 종목 때에도 작은 도움이 있긴 했는데, 시범 종목도 되기 전에는 정말 힘들었죠.

두 분은 여자 야구 국가대표로 뛰기도 하셨어요. 다른 선수들과 마찬가지로 본업(소프트볼 코치와 감독)이 있는 상태에서 국제 대회에 참가해야 했을 텐데, 애로사항은 없었나요?

조/ 제가 대답할 수 있어요. 당연히 있지요. 서울에서 여자 야구 세계선수권대회가 있었는데, 유경희 감독에게 선수로 뛰어달라고 요청이 왔었거든요. 그때 못 갔죠. 본업인 소프트볼 감독으로서 맡은 애들이 있으니까요.
유/ 국제대회 준비를 하면 주말마다 가서 연습을 해야 하는데, 저는 토요일까지 애들을 봐줘야 하거든요. 연습에 참석을 못 하는데 대회만 뛰고 오는 것도 아닌 것 같고 해서 합류하지 않겠다고 했었죠.

---

8    1994년 당시 대한소프트볼협회. 2016년 6월 대한체육회와 생활체육연합회의 결정에 따라 대한야구협회, 대한소프트볼협회, 전국야구연합회가 통합되어 대한야구소프트볼협회(KBSA)로 출범했다.

소프트볼 감독으로서 여자 야구 대회에 출전하는 게 도움이 되는 부분도 있으신가요?

조/ 도움이 될 수 있는 부분이 뭐냐면, 스포츠계는 좋은 선수가 있으면 지옥에 가서라도 데려온다고들 하잖아요. 우리(소프트볼)도 선수가 없어요. 그래서 (유경희 선수의) 인지도가 높아지고 소문이 나면 (야구하는) 애들을 데려올 수 있는 거죠.

스파이시군요!

조/ 네. (웃음) 계속 안테나 세우고 있는 거죠. 가능성이 있어 보이면 데려오고요. 사실 한국 여자 야구는 소프트볼 빼면 얘기가 안 돼요. 소프트볼 선수들이 우리나라 최초로 야구 국제대회에 출전했었어요. 96년도였나? 일본 쪽에서 초청했거든요. 그때 우리가 여자 야구팀을 꾸려서 나간 적이 있어요. 한국하고 대만, 일본팀 두 팀 이렇게 네 팀이 시합을 했었죠.

신정여고 소프트볼 선수들로 야구팀을 꾸려서 일본 대회를 나가셨다고요?

조/ 그렇죠. 유경희 감독도 같이 갔었어요. 창단하고 나서 한 1-2년 있다가 갔어요. 상장도 있어요.
유/ 2위 했어요 우리.
최/ 그러니까 그때는 대만도 이긴 거죠.
조/ 근데 일본 에이스팀이랑 붙었을 때는 경기가 안 됐어요. 여자 투수들이 막 커브를 던지고 하는데, 그때 보니까 완전히 뭐… 변화구가 왔다 갔다 하고. 일본 선수들이 참 대단하다는 걸 느꼈어요. 일본은 앞날을 내다보고 일찍이 (여자 야구) 시작을 한 거죠.

이번엔 공통 질문을 드릴게요. 세 분 모두 선수로 또 코치로 정말 오랜 시간 동안 운동과 함께하셨는데요. '운동하는 여자'에 대한 시선이 변하고 있다는 것을 체감하시나요?

조/ 그렇죠. 아까 얘기한 것처럼 처음 팀을 만들 땐 "여학생이 무슨 방망이질을 하냐"라는 말까지 나왔었는데, 지금은 그래도 자연스러워진 거죠.

여자 야구 자료를 찾다 보니까, 과거 기사엔 '운동하는 여자'에 따라오는 워딩이 정말 거칠더라고요. "마운드에 웬 여자가?" 이런 식으로요. 사실 최근까지도 그 시각은 교묘하게 남아있긴 해요. 메이저리그 최초의 여성 코치 저스틴 시걸이 한국에 방문했을 때, 한 스포츠 신문에서는 그에게 '야구광'이라는 표현을 사용했더라고요.[9] '추신수가 있는 팀에 속해있다' 이런 식으로 주객이 전도되는 느낌의 기사도 몇 개 눈에 띄었고요.[10] 그런데 그게 불과 2010년대 초반이에요. 오래전부터 플레이어의 입장에 있으셨던 선수님들께서는 더 예민하게 느끼실 것 같은데, 어떤가요?

최/ 보통 야구를 잘하면 '국민 거포' 라든지 "호타준족(好打駿足)[11] ○○○, 시원한 스윙으로 여름을 날리다" 등 이런 식으로 헤드라인을 뽑는데, 여자 선수가 잘해서 언론에 나오면 제목부터 다르긴 하더라고요. 일단 '미녀 선수'부터 시작해서 실력이 아닌 외모 평가로 기사를 쓰는 것 같아요. 우리나라는 모든 종목에서 전반적으로 이런 경향이 있죠. 애석한 마음입니다.

여자 야구가 존재감을 더 드러내고 실질적인 성장을 해야 할 때라는 신호 같아요. 한국에서는 LG가 2012년부터 여자 야구를 거의 전담하다시피 지원하고 있는데요. 아무래도 아마추어인 사회인 야구에서 벗어나지 못한다는 한계가 있습니다. 여자 야구의 근본적인 저변을 확장하기 위해서는 어떤 단계를 밟아야 할까요?

조/ 지켜보니까 여자 야구 인프라가 굉장히 좋아졌더라고요. 그런데 가만 보면 우리나라는 운동으로 봉급을 받는 엘리트 시스템에 유독 집중하고 있는데, 그것만 정

---

9    김영현, "美프로야구 사상 첫 여성 '배팅볼 투수' 탄생", <연합뉴스>, 2011.02.22.

10   김재현, "추신수 연습 마운드 단짝은 여자?", <헤럴드 경제>, 2011.02.22.

11   야구에서 장타력과 빠른 발을 모두 갖춘 선수를 일컫는다.

답은 아니죠. 대표적으로 일본 같은 경우는 근무와 운동을 같이 하면서 돈을 받잖아요. LG 같은 기업에서 이렇게 선수들을 고용하는 실업팀을 만든다면 좋은 시작이 될 것 같아요. 그런 시스템만 있으면 여자 야구도 폭발적으로 발전할 것 같고요. 그런 판만 갖춰지면 선수들이 늘어날 거예요. 사실은 우리 학교에 야구팀을 만들까도 생각해봤어요. 갈 데도 없는 애들을 데려와서 가르쳐볼까 하고요. 우리가 1호 고등학교 여자 야구팀이 되는 거죠. 운동장만 넉넉히 있다면 좀 하고 싶더라고요. 그런데 소프트볼하고 겹치기도 하고 그럼 운동장 사용 문제도 생기니까요.

유/ 지금 학교에 있는 건 소프트볼 구장인데, 여기서 야구를 하게 되면 비거리가 더 넘어가 버리니까 위험해지는 거죠. 그래서 운동장이 더 필요해요.

최근 경향을 보면, 야구를 하고 싶은 (여자) 친구들은 우리의 생각보다 많은 것 같아요. 그런데 다들 섬처럼 떨어져 있고요. 여중·여고는 여자팀을 만들기에 여러모로 수월할 텐데 아직도 그런 중간단계가 없다는 게 문제가 되는 것 같아요.

조/ 그렇죠. 사실 만든다고 해도 애들이 와서 취미로 하는 건 괜찮은데, 아직 대학 갈 때 아무 혜택이 없으니까요.

김라경 선수 같은 경우도 대학 리그에 서기 위해 일반 전형으로 서울대에 진학한 거잖아요.

조/ 그런 친구들은 굉장히 존경스러워요. 일본에서 운동하는 애들이 다 운동도 하고 공부도 하고 그렇잖아요. 뭘를 바라는 게 아니라 그냥 자기가 좋아서 그만큼 하는 거니까요.

그렇죠. 우리나라에서 야구를 하는 여자 친구들은 솔직히 좋아하는 마음 하나로 버티면서 하는 거니까요. 그래도 고무적인 건 최근 야구 예능 <마녀들>, <마구단1, 2>이나 영화 <야구소녀>같이 여자 야구를 보여주는 콘텐츠가 점차 늘어나고 있다는 점이에요. 혹시 보셨나요?

조/ <야구소녀>를 우리 학교에서 찍었어요. 좋죠. 그렇게 자꾸 나오는 게. 또 한 명

의 운동선수를 키워내는 계기가 될 수도 있잖아요. '나도 한번 해봐야겠다' 하고요. 정말 좋은 거예요. 트라이아웃 할 때도 전국에서 어린 애들이 온다고 하더라고요. 소프트볼 같은 경우는 너무 아쉬운 거지. 예전에 SBS <스마일 어게인(2006)>이라는 (소프트볼 선수가 주인공, 김희선 분) 드라마가 있었어요. 그 드라마도 우리 학교에서 찍었고 배우들 코치도 해주고 그랬거든요. 아무쪼록 이런 콘텐츠가 자꾸 나오면 정말 좋죠.

여자 야구 콘텐츠가 늘어나고 미디어 노출이 많아지면서 확실히 인식의 확장도 가속화되는 느낌이 있어요. 운동을 가르치시는 입장에서는 그 지점을 실감하시나요?

조/ 아직 소프트볼 같은 경우는, 그런 콘텐츠를 보고 찾아오는 경우는 없어요. 하지만 소프트볼 하려고 찾아오는 유형 중에 야구 가족, 야구하는 형제가 있는 경우가 지금 4명 정도 있거든요. 졸업한 친구들 중에도 많이 있었고요. 여기서도 알 수 있듯이 여자 야구에 대한 관심이 늘어나면 생각 있는 사람들은 어떻게든 운동하러 와요. 그런데 이제 야구에서는 (판이 갖춰지는 문제가) 빨리 해결되기 힘들다는 것을 알기 때문에 소프트볼로 오는 친구들이 있는 거죠. 현실적으로 사회인 야구팀에서는 자기 돈(회비) 내가면서 운동하고 돈을 벌 수는 없으니 생각이 있는 사람들은 (소프트볼로) 와요.

여성 스포츠가 주목을 받으면서 학부모들께서 딸에게 운동을 시키는 진입장벽도 낮아졌을 것 같아요.

조/ 그렇죠. 옛날에는 소프트볼이라는 종목을 설명하는 것부터 굉장히 힘들었거든요. 그런데 요즘엔 좀 쉬워졌죠.

그럼 이제 조금 다른 질문으로 넘어가서, 앞으로 시각예술 작품이나 영상 콘텐츠에서 '야구하는 여자' 혹은 '소프트볼 하는 여자'를 다룬다면 어떤 이미지로 표현되는 게 좋을까요?

조/ 아무래도 경기하는 모션이죠. 투수가 공 던지는 모습 이런 거요. 미국의 유명한 투수인 '제니 핀치'는 공 던지는 모션에 대해서 상표권을 등록한 걸로 알고 있어요. 그리고 타격하는 포즈같은 것. 피칭하고 포구하는 거.

선수로서 진지하게 경기에 임하는 모습이 조명되었으면 좋겠다는 말씀이신 거죠?

조/ 그렇죠. 그리고 외부에서 소프트볼을 굉장히 신기하게 보는 지점은 응원이에요. 굉장히 흥미로워 하더라고요. 시합할 때 응원하고 노래하고 손뼉 치는 거요.
유/ 팀들마다 노래가 있어요.
조/ 그래서 장학사들이 와서 사진도 찍어가고 그러거든요. 녹화해서 가져가고요.

소프트볼은 응원문화가 굉장히 발달했나 봐요.

유/ 응원 싸움이에요. 운동은 기싸움이죠.

여자 야구선수들이 응원 때문에 부산 기장 월드컵이 기억에 남는다고 많이 얘기하더라고요. 처음으로 관중의 응원을 받으면서 야구를 해보셨다고요.

유/ 당시 국가대표에 소프트볼 선수들이 많이 있었기 때문에[12] 응원 쪽에서도 팁을 많이 줬을 거예요. 왜냐하면 여자 야구는 그런(응원) 문화가 없어서 잘 모르거든요.

여자 야구에서도 관중과 응원이 당연해지면 좋겠네요. 스포츠를 스포츠답게 만들어주는 하나의 요소이기도 하잖아요. 여자 야구가 또 보완해야 할 점이 있다면 무엇일까요?

조/ 이건 여자 야구와 소프트볼에 두루두루 관련된 건데요. 현재 구장 인프라가 얼

---

12    2016년 부산 기장 여자야구월드컵에 참가한 국가대표팀은 팀원 절반이 소프트볼 선수로 채워졌다. 한국여자
      야구사 연구 파트 참고.

마 없잖아요. 정말 너무 없어요. 용산 구장 철거도 이슈가 되었는데 얘기가 좀 잘 되었으면 좋겠어요. 용산 야구장 진짜 좋아요. 몇십억 투자해서 만든 걸 부순다는 게… 너무 잘 만들었거든요.[13] 옛날에 누가 "소프트볼은 왜 이렇게 숨어서 운동하냐"라고 하더라고요. 지방이나 산골짜기만 다니니까요. 옛날에 장충 구장만 해도 괜찮았는데 그것도 못쓰게 되었고 용산도 이제 못쓴다고 하니까 서울은 어디 갈 데가 없는 거예요. 유일하게 우리 학교에 구장이 마련되어 있는 건데, 그래서 여기를 원하는 사람들이 너무 많아요. 사회인팀들도 쓰고 싶어 하고요. 한 마디로 '할 곳'이 없는 거예요. 이 대(大)서울에 소프트볼 구장 하나 없다는 게 너무 수치스러운 거죠. 북한도 모란 소프트볼 구장이 있는데.

**만약 여자아이인 조카나 자녀가 있으시다면 야구나 소프트볼을 시키실 혹은 허락할 의향이 있으신가요?**

최/ 그럼요. 운동으로 긍정적인 에너지와 성취감을 얻는다는 건 좋은 것 같아요. 제가 해보니까 어떤 종목이든 운동을 하나 할 수 있는 건 참 좋더라고요. 1인 1악기처럼 1인 1스포츠를 하는 거죠. 그래서 저는 가끔 야구장에 딸을 데리고 가서 운동을 시키거든요. 꼭 선수를 하려는 게 아니더라도 생활체육으로서, 내가 스트레스를 받았을 때 풀 수 있는 출구의 하나로 운동을 하는 거죠.

**그렇다면 엄마가 운동을 꾸준히 즐겨할 때, 자녀에게는 어떤 장점이 있을까요?**

최/ 운동과 관련해서 접할 수 있는 것과 가능성이 많아지겠죠? 예를 들면, 장비에

---

13   용산 미군기지에는 정식 규격의 야구·소프트볼구장 6면과 다목적 구장 2면 등 총 8면의 구장이 갖춰져 있다. 특히 이촌역 부근 포코어(Four Core) 야구·소프트볼구장은 과거 미군이 60억 예산을 들여 개보수를 마친 상태로, 국제대회 개최가 가능한 시설과 장비가 마련되어 있다. 하지만, 국토교통부가 2019년 7월에 공개한 용산공원 국제공모 당선 조성계획안에 따르면 해당 구장부지는 전면 철거돼 야외 공연장으로 활용될 예정이었다. 용산공원 최종 조성계획은 21년도 하반기 심의를 거쳐 확정된다.

있어서도 "이왕이면 비싼 거 사"하면서 좋은 거 사주고 집에서도 항상 야구 틀어놓고 보고요. (조명기) 선생님께서 소프트볼 경기를 찍어서 유튜브에 올리시는 게 있거든요. 그러면 알람이 떠요. 가끔 그것도 자연스럽게 보여주고요. "운동하는 언니들 이렇게 나온다. 언니들 시합한다"하면서요. 그래서 기본적인 룰을 알아요. 삼진이 뭔지 포볼이 뭔지도 말고요. 그리고 기본적으로 집에 운동 장비가 있잖아요. 공도 있고 배트도 있고 헬멧도 있고. 1인 1스포츠를 하면 정말 좋을 것 같아요. 미국처럼요. 엄마들이 유모차 끌고 운동장에 오는, 생활체육이 정말 생활과 밀착된 체육처럼 발전되면 좋을 것 같아요. 누구나 쉽게 접할 수 있게요.

마지막 질문으로, 두 선수분들께서 야구를 하면서 개인적으로 얻은 것이 있다면 무엇일까요?

최/ 아무래도 개인적으로 여러 사람들을 만나게 되고 좋은 사람들을 얻은 것이라고 볼 수 있죠.

유/ 저는 야구하면서 인맥이 굉장히 좋아졌어요. 전에 리틀야구연맹에서도 일했었거든요. 사람을 많이 알게 되니 자연스럽게 계속 야구에 관련된 일을 할 수 있었고, 또 야구에 관련된 일을 꾸준히 접하다 보니까 야구 지도자 자격증도 따게 됐고요. 그래서 저는 솔직히 야구로 인해서 얻은 게 좀 많아요.

**인터뷰 내내 좋아하는 일을 업으로 삼는 이의 책임감과 묵직함을 느꼈다. 그들과의 대화를 통해 비인기스포츠의 어려움을 간접적으로 느끼기도 했지만, 프로 스포츠선수로의 단단한 자부심 역시 자연스레 묻어나왔다.**
**소프트볼 선수의 모습은 현 여자 야구선수들이 궁극적으로 바라는 제도의 부분적인 모습일 수도 있다. 동시에 여자 소프트볼이 지나온 길을 통해 여자 야구는 힌트를 얻을 수도 있다. 인터뷰가 끝난 후, 소프트볼 프로 선수들의 끊임없는 자기 단련과 여자 야구를 향한 선수들의 순수한 열정을 더한다면 엘리트와 생활 체육 사이 새로운 대안을 형성해 볼 수 있지 않을까 하는 희망을 품게 되었다.**

이성배 예능 제작자는 한국에서 야구 관련 예능을 가장 많이 제작했다. 턱괴는여자들이 프로젝트를 시작하며 '이미지의 부재'에 가장 먼저 턱을 괴었기에 <마구단>과 <마녀들>을 만든 제작자의 머릿속이 궁금했다. 황무지 같았던 여자 야구에 어떤 비전을 가지고 있기에 이런 세계관을 꾸준하게 확장해나가는 건지 말이다. 그래서 2021년 3월, 궁금한 점을 모아 무턱대고 연락했고, 성수동의 한 카페에서 만났다. 여자 야구 예능을 만드는 사람은 어떤 생각을 가지고 어떤 맥락으로 프로그램을 기획하는지 미디어 제작자의 이야기를 들어보자.

# 이성배
## MBC <마구단>, <마녀들 1, 2> 제작자

여자 야구를 소재로 한 창작, 그 미세한 진동

09

# 이성배

MBC <마구단>, <마녀들 1, 2> 제작자

● 턱괴는여자들

'여자 야구'를 주제로 연구를 하면서 느낀 점이 있어요. 이 불모지를 어떻게 개발할까 질문을 던지면 "제도가 먼저다", "대중의 인식 개선과 사회적 합의가 먼저다"라는 의견이 굉장히 팽팽하게 줄다리기를 하더라고요. 하지만 정답이 없잖아요. 저희가 <마구단(2017)>[1]과 <마녀들(2020)> 시리즈를 발견하고 굉장히 좋았던 부분이, 시청자의 흥미를 불러일으키고 인식을 열어주는 역할을 먼저 해준 것 같더라고요. 2017년에 처음으로 '여자 야구'라는 주제를 선택하신 계기가 뭔지 궁금해요.

● 이성배

조금 실망스러우실 수도 있겠는데요. '여자'보다는 '야구'에 포커스가 있었어요. 모든 콘텐츠 제작이 한 번에 성공하기는 쉽지 않아요. 다시 말해서 제가 이 이전에 뭔가 있었단 뜻이죠. 제가 아나운서국에서 편집장을 하고 있었는데, 편집장이 되자마자 콘텐츠 세팅에 엄청나게 신경 썼어요. 그래서 제작을 해보려고 했고. 그래서 우리가 제일 잘하는 게 스포츠 캐스터니까 '야구'와 '예능'을 엮어보려고 해서 MBC <8lloW HIM(2016)>이라는 월간 스포츠 라이브 쇼를 만들었어요.[2] 개인적으로 정말 잘 만들었다고 생각해요. '팔로우 힘, 그를 쫓아라'라는 뜻으로, 당시 메이저리그에서 뛰고 있던 선수들을 대상으로 김나진, 이성배, 허일후 세 명의 아나운서가 한 달에 한 명씩 선택해서 그들의 성적에 따라 승부를 내는 경쟁구도를 만드는 프로그램이었어요. 굉장히 재밌는 게이밍 형식인데 아무래도 주체가 아나운서여서 그런지 크게 흥행하지 못했어요. 복합적인 한계가 있었겠죠. 실패했던 <팔로우 힘>의 문제점을 분석해서 도출했던 결과는 재미나 이런 것도 중요하지만, 일단 디지털 콘텐츠에서 중요한 것은 '화제성'이라는 거예요. 당시만 해도 '웹 예능'이라는 컨셉이 없었어요. 어떻게 보면 제가 깃발 꼽아보겠다고 나섰던 거예요. 그래서 <마구단>이라는 '야구 예능'을 기획할 때 어떻게 화제성을 만들어 낼 것이냐를 분석하기 시작했고, 결국 도달한 게 시구였어요. 그 당시에는 시구가 굉장히 이슈였거든요. 조회수도 많이 나오고. 그래서 '시구 잘 하는 친구들 다 분석하고 뽑아서 이 포맷을 가져가자' 하면서 걸그룹 에이핑크의 멤버 윤보미 씨를 선택했고요. <마구단>은 그렇게 해서 '여자'보다는 '야구'에 방점이 찍혀있던 예능 프로그램으로 기획되었어요. 제 기획의도가 맞아떨어져서 윤보미 씨가 시구여신으로 등극되는 등 폭발적인 반응이 나왔고요.[3] <마구단> 콘텐츠보다도 시구가 더 이슈가 되었지만, 결국 그게 <마구단>을 이끌어가는 동력이 됐고 저는 첫 번째로 만든 디지털 예능을 성공시킨 제작자가 될 수 있었죠. 그게 2017년의 일입니다.

저희가 <마구단>을 쭉 보고 들었던 감상이, '이 제작자가 야구를 진짜 좋아한다'는 것이었어요. '야구를 실제로 하셨나?'는 생각도 했고요.

그렇죠. 사회인 야구를 오래 했어요. 제가 고등학교 졸업하고 제일 먼저 했던 게 사회인 야구였어요. 회사를 다니면서도 스트레스가 많았고, 힘들 때 운동으로 풀고 싶어서 야구를 했어요. 그리고 제가 사실은 야구를 하다가 공에 맞아서 오른쪽 안면이 함몰됐었는데, 재건수술을 한 해에 아나운서에 합격했어요. 저한테 야구는 뭔가 저만의 히스토리가 연결되는 지점이에요. 그래서 야구 캐스터가 되고 싶었고,

---

1    MBC 웹 예능 '소녀 마구를 던지다'를 줄여 <마구단>.

2    MBC 유튜브 채널에서 시청할 수 있다.

3    "가수 윤보미는 2017년 서울 잠실구장에서 열린 LG트윈스와 삼성 라이온즈의 경기에 앞서 시구를 진행했다. (출처 : "'마구단' 윤보미 완벽 시구, 정민철 해설위원과의 피나는 훈련 결과", <부산일보> 디지털콘텐츠팀, 2017.06.21)

입사해서도 계속 한광섭 부장님, 허구연 해설위원님 뒤를 쫓아다니면서 중계를 배웠죠. 그래서 야구 캐스터가 되었고요. 콘텐츠 쪽으로 넘어와서도 자연스럽게 야구 예능이 하고 싶었어요. 저는 저 스스로 '야구인'이라고 생각해요. <마구단>, <마녀들> 모두 그런 게 녹아져서 나온 콘텐츠예요.

주체가 여성이면 야구보다는 '소프트볼'을 먼저 떠올리긴 하잖아요. 종주국인 미국뿐만 아니라 전 세계적으로 여자 야구보다는 소프트볼을 더 띄워주고 있고요. 왜 여자 소프트볼 대신 여자 야구를 선택하셨나요?

솔직히 소프트볼을 생각 안 한건 아니죠. 그런데 굳이 소프트볼을 다룰 필요가 있는가? 그렇게 깊이 생각하지도 않았어요.

자연스러웠던 거네요.

자연스러웠죠. 그것에 대해서 생각을 많이 하고 그랬던 것 같지는 않아요. 안향미 선수라는 우리나라 1세대 여자 야구선수가 있는데요. 제가 야구 팬이기 때문에 안향미 선수에 대한 관심이 굉장히 오래전부터 있었고, '잘 됐으면 좋겠다' 응원하는 마음이 있었어요. 그런 생각들이 지금 여기까지 오는 방향성에 도움이 된 것 같아요.

안향미 선수님은 한국 여자 야구 1세대로서 홀로 굉장히 고군분투를 많이 하셨던 걸로 알고 있어요.

그래서 사실은 <마녀들> 할 때도 안향미 선수에 대한 이야기가 많았었는데요. 한국여자야구연맹에서도 저한테 되게 고마워하면서 안향미 선수에 대한 관심을 좀 더 표현해 주실 방법을 찾아주시면 안 되겠느냐, 그것이 어찌 보면 여자 야구가 바로 서는 기둥 같은 역할이 될 수 있다고 하셔서 당시에 고민해 보겠다 정도로 답했어요. 안향미 선수가 호주에 있기 때문에 모셔 오려면 저희가 명분이 필요하고, 또 그를 지원할 수 있는 서포트가 되어야 하는데 아직 환경이 그렇게까지는 안 되어있었거든요.

그 대신 다음 세대이자 유망주인 김라경 선수나 박민서 선수를 조명했어요.

맞아요. 다들 <마녀들>에서만 처음 본 선수라고 생각하는데 17년도 <마구단>에 다
나왔어요.[4] 그 후에 유튜버들이 콘텐츠에서 김라경, 박민서 선수를 다루기 시작하
더라고요. 저는 긍정적인 현상이라고 생각해요. 잘 되어서 좋고. <마녀들> 시즌 1에
원래 라경 선수가 나오다가 어깨 부상을 당했어요. 그래서 너무 속상하고 본인도
너무 아쉬워했는데, 이번에 E채널 <노는 언니> 시즌 1에 출연했더라고요.[5] 응원하
고 있죠.

2020년에 또다시 야구를 선택하신 이유가 궁금해요. 저희가 <마구단>과 <마녀들>이라는
두 프로그램은 서론과 본론의 관계라고 느꼈거든요. <마구단>은 <마녀들>을 위한 워밍업
인 거죠. 주인공인 윤보미 씨가 한국 프로야구에서 여성이 마운드에 설 수 있는 유일한 이벤
트인 '시구'를 준비하는 과정이 <마구단>의 포맷이었고, 연습을 도와주던 김라경 선수의 투
구를 보고 놀라면서 "여자가 야구공 던지는 거 처음 봐요"라고 말하잖아요. 그랬던 윤보미
씨가 2020년에 <마녀들>을 촬영하실 때는 너무 당연하게 선수로서 진지하게 임하시는 모
습, 분투하는 모습을 보여주신다는 게 일종의 서사처럼 보였어요.

어떻게 들릴지 모르겠지만 '무엇이 특별하지?', '왜?' 그런 생각 자체가 이상한 거
예요. 지극히 당연한 것을 우리가 너무 특별함이라는 포인트에 맞추려고 하는 것
자체가 제가 볼 때는 '아직도 멀었다'라고 생각이 들거든요. 그냥 되게 당연하게 받
아들이고, 자연스럽게 그걸 녹이고 싶었던 것 같아요. 물론 여러 가지 장치들이 있
었지만요. 윤보미 씨가 활약한 <마구단>의 성공 이유는 제가 여러 번 여러 군데에
서 얘기했는데요. 첫째, 재미보다는 '화제성'에 포인트를 두었던 디지털 예능 장르

4    <마구단> 5화.

5    <노는 언니> S1 E30 (2021.02.23) "야구 너두 할 수 있어" 편에 게스트로 출연.

였기 때문이고. 둘째로 그보다 더 중요했던 건, 윤보미라는 아이돌이 보여줬던 '진정성' 때문이었다고 생각해요. 그래서 저는 연출 과정에서 이 점을 최대한 보여주려고 신경을 썼고 PD들한테도 계속 주입시켰어요. 스포츠 예능은 특히 진정성이 녹아들지 않으면 콘텐츠가 부합되기 어려워요. 그래서 그 지점을 유념해달라 했고 대중들이 잘 봐준 것 같아요.

17년과 20년의 변화를 이야기해 보면 솔직히 <마구단>은 원래 일종의 유니버스, 세계관을 구축하기 위한 시작점이었어요. '투수 편', '타자 편'으로 시작을 해서 '포수 편', '대주자 편', '수비 편' 이렇게 포지션별로 1명씩 쭉 보여주려고 했어요. 그리고 그들을 모아서 팀 예능으로 넘어오려고 했던 거고요. 그런데 영국으로 유학 갔다가 돌아오니까[6] 제가 사업국으로 옮겨오게 됐거든요. 당시 최형문 부장님께서 "네가 예전에 <마구단>을 했으니까 비슷한 예능을 하면 어때?" 하고 팀 포맷 얘기를 해서 이게 시작된 거예요. <어벤저스>가 먼저 나오고 다시 <블랙팬서>로 돌아가듯이, 그렇게 역순으로 갈까? 아니면 또 다른 형태로 갈까? 고민을 하는 단계가 있었는데, 지금은 방향성이 잡혀서 진행되고 있습니다.

<마녀들>의 시작은 부장님이 먼저 제안을 해주신 거였군요.

그냥 맥주 마시면서 대화를 나누다가 "너 콘텐츠 잘 만들잖아. 콘텐츠 해" 하신 거죠. (웃음)

사실 컨펌 라인에서 위로 갈수록 보수적인 세대가 많잖아요.

그것도 선입견이에요. 그리고 그 역시도 '야구'에 좀 더 방점이 있었기 때문에 그래요. 왜냐하면 부장님하고 저는 예전에 같이 MBC 야구팀 멤버였거든요. 저하고 야구로 뭉쳐있는 관계였고, 이 분도 야구를 너무 좋아하시고요. 그래서 저한테 그 주제를 자연스럽게 꺼내셨고 저도 자연스럽게 얘기를 하게 된 거라, 그런 걱정은 애

---

6    2019년 8월, 휴직계를 내고 영국 골드스미스런던대학 대학원 정치 커뮤니케이션 석사과정에 진학했다.

초에 없었다고 할 수 있을 것 같아요.

그럼 <마녀들>을 연출하는 데에 있어서 어떤 지점에 좀 더 무게를 두셨나요?

이제부터가 좀 중요한 얘기인데요. <마구단>은 '야구'에 좀 더 집중했다면, 솔직히 <마녀들>은 '여성'에 방점이 좀 더 있었어요. 그렇게 기획 의도를 잡은 데엔 두 가지 이유가 있었어요. 우선, 7월에 기획안을 컨펌을 받고 시작하려던 때 코로나 상황이 다시 심해졌어요. 연출이 "(프로그램) 접으시죠. 촬영하다가 난리 날 수 있습니다"라고 하더라고요. 그때 '아예 접으면 사람들 답답해서 미쳐버릴 텐데', '(운동하는 프로그램을 통해) 간접경험이라도 보여줄 수 있지 않을까' 등의 고민을 많이 했어요. 그러고 나서 "이거 반드시 가야 된다고 본다. 내가 책임질게" 하고 시작이 되었고요. 기획 의도의 첫 번째 핵심은 '함께 운동하는 즐거움을 되새기고 잊지 않는 것'이었어요. 그게 첫 번째였어요. 두 번째는, 아시다시피 그 시점에 젠더 문제가 터져 나왔는데 저는 그 지점을 보여주기에 우리 프로그램만 한 게 없다고 생각했고, 여성들의 주체적인 모습을 반드시 보여주고 싶었어요. 그러려면 출연진이 진정성 있게 땀 흘려가면서 도전하는 모습이 담겨야 한다 싶었죠. 그리고 두 번째 포인트 (젠더 이슈)에 대해선 메인으로 내세우지는 않는 게 좋을 것 같다고 판단했어요. 이게 좀 아무래도 민감한 부분이잖아요. 당시 우리 사회에서는 페미니즘과 마초이즘이 첨예하게 대립하고 있었고, 그렇기 때문에 저의 기획의도가 자칫하면 정치적으로 휘말릴 수 있는 상황이었거든요. 주요 시청자 타깃층이 아무래도 남성일 수밖에 없는 스포츠 예능이다 보니까 이 지점이 굉장히 고민됐어요. 그래서 홍보 쪽에 "그건(주체적인 여성) 굳이 언급하지 않아도 콘텐츠에 녹아들면 되는 것이다"라고 설득을 했고, 홍보 쪽도 동의해서 방향을 잘 찾았어요. 최대한 콘텐츠 안에서 녹이려고 노력했어요.

스포츠에 대한 진정성이 잘 전달될 수 있도록 고심했다고 느낀 지점이 바로 팀 구성인데요. <마녀들> 중 연예인 선수들은 모두 야구와 인연이 있으셨던 분들 아니면 운동에 진심인 분들이었잖아요. 캐스팅 단계에서 굉장히 고민을 많이 하셨을 것 같아요.

그렇죠. 저희 <마녀들> 멤버는 각계각층을 대표하는 여성분들로 뽑으려고 심혈을 좀 기울였던 게 사실이에요. 그와 동시에 야구팬층과의 유기적 연결고리를 만들 수 있는 인물들이어야 했기 때문에, 그래서 일단 아이돌, 개그우먼, 치어리더, 체조선수, 아나운서, 배우 이렇게 해서 여섯 명을 구성을 한 거였고. 그중에서도 기량이나 수지한테 기대하는 부분이 제가 좀 컸죠. 수지는 시구로 또 화제가 되었었고, 그리고 아나운서도 야구와 관련 있는 분이었고요. 그래서 그런 것들을 다 일일이 프로그램에 녹이느라 신경을 많이 썼던 것 같아요.

<마구단>과 달리 <마녀들>부터는 사회인 야구팀도 함께했어요.

굉장히 감사하게도 잘 협조해 주셨어요. 너무 미안한 부분이 어쩔 수 없이 예능이다 보니까 연예인 위주로 집중될 수밖에 없었어요. 최선을 다했지만 그럼에도 연예인 선수들과 사회인 선수들이 좀 분리된 듯한 그림으로 비쳤을 것 같아서 그게 좀 속상해요. 그런데 이제 시즌 2가 시작이 되었거든요. 이번에 시즌 2에서는 사회인 선수들이 더 눈에 많이 띄고 더 주체적인 역할을 할 수 있게끔 기획안에 녹여보았어요. 연예인만이 아닌 마녀들이라는 하나의 팀으로서의 모습을 더 보여주려고 생각하고 있습니다.

<마구단>과 <마녀들>에 프로야구쪽의 다양한 전문가분들이 출연하셨어요.[7] 그 분들께서 섭외에 응하신 이유나 여자 야구에 대해 가지고 있는 시각들이 궁금해요.

허구연 해설 위원님은 한국여자야구연맹을 비롯해서 여자 야구에 상당히 기여한 분이에요. 심수창 해설 위원(전 프로 야구선수)은 MBC스포츠+ 해설 위원 하면서 코칭 쪽에 꾸준히 관심이 있었고, 김태균 전 한화이글스 선수도 워낙 희극인 김민

---

7    본 인터뷰가 진행될 당시는 시즌2가 방송되기 전이었으며, 마녀들 시즌1 기준으로 허구연 해설위원이 구단주로, 심수창 전 야구선수 및 해설위원이 수석코치로, 김태균 전 한화이글스 선수가 특별코치로 참여했다. 2021년 6월부터 방영된 시즌2에서는 전 프로 야구선수인 박재홍과 더스틴 리퍼트가 출연했다.

경 씨랑 친분이 있었어요. 다 잘 맞아떨어졌어요. 그런데 특별하게 여자 야구에 관심이 있는 사람들로 뽑았느냐 하면 그건 아니에요. 모두 당연하게 자연스럽게 받아들이고 왔던 것 같습니다.

방송이라는 게 균형을 일관되게 유지하는 게 굉장히 어렵잖아요. <마녀들>도 높아진 대중의 수준을 고려하는 동시에 기존의 방송 문법도 감안해야 했을 텐데요. 데스킹 과정에서는 어떤 논의들을 하셨나요?

이것도 고민이 많았어요. 솔직히 제작자로서 가장 고민스러운 부분이에요. 왜냐하면 (프로그램) 주 타깃층이 3-40대 남자 야구팬이다 보니, 그들이 <마녀들>을 보는 관점은 우리가 보는 것과 또 다르거든요. 이들이 바라는 점이 분명히 있을 거란 말이죠. 제작자로서는 보통 그 맥락을 활용할 수밖에 없는데, 그 욕심을 잘 누르고 이들의 진정성을 부각해서 야구 자체에 집중하는 게 좋겠다고 결정하는 게 쉽지 않았던 거죠. 결국 데스킹 과정에서 저와 연출자가 철저하게 의견과 수위를 조절하는 것 밖에는 방법이 없었어요. 예를 들면 편집할 때, 몇몇 출연진이 레깅스를 입고 훈련에 와요. 그러면 신체가 아무래도 부각되어 찍힌 부분들이 생기게 돼요. 그러면 오히려 더 카메라 줌인(zoom-in)을 해서 그 부분을 잘라버려요. 혹은 그 편집 화면을 날리거나. 신체적인 부각이 화제성에는 도움이 될 테지만 작은 것에 욕심을 낼 거냐, 원래의 취지를 고수하는 재미로 갈 것이냐 그 사이에서 갈등하게 되는거죠. 화제성에 욕심냈다가 자칫 잘못하면 오히려 위험 요인이 되잖아요. 지금 이야기한 성인지 감수성에 관련된 문제가 될 수 있기 때문에 그 밸런스를 조절하는 게 어려워요. 타깃층을 아예 무시할 수도 없고요. 그래서 과하지 않고 부담스럽지 않으면서 문제가 되지 않을 정도로만, 사전에 그걸 데스킹 해내는 수준은 가지고 있는 제작자와 연출자가 되어야 하지 않겠냐 했죠.

남성으로서 그 선을 넘지 않는 감각을 어떻게 훈련하세요?

일단 아나운서니까 도덕적인 부분은 오랫동안 힘들게 훈련을 해왔던 과정이 있는데, 그런 저 역시도 여전히 부족한 부분이 있죠. 제가 성인지 감수성에 조금 예민해질 수 있었던 이유로 첫째는, <생방송 오늘 아침>이라는 프로의 진행자를 7년간 했어요. 주부 시청자가 저의 가장 큰 팬층이었기 때문에, 제가 신경 썼던 키워드가 네 가지 있거든요. 사회복지, 장애인, 환경 그리고 여성이에요. 이런 부분에 포커스를 두면서 7년 동안 진행을 해왔기 때문에 아무래도 훈련이 좀 되어 있었죠. 사회단체나 정부단체 등의 홍보대사를 맡았던 분야도 모두 이 네 가지 위주였고요. 환경재단, 대한 장애인 체육회, 올림픽도 패럴림픽 위주로 했고, 사회복지 홍보대사도 하고 여성문제에 대해서도 서울시 여성 관련 부서와 공조하고요. 그리고 정치학을 공부하러 영국으로 유학을 갔는데 LGBT[8]와 같은 주제를 수업에서 많이 다뤘어요. 학습을 하면서 저도 발전했던 게 아닌가 싶어요. 토론 수업을 하면서 진정한 평등이 무엇인지 다루고, 배려가 아니라 당연한 것이란 얘기들을 계속 주고받고 하다 보니 저의 의식 수준이 거기에 맞춰지게 된 거죠. 그래서 아까 말씀드렸지만 <마구단>이 '야구'에 방점이 있었다면 <마녀들>은 '여성'에 좀 더 무게를 둔 기획이 되지 않았나 싶네요. 자연스럽게 흘러갔던 것 같습니다.

개인적으로도 발전의 서사가 있는 거네요. 혹시 여자 프로 리그에 대해서 가지고 계신 견해가 있으신가요?

되겠나 싶어요. 솔직히 얘기하면요. 사전 단계가 좀 필요할 것 같고, 저 같은 콘텐츠 메이커들이 그 역할을 조금씩 수행해 나가는 과정에 있다고 봐요.

좀 더 이슈가 필요하다는 생각이신가요?

이슈보다는 사람들이 '당연하게' 생각할 수 있도록 지속적으로 노출시키고 보여줄 필요가 있을 것 같아요. 사실 지금 여성 사회인 야구가 없는 게 아니에요. 그래서 저희 제작팀도 그분들을 서포트하기 위해 크라우드 펀딩을 진행했던 거고요.[9] 사실 이 팀들이 탄탄해져야 이런 공감대 형성과 확대를 통해서 논의가 시작되거든요. 이제 그런 단계가 필요하다는 건데. 아마 조금 시간이 걸리겠지만 언젠가는 생길 거라고 보고 있습니다.

<마녀들>에 참여했던 여성 연예인들이 보여준 야구를 대하는 자세의 변화가 흥미로워요. 처음에는 야구 자체를 낯설어하고 아마추어적인 모습을 보이다가 나중에는 팀으로 하나가 되고, 이기고 싶어 하고, 그리고 여자 야구만의 재미를 찾고 계속하고 싶어 하고요. 이런 인식의 변화가 결국 여자 야구계가 대중에게 원하는 모습이 아닐까 싶습니다. 혹시 주변 반응이나 아니면 시청자 반응 중에서 조금 깊이 있는 논의는 없었나요?

안타깝지만 그런 얘기를 들어보지는 못했어요. 그냥 "재미있었다", "왜 여자냐", "왜 야구냐" 이런 얘기들은 했지만 딱히 다른 얘기를 듣지는 못했어요.

'야구하는 여자'에 대한 주목은 별로 없는 거군요.

그냥 "기획이 신선하다" 정도요. 왜냐하면 <마구단>을 기억 못 하거나 안 본 사람들이 많았거든요. <마녀들> 자체가 처음인 사람들 입장에서는 "여자 야구 재밌네", "신선하네" 이 정도였죠. 그렇게 깊은 피드백이 없었던 건, 어떻게 보면 사실 제가 여성주의 관점에서 서포터 역할을 적극적으로 한 건 아니었잖아요. 저는 제가 생각하는 선에서 자연스럽게 움직이는 게 좋지 나서서 대변하고 이런 스타일은 또 아니에요. 근데 이제 이런 프로그램을 함으로써 자연스럽게 녹아들기를 기대하는 거죠.

최근에 킴 응이라는 메이저리그 최초의 여성 단장이 탄생했는데요. 그분이 "여성들은 지금까지 본 적이 없어서 꿈꾸지 못했다. 그러나 이제 나를 통해서 보았고, 꿈꿀 수 있다"라고 말

---

8    성소수자를 지칭하는 약어. 레즈비언(Lesbian), 게이(Gay), 양성애자(Bisexual), 트랜스젠더(Transgender) 등의 머리글자를 LGBT라고 부르며, 퀴어(Queer) 또는 퀘스쳐너리(Questionary, 성정체성이나 성적 지향에 의문을 품는 사람)등을 포함하는 더 넓은 범위의 통칭은 LGBTQ+이다.

9    "한편, 단순 방송을 넘어 여자 사회인 야구 발전에 실질적인 도움을 줄 예정으로 '마녀들'은 크라우드 펀딩을 진행한다." (출처 : 박봉규, "'마녀들'vs'천하무적 야구단', 물러설 수 없는 승부", <국민일보>, 2021.01.14)

했거든요. 저희가 <마구단>, <마녀들>을 보면서 즐거웠고 또 감명 깊었던 부분도 비슷한데, 한국에서도 역시 여자 야구가 존재함에도 불구하고 대중이 볼 기회가 없었어요. 그런데 예능이라는 친숙한 콘텐츠로 여자 야구'팀'의 모습을 처음 제대로 보여준 게 <마녀들> 같아요. 시각화된 자료를 통해 여자 야구에 대한 흥미를 느끼고 관심을 가질 수 있다는 건 저희가 직접 체험했고요. 그런 스타터 역할을 해주신 것 같아서 감사하네요.

> 안향미가 있었기 때문에 김라경, 박민서 선수가 있었을 것이고, 이제 이 둘을 보고 따라가는 친구들이 또 있겠죠. 저도 이렇게 콘텐츠가 발전하면 할수록, 특히 요즘과 같이 여성과 관련된 예능 프로가 많아질수록 이런 사례가 자연스럽게 늘어날 것이라고 생각해요. 저의 자부심은 이런 것의 시작점에 내가 있었다는 것이고 그걸 많이 어필하고 싶지만 말을 아끼는 스타일이라. (웃음) 스스로 좋으면 되는 거죠.

이성배 제작자는 턱괴는여자들 연구진의 첫 번째 인터뷰이로서 외인구단 리부팅 프로젝트의 포문을 열어준 중요한 역할을 해주었다. 이후에 첫 인터뷰에서 언급된 <마녀들 2>가 방영되었고, 2021년 12월 이에 대한 추가적인 짧은 대화를 나눴다.

<마녀들 2>에서는 사회인 야구팀에 보다 방점이 찍혀있다는 게 느껴졌어요. 마녀들 팀 구성에 있어서도 사회인 야구팀 선수들과 유소녀 선수들의 참여가 늘어났고, 시즌 1에서는 남자팀과의 경기가 주선된 데 반해 시즌 2에서는 여자 팀과 수차례 경기를 진행하기도 했죠.

> 시즌 2에서 여자 사회인 야구팀에 포인트를 맞춘 이유는, CP로서 제 개인적인 기조가 분명했기 때문이에요. 여자 야구 인프라 확충을 위해 지상파와 같은 영향력 있는 미디어가 움직여야 한다고 생각하거든요. 시즌 1이 디지털 예능으로서 성공을 했기 때문에, 시즌 2에서는 여자 야구 발전에 기여한다는 대의명분을 가져야 우리 콘텐츠가 의미가 있을 것이라고 봤습니다.

<마녀들 2>에서는 시즌 1보다 훨씬 많은 사회인 야구팀들이 참여했는데요. 어떤 방식으로 섭외하셨는지 궁금합니다.

모두 제작진이 직접 별도로 연락을 했어요. <마녀들> 팀원이 될 선수 선발 과정도, 모집 공지부터 트라이아웃까지 전부 저희 주도로 독립적으로 진행했습니다.

그중에 유소녀 선수들도 눈에 띄던데요. <마구단>, <마녀들> 제작진은 늘 여자 야구 유망주들도 조명해 주셨죠.

네. 이번에도 저희가 유소년 팀을 대상으로 한 오디션을 진행했습니다.

공정한 트라이아웃을 거쳤기에 다양한 배경의 현역 선수들이 포함된 거군요. 이렇게 마련된 팀이 시즌 2를 끝으로 흩어지는 것은 아무래도 좀 아쉬운 것 같은데요.

저희가 원래 시즌 2에서 구성된 팀으로 시즌 3을 곧바로 이어가려고 했는데, 코로나 상황 때문에 진행을 못 하게 되었어요. 그러면서 사회인 선수들이 저희 팀 소속으로 남아있는 시간이 좀 늘어나게 되었죠. 어찌 되었건 <마녀들> 팀으로서의 활동이 끝나고 나서 기존 팀으로 잘 돌아갈 수 있게 여자야구연맹에서 잘 협조해 주셨으면 하는 마음입니다.

원래는 시즌 2에서 사회인 선수를 포함해 구성한 팀으로 시즌 3가 곧바로 진행될 예정이었던 거네요.

그렇죠. 시즌 2를 준비할 때부터 연맹 측에 사회인 야구팀 관련 지원을 요청했어요. 우리가 이 팀을 만들고 연맹이 정식 팀 등록을 해주는 걸 생각했던 거예요. 팀 등록이 되면 <마녀들>이 전국 대회 출전하는 것까지 프로젝트로 묶어서 방송이 할 수 있는 데까지는 해보고 싶었어요. 그렇게 시즌 2의 팀이 구성이 됐고 잘 돌아갔는데, 코로나 상황으로 인해 대회들도 미뤄지고 <마녀들 3>도 늦춰지게 된 거죠.

그럼 이제 시청자 타깃층과 관련된 얘기를 해볼게요. 지난 3월 인터뷰에서 <마녀들 1>은 '여성'보다 '야구'에 방점이 있었고, 그만큼 주요 타깃층은 3-40대 남자 야구팬이었다고 말씀하셨어요. 그런데 이제 시즌 2는 포맷 자체가 '여성'에 초점이 좀 더 맞춰졌잖아요. 시청자 설정에도 변화가 있었을 것 같은데요.

콘텐츠의 유통 시점에 올림픽이라는 이벤트도 있었고, 그런 것들을 모두 고려해서 3-40대 남자 야구팬을 고수하기보다는 여러모로 '확장'을 지향했죠. 그러면서 콘텐츠의 시의성이나 명분에 있어서도 시즌 1보다 그 의미가 매우 컸지만, 안타깝게도 이슈나 화력에 있어서는 냉정하게 시즌 1을 뛰어넘지 못했어요.

저희가 인터뷰를 하면서 선수분들께 여쭤보니까, 야구를 직접 하시는 분들 입장에서도 야구 경기의 흐름을 콘텐츠로서 화면에 즐겁게 담아내기가 너무 힘들 것 같다는 얘기를 하시더라고요. 야구는 공도 작고 그걸 따라가야 하는 카메라와, 타격과 동시에 움직이는 각각의 포지션들을 어떻게 보여줄지 이런 점들이 예능으로 담아내기 힘들잖아요. 그만큼 재미와 의미를 모두 노리는 콘텐츠로서는 해결해야 할 애로사항이 적지 않겠다는 이야기를 선수들이 직접 하시더라고요.

너무 감사한 평가네요. 그분들이 그래도 야구 예능을 만드는 게 얼마나 어려운지에 대해서 공감을 해 주신 것이니 제작자로서는 정말 감사한 마음을 표하고 싶어요. 사실, 우리나라에서 야구 예능을 가장 많이 만든 게 저예요. 왜냐하면 <마구단>과 <마녀들 1, 2>를 만들었고 카카오 예능 <마구의 신>에는 제가 어드바이저로 참여했거든요. 그럼 야구 예능을 네 번이나 만든 사람 아니겠습니까. 그리고 <마녀들> 이후에 나왔던 <내일은 야구왕>이라는 콘텐츠도 있었는데 이건 사실 참패했었어요. 유소년 야구라는, 어떻게 보면 <마녀들>보다 대중적인 주제였는데도 불구하고요. 그만큼 야구 예능이 어렵습니다.

말씀해 주신 대로 전체적인 게임 흐름을 짚어내기가 어렵고 제작자가 야구를 모르면 안 되거니와 안다고 해도 쉽지 않거든요. 그런 의미에서 <마녀들>은 그 자체로도, 개인적으로도 큰 의미가 있는 프로그램입니다. <마녀들 1>은 작년 대한민국 pd 대상에서 디지털 콘텐츠 부문 최우수 작품상 후보에 올랐었거든요. 그래서 <마녀들>은 디지털 콘텐츠로서, 그리고 여성 스포츠를 다룬 콘텐츠로서 큰 성과를 거두었다는 자부심을 가지고 있습니다.

그렇죠. 모두가 여성 스포츠를 주목하는 흐름이 만들어지기도 전에, 그중에서도 가장 척박하고 불모지인 '야구'를 주목하셨으니까요. 그러면 앞으로 확장하고자 하는 그림은 무엇인가요. 향후 계획이 궁금합니다.

<마녀들 3>은 어떻게 해서든지 진행을 하려고 하고요. 그리고 여자 사회인 야구 발전에 기여하기 위해서 더 신선한 기획을 추가해 보려고 합니다. 시즌 2에서 대국민 트라이아웃을 진행하고 사회인 팀을 많이 보여주었던 것처럼요. 궁극적으로는 여자 프로 리그까지 생각하면서, 전체적인 여자 야구의 인기를 높이고 활성화를 이어나가야 하잖아요. 그 마중물 역할을 잘 하기 위해서 <마녀들 3>는 전국 대회에 출전해 여자 야구의 또 다른 매력을 보여드리려고 합니다.

야구라고 하는 콘텐츠가 스포츠 예능 중에 제일 어려운데, 개인적으로는 꾸준히 더 다양한 방식으로 보여드리면서 큰 세계관을 완성해 보고 싶네요. 첫 인터뷰 때 말씀드렸던 것처럼, 이제 어벤저스로 먼저 시작을 했어도 각각의 캐릭터가 가진 유니버스가 또 분명히 있잖아요. 그렇다면 숏폼으로 만들어낼 수 있는 콘텐츠도 무궁무진할 것 같아요.

마지막으로 한 마디 덧붙이자면, 허구연 해설위원님이 없으셨으면 <마녀들>은 없었을 것이기 때문에, 감사하다는 말씀을 꼭 전하고 싶습니다.

2021년 3월과 2021년 12월, 두 번의 인터뷰 사이에서 그는 벌써 <마녀들 2>라는 챕터를 마감하고, <마녀들 3>이라는 새로운 판을 짜고 있었다. 성실함의 밑거름엔 분명히 '여자 야구 세계관'이라는 두터운 판이 존재했기 때문일 터. 2017년의 <마구단>과 2020-2021년의 <마녀들>의 제작 기간에 존재하는 시차 속에는 타국에서 얻은 제작자 개인의 성장과 한국 사회의 성 인지 감수성의 확대가 뒤섞여 형성한 밀도가 느껴진다. 풍요로운 개인의 인식과 다층적인 사회적 인식 위에서 확장될 여자 야구 세계관이 벌써 기대되는 이유다.

까베자 빠따따가 제작한 야구하는 여성 캐릭터를 처음 발견했을 때, 솔직히 말해서 '눈이 번쩍' 떠지는 체험을 했다. 소위 말하는 광명 찾은 느낌. 운동하는 여성의 이미지는 거의 없거나 주변화된 모습이 대부분이었으니까. 지구 반대편의 바르셀로나로 이메일을 보내는 건 너무나 자연스러운 행동이었다. 왜, 어떻게, 무엇을 위해서 주체적으로 운동하는 여성 캐릭터를 제작했는지, 이들의 이야기를 어떻게 해서라도 독자들에게 전달하고 싶은 마음만이 가득했다. 길고 긴 인터뷰지를 보냈던 8월 중순, 여름 휴가를 보내고 온 그들에게 '띵-동'하고 온 답신 메일이 왔다. 그리고 그 속에 켜켜이 담겨있었던 '주변부의 시각화' 그리고 '모두를 위한 대표성'에 집중하는 까베자 빠따따만의 인사이트를 꺼내 놓는다.

# Cabeza Patata
## 운동하는 여성 3D 캐릭터 제작자
### \<Team patata\>

여자 야구를 소재로 한 창작, 그 미세한 진동

# Cabeza Patata

운동하는 여성 3D 캐릭터 제작자 <Team patata>

● 턱괴는여자들

한국 독자들에게 인사와 소개를 부탁드려요.

● Cabeza Patata

안녕하세요! 캐릭터 디자인 스튜디오 'Cabeza Patata(꺄베자 빠따따)' 입니다. 저희
는 영국 출신의 공예가이자 일러스트레이터인 Katie Menzies와 스페인 출신의 3D
디자이너 겸 애니메이터인 Abel Reverter가 2018년에 함께 만든 팀이고요, 스튜디
오이자 갤러리인 사무실은 스페인 바르셀로나에 있습니다. 스포티파이, 구글 그리
고 뉴욕타임스 같은 글로벌 기업들과 함께 일러스트레이션이나 애니메이션 프로젝
트를 주로 하고 있고, 전시를 위한 작품도 만들어요. 다양한 재료로 실험하는 것을
매우 좋아하는데 항상 새롭고 독특한 동시에 의미가 있는 작업을 하려고 합니다.

Cabeza Patata의 캐릭터는 풍선같이 동그랗게 부풀어 있어요. 이런 특유의 스타일은 어떻
게 구축되었나요?

말씀해 주신 시그니처 스타일은 약 4년 전에 가볍게 그렸던 2D 드로잉에서 시작했
어요. 그 후엔 모든 게 꽤 자연스럽게 진행되었죠. 저희는 둘 다 캐릭터를 워낙 좋아
해서 다양한 도구와 재료로 표현할 수 있는 우리 팀만의 고유한 모델을 늘 만들고
싶었거든요. 처음엔 바르셀로나 시내의 큰 벽에 그 드로잉을 옮겨서 그려봤고, 텍

스타일 디자인과 자수로도 만들어봤어요. 그런 시도를 계속하다가 마침내 3D로 구현해 보았을 때 가장 눈에 띄는 발전이 있었던 거죠. 바로 그때부터 지금의 모습과 같은 특유의 디자인 윤곽이 세세하게 잡히기 시작했어요. 여러 가지 도구를 접목해 본 것, 특히 2D를 3D로 구현해 본 경험이 캐릭터의 특징을 정의하고 최적의 모습을 갖추도록 하는 데에 큰 도움이 되었습니다.

두꺼운 몸통과 팔다리, 그에 반해 작은 머리 등 Cabeza Patata의 캐릭터는 매우 과장된 신체를 가지고 있습니다. 캐릭터 비율에는 어떤 의미가 있나요?

캐릭터의 비율은 시시때때로 지금보다 더 과장되기도 하고 약해지기도 하면서 4년 동안 많은 변화를 거쳤습니다. 저희는 모든 캐릭터들이 통일된 체형을 가지고 있었으면 했어요. 신체를 표현할 때 어떤 고정관념이나 진부한 이미지가 반영되지 않았으면 했거든요.
사실 캐릭터 디자인에서 비정상적인 비율은 흔한 설정이죠. 간접적으로 성격을 나타내 주기도 하고 디자인 자체가 눈에 띄게 만들어주기도 해요. Cabeza Patata의 캐릭터는 어떤 장면에서든 강한 존재감을 드러내는 체형을 가지고 있고, 이건 저희의 초기 프로젝트에서 특히 중요한 역할을 했어요. 여성 캐릭터들에 집중하던 시기였는데 그들이 늘 편안한 동시에 자신의 역할을 분명히 하고 있는 것으로 보이길 원했거든요. 그리고 상대적으로 매우 작은 머리는 그쪽에 시선이 가장 나중에 닿게끔 의도한 거예요. 마치 관찰자가 그 캐릭터를 올려다보는 것 같은 느낌을 주려고요.

성중립적인 성격도 정말 좋지만, 이를 넘어 다양한 인종과 장애인 그리고 동물까지 주인공으로 만들어내는 것이 인상적이었어요. 말 그대로 모든 '존재'를 있는 그대로 보여주는 작업이 많은데요. '시각화'의 힘을 굉장히 잘 아는 팀이라는 생각이 들었습니다. 어떤 계기와 영감으로 이러한 다양성의 확장이 이루어졌나요?

모든 작업엔 강력한 정치적 관점이 녹아있어요. 언제나 다채로운 유형의 사람들을 보여주려고 했죠. 어떤 아트워크에서 자기 자신을 대변하는 이미지를 발견하는 경험은 정말 중요하잖아요. 우리의 캐릭터가 어떤 고정관념을 대물림 시키거나 현실을 왜곡하지 않았으면 했어요. 무엇보다 디자인 업계 내에도 여전히 존재하는 불평등을 매우 잘 인지하고 있기 때문에, 이런 문제를 회피하지 않고 계속해서 목소리를 내는 것이 중요하다는 걸 알거든요.

Cabeza Patata 팀의 성격을 고려했을 때, '개'를 의인화해서 만든 캐릭터가 특히 남다르게 느껴졌어요. 인간은 인간이 아닌 대상을 훨씬 편견 없이 너그럽게 바라보는 경향이 있다고 생각하거든요. 가장 대표적인 예가 개나 고양이 등의 반려동물이죠. 반려동물에게는 조건 없는 사랑을 주잖아요. 성별도 종도 털의 무늬도 크기나 몸무게도 중요하지 않아요. 사람에게 적용하면 고정관념의 불씨가 되는 요소들인데 말이에요. 인간은 인간에게 가장 편협한 것 같아요. 이러한 조건부 잣대에 대해 혹시 생각해 본 적 있나요?

굉장히 흥미로운 관점이네요! 실제로 개를 모티브로 캐릭터를 만들 때 사람과의 차이를 비교하면서 진행했어요. 특히나 저희 작품들은 '의인화된' 개의 모습이잖아요. 그러면 필연적으로 성별 단서가 줄어들게 되거든요. 흥미롭게도 헤어스타일이나 옷차림 등에서 '충분한 여성스러움'이 보이지 않으면, 사람들은 그 캐릭터를 의심 없이 그냥 남자라고 생각하더라고요. 무의식 속의 기본값이 남성이라는 얘기고, 이 사회가 얼마나 남성 중심적인지 아주 잘 보여주는 예죠. 우리는 이런 고정관념을 꼬집고 싶었고, 개의 모습을 한 캐릭터들에게 여자 이름을 붙여 주고 여성 대명사를 사용했어요. 사람들의 생각에 도전하는거죠.

그런데 이런 고정관념을 벗어나는 표현 방식에 대한 긍정적인 반응이 되게 많더라고요. 가장 큰 인기 요소이기도 했고요. 하지만 저희 조차도 곧바로 자각하지 못하는 편견을 여전히 가지고 있겠죠? 그런 사소한 지점들에 더욱 예민하게 도전하는 것 자체가 매우 즐겁습니다.

©Cabeza Patata

Cabeza Patata의 색깔이 가장 잘 드러난 작업으로는 단연 Spotify[1]와의 협업을 꼽을 수 있습니다. 상업성에서 자유로울 수 없는 글로벌 플랫폼 기업이 성중립적인 이미지를 다루었다는 게 신선하더라고요. 두 사람은 런던에서 열린 <Nicer Tuesdays>[2] 프레젠테이션에서[3], 거대 테크 기업과 이런 주제를 활발하게 논의할 수 있다는 것 자체가 놀라운 동시에 도전적이었다고 표현하기도 했죠. 그들과의 작업은 어땠나요?

Spotify Premium 캠페인은 정말 흥미롭고 재미있는 프로젝트였어요. 다채롭고 진취적인 팀원들과 함께 일했고, 우리는 영상 속에서 말 그대로 '모두'가 드러날 수 있어야 한다는 점에 동의했습니다. 하나의 정형화된 캐릭터로는 그 '모두'를 표현할 수 없었기에 저희에게 매우 도전적이었죠. 바로 이 점이 <Nicer tuesdays>에서 말했던 어려움이에요. 가장 큰 고민은 '남성 기본값'에 대한 것이었어요. '모두'를 대변하기 위해 중립적인 기준들을 추가하다보니 우리의 캐릭터는 머리가 너무 길지 않아야 했고, 엉덩이도 너무 커서는 안 됐고, 옷도 지나치게 여성스럽지 않아야 했거든요. 그렇게 완성된 캐릭터는 성중립적인 성격을 추구한 것임에도 불구하고 많은 사람들이 그냥 '남성'으로 인식하더라고요. 앞서 말했던 것처럼요.

매우 흥미롭고 또 정답이 없는 문제죠. 어쨌든 '모든 사람'을 표현하는 가장 좋은 방법은 다양한 개개인을 대변하는 다양한 캐릭터를 만드는 거예요. 각자 다른 체격, 성별, 인종, 나이, 능력이 드러나도록요. 그러면 우린 광고나 대중매체에서 굉장히 다채로운 사람들을 보는 데에 점점 익숙해질 거고, 그중에 몇몇 이미지는 자신을 대변하고 있다는 느낌을 받을 수 있을 거예요.

---

1    2008년 스웨덴에서 시작한 현 전세계 최대 음원 스트리밍 플랫폼.

2    Nicer Tuesdays는 2007년 런던에서 시작된 창작자 플랫폼으로 그래픽 디자이너, 일러스트레이터, 산업 디자이너, 패션 디자이너 등이 참여한다. 매달 마지막주 화요일에 네 명의 발제자가 최근에 성사시킨 주요한 프로젝트나 디자인 업계에서 논의되어야 할 주제에 대해 이야기한다. 홈페이지에서 시청 가능하다.

3    "Cabeza Patata on finding the right way to represent the diversity of the world around us", <Nicer Tuesdays>, London, 2019.08.16.

©Cabeza Patata

캐릭터 디자인에 대해서 Spotify 측의 특별한 요청은 없었나요?

Spotify는 이미 꽤 알려져 있던 저희의 시그니처 스타일을 원했어요. 캐릭터 디자인은 매우 까다로운 작업이고, 가능한 많은 대중에게 어필할 수 있는 대표적인 이미지를 찾는 것은 늘 어렵죠. 그래서 늘 Cabeza Patata만의 색깔을 어느 정도 유지하면서 중심을 잘 잡으려고 노력해요.

자신의 색깔과 개성을 적극적으로 드러내는 사람들이 많아지고 있어요. 이것이 콘텐츠 산업에 미치는 영향이 적지 않을 것 같아요. <Nicer Tuesdays>에서도 언급하셨듯이, Spotify는 다양성과 적극성이 매우 돋보이는 문화를 가진 조직이었잖아요. 이러한 정체성이 협업의 한 요소였다고 생각되거든요. 서로를 알아보고 연결될 때 의미 있는 작업이 이루어지고, 나아가 사회적 변화도 기대할 수 있는 것 같아요.

세계는 그 어느 때보다 서로 촘촘히 연결되어 있어요. 그리고 저희는 이러한 '연결'이 창작 산업에 엄청난 영향을 미친다고 생각합니다. 우리는 모든 고객과 원격으로 작업해요. 즉, 우리가 스페인에 있더라도 미국 기업이나 아시아 파트너와의 협업은 아주 쉬운 일이라는 얘기예요. 과거엔 불가능했던 거죠. 게다가 오늘날엔 물리적 이동권도 훨씬 확장되었고 사회적 이동 또한 늘어났기 때문에 직장에서도 이전보다 더 많은 다양성을 접하잖아요. 이런 환경에서는 일상에서도 색다른 관점과 새로운 아이디어들을 무궁무진하게 얻을 수 있어요. 이는 곧 더욱 창의적인 결과물과 새로운 유형의 콘텐츠들을 불러올 것이라는 점에서 아주 긍정적이에요.

Spotify 프로젝트의 아젠다를 구축하기 위해 먼저 사회에서 통용되는 '성중립성(gender-neutral)'이 무엇인지 논의해 보았다는 점이 인상적이었어요. 일반적으로는 '남성'으로 '성중립'을 표현하고 있다는 지적에 깊이 공감했습니다.[4] Cabeza Patata가 생각하는 성중립성이란 뭔가요?

절대적이고 단편적인 정의는 없다고 생각해요. 특히, 캐릭터 디자인에서는요. 성중립적인 캐릭터를 나타내는 방법은 많아요. '모두(everyone)'를 캐릭터로 표현하는 데에도 수많은 방법이 있는 것과 마찬가지예요. 젠더 고정관념에 대처하는 가장 좋은 방법은 그저 서로 다른 다양한 캐릭터를 꾸준히 만들어 내는 것이라고 생각해요. 그 과정 자체도 즐겁지만, 무엇보다 세상이 얼마나 다채롭고 흥미로운지 직관적으로 상기시켜주잖아요.

성중립적인 이미지를 적극적으로 원했던 기업들이 더 있었나요?

'뉴욕타임스(New York Times)'나 '도이치텔레콤(Deutsche Telekom)' 등 성중립적 캐릭터를 직접 요청한 고객이 몇 있었어요. 그 외의 다른 고객들도 (기존의 것보다는) 확실히 다양한 캐릭터를 원했고요. 이를 통해 우리는 (잠재적 소비자인) 대중이 더 넓은 범주의 대표성을 원하고 있다는 것을 알게 됐어요. 바로 그런 이유 때문에 사람들이 저희의 작업을 좋아한다는 것을 분명히 깨달았죠.

반대로, 불가피하게 성별을 드러내야 하는 작업을 위한 아젠다도 가지고 있는지 궁금해요. 예를 들면, 뉴욕타임즈의 <How to Dress Up> 프로젝트의 경우 여성·남성의 의복이 주제였잖아요.

젠더 구분이 필요한 작업들이 가끔 있어요. 하지만 그건 문제가 되지 않습니다. 우리는 젠더를 부정하고 싶지 않고, 사회에 그런 구분이 아예 없다는 듯이 행동하고 싶지도 않아요. 그보다는 유해한 고정관념들이 지속되지 않도록 하고, 다양한 사람들이 다양한 모습 그대로 확실하게 표현되었으면 하는 거죠. <How To Dress Up> 작업에서 우리는 강인하고 편안한 자세로 드레스를 입고 있는 캐릭터들을 만들었어요. 이것 또한 긍정적이고 현실적인 포인트죠, 여성들이 넘치는 힘을 느끼면서

---

4   Cabeza Patata는 횡단보도 신호등의 픽토그램이 남성이라는 점과 다수의 유럽 언어에서 혼성 복수 주어는 남성형으로 치환된다는 점 등을 예로 들며, 성별을 지워야 하는 상황에서는 자연스럽게 남성값이 사용된다는 점을 꼬집었다. <Nicer Tuesdays>, London, (2019.08.16).

그저 그들이 원하는 대로 입는 거요.

혹시 스포츠 게임 산업에 대해 생각해 본 적 있나요? 저희가 여자 야구에 대한 연구를 하면서 충격받았던 점 중 하나는 전 세계 거의 모든 야구 게임에 여성 선수 캐릭터가 아예 없다는 점이었어요. 하지만, 게임 광고에서는 여성을 찾아볼 수 있었죠. 섹시한 차림에 배트를 들고 있는 이미지들이요. 아무래도 '스포츠'와 '게임'이라는 남성 중심적인 분야가 결합된 산업이기 때문에 유난한 것 같다는 생각이 들어요. 유럽은 어떤가요? 사람들이 이 점을 인지하고 있을까요?

말씀하신 부분은 유럽에서도 분명 심각한 문제예요. 그래도 여성 스포츠가 점점 진지하게 받아들여지면서 서서히 변화하기 시작한 것 같긴 해요. 스포츠 쪽의 여성 부족 현상과 여성 종목이 제대로 인정받지 못하는 현실은 극복하기 어려운 역사적 금기에 뿌리를 두고 있어요.

많은 사람들이 50년이 넘는 시간 동안 영국 축구 협회가 여성이 축구 선수가 되는 것을 금지했다는 사실은 모를 거예요. 현재도 여자 축구 선수는 남자보다 훨씬 적은 연봉을 받고 있고, 학교 여자 축구팀도 더 적고, 여자 경기는 남자 경기만큼 진지하게 받아들여지거나 시청되지 않아요. 이런 점들이 바뀌면 모두에게 이익이 될 텐데 말이에요. 이를 위해서는, 문화적·재정적 변화가 필요하겠죠.

캐릭터 디자이너로서, 저희는 <Team Patata> 같은 프로젝트를 통해서 이런 문제들을 조명하려고 노력했어요.

2019년 <Pictoplasma>[5]와의 인터뷰에서 "새롭게 등장하는 3D 아티스트들이 여전히 벌거벗은 여성 표준 모델을 그대로 답습하고 있다"라고 말했어요.[6] 그리고 "3D 디자인 업계에 여성이 더 많았다면 이런 현상은 없었을 것"이라고 덧붙였고요. 지금은 여성 아티스트 비율이 그나마 좀 증가한 것으로 보이는데 어떤가요? '답습'의 경향은 좀 흐려지고 있는 것 같나요?

'노골적이고', '벌거벗겨지고', '매끄러운 피부'로 표현된 여성은 3D 디자인에서 꽤 인기를 끌었던 모델이죠. 업계가 매우 남성 중심적이고 여러 의미로 특유의 유해

한 문화를 가지고 있었기 때문에, 그 경향이 옅어지는 데에 오랜 시간이 걸렸어요. 그래도 이 산업이 점점 새로운 사람들- 이를테면 이러한 미적 표현 방식을 좋아하지 않는 여성과 남성에게 개방되고 있어요. 때문에 이러한 여성 묘사 방식은 분명히 사라질 것이고 업계 문화도 변화를 피할 수 없을 것이라고 확신합니다. 좋은 사양의 컴퓨터도 많이 대중화되었고 기술도 빠르게 발전하고 있잖아요. 이제는 단순히 프로그램을 능숙하게 다루는 것보다 디자인과 예술을 하는 '의도'가 점점 더 중요해질 거예요.

이미 수많은 2D 창작자와 디자이너들이 3D 쪽으로 넘어왔고, 신선한 관점과 미학적 접근 방식을 활용해서 굉장히 아름다운 결과물들을 만들어내는 걸 봤어요. 저희는 더 많은 사람들이 그렇게 할 수 있도록 항상 격려하고 있고요. 디지털 아트 분야에는 탐구할 것이 여전히 너무나 많고, 더 많은 사람들이 함께할수록 더 많은 것들을 발견하게 될 거예요.


과거 업계에서의 특성상 다양한 여성 캐릭터를 본 경험이 별로 없겠지만, 그럼에도 오늘날의 젊은 아티스트들은 스스로 탐구하고 그 한계를 뛰어넘어야 할 의무가 있는데요. 이 과제를 해결하는 데에 도움이 될 만한 조언을 해주신다면요?


다른 분야에서 레퍼런스를 찾으세요. 저희 같은 경우, 다른 현대 아티스트들의 작품을 거의 참고하지 않아요. 왜냐하면 은연중에 그 당시의 '트렌디함'을 좇게 만들고, 틀에서 벗어나 자유롭게 생각하는 것을 방해할 수도 있거든요. 그러니 인스타그램이나 비핸스(Behance)[7]만 보지 마세요. 우리는 갤러리에 가서 다양한 시대의 다양한 예술 작품을 감상하고, 다양한 국가와 시대 배경의 영화를 보고, 세계 곳곳

---

5   Pictoplasma는 동시대 캐릭터 디자인과 예술 관련 전세계 창작자들의 네트워킹을 도모한다는 목적으로, 베를린과 뉴욕을 기점으로 1999년 설립된 플랫폼 기업이다. "캐릭터과 예술"이라는 주제로 페스티벌, 콘퍼런스, 교육 그리고 전시 등의 행사도 만든다.

6   Elise Graton, "Cabeza Patata : Exaggerating characters without pusing stereotypes", <Pictoplasma>, 2019.

7   창작자들이 디자인 콘텐츠를 전시하고 검색할 수 있는 아트워크 포트폴리오 사이트.

의 다양한 사람들을 만나보기 위해 여행을 떠나곤 해요. 이 모든 활동은 작업에 영향을 주죠. 3D 디자인은 비교적 새로운 산업인데, 이 말은 창작자들 스스로가 새로운 무언가를 가장 먼저 만들어낼 수 있고 그것을 자신만의 고유한 스타일로 발전시킬 수도 있다는 것을 의미해요. Cabeza Patata는 그래픽 캐릭터에 사실적으로 표현된 의상을 입히는 방식을 가장 먼저 접목시켰어요. 그리고 이제 이 스타일은 하나의 트렌드로 확실히 발전했고요.

이제 '여성'과 '스포츠'가 주제였던 작업 이야기를 해볼게요. 이전에 "다양한 활동을 하는 여성의 이미지를 보여주고 싶다"라는 인터뷰를 하셨더라고요.[8] <Team Patata>야 말로 그에 부합하는 프로젝트라는 생각이 들어. 스포츠는 그 주체가 남성으로 그려지는 경우가 압도적으로 많은데, 또 그 점을 사람들이 무의식적으로 잘 수용하는 분야 중 하나예요. 이러한 구조를 전복시키려는 의도 때문인지 <Team Patata>에서는 캐릭터의 성별이 중립적이지 않고 '여성'임을 강조하더라고요. 어떻게 이런 작업을 하게 되었나요?

사실 <Team Patata>는 저희 팀만의 캐릭터 디자인을 확실하게 구축하기 위해서 시험 삼아 만들어봤던 프로젝트였어요. 앞서 말씀드렸던 '그래픽 캐릭터와 사실적인 의상 표현의 조합'을 처음으로 시도해 본 작업이었고, 이를 위해선 다양한 디테일이 많은 스포츠 유니폼과 각 종목들의 역동적인 포즈를 3D로 구현해 보면 좋겠다고 생각했거든. 이 시리즈의 모든 캐릭터들이 '여성'이라는 점은 의도한 게 맞아요. 이미지 레퍼런스를 찾으려고 구글에 검색해 봤더니, 스포츠와 관련된 여성은 다 '섹시한 운동복'을 입은 것만 나오더라고요. 남성은 모두 스포츠를 직접 하고 있는 이미지들이었는데 말이죠. 이 점에 매우 화가 났어요. 그래서 힘이 느껴지는 자세로 운동을 하는 강인하고 자신감 있는 여성들을 만들기로 했습니다. 아마도 언젠가는 섹시한 이미지들 대신 <Team Patata> 같은 캐릭터들이 구글 검색 결과에 자연스럽게 나오지 않을까요.

<Team Patata>에 등장하는 여성 캐릭터들은 야구, 축구, 농구, 아이스하키, 미식축구 그리고 골프를 하고 있어요. 특별히 이 종목들을 고른 이유가 있는지 궁금해요.

유니폼과 동작의 다양성을 기준으로 이 스포츠들을 선택했어요. 각각의 캐릭터들이 모두 파워풀한 포즈를 보여주길 원했거든요. 또한, 수영이나 테니스와는 달리 여성들이 메인 무대에서 경쟁하는 모습을 보기 힘든 종목들이기도 하죠. 이 작업을 통해 그들을 나타낼 수 있어서 좋았어요.

Cabeza Patata 사이트에서 <Team Patata> 페이지를 보면, 해당 종목들에 대한 흥미로운 코멘트들이 중간중간에 적혀있어요.[9] 꽤 깊은 리서치까지 하신 것 같더라고요.

그 자료들은 모두 프로젝트를 준비하는 과정에서 자연스럽게 접하게 된 것들이에요. 각각의 캐릭터를 스케치할 때마다 해당 스포츠 내의 성 불평등에 대한 내용들을 찾아봤거든요. 정보들을 같이 명시하는 것이 프로젝트를 더욱 완성시켜 준다고 생각했어요. 여성 스포츠인들이 그들이 직면한 모든 역경에 맞서고 있는 것처럼 더 강인해 보이기도 하고요.

<Team Patata>에 대한 주변의 반응은 어땠나요?

<Team Patata>는 SNS에서 굉장히 좋은 반응을 얻었어요. 댓글이 많이 달렸고 캐릭터 포스팅 페이지에 자기 자신이나 친구들을 태그 하기도 하더라고요. '굉장히 많은 사람들이 평소에 자기 자신을 대변하는 이미지를 본 적이 없구나'라는 것을 그때 깨달았어요. 저희 작업에 즐거워하는 모습을 보는 건 굉장히 감동적인 일이었죠. 덧붙여, 여성 팔로워들은 디자인 퀄리티에 대해 주로 얘기하는 데에 반해 남성 팔

---

8    Alicja Jakeway, "Talking creativity and kick-ass women with Cabeza Patata, the fledgling design studio putting ladies centre stage…", <We Heart>, 2018.03.15.

9    그 중 야구와 관련된 코멘트 발췌 "전미여성프로야구리그가 1943년에 출범했다. 모든 선수들은 숙녀 수업을 들었고 여성스럽게 행동할 것을 요구받았다. 그들은 오로지 치마나 드레스만 입을 수 있었고, 항상 립스틱을 발라야 했으며, 머리를 짧게 자를 수도 없었다. 선수들은 주류를 소비할 수 없었고 허가 없이는 이동도 자유롭게 하지 못했다. 그럼에도, 1954년까지 열 개의 여자 야구팀이 창단되었으며 약 백 만명의 팬들이 그들의 경기에 환호했다."

로워들은 작업의 기술적인 면을 언급하는 경향이 있더라고요. 저희에게 중요한 부분은 기술이 아니라 디자인 그 자체와 동기입니다. 누구나 좋은 컴퓨터를 구입하고 3D 프로그램을 다운로드할 수 있지만 아름답고 균형 잡힌 이미지를 만드는 게 어려운 것이거든요. 저희도 바로 그 지점을 가장 중요하게 생각해요.

유럽의 여성들은 어떤 스포츠를 즐기나요?

영국과 스페인에서는 아무래도 축구가 가장 인기 있고, 그 외에도 테니스, 러닝, 요가 등이 있습니다. 여학생들은 보통 네트볼과 하키를 하는데, 최근에는 터치 럭비와 같은 혼성 팀 스포츠가 증가하는 추세예요.

한국에서 가장 인기 있는 스포츠 중 하나인 '야구'는 여전히 남성 중심적인 종목입니다. 유럽에서는 아무래도 축구가 이런 포지션일 것 같아요. 인기 스포츠인 축구의 여성 인프라는 괜찮은 편인지 궁금하네요.

여자 축구의 인기가 갈수록 높아지고 있고 인프라도 개선되고 있어요. 느리긴 하지만요. 작년엔 BBC에서 여자 축구 월드컵 경기가 처음으로 프라임 타임에 방송되었습니다. 매우 큰 발전이죠. 이런 변화는 대중이 여자 경기를 보다 진지하게 받아들이고 남자 축구만큼 재밌다는 걸 느끼게 하는 데에 확실히 도움이 돼요.
영국과 프랑스를 비롯한 많은 유럽 국가들에 여자 리그가 있지만, 여전히 남자 선수에 비해 훨씬 적은 급여를 받습니다. 미국의 메건 라피노(Megan Rapinoe, 1985-)와 같이 유명하고 실력 있는 여자 선수의 등장이 스포츠 전반에 매우 좋은 영향을 미친다고 생각해요.[10] 팬들에게 찬양을 받고 아이들이 그 꿈을 꿀 수 있게끔 해주는 '여성 스포츠 영웅' 모델을 만드는 거죠. 남자 선수들이 그래왔듯이요.

---

10　미국 여자 축구 대표팀 주장. 2012 올림픽 금메달, 2015, 2019 FIFA 월드컵 우승을 이끈 전설적인 선수이다. 2019년 당시 FIFA 월드컵 우승 상금의 성별 격차는 약 10배였는데(여자 45억 원, 남자 435억 원), 그로부터 2년 뒤 메건 라피노는 백악관에서 'EQUAL PLAY, EQUAL PAY(동일한 경기, 동일한 임금)'를 주제로 연설했다.

<Nicer Tuesdays> 프레젠테이션에서 "성중립 디자인을 거쳐 광범위한 다양성 표현에 이르렀다"라고 한 점이 인상 깊었어요. Cabeza Patata가 고정관념을 타파하기 위해 '성중립'만큼 적극적으로 활용하는 방식이 '존재하는 다양한 것을 있는 그대로 보여주기'잖아요. 예를 들어, 휠체어를 탄 사람, 다리를 면도하는 여성, 모유 수유 중인 여성을 모두 캐릭터로 구현하죠. 운동하는 여성도 같은 맥락이고요! 여러분은 상업적으로 팔리지 않아서, 혹은 터부시 되어서 드러나지 않던 것들을 예외 없이 시각화해버려요. 앞으로의 활동도 기대가 됩니다. 향후 계획이 있나요?

우리는 기업들과의 상업적인 작업뿐만 아니라 많은 아티스트 토크와 전시도 하고 있어요. 이런 행사는 우리의 메시지를 효과적으로 잘 전달할 수 있도록 해주고, 다른 사람들을 만나서 이런 흐름에 동참하도록 영감을 줄 수도 있는 좋은 방법이죠. Cabeza Patata 스튜디오로서는 부가적인 활동이지만, 저희가 하는 작업에 영향을 주는 중요한 요소들이기 때문에 앞으로 계속해서 이어나갈 것 같습니다.

Cabeza Patata 같은 팀이 글로벌 기업들과 협업하는 것은 큰 의미가 있는 것 같아요. 앞으로 여러분이 추구하는 가치를 더 많은 기업들이 욕심내길 바라고요. 마지막으로, 충분하지 않은 환경에서도 꾸준히 운동하고 있는 한국의 여성들에게 짧은 메시지를 부탁드릴게요.

작가이자 활동가인 마야 안젤루(Maya Angelou, 1928-2014)는 이렇게 말했어요. "한 여성이 자기 자신을 위해 목소리를 낼 때에는, 그녀가 그것을 스스로 자각하거나 선언하지는 않았다 하더라도, 결국 세상의 모든 여성을 위해 앞에 나선 것이 된다."
이 메시지는 다른 사람들에게 직접 도움을 주는 것만큼이나 자신의 역경에 정면으로 맞서는 것이 얼마나 중요하고 대단한 일인지 명확하게 일깨워줘요. 만약 당신이 어떤 어려움을 겪고 있다면, 그건 아마도 무언가에 대항해 도전하고 있기 때문이겠죠. 도전에 수반되는 그 진통이야말로 당신이 스스로 자랑스러워해야 마땅한 강인한 사람이라는 것을 증명해요.

까베자 빠따따와의 서면 인터뷰를 글로 정리한 뒤, 꽤 오래 생각에 잠겼다. '신문, 방송, 영화, 영상, 애니메이션 등 다양한 미디어 매체 속에서 오롯이 한 개인의 '대표성'을 마주한 경험이 얼마나 있었나'하는 생각. 대한민국의 국민 51,667,688명(2021년 9월 기준) 중 우리가 일상에서 마주치는 이미지는 얼마나 많은 대표성을 지니고 있는지에 대한 의구심. 운 좋게 인간으로 태어나, 이성주의자로 살며, 사회적 인식에 적당히 합당한 지위를 갖고, 심신이 아프지 않을 확률, 이 모든 것을 충족하며 '다수'의 집단에 안착할 확률에 대한 계산.

까베자 빠따따가 만들어내는 '모두'를 위한 대표성은 찬찬히 응시하는 묘사력에서 나오는 듯하다. 마치 자연과 같이 모두 다른 사람들을 바라보듯 여자 야구를 비롯한 여성 스포츠를 조명한 그들의 조리개는 정치적이며 예리했다. 그리고 은은한 색감으로 아름답고도 날카롭게 '시각화'의 힘을 보여 준다. 우리는 운동하는 여성의 주체성을 <Team Patata>를 통해 두 눈으로 '보았다'.

©Cabeza Patata

유튜버 <썩코치의 야구쑈>는 윤석과 양인호가 운영하는 채널이다. 턱괴는여자들은 래거쉬 미디어의 레이더망에서는 빗겨났던 여자 야구를 뉴미디어에서는 어떻게 조명하는가에 관한 기대를 품고 <썩코치의 야구쑈>팀을 만났다. 사실 여자 야구를 하나의 카메라라도 더 바라봐주는 것은 우리에게 더없이 반가운 일이었기에, 2019년부터 여자 야구 국가대표를 취재했던 그들의 의도가 매우 궁금했다. 더불어 엘리트 코스를 밟은 전직 남자 야구선수와 사회인 야구선수가 바라보는 여자 야구를 바라보는 관점은 듣기 힘들었던 터라 인터뷰를 하기 전 꽤 설레었다. 그렇게 2021년 8월 말에 그들을 만났다.

# 썩코치의 야구쑈
# 유일한 엘리트 야구선수 출신 크리에이터

여자 야구를 소재로 한 창작, 그 미세한 진동

# 썩코치의 야구쑈

## 유일한 엘리트 야구선수 출신 크리에이터

● 턱괴는여자들

그동안 여자 야구와 관련해서 많은 인터뷰를 진행했지만, 남자 야구 쪽과 비교해볼 수 있을 만한 이야기를 들을 기회가 거의 없었어요. 그래서 두 분의 개인적인 경험들에 관해서 여쭤보면서 시작하고 싶습니다. 윤석 님은 대학교 때까지 엘리트 야구를 하셨다고 알고 있어요. 리틀 야구부터 시작해서 차근차근 대학교까지 가신 건가요?

● 썩코치의 야구쑈

윤석(이하 '윤')/ 저희 때는 리틀이나 유소년은 거의 없던 시절인데요. 엘리트 코스를 계속 밟은 건 맞죠. 초등학교, 중학교, 고등학교, 대학교 쭉 엘리트 코스로만 야구를 했죠.

초등학교 엘리트는 야구부가 있는 학교를 말씀하시는 거죠?

윤/ 네 맞아요. 야구부가 있는 학교로 전학을 갔어요.

그럼 당시 초등학교 남학생들 같은 경우에 '계속 야구를 하고 싶다'하면 어떤 과정을 거쳤나요? 단순하게 야구부가 있는 중학교로 진학하면 되는 건가요?

윤/ 이게 지역마다 조금 달라요. 저는 천안에서 야구를 했는데, 저처럼 초등학교,

중학교, 고등학교 야구팀이 하나씩만 있는 지역은 거의 그대로 따라 올라가는 시스템이거든요. 그런데 현재 서울을 비롯한 수도권은 초등학교 선수들보다 야구팀이 있는 중학교가 조금 부족해서, 거기서 오는 어려운 상황들이 또 있더라고요. 중학교부터 자기가 가고 싶은 학교를 찾고 알아봐야 하니까요.

사전에 연락을 한다든지 정보를 알아봐야겠네요. 경쟁률도 있을 거고요.

윤/ 그렇죠. 간혹가다 야구를 정말 잘하는 친구는 중학교 때부터 스카우트가 되는 경우도 있어요. 그런 친구도 있고, 좀 다양합니다.

그럼 고등학교를 진학할 때는 더 경쟁이 심해지는 구조겠네요. 소위 야구 명문이라는 학교들이 있잖아요.

윤/ 네 그렇게 되는 거죠.

그러면 고등학교 입학부터 트라이아웃 같은 테스트 과정을 거치나요?

윤/ 프로 가는 것처럼 공개적으로 오픈 테스트를 하는 것은 아니지만, 보이지 않는 곳에서 그런 과정이 이루어진다고 보시면 되죠.

남자는 중학교 때도 전국체전 같은 공식 대회들이 있잖아요. 그럴 때 고등학교 감독님들이 오셔서 좀 눈여겨 보시기도 하나요?

윤/ 그런 경우도 있지만, 사실 그 지역에서 실력이 있다고 하면 워낙 야구부가 있는 학교가 많지 않기 때문에 소문이 나거든요. "A중학교의 누가 좋다더라" 이렇게 자연스럽게 들리게 되는 것 같아요.

여자 야구가 좀 더 자리 잡기 위해서는 전국체전 정식 종목으로 등록되어야 한다고 얘기하기도 해요. 윤석 님께서 생각하시기에 고교 야구에서 전국체전이 갖는 의미는 큰 편인가요?

윤/ 제가 느끼기에 (엘리트 코스 기준으로) 고교 야구에서 전국체전은 선수들에게 큰 메리트가 없어요. 감독님과 코치님에게는 있을 수 있겠네요. 점수 같은 걸 받는다고 들었어요. 그런데 선수들한테는 진학과 진로에 있어서 전국체전이 큰 영향을 주지는 않아요. 차라리 일반 전국 대회에서 성적을 올리는 편이 대학이라던가 프로에 가는 데에 있어서는 훨씬 유리하죠. 왜냐하면 졸업하는 3학년들 입장에서는 시즌이 거의 끝날 때, 마지막 즈음에 전국체전을 하거든요.

이미 진로는 대략 갈피가 잡힌 때에 전국체전이 열리는 거군요.

윤/ 네. 그래서 3학년들은 전국체전을 안 나가는 경우가 많아요.

그러면 대학 야구부는 어떤가요. 대학 역시 프로 진출과 연결되는 단계라서 굉장히 치열하고 경쟁적일 것 같은데요.

윤/ 제가 졸업한 지 한 10년이 되어가거든요. 저희 때는 대학에서 프로로 가는 환경이 좀 괜찮았어요. 지명도 좀 많이 받는 편이었고 신고선수[1]처럼 연습생 개념이 또 있어서 프로로 갈 수 있는 길이 여러 개가 있었거든요. 그런데 요즘은 대학에서 프로로 지명되는 확률이 저희 때보다 더 낮아진 것 같더라고요. 일단 뽑는 인원이 전반적으로 많이 줄었어요. 그리고 아까 말씀드린 연습생 같은 제도도 없고요. 저희 때는 대학에서도 지명에 대한 희망을 좀 가질 수 있었는데 요즘은 대학에서 프로 가는 게 너무 어렵다 보니, 대학에 가는 순간 프로에 대한 생각은 일찌감치 포기하는 경우도 많아요.[2] 그래서 대학교 때부터 야구선수가 아닌 다른 진로를 빠르게 고민하게 되고, 다른 길을 선택하는 친구들도 많고요. 그런데 한편으로는 긍정적이라고 봐요. 빨리 고민하고 선택하고 경험을 함으로써 졸업 이후에 훨씬 더 다양한 선택지를 찾을 수 있잖아요.

썩코치 채널을 함께 운영하고 계시는 양인호 님은 사회인 야구팀에서 활동하고 계세요. 처음으로 야구에 관심이 생기신 계기는 무엇이었나요?

양인호(이하 '양')/ 군대에 있었을 때 프로야구 경기를 보고 나서 관심을 가졌고, 전역한 후에 대학교에서 친구랑 같이 직접 야구 동아리를 만들었어요. 같이 만든 친구가 여자였는데, 그 친구 같은 경우는 여성으로 한 팀을 만들겠다는 목표를 가지고 저랑 같이 동아리를 만들었죠. 화장실마다 전단지 붙여서요. 여자팀은 결국 한 팀을 못 만들었어요. 9명이면 게임을 할 수 있는데 7명에서 그쳤어요. 저는 그렇게 대학 때부터 동아리 야구를 시작했고 지금은 사회인 야구를 하고 있죠.

그 여자 동료분과는 남녀 혼성 동아리를 만드셨던 거죠.

양/ 맞아요. 그래서 혼성으로 야구 경기도 많이 했죠.

남자 사회인 야구팀 같은 경우는 어떤 분이 코칭을 해주시나요? 선수 출신이 하는 경우도 있나요?

양/ 선수 출신이 있는 팀도 꽤 있어요. 그런 경우는 연습 때 그분들이 주도해서 가르쳐주시고 하는데, 그렇지 않은 경우는 각자 레슨장 가서 하거나 다 같이 모여서 우리끼리 하거나 하죠.

여자 야구의 경우에는 엘리트가 따로 없다 보니 국제 대회부터 친선 리그까지 모두 사회인

---

1    일종의 연습생 제도. 정식 드래프트에서 선발되지 않은 경우, 선수 개인이 각자 구단의 테스트에 응시해서 입단할 수 있었다. 계약금이 없거나 아주 낮은 비정규직 선수이다. KBO에 정식으로 등록되는 63명(팀 당)의 정식 선수에 포함되지 않고 선수로 신고만 되어있다는 의미에서 '신고선수'로 불렸다. 2015년 1월 이후 '육성선수'로 명칭이 변경되었다.

2    매년 발표되는 KBO 신인 드래프트에서 대학팀 소속 선수의 지명 비중은 고교선수에 비해 현저히 적다. 2022 1차 신인 드래프트 결과에서는 10개 프로 구단 중 9개 구단이 고교선수를, 1개 구단만이 대학선수를 지명했다.

야구팀 위주로 돌아가는데요. 남자 야구팀의 경우는 어떤가요. 사회인 리그가 어떻게 운영되는지 궁금해요.

양/ 보통 지역마다 야구장 중심으로 운영진이 있어요. 시 체육회나 사설에서 운영하는 야구장이 하나 있으면 주말과 평일로 나눠서 정해진 시간에 참여할 팀들을 모집해요. 그 스케줄이 6개월짜리도 있고 1년짜리도 있고요. 6개월짜리 10팀을 모아서 리그를 하고 이런 식이죠. 많아요.

그럼 남자 사회인 야구는 지원금은 따로 없는 건가요? 각자 차출을 해서 비용을 마련하나요?

양/ 회비를 내죠. 리그를 주최하는 야구장이 시의 소유인지 개인 소유인지에 따라 리그 비가 좀 달라지는데 그 차이가 크진 않아요. 리그 비는 6개월이면 6개월, 1년이면 1년마다 회원들이 회비를 걷어서 내고요.

축구장도 야구장도 다 큰데, 야구장이 유난히 별로 없는 이유가 뭘까요?

윤/ 돈이 더 많이 들고 제가 알기로 땅 평수도 야구장이 더 클 거예요.[3] 그리고 어쨌든 저변은 축구가 훨씬 더 많기 때문에 결국은 수요 많은 종목을 선택할 수밖에 없는 거죠. 도심 속에는 그래서 야구장이 거의 없어요. 지자체에서 야구장 짓는 걸 보면 거의 시골, 외곽이죠. 차 없으면 못 가는 데에 많아요. 땅 값이 싼 곳에요.

근데 그런 차 없으면 못 가는 외곽이라도 생기면, 사람들이 또 가잖아요. 지금 야구장이 너무 없으니까 어디든 갈 상황이라고 하더라고요. 인터뷰하면서 구장 예약 잡기가 너무 힘들다는 얘기를 너무 많이 들었거든요. 아침 7시에 가서 줄을 서야 한다고요.

양/ 줄 서서 할 수 있으면 다행이고요. 인터넷으로 신청받는 방식으로 운영하는 야

---

3    잠실 야구장의 크기는 10,516m², 국제경기를 치룰 수 있는 축구 경기장의 크기는 7,140m². (FIFA 기준)

구장은 진짜 서울시에도 한 4-5개밖에 없을걸요? 나머지는 다 남양주 외곽에 있는 개인 소유 운동장이에요. 일단 그런 곳은 저희 같은 사회인 야구 리그로 꽉 차 있어요. 야구는 돈 안 들이고 취미로 하기가 어렵죠. 특히 학생들의 경우는.

남자 사회인 야구도 야구장이 부족한 상황이네요.

윤, 양/ 그렇죠.

양인호 님은 사회인 야구팀에서 어느 정도 활동을 하셨나요? 소속팀엔 어떻게 들어가게 되셨던 건지도 궁금해요.

양/ 대학교 졸업하고 사회인 야구는 한 5년 정도 했고요. 지금까지 한 3팀 정도에서 뛰었어요. 한 팀은 동네 팀이에요. 집이랑 가까운 대학교 야구장에서 리그를 하는데, 거기에 들어가려고 동네에 모여서 캐치볼 하시던 분이랑 고등학교 친구 선후배분들끼리 팀을 하나 만들었던 거로 알고요. 한 팀은 대학교 동아리의 OB, 그러니까 졸업한 사람들끼리 하나 하고 있고, 또 하나는 아시는 분이 들어오라 해서 갔어요. 지금은 처음 말씀드린 팀을 제외하고 두 개 팀에 참여하고 있습니다.

이제 유튜브 채널과 관련된 질문을 드릴게요. 두 분은 양인호 님이 윤석 님한테 개인적으로 코칭을 받으시면서 시작된 인연이라고 들었어요. 그 후에 어떻게 같이 유튜브를 시작하게 되신 건가요?

양/ 제가 회사의 유튜브 채널을 운영하는 인턴을 했었어요. 그 인턴이 막 끝나고 저희가 만났거든요. 그때 "개인 유튜브 채널들도 있다", "축구도 있는데 왜 야구는 없냐" 등의 이야기를 둘이서 하다가 같이 시작하게 됐어요. 우연히 만나서 인연이 길게 이어졌죠. 신기하죠. 사실 여기까지 올 거라는 걸 전혀 예상 못 했거든요. 지금 저희가 벌써 5년째인데, 정말 상상도 못 했어요.

정말 인연이 신기하네요.

윤/ 그때는 정말 가볍게 재미로, 핸드폰 하나로 시작했어요. 그런데 하다 보니까 저희도 여기까지 왔네요.

처음 유튜브 채널을 개설하실 당시에 채널의 취지나 계획을 따로 정하셨나요?

윤/ 그렇게 명확한 게 있지 않았고 정말 가벼운 마음으로 시작했어요. 그랬기 때문에 이렇게 오래 하지 않았을까요. 재미와 즐거움? 그걸로 한 1-2년을 버텼던 것 같아요. 저희 사비로 일본 가서 촬영하고요. 왜냐하면, 초기엔 돈벌이도 안 됐고 이 친구(양인호 분)는 되게 많이 고생했거든요. 편집을 해야 하니까요.

초기에 재미를 느끼셨던 건 어떤 지점들인지 여쭤봐도 될까요?

윤/ 정말 소소하고 일상적인 것들이요. 유튜브를 하기 위해서 당연히 해야 하는 촬영 같은 일들이 그때 개인적으로 저는 굉장히 재미있었어요. 저는 야구만 10년 넘게 했기 때문에 그런 사소한 경험들이 다 새롭고 그 자체만으로도 재밌는 지점이 많았거든요.

야구가 워낙 익숙하셨던 분이고, 그걸 어떻게 보여줄까 기획하는 일이 재밌으셨던 거죠.

윤/ 그렇죠.
양/ 제일 재미있는 건 보신 분들이 댓글 달아주시는 게 제일 재밌어요.

리액션! 반응이 오는 거요.

윤/ 네. 그래도 구독자 수라던가 영향력이라고 해야 할까요, 이런 것들이 성장하지 않았다면 지금까지 못했을 거예요. 감사하게도 시간이 지날수록 조금씩 성장하는

게 보이고, 어디 갔더니 저희를 알아봐 주시고, 그래서 더 길게 할 수 있지 않았나 싶어요.

양/ 또 이렇게 인터뷰도 해주시고 하니까요.

윤/ 그렇죠. 이런 것들이 다 재밌어요.

등록된 콘텐츠들을 보니까 초기엔 코칭 영상 위주로 올리셨는데, 지금은 야구와 관련된 굉장히 다양한 현장을 다뤄주고 계세요. 여자 유소년 선수들도 굉장히 주기적으로 소개를 해주시고, 고교 야구 현장도 가시고, 여자 국가대표팀의 아시안컵 경기는 심지어 중국까지 따라가서 직접 취재를 하셨었고요. 야구의 다양한 면들을 취재하실 때마다 연관된 계기들이 있으셨던 건가요? '이것도 해봐야겠다', '이런 주제도 해봐야겠다' 이런 거요.

윤/ 마침 그저께 토요일에도 당진주니어여자야구팀 촬영을 다녀왔어요.[4] 우리나라 최초의 여자 엘리트 야구단이거든요. 특별한 계기가 있다기보다 저희 유튜브 채널의 성격, 가치관들이 자연스럽게 만들어지는 것 같아요. 전에는 '이런 걸 찍어야겠다'는 어떻게 보면 인위적으로 세운 계획들이 있었다면, 지금은 우리의 크지는 않지만 작게나마 존재하는 영향력에 대한 책임감도 있는 것 같고요. 야구 사각지대에 있는 분들을 다루는 것도 그런 맥락이죠. 여자 야구가 미디어에도 노출이 되고는 있지만, 방송 콘텐츠들은 예능 포맷을 유지하면서 인기를 얻는 목적이 아무래도 더 크잖아요. 그렇기 때문에 결국 사각지대에 놓인 부분은 누가 쉽게 관심을 두지 않는다는 생각이 들어서, 저희한테는 이 부분이 조금씩 자연스럽게 생기는 책임감 같아요.

양/ 책임감에 더해서, 야구를 순수하게 즐기고 좋아하시는 분들 찍는 게 저희도 더 보람있어요. 그래서 여자 야구 국가대표팀도 홍보팀이 없다고 해서 따라가고, 당진 친구들은 주말마다 전국에서 야구를 하러 온다고 하더라고요. 그런 걸 찾아가서 찍는 걸 좋아해요.

---

4    <여학생들로만 이루어진 야구팀의 놀라운 실력> (2021.09.04).

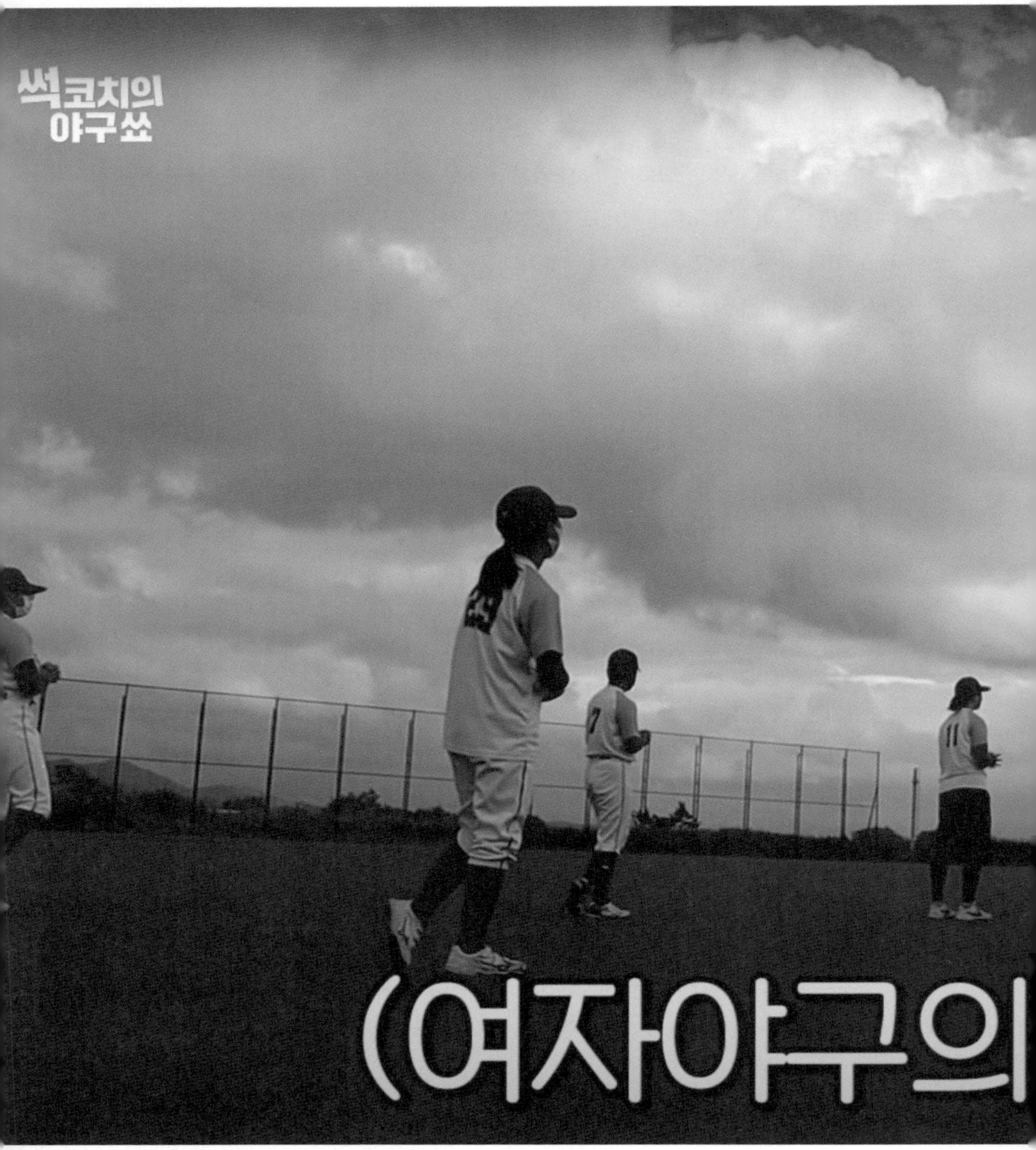
썩코치의
야구쑈
(여자야구의

미래 그자체)

콘텐츠 중에 일본 고시엔에 가셨던 영상을 봤어요. 그 현장에서 야구를 순수하게 좋아하는 플레이어와 관중에 대해 매우 많은걸 생각하시고 또 느끼고 오신 것 같더라고요. 그 경험이 어떤 원동력이 되신 것 같아요.

양/ 최근에도 그렇지만, 프로 야구선수들이 보여주는 프로 스포츠 선수로서의 무책임한 모습들이 야구팬들에게 지탄을 받잖아요. 그런 일이 있을 때마다 저희는 다른 쪽을 조명함으로써 메시지를 전할 수 있지 않을까 하는 생각도 해요.

당진은 어떤 부분에 집중하며 촬영하셨나요?

윤/ 사실 당진팀 같은 경우는 이미 창단 기획 단계 때부터 알고 있었거든요. 언젠가는 꼭 찍어야겠다고 생각했는데, 그게 코로나 때문에 미뤄지다가 이번에 찍게 된 거예요. 지금 당진팀 상황이 15명이 되어야 선수등록을 하고 전국 대회를 나가는데 딱 3명이 부족해요. 그래서 그 모집을 도와주기 위한 홍보의 목적도 있어요. 그 팀에 있는 아이들이 굉장히 고생하고 있는데 가장 열매를 맺어야 할 대회를 못 나간다는 게 너무 안타깝잖아요. 당진팀도 그렇고 생각보다 여자 야구를 모르시는 분들이 훨씬 많아요. 야구팬분들에게라도, 혹은 그보다 더 많이 알려져야 한다는 생각도 있었고, 복합적인 이유가 있었어요.

두 분 다 남자팀에서 활동해오신 분들이니까, 여자 야구는 접할 기회가 없었을 것 같은데. 채널을 운영하시면서 처음 여자 야구를 접하게 되신 때는 언제인가요?

양/ 경기대학교에서 국가대표 선수였던 두 분을 촬영한 적이 있거든요. 그게 처음이었던 것 같아요.
윤/ 네. (전) 국가대표였던 두 분. 지인이 섭외를 해주셔서 찍게 됐었죠. 그땐 어떤 취지나 목적이 따로 없었죠. 정말 그냥 하나의 콘텐츠로 기획한 거였어요.
양/ '여자분들도 이렇게 야구를 잘하신다'라는 이야기가 다였죠.

우연히 접하게 된 후에 관심을 두게 되어서 또다시 기획을 하게 되신 건가요?

양/ 그런데 사실 여자 야구가 취재할 거리가 많지는 않아요. 그래도 (전) 국가대표 두 분 촬영한 거라던가 아니면 '지방의 유소년 야구단 촬영을 하러 갔는데 그 팀에 여자 선수가 있었다'라는 내용. 그 친구가 남자애들 사이에서 혼자 야구를 하고 있더라고요. 그런 걸 찍는 거죠. 중국에 여자 국가대표팀 따라갔을 때는, 당시 대표팀 감독님이 윤석 코치님의 지인이셨거든요. 그렇게 인연이 되어서 취재를 하기도 하고요.

취재거리가 많지 않은 여자 야구인데, 크리에이터로서 그 적은 콘텐츠 내에서도 어필할 부분을 만들어내셔야 하잖아요. 조회수도 나와야 하고 관심을 끌어야 하고요. 유튜브라는 채널이 아무래도 방송국과는 그 성격, 시청자, 파급력이 다 다른데, 그에 맞춰서 이 점을 어필해야겠다 혹은 신경 써야겠다고 생각하는 점이 있으신가요?

양/ 저희도 예를 들어 중국 따라가서 취재하는 것이라던가[5], 이런 내용은 올리면서도 조회수가 안 나올 거를 알아요. 5년 정도 하니까 '어떤 포맷을 해야 사람들이 많이 본다' 이런 걸 아는데, 사실 조회수 안 나와도 우리가 찍어보자 해서 올린 영상이 한 10편 중의 1편 정도 돼요. 나머지 9편은 저희도 조회수나 상업적인 부분을 고려해서 제작하거든요. 그래서 여자 야구를 따라간다든지 고등학교 야구선수들의 고민을 들어본다든지[6] 하는 영상은 10편 중의 1편 정도의 비율로 제작하고 있어요. 사실 진지하게 어떤 메시지를 전하고자 하는 콘텐츠 소재는 아무래도 마이너한 분야를 취재했을 때 나오는 경우가 많죠. 어렵게 야구 하시는 분들이요.

고교 야구선수들의 고민 같은 콘텐츠도 낮은 조회수를 예상하시면서 진행하신 거군요.

---

양/ 그런데 조회수 대비 댓글이 달리는 비율이나 양상은 되게 달라요. 예를 들어 10만이 나왔는데 댓글이 얼마 안 달리는 경우도 있는데, 마이너한 소재의 영상은 1만 뷰만 나와도 학부모님들이 댓글을 엄청나게 달아주세요. 저희가 감동한 댓글도 정말 많거든요.

예를 들면 어떤 댓글이 있을까요?

양/ 서울고등학교에서 야구팀 감독님이랑 선수들을 한 명씩 인터뷰한 영상이 있는데, 학부모님이 아이 운동 데려다주고 데려올 때마다 그 영상을 틀고 가신대요. 학부모님들도 고민이 많으시니까요. 그런데 저희 영상에서 위안을 받는다 이런 댓글들 보면 감동을 하죠.

마이너한 소재의 비율이 10% 정도라고 하셨는데, 일단 흥행 요소가 있는 콘텐츠들로 시청자를 유입시키고 그렇게 형성된 영향력을 다시 사각지대에 연결해주면서 굉장히 긍정적으로 순환시키고 있으신 것 같아요. 윤석 코치님께서는 기억에 남는 반응이나 댓글이 있으신가요?

윤/ 이번에 당진 주니어 촬영 갔을 때도 저희가 이렇게 영상 찍고 올리는 것에 대해 부모님들께서 생각보다도 더 감사하게 여겨주신다는 느낌이 들었어요. 우리가 이렇게 표현을 받아도 되나 싶을 만큼 저희한테 "영상 찍어주시고 여자 야구 조명해주셔서 감사하다"라는 굉장히 큰마음을 표현해주시니까, 그런 것들이 되게 뿌듯한 것 같아요.

사실, 야구라는 스포츠 자체가 즐기는 파이는 매우 큰데 그 안을 들여다볼 기회가 진짜 없는 것 같아요. 그래서 이렇게 다양한 면을 조명하는 콘텐츠를 제작해주시는 분들이 중요한 것 같고요. 이런 역할을 맡는 사람이 없으면 알 수가 없으니까요. 야구 문화가 그 저변에서 어떻게 돌아가고 있는지 사실 관심 있어도 알기 어렵거든요.

윤/ 제 생각에는, 유독 야구가 특히 우리나라에서 다른 종목보다 양극화가 굉장히 심한 것 같아요. 프로와 나머지의 격차가 너무 커요. 축구나 농구 등 다른 스포츠를 보면, 아마추어 쪽이랑 프로랑 그렇게 크게 동떨어져 있는 느낌은 들지 않거든요? 그런데 야구가 유독 프로라는 분야랑 그 외의 나머지, 아마추어라던가 동호회 이런 쪽과는 갭 차이가 너무 많이 나는 것 같다는 생각이 계속 들더라고요.

왜 그렇다고 생각하세요? 저희가 연구를 하면서 그 얘기를 굉장히 많이 들었거든요. 엘리트가 아니면 그냥 사라져버리는 현상이요. 엘리트 교육의 폐해가 극대화된 스포츠가 야구인 것 같아요. 남자 야구에서조차 프로 선수가 되는 것과 그 외의 차이가 너무 커서, 야구라는 종목 전체가 정말 '남자 프로야구' 중심으로만 돌아간다는 느낌을 지울 수 없더라고요.

윤/ 요인이 좀 여러 개 있는 것 같아요. 어떻게 보면 초기부터 시스템이 잘못 시작된 부분이 있는 것 같고요. 우선, 프로라는 것에 지나치게 몰입할 수밖에 없는 시장 구조가 일찌감치 형성됐고, 또 하나는 인프라적인 문제도 사실 커요. 아시다시피 다른 스포츠에 비해 야구를 할 수 있는 공간 자체가 너무 없거든요. 쉽게 접근할 수 있는 인프라가 많이 갖춰져야 하는데 그런 것부터 부족하니까, 어떻게 보면 진입 장벽부터 높아져서 이렇게 흘러온 것 같기도 해요. 되게 복합적인 것 같아요.

고교 야구의 인기가 받쳐주고 실업팀이 있던 상태에서 프로야구가 생겼는데, 오히려 그 후에 실업팀이 사라졌단 말이죠. 프로만 단독 성장하는 그 현상이 되게 신기하더라고요.

윤/ 사실 프로야구 자체가 독재 정권에서 어떤 역할을 하기 위해 급하게 만들어진 거잖아요. 그 시작부터 잘못되지 않았을까 싶네요. 너무 옛날이긴 한데.
양/ 보통 건강한 스포츠 생태계 예시를 들 때, 10부리그까지 있는 영국 축구 리그를 예로 들잖아요. 10부리그부터 잘하는 선수들이 차근차근 올라와서 프로 리그에서 뛰는 이 시스템이 건강한 프로 스포츠의 예시로 쓰이는데, 우리나라 야구의 경우에는 필요에 의해 급하게 만들어진 느낌이 확실히 있어요. 영국 축구 리그에 빗대어 봤을 때, 야구가 진짜 우리나라 대표 인기 스포츠가 되려면 생활 체육으로서 야구를 즐기는 사람들이 엄청 많아야 하는데 조기축구보다 훨씬 적고 배드민턴보다도 적거든요.[7] 프로야구라는 리그는 인위적으로 만들어졌고, 프로 야구선수들이 받는 연봉이나 이런 것들이 책정되는 기준도 일관성이 없어요. 프로야구 팬 문화도 야구라는 스포츠 종목 자체에 대한 관심이 아니라 야구장에 가서 하는 응원하고 음식 먹는 관람 문화로 자리를 잡았기 때문에 생활 체육 저변이 좀 약하지 않나 싶어요. 그렇다 보니까 남자 동호인 야구도 대중화가 안 되어있고 여자 야구는 더욱더 그렇고요.

종목 자체에 대한 관심보다 체험과 관람 문화 위주로 자리 잡았다는 관점이 굉장히 인상 깊네요.

윤/ 저희가 대만으로 촬영을 하러 갔었는데, 대만이 야구 인프라나 활성화 면에선 우리나라보다 훨씬 더 잘 되어있어요. 그래서 여자 야구도 굉장히 잘하고요.

양/ 대만, 일본의 경우는 워낙 생활 스포츠로 확산이 잘 되어있죠. 두 나라 모두 현지에 촬영 갔을 때 많이 느낀 게 일단 야구장이 많더라고요. 야구장 지나서 몇 킬로 운전하면 또 야구장이 있고, 이런 식으로 구장 마련이 잘 되어있기 때문에 여성분들도 야구를 직접 해볼 기회가 많을 거예요. 그러다 보니 여자 국가대표를 뽑을 때도 수천 명의 선수 중에서 추려서 뽑을 수 있고, 그래서 잘할 수밖에 없는 시스템이 갖춰져 있더라고요.

윤/ 우리나라는 학생들이 학교에서 다양한 스포츠를 해볼 수 있는 경험이 별로 없잖아요. 옛날보다 낫긴 하지만 클럽 활동 등이 더 활성화되면 좋겠어요. 다양한 스포츠를 접할 수 있는 환경을 초등학교 때부터 만들어주는 거죠. 스포츠 선수를 하겠다는 마음과는 별개로 그런 환경이 조성된다면 남자 여자 야구 모두 자연스럽게 활성화되지 않을까요.

이제 콘텐츠별로 질문을 드릴게요. 2019년에 자비로 중국 중산까지 가셔서 여자 야구 국가대표팀의 아시안컵 출전 내용을 취재하셨는데요. 저희가 연구하면서 느꼈던 지점이 뭐냐면, 여자 야구 관련해서는 기사든 영상이든 자료를 찾으려고 해도 남겨진 기록이 너무 적더라고요. 그만큼 지금까지 여자 야구에 대한 조명이 부족했어요. 그런데 이제 <썩코치의 야구쑈> 같은 팀이 남긴 영상이 그 부분을 보완해줄 수 있는 시대인 거죠. 어떻게 여자 야구 국가대표팀을 촬영할 결정을 하셨는지 궁금해요.

양/ 저희가 안 가면 그분들이 국제대회를 나가셨다는 것을 아무도 모르겠더라고요. 가족들 빼고는요. 인터넷 기사 몇 개 외에는 미디어에 소개되는 게 전혀 없었어요. 저희 구독자분들은 다 야구 좋아하시는 분들이니까 여자 야구 국가대표팀이 이런 국제대회 나간다 라는 걸 보여드리면 관심을 가지실 것도 같았고, 알리고 싶은 것도 있어서 따라가겠다고 했어요.

선수분들도 굉장히 좋아하셨을 것 같아요.

윤/ 네. 다들 좋아하셨어요. 스태프분들도 되게 감사하다고 해주시고 선수분들도 그렇고요.

저희도 영상자료가 남는다는 게 엄청난 것이라고 실감했어요. 그런데 여자 야구 영상 중에서도 유난히 조회수도 높고 댓글도 많이 달렸던 콘텐츠가 있어요. 바로 박민서 선수 영상인데요.[8] 저희가 흥미로웠던 부분이 뭐냐면, 여자 야구에 대해 항상 회의적이고 비판적인 반응들이 많거든요. 그런데 박민서 선수 영상에 달린 댓글을 보면 굉장히 호의적이에요. 결국은 '잘하면 되는 거였다'라는 생각이 들더라고요.

윤/ 그렇죠. 남, 여 그런 걸 떠나서요.

---

7    2021년 기준. 축구 동호인 109,815명, 배드민턴 동호인 60,491명, 여성 동호인과 남성 동호인의 관리 기관이 분리되어있는 야구의 경우 합산하여 총 12,075명. (출처 : 대한축구협회, 대한배드민턴협회, 대한야구소프트볼협회, 한국여자야구연맹)

8    <야구천재? 눈으로봐도 믿기힘든 '소녀의 완벽한 스윙'> (2021.01.24), 2021년 11월 기준 약 45만뷰.

그런데 여자 야구는 국가대표도 다 사회인 야구팀이잖아요. 때문에 '실력 없다', '재미없다' 라는 대중의 반응은, 우리가 여태까지 잘하는 여자팀을 볼 기회가 없었고, 체계적인 트레이닝을 받은 여자 선수를 접한 경험이 없었던 탓이지 않을까 싶어요. 박민서 선수처럼 실력 있는 선수가 등장하니 '여자 야구의 미래가 기대된다'라는 호의적인 댓글이 많더라고요. 이 점이 또 유소년 때부터 트레이닝을 받는 것의 중요성을 역으로 말해주는 것 같기도 하고요.

윤/ 야구는 다른 스포츠에 비해 피지컬의 영향을 비교적 덜 받아요. 예를 들어 쉽게 표현해 드리자면, 배구라던가 농구는 키가 기본적으로 커야 하고 점프력이 좋아야 하고, 축구는 몸싸움을 해야 해요. 체격에서부터 비교가 확 되고 그 영향을 많이 받거든요? 그러니까 배구에서도 브라질이나 이런 팀이 피지컬로 많이 앞서가는 거거든요. 그런데 야구는 160cm인 선수가 2m인 선수를 이길 수도 있어요. 그게 야구예요. 저는 야구는 다른 스포츠에 비해 타고난 것에서 오히려 더 자유로울 수 있고 힘 외의 다른 매력으로 할 수 있는 종목이 아닐까 생각해요.

트레이닝과 스킬의 차이가 큰 거죠.

윤/ 그렇죠. 스킬이나 메커니즘적인 부분에서 트레이닝의 차이가 있을 것이고, 단순히 피지컬이 많은 영향을 미치는 스포츠는 아니에요.

여자야구월드컵에서 늘 일본이 우승하는 것만 봐도 알 수 있는 것 같아요.

윤/ 맞아요. 피지컬이라는 요소가 절대적이라면 서양 국가가 우승하는 게 맞죠.

메커니즘과 스킬은 일찍이 체계적인 트레이닝을 시작하는 것이 중요하잖아요. 그런 것에 대해서 코치로서 어떤 개인적인 의견이 있으신가요?

윤/ 늦어도 중1 때 시작한다면 충분한 것 같아요. 어쨌든 야구라는 스포츠는 지구력보다도 순간적인 힘을 써야 하는 운동에 가깝기 때문에, 많은 운동량이 필요하기보다는 짧은 시간에 얼마나 효율적으로 힘을 쏟는지에 맞춰서 트레이닝 하는 게 중요한 것 같아요.

야구를 하고 싶어 하는 여성 청소년들에게 굉장히 좋은 의견일 것 같아요. 항상 피지컬에서 오는 한계에 대한 부정적인 의견을 많이 받으니까요.

윤/ 남자 야구 사례이긴 한데, 이번 올림픽 일본팀 선발 중에 신장이 180cm 넘는 선수가 1명 밖에 없었어요. 키가 170cm대인 투수가 150km/h 던졌거든요. 그러니까 말씀드린 것처럼 다른 스포츠에 비해 야구는 피지컬이 절대적인 유리함을 주지 않는다. 그러니 신체적 한계에 대한 부담은 덜 가져도 되지 않을까 싶네요.

그리고 <올림픽에 여자 야구가 있다면 금메달 딸 수 있을까?>[9]라는 영상도 올려주셨는데, 이게 MBC <마녀들 2>에 나왔던 유소년 선수들을 조명해주신 콘텐츠였죠. 90년대 후반 등장한 한국 여자 야구 1세대 안향미 선수는 정말로 원 앤 온리라서 남자들 틈에서 뛰어야 했고, 그다음에 2000년생 김라경 선수라던가 눈에 띄는 선수들이 드문드문 등장하긴 했어요. 그들은 스스로 길을 만들어가면서 외로움과도 싸워야 했던 선수들이죠. 그런데 현재는 여전히 인프라가 많이 부족한 상황임에도 리틀 야구부터 시작한 여자 선수들이 꽤 많아요. 이 친구들이 국가대표에 점차 모이기 시작하는 세대가 되었더라고요. 당진주니어여자야구단도 그런 선수로 채워진 거고요. 이게 굉장히 좋은 신호인 것 같아요. 좋은 역량을 가진 또래 선수들이 동시다발적으로 나타나는 것은 곧 팀 역량의 상승이 되잖아요. 야구는 팀 스포츠니까요. 앞으로 여자 야구에 대한 전망을 어떻게 생각하시는지 궁금해요.

윤/ 그렇죠. 지금보다 실력이 더 늘 거라고 저는 확신해요(힘주어 말한다). 그럴 수밖에 없고요. 왜냐하면 기존에 있었던 선수분들은 보통 소프트볼 선수 출신이거나 성인이 되어서 야구를 접한 분들이었는데, 당진 친구들만 봐도 초등학교 때부터 시작한 경우가 대부분이에요. 그들 말고도 전국에 이런 친구들이 더 있거든요. 그 친

---

9    <올림픽에 여자 야구가 있다면 금메달 딸 수 있을까?> (2021.08.07).

구들이 꾸준히 운동해서 고등학교 졸업할 즈음이 되면 여자 야구의 전체적인 수준이 지금보다 확실히 좋아질 거라고 생각해요.

당진팀이 운동하는 모습을 보면 느껴지시나요? 기본기가 잘 닦여 있는 느낌이요.

윤/ 네(우렁차게)! 여학생분들이 남학생보다 섬세한 감각을 타고난 게 있어서, 센스 있게 캐치하고 빠르게 습득하는 능력이 더 좋은 것 같아요. 그래서 아까 말씀드린 것처럼 체력 단련만 좀 더 꾸준히 해서 보완한다면 정말 올림픽에서 여자 야구가 정식 종목이 될 때 해볼 만 하겠다는 생각이 들어요. 사실 체력적인 부분은 노력하는 과정만 들어가면 누구든지 만들 수 있거든요. 저는 당진 다녀오면서 또 한 번 굉장히 긍정적인 생각을 가지게 되었어요.

<마녀들 2>에 에이전트로 참여하시면서 트라이아웃 현장을 영상으로 올려주셨어요.[10] 여자 야구는 지금까지 동호회 이미지가 강했고 취미로 즐기는 야구에만 초점이 맞춰져 있었잖아요. 여자 선수들이 '선발'되기 위해 트라이아웃에 참가하는 것을 보는 게 처음이었어요. 여자들에게 야구 자체가 목적이 될 수 있다는 것, 팀에 들어가기 위해 경쟁을 하는 모습이 굉장히 새로운 시각을 열어주는 느낌이었어요. 트라이아웃 현장에 참여하신 크리에이터분들이 몇 분 더 계셨는데, 여자 야구에 대해 어떤 이야기를 나누셨는지 궁금합니다.

윤/ 사실 그 현장에서 여자 야구에 대한 미래 지향적인 이야기들은 그렇게 많이 못 했던 것 같아요. 일단은 상황이나 분위기도 바빴고요. 그런데 그때 에이전트로 지켜보면서 트라이아웃에 참여한 어린 친구들, 혹은 사회인 팀에서 야구가 좋아서 오신 분들, 그분들의 열정에 감동을 많이 받았죠. 그래서 저희도 봉사의 마음을 가지고 자진해서 도와드리고 싶다는 생각이 좀 많이 들었던 것 같아요.

크리에이터로서도 '선발'에 임하는 여자 선수들의 모습은 새로웠을 것 같아요.

윤/ 그렇죠. 일단 이런 사례가 거의 없으니까요.

그리고 이제 '서울고 야구부 연습 영상 시리즈'를 언급 안 할 수 없는데요.[11] 일단 저희는 고교 야구부의 훈련량에 정말 놀랐고요. 또 한편으로는, '트레이닝 인프라가 거의 전무한 여자 야구를 두고 실력을 운운하는 것 자체가 난센스이지 않나'하는 생각이 들었어요. 힘의 차이를 떠나서 이런 훈련의 갭이 엄연히 존재하는데 어떻게 같은 선상에서 비교할 수 있겠어요. 그리고 앞에서 언급된 것처럼 남자 야구도 너무 프로야구에만 지나치게 기울어진 채로 돌아가다 보니까 그 이면에는 또 나름의 고충이 있더라고요. 프로 입단이 절대적인 성공 기준인 데다 그 문이 너무 좁아서 지명되지 않은 선수들을 위한 안전망이 없어요. 여자 야구도 플레이어가 늘어나면 엘리트 루트를 조금씩 구축할 텐데, 현 남자 엘리트 야구에서 이것만은 답습하지 않았으면 좋겠다는 점이 있을까요?

윤/ 일단 어린 친구들이 야구하는 곳에서만큼은 성과 위주의 압박감, 그런 분위기가 없었으면 좋겠어요. 성적이 목적이 되고 우선시 될 수밖에 없는 환경이 일단 없어야 할 것 같고요.

현 제도에서는 성적이 모든 과정에 프리패스가 되니까요.

윤/ 네. 어릴 때는 '성장'에 초점을 맞추는 게 더 맞을 것 같아요. 두 번째로는, 운동량. 아까 말씀드린 것처럼 야구는 단체 훈련이 많은 게 오히려 비효율적이거든요. 야구는 개인 성향이 굉장히 강하면서 동시에 단체 운동이에요. 그렇기 때문에 단체 훈련은 말 그대로 팀워크 밸런스를 맞추기 위한 훈련이 되고, 타자면 타자 투수면 투수 개인이 각자 실력을 올리는 데에 투자하는 게 훨씬 더 효율적이에요. 실제로 선진 야구를 하는 나라에서는 이미 그런 시스템이 만들어져 있어요. 우리나라도 내년부터는 학교 훈련 시간을 좀 단축해서 학업과 개인 자유 훈련에 좀 더 집중하게 한다는 얘기가 나오고 있고요. 여자 야구는 시작할 때부터 야구 선진국의 좋은 사례들에 근거해서 시스템을 만들었으면 좋겠어요. 저 같은 경우도 지금 아카데미를

10    <[마녀들시즌2 특별편] 기대 안 하고 갔다가 많이 놀랐습니다 여자 야구 트라이아웃> (2021.04.28).
11    <서울고 야구부는 어떻게 훈련할까?> (2019.06.13).

하고 있는데, 결국은 미국이라는 나라의 데이터와 연구 결과에 근거해서 코칭하게 되거든요. 계속 미국 자료로 스터디를 하는 이유가, 죄송하지만 우리나라에는 없기 때문이에요. 데이터에 근거해서 어떤 연구 결과가 나오거나 사례가 만들어지는 그런 것들이 없어요. 없기 때문에 당연히 야구에 대한 각종 시스템이 전 세계에서 가장 좋은 미국을 벤치마킹 하게 되고, 우리나라에 어떻게 적용할지 고민할 수밖에 없는 거예요.

저희가 <세게 돌리면 타율이 떨어질까?> (2020.05.21) 영상을 유심히 봤거든요. 여자 사회인 야구선수가 개인 레슨을 받으면서 타구력이 눈에 띄게 좋아지는 모습을 보여줘요. 그런데 '짧게 잡지 마라', '강하게 쳐라' 이런 교정 내용이 기존의 여자 선수 코치방식과는 다르더라고요. 말씀하신 것처럼 한국의 자료나 연구가 너무 부족해서 새로운 시각을 제안하고자 하신 건가요?

윤/ 제가 남자 엘리트 친구들은 지도를 많이 해봤지만, 여자 선수는 동호인 분들을 몇 분 알려드린 것이 다이기 때문에 사실 데이터나 근거를 명확히 말씀드리기는 어려워요. 이것도 결국은 미국 자료를 적용하는 거고요. 이 영상에서 스윙 자세에 대해 그런 코치를 한 이유는, 보통 여자 선수들이 힘이 약하다는 이유로 배트를 짧게 잡고 자세를 작게 해서 어떻게든 맞추기만 하려는 경향이 있거든요. 그런데 스피드가 증가하면 정확도도 높아진다는 운동 역학적인 연구 결과가 있어요. 여자 선수한테도 그런 코칭을 해본 거죠. 박민서 선수를 보면 단번에 느끼실 수 있어요. 댓글이 우호적인 이유이기도 했는데, 박민서라는 여학생이 치는 공의 파워라던가 메커니즘이 웬만한 남성 성인들보다 훨씬 더 강하거든요. 여자라서 다른 자세를 하지 않아요. 다른 여자 선수들은 못 할까요? 저는 그렇지 않다고 생각해요.

양/ 여성에게 왜 배트를 짧게 잡으라고 하는건지 그 이유에 대해 조금 덧붙일게요. 촬영하다가 뵀었던 다른 코치님 얘기가, 야구 처음 하는 친구한테 "길게 잡고 네 마음대로 세게 돌려"하면 열 번 만에 공을 맞히고, "짧게 잡고 쳐"라고 하면 다섯 번 만에 공을 맞힌대요. 여기서 무슨 차이가 생기냐면, 이 친구가 타석에서 땅볼이라도 굴려야 팀플레이가 이루어지거든요? 그런데 삼진을 당하고 나오면 그걸 팀으로서는 비효율적이라고 생각을 하시는 거죠. 홈런을 치는 건 관심이 없고 어떻게든 경기가 이어져야 한다. 땅볼이라도 나와야 감독, 코치로서는 팀이 승리할 확률이 높아진다고 하시더라고요. 그런데 저도 사회인 야구를 하면서 느끼는 거지만, 선수 개인은 홈런을 쳐야 재밌거든요. 그런데 이렇게 짧게 잡고 치는 게 팀을 위한 플레이라는 인식이 좀 있는 것 같아요.

그리고 이전 질문에서, 여자 야구가 현재 엘리트 야구의 어떤 부분을 답습하지 않았으면 좋겠냐고 하셨잖아요. 서울고 학생들한테 야구를 하는 목적이나 꿈이 무엇인지 물어봤을 때 전부 다 프로 지명받아서 돈 많이 버는 거라고 얘기했거든요. 그런데 코치님이랑 저랑 촬영 끝나고 얘기한 게, "친구들이랑 대회 나가서 우승하고 싶어요"가 단 한 명도 없다는 거예요. 우리나라에선 대회 자체가 프로 드래프트[12]를 위한 수단이 되어버려서, 내 옆에 있는 친구들이랑 한 팀을 이뤄서 게임을 재밌게 하고 추억을 남기는 것에 관심 있는 친구가 한 명도 없더라고요. 우리나라 엘리트 선수들은 이런 식으로 고등학교 졸업하고 프로 지명을 받는 게 야구의 목적 그 자체가 되어버리니까 조금 슬프죠. 야구가 재밌다고 하는 선수들이 없어 보였어요. 야구 자체를 좀 즐길 수 있는 분위기가 되어야 하지 않을까 싶어요.

윤/ 저도 야구를 하다가 도중에 그만두었고, 주변에도 프로 가서 그만두기도 하고, 너무 다양한 사례들이 많아요. 아직도 '프로 야구선수가 되지 못하면, 중간에 은퇴하거나 잘리면 큰일 나'라는 인식과 문화, 시선들이 너무 많아요. 그런데 여자 야구에서만큼은 '야구선수가 되지 않아도 괜찮아'라는 문화가 좀 생겼으면 좋겠어요.

양/ 야구 동호인으로서 느끼는 점이, 엘리트 야구를 경험한 분 중에는 '야구 재밌게 하자. 져도 돼' 이런 마인드로 야구를 하시거나 가르치시는 분들이 거의 없어요. 윤석 코치님은 되게 특이한 케이스에요. 스포츠는 억압적이고 경쟁적인 분위기에서 해야 되는 게 당연한 거로 생각하시는 분들이 열에 아홉은 돼요. 그래서 일본에서는 고등학교 야구팀 코치를 체육 선생님이 하시거든요. 프로 선수 경력이 한 달이라도 있는 분들은 중·고등학교 야구팀 코치를 못 하게 되어있어요. 아마추어 스포츠(과정)랑 프로 스포츠(결과)를 어떻게 보면 분리해놓는 건데, 개인적으로 그 이유

---

12    프로구단이 신인 선수를 선발하는 절차.

가 명확히 있지 않나 싶어요.

계속 엘리트 코스만 밟아온 경험 때문에, 오히려 다른 성격의 야구는 이해를 못하시는 거군요.

양/ 취미로, 즐겁게, 내가 하고 싶어서 하는 야구에 대한 이해가 어려우신 것 같아요.

꽤 다양한 층위에 있는 여자 야구인들을 만나오셨잖아요. 즉, 다양한 열악함들을 보신 건데 여자 야구 활성화를 위해서 그중에 어떤 부분의 개선이 가장 시급할까요?

윤/ 일단은 체계적인 진학 시스템이요. 아이들이 초등학교, 중학교, 고등학교를 거쳐 성장하는 과정에서 야구라는 것을 지속해서 할 수 있는 인프라나 환경이 잘 갖추어져야 하지 않을까 싶어요. 체계가 없으면 결국 흐지부지될 수도 있다는 불안감이 있잖아요. 그래서 그런 부분들을 먼저 만들어야 할 것 같아요.

학교에서 야구부를 만드는 건 어려운 일일까요? 우리나라에 여중, 여고가 많은데 '클럽팀이라도 만들 수 있지 않을까? 남녀 공학보다 조금 더 수월하지 않을까?'라는 의문이 항상 들거든요.

윤/ 가능하긴 한데 제가 듣기로는 학교장분들이 운동부를 별로 안 좋아한대요. 엘리트든 클럽이든 학교 안에 체육 관련된 것들을 만드는 것을 전반적으로 안 좋아하신다고 하더라고요. 처리할 일이 많아지기도 하고, 스포츠나 체육 교과가 학생들 공부하는 데에 오히려 도움이 될 수 있다는 생각을 가지기 힘든 세대셔서 그런지 전반적으로 운동 활동을 활성화하지 않는 것 같아요. 지금까지 제가 쭉 보아온 경험에 의하면 좋아하시는 분이 별로 없었어요.

한국은 야구뿐만 아니라 전반적으로 엘리트가 아니면 운동을 하는 명분을 이해하지 못하는 분위기인 것 같아요. 특히, 학생 때 스포츠를 접해야 하는 필요성에 대한 인식이 많이 부족하죠.

윤/ 그래도 많이 좋아진 거죠. 지금 코로나 때문에 잠깐 중단되었는데 중·고등학교에서 야구, 축구 등 몇 가지 종목은 (운동부가 아닌) 일반 학생들을 위한 클럽팀을 운영하기도 해요. 예전에 이만수 감독님이 대명고 클럽팀 데리고 대회 나가신 적도 있었고요. 제가 예전에 협회에서 그 대회 관련된 일을 했거든요. 그런 점들을 보면 그래도 좀 개선이 된 것 같아요. 그런데 거기서도 여학생들의 참여도는 아직도 적다는 생각이 들고요.

<썩코치의 야구쑈>는 그들만의 방식으로 여자 야구의 관찰자를 자처한다. 그들은 뉴미디어의 장점을 살려 여자 야구뿐만 아니라 고교 야구 등 프로야구의 스포트라이트가 미치지 못한 곳도 조명한다. 턱괴는여자들은 인터뷰를 통해 예상치 못해서 재미있었던 부분이 있었다. 미국의 훈련법을 도입하여 선수를 코칭하는 윤석은 여자 야구의 단점으로 여겨졌던 체력적인 부분을 기술력으로 극복할 수 있다고 한다. 태초에 양성이 모두 즐기는 스포츠였던 것처럼 다양한 이들이 의견을 제시하여 만들어 낼 여자 야구의 미래가 벌써 궁금하다.

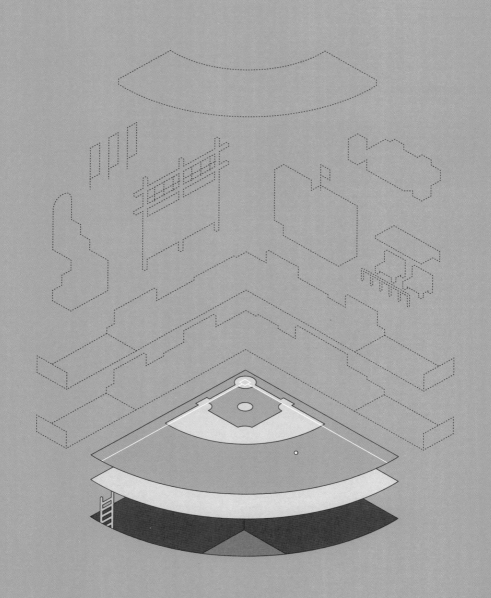

# 에필로그
## 학교 운동장에서 시작되는 운동하는 여성

# 에필로그

## 학교 운동장에서 시작되는 운동하는 여성

**운동하는 여성, 학교 운동장에서 만들어진다.**

> "한 사회의 여건과 가치관을 이해하는 방법은 일하는 방식을 조사하기보다
> 놀이와, 여가의 활용, 레저를 즐기는 방식을 연구하는 것이다."
> – 바트 지아마티[1], 『낙원을 위한 여가(Take Time for Paradise)(2011)』

　　2020년 즈음부터였을까. '여성 스포츠'가 한국 문화 콘텐츠 내에서 하나의 확실한 트렌드로 자리 잡았다. 예능에서는 윤보미를 대표적인 시구 스타로 만들어주었던 <마구단(2017)> 제작진의 세계관 확장 프로젝트인 <마녀들(2020-)>, 다양한 종목의 여성 선수들이 호스트와 패널로 참여한 <노는 언니(2020-)>, 여성 연예인들이 축구팀을 만들어 토너먼트 경기를 치르는 <골 때리는 그녀들(2021-)> 등이 인기를 끌었고, 서점에서도 때맞춰 『여자가 운동을 한다는데(2020)』, 『계집애 던지기(2020)』, 『내일은 체력왕(2021)』 등 운동하는 여성과 관련된 책들이 활발하게 출간되고 있다. 뿐만 아니라 콘텐츠의 주체적 다양성이 큰 장점이라고 할 수 있는 유튜브 플랫폼에서도 <썩코치의 야구쑈>, <프로동네야구 PDB>, <키킷> 등의 채널이 지금까지 비교적 낯설었던 구기 종목(야구, 축구)을 하는 여성들을 꾸준히 다루기 시작했다. 이제 포털 사이트의 '여성 스포츠' 검색 결과들이 눈에 띄게 다채로워졌다는 것은 말할 것도 없다. 지금껏 운동하는 여성이 이렇게 다양한 층위에서 주목을 받았던 적이 있었던가?

2021년 여름, 여성과 운동이라는 키워드가 전에 없이 자연스럽게 어우러질 때 맞이하게 된 도쿄올림픽에서, 우리는 지금껏 철저히 엘리트 체육과 성과 중심으로 발전해온 한국의 스포츠 세계관이 진동하는 것을 느꼈다. 리더십과 팀워크에 열광했고, 값진 패배엔 찬사를 보냈으며, 메달 개수나 순위에 대한 평가보다는 이야기에 대한 공감이 많은 올림픽이었다. 혹자는 가치 추구에 집중하는 Z세대가 주요 문화소비자로 진입한 것을 이러한 변화의 배경으로 꼽는다.[2] 더불어, 마침 국제올림픽위원회(IOC)가 지속가능한 올림픽을 목표로 실천해온 '올림픽 아젠다 2020'[3]도 분명 중요한 역할을 했을 것이다. 하지만 무엇보다, 여성 스포츠 콘텐츠들이 일찍이 운동의 승·패 이상의 '기능(즐거움, 성장, 연대 등)'을 재조명한 것이야말로 남녀노소 모두가 올림픽을 축제로 즐기는 데에 큰 역할을 하지 않았을까? 남성 스포츠가 한국식 엘리트 체육과 무한 경쟁 프레임에 고착화되어있는데 반해, 여성들의 경기는 오히려 기존의 관행으로부터 자유롭다는 것을 강점으로 시청자들에게 스포츠의 사회적 역할을 수월하게 전달하고 있으니 말이다. 사실, 새로운 세대의 등장과 IOC의 자기 개발 역시 여성 스포츠의 번영으로 귀결된다. '정치적 올바름' 논쟁에 익숙한 새로운 세대는(이는 밀레니얼 세대부터 시작된 흐름이다) 성인지 감수성이 떨어지는 스포츠 중계 등에 꾸준히 목소리를 냈고, IOC가 '올림픽 아젠다 2020'를 통해 표명한 핵심 과제 중 하나는 스포츠 내 성평등 증진이었지 않은가. 한 마디로, 스포츠의 전통적이고 단편적인 낡은 이미지가 탈피되는 과정엔 여성이라는 키워드가 있었던 셈이다.

문화 콘텐츠가 여성 스포츠, 특히 팀 스포츠를 '시각화'함으로써 여성들은 플레이어로서의 자신을 그려볼 수 있게 되었고, 유난히 개인 운동과 생존 운동에 치우쳐져 있던 한국 여성의 생활 체육도 새로운 국면을 맞는 듯하다. 그런데 여성에게 스포츠의 즐거움은 왜 이렇게 새삼스러운 걸까? 이은경 스포츠 기자가 그의 저서 『여자가 운동을 한다는

---

1    메이저리그 총재를 역임한 예일대 총장.

2    윤수정, 손호영, 이별찬, 한경진, "기권·룰루레몬·PC논쟁·틱톡···Z세대가 도쿄올림픽에 일으킨 변화 [23CM]", <동아일보>, 2021.08.09.

3    2014년 IOC 임시총회에서 만장일치로 통과되었으며, 올림픽 관련 20개, IOC 관련 20개, 총 40개의 세부 아젠다로 구성되어 있다. 도쿄 올림픽에서 눈에 띄었던 '올림픽 성평등 제고', '주최국의 세부종목 추가 권한' 외에도 '올림픽 분산 개최를 통한 재정적 부담 완화 방안' 등이 포함되어 있다.

데』에서 언급한 한국 여성의 생애주기를 보면, 여성은 운동을 '제대로' 접할 기회를 얻는 것 자체가 좀처럼 쉽지 않다. 이차 성징이 나타나는 10대에 누가 시키지 않아도 스스로를 대상화하며 운동을 꺼리게 되는 것이 시작이다. 그렇게 신체 활동에 대한 심리적 거리감이 생긴 채로 20대가 되면 이제 운동은 몸매 관리를 위한 하나의 수단에 지나지 않는다. 20대 후반부터 30대까지는 출산과 육아가 운동의 직접적인 걸림돌이 되고, 자녀들을 어느 정도 키워낸 이후인 40대 중후반에 이르러서야 여성은 비로소 운동을 접할 여유를 처음 갖는다(수영장의 숨은 고수나 공원 파워워킹 인구에 40대 이상의 여성이 절대적으로 많은 이유가 있지 않겠는가). 하지만 이 시기의 운동 역시 여가나 레저로서의 즐거움과는 거리가 멀다. 건강 이상이 발단이 되거나 그동안 불어난 체중을 조절하고자 하는 경우가 많기 때문이다. 그 후 노년기 여성은 생존을 위해 운동을 한다. 익숙히 보아온 사이클에 대한 날렵한 해석이다.[4]

통계상으로도 여성의 생애 운동 비중은 40대와 70대 이상에 몰려있다. 문화체육관광부가 2019년에 발표한 '국민 생활체육 참여 실태조사'에 따르면, 10대 여학생의 체육 활동은 사회적 대책이 시급할 정도로 감소하고 있었지만, 40대(65.7%)와 70대 이상(65.7%)의 여성 운동 참여율은 증가추세에 있었다고 한다.[5] 첫 번째(자녀)와 두 번째(손주) 돌봄 노동에서 자유로워질 때에야 비로소 운동할 시간을 낼 수 있는 현실이 반영된 것이다. 이렇듯 운동의 목적과 동기와 기회마저 단조로웠던 여성들에게 여성 스포츠 예능이 얼마나 새롭게 다가왔을지 생각해보라. 시청자뿐만이 아니다. 처음으로 승부욕을 가감 없이 드러내면서, 그러나 즐겁게 팀을 이뤄 경기해본 여성들이 느낀 생경함과 신선함 역시 콘텐츠를 통해 전해졌다. <골 때리는 그녀들>에 선수로 참여했던 최여진이 말하지 않았던가. "세상에 이렇게 재밌는 걸 너네들만 했니?"

그러게, 한국의 여성은 왜 재미를 알 새도 없이 무작정 운동과 멀어졌던 걸까? 그 거리를 좁히고 신체 활동의 즐거움을 내 것처럼 탐구하기 위해서는 어떻게 해야 할까? 그 변화의 시작점은 학교 운동장이어야 한다. 앞서 언급된 한국 여성 생애주기에서, 여성에게 운동과의 관계설정권이 주어지는 시기임에도 스스로 밀어내기를 선택한 시발점이 10대였던 것을 기억하는가? 한국스포츠개발원의 남상우 박사는 남성성과 여성성이 커지기 시작하는 10대에 남학생은 '드러냄 문화'를, 여학생은 '울타리 문화'를 형성한다고 말한다. 두 집단이 각각 '활동적이고 표출하는' 태도와 '조신하게 물러나는' 태도를 이상적으로 생각하기 때문에 나타나는 현상이다. 학교 체육 교과가 여학생의 적극적인 참여를 요구하지 않는 형태를 유지하고 있기에 이러한 전통적 관성은 더욱 강하게 작동하고, 동시에 체육 교사들조차 아직도 이러한 젠더 질서를 암묵적으로 받아들이고 무의식적으로 동조하는 경우가 많기에 운동장 내의 배제 메커니즘은 공고해진다.[6] 이 질서가 수정되지 않고 '정상'과 '일상'으로 여겨지는 동안 땀 흘리는 운동은 남학생들의 전유물이 되어버리고, 대부분의 여학생은 스포츠- 특히 팀 스포츠가 자신의 것이 될 수 있다고 생각해본 적 없이 학교를 졸업한다.

청소년기의 경험은 인생의 테두리와 가능성을 좌우하는 경우가 많다. 운동장에서 유독 좁게 형성되어버린 여성의 '신체 활동'에 대한 관념 역시, 어떠한 기능에 맞춰 스스로의 몸을 바라볼 것인지 결정하는 토대가 될 것이다. 학교 운동장을 종횡무진 누벼본 적 없고 대부분의 체육 시간을 스탠드에서 보낸 여성에게, 성인이 된 후의 '나의 운동'이라 함은 곧 취미나 레저의 확장이 아닌 다이어트나 체형 관리를 의미한다.

학교 운동장이 중요한 이유와 그 파급효과의 범위를 더 확장해보자. 청소년기의 운동 경험은 사실 생활체육을 넘어 프로 스포츠 생태계와도 연결된다. 어릴 때 스포츠를 통해 짜릿함을 느껴본 사람이 많아야 이에 자연스럽게 비례해 경기를 '하는' 사람도 '보는' 사람도 많아지기 때문이다.

우선, '하는' 사람이 늘어나는 것은 '선수 육성'과 연결되는데, 이는 상대적으로 프로 리그 활성화가 더딘 여성 스포츠 입장에서 좀 더 필요한 변화다. 엘리트 체육은 수십 배 이상의 규모로 형성된 아마추어 체육이 그 바탕에 있어야 성장동력을 끊임없이 얻을 수 있기 때문이다. 프로 선수를 지향하지 않아도 그 종목을 적극적으로 즐기는 인구가 어

---

4    이은경, 『여자가 운동을 한다는데』, 클, 2020, p.22-24.

5    40대와 70대이상에서 두드러진 증가세 덕분에 2019년도 여성의 생활 체육 참여율은 관측 이래 최초로 남성을 추월했다. 김현기, "여성의 생애체육 참여율, 남성 첫 추월…'적극적' 참여자 많다", <스포츠서울>, 2019.02.26.

6    남상우, 『운동자에서의 젠더 중심화와 주변화 : 중학생들의 체화도니 젠더 질서 사고방식』 『한국스포츠사회학회지』 제29권 제3호, 2016, p.142-145.

느 정도 넓게 포진되어 있어야 인프라는 발전한다. 하지만 한국 여성의 경우, 청소년기 때부터 엘리트 선수를 희망하는 일부 학생과 그 외 학생들 간의 체육 활동 참여율 격차가 극심하다. 2016년 세계보건기구(WHO)가 발표한 세계 146개국 11-17세 남녀 신체 활동량 보고서에 의하면, 무려 97.2%의 한국 여성 청소년이 신체 활동을 하지 않는 것으로 분석됐다.[7] 신체활동을 하는 2.8% 안에 다양한 종목의 운동선수를 꿈꾸는 경우가 모두 포함되어 있다고 본다면, 인문계 여학생의 운동량은 거의 전무하다고 볼 수 있다. 이러한 양극화 현상은 결국 선수를 지향하는 소수의 학생에게도 독이 되는데, 그 대표적인 예가 여자 야구다. 프로 리그 출범이라는 '지향점'에 닿기 위해서는 좋은 선수들을 배출할 중·고등학교 여자 야구팀이 필요하고 팀이 만들어지기 위해서는 당장 취미로나마 야구를 즐기는 여학생들이 많아야 하는데, 앞선 통계에서 알 수 있듯이 종목을 불문하고 운동을 취미로 즐기는 경우가 거의 없는 상황에서는 충족되기 힘든 조건이다.

만약 학교라는 환경이 바뀌고 여성도 청소년기에 야구와의 접점을 수월하게 찾아 이어갈 수 있다면 변화를 기대해 볼 만하다. 여자 야구 불모지인 우리나라에서 등장한 몇 안 되는 선수들만 보아도 모두 일찍이 야구를 접할 수 있었던 환경이 흥미의 발단이 되었기 때문이다. 안향미 선수는 남동생이 리틀 야구에 다니고 있었던 것이 시발점이었고, 김라경 선수는 친오빠가 야구선수 김병근이었으며, 박민서 선수의 경우 프로야구 팬이던 부모님을 따라 자주 야구장을 찾았던 것이 인연이 되었다. 이렇듯 야구를 옆에 두기만 해도 야구에 관심을 갖는 여학생들은 등장한다. 환경의 중요성이 실감 나는 부분이다. 더 많은 여학생이 학교 체육 시간에 다양한 스포츠를 직접 해보고, 한 가지 종목을 꾸준히 개발할 수 있다면 어떨까? 청소년기의 경험과 학습에 따라 하고 싶은 운동도, 할 수 있는 운동도 달라질 수 있다.

두 번째로, 학교 운동장의 개편을 통해 스포츠를 '보는' 사람이 늘어날 수 있다는 관점은 '산업의 지속적인 성장'과 이어진다. 학교 운동장은 소수정예의 엘리트 선수뿐만 아니라 스포츠 팬을 키워내는 공간이기도 하니 말이다. 바로 이 지점에서 여학생의 체육 활동 참여 증진은 남성 스포츠 리그에게도 적용되는 공통 과제가 된다. 스포츠 산업의 기둥인 탄탄한 팬층을 유지하기 위해서는 여성 관중의 꾸준한 유입이 매우 중요한데, 스포츠에 대한 여학생들의 무관심이 지속되는 것은 향후 여성 관중 확보가 보장되지 않는다는 뜻이기 때문이다. 특히 야구는 여성 리그가 더 인기 있는 배구를 제외하면 여성 관중

의존도가 가장 높은 스포츠다. 2009년부터 야구장을 찾은 30% 이상이 여성 팬이었으며 [8], 600만 관중 시대를 열었던 2011년에는 약 40% [9], 2018년부터는 약 50%가 여성이었다. 국민 스포츠 자리를 두고 다투는 프로축구에 비해 프로야구의 흥행에는 여성의 역할이 컸던 셈이다. [10] '관중 확보'의 차원에서 기울어진 학교 운동장의 나비효과가 가장 두려운 스포츠는 아마도 야구가 아닐까. 한국야구위원회(KBO)는 매년 '찾아가는 티볼 교실'을 열어 이를 보완하기 위한 나름의 노력을 하고 있다. 이 교육 행사의 목표 중 하나는 티볼을 통해 야구의 저변을 확대하는 것인데, 원래 초등학교 대상으로 진행하던 것을 장래 여자 야구팬 확보를 고려해 여자 중학교로 확대해 실시하는 중이다. [11] 하지만 체육 교과의 비중이 공통적으로 급감하는 고등학교에 진학하면, 그나마도 미약했던 여성과 스포츠의 이음새는 빠르게 헐어버린다. 교과과정상의 보다 근본적인 대책이 필요한 이유다. 청소년기에 탄탄한 여성 수요자와 향유자를 만드는 것이 모든 스포츠의 궁극적인 과제라면, 학교 운동장을 입체적으로 톺아보기에 지금보다 더 적절한 때가 또 있을까?

특이 케이스인 야구를 제외하면 프로 스포츠가 남자만의 전유물에서 탈피한 지 오래고, 최근에는 엘리트 체육의 부작용이 수면에 떠오르면서 아마추어 기반의 건강한 스포츠 문화를 지향하는 흐름도 심심찮게 눈에 띈다. 이와 더불어 도입부에서 이야기했던 새로운 콘텐츠 경향이 모두 동시대에 교차하고 있는 만큼, 한국의 학교 운동장이 이 시대에 가장 뒤쳐진 공간이 되지 않기 위해서 공교육은 어떤 대책을 세울 수 있을지 약 50년 전 미국의 사례를 참고해보고자 한다. 시대적 차이가 무색할 만큼 진보적이었던 미국 정

7   이인아, "한국 청소년 94% 운동부족, '세계 최악'", <신아일보>, 2019.11.22.

8   홍진수, "프로야구 600만 관중 시대… 인기 확산 중심엔 여성팬이 있었다", <경향신문>, 2011.09.13.

9   "프로야구 관중 40%가 여성", <스포츠 경향>, 2011.12.25.

10  2019년 프로야구 관중의 여성 비중은 48%, 프로축구 관중의 여성 비중은 39%였다. (출처 : 2019 프로스포츠 관람객 성향조사, 한국프로스포츠협회)

11  "은퇴한 선수가 학교를 찾아가 티볼 교육을 함으로써 학생들의 체력 증진과 야구 저변을 확대하고 스포츠클럽 활성화에 기여하는 사업이다. 장래 여자 야구팬 확보를 위해 대상 학교를 기존의 초등학교에서 여자 중학교까지 확대했다." (출처 : 배중현, "KBO, '찾아가는 티볼 교실' 101개 학교 참가로 마무리", <중앙일보>, 2021.12.21)

부의 제도적 개입을 과연 오늘날 우리는 어떻게 한국에 적용할 수 있을까. 더불어 사회·문화적 차이로 인해 추가로 고려해야 할 점과, 후발주자의 이점을 살려 보완하고 시작할 수 있는 지점은 무엇인지 함께 생각하는 기회가 되었으면 한다.

### 20세기 미국, 학교 운동장의 기울기를 주목하다

"이런 성의 혼란에 있어서 가장 역겨운 사례는 하비 윈터씨가 만들려는 여자 야구 리그입니다. 여기 시카고에서는 가정에서 차출된 젊은 여성들이 하비 야구장에 모여 누가 더 남성스러운지 대결하고 있습니다."

– 페니 마샬 감독, <그들만의 리그(A League of their own)(1992)>

실존했던 전미여자프로야구리그(AAGPBL)[12]를 다룬 <그들만의 리그>에는 위와 같은 라디오 비평 장면이 나온다. 1940년대에 남자 야구의 대체재로 등장했던 여자 야구 팀에 가해진 이러한 원색적인 비판에서도 알 수 있듯이, 미국 또한 한 때는 눈에 띄게 남성 중심적인 스포츠 역사를 가지고 있었다. 그리고 이렇게 여성의 운동을 터부시했던 경향이 재생산되는 무대는 다름 아닌 '학교'였다. 스포츠에 대한 흥미는 개인의 '성향'에 따른 차이였지만, 여성의 욕망은 '성별'을 기준으로 거세된 셈이다. 여학생들에게는 그만큼 비좁은 운동장만이 허락되었는데, 이는 숫자로 명확히 드러난다. 1972년 미국 고등학교 스포츠 경기의 참여자 수를 비교해 보면 남학생이 367만 명이었던 반면에 여학생은 29만 5천 명이었기 때문이다. 여학생 수는 겨우 남학생의 8%에 불과한 숫자다.[13]

여기까지는 왠지 낯설지 않은 이야기이다. 하지만, 미국은 기울어진 운동장의 균형을 놀라울 만큼 빠르게 맞춰갔다. 2013년에 다시 발표된 통계에서 고등학교 스포츠 경기에 참여한 여학생 수가 무려 322만 명으로 집계된 것이다. 이는 1970년대 대비 약 1,100% 늘어난 수치였으며[14] 같은 기간 동안 대학교 운동부의 여학생 참여율 증가폭 또한 670%에 달했다.[15] 1972년부터 2013년까지, 약 40여 년 만에 이뤄낸 변화였다. 어떻게 이런 일이 가능했을까?

그 전환점은 1972년에 통과된 남녀 교육 평등법안, 타이틀 나인(Title IX)이었다. 현재까지도 가장 획기적이고 성공적인 교육 개혁 사례로 꼽히는 타이틀 나인은 연방정부의 지원을 받는 모든 교육 프로그램과 활동에 있어서 '남녀차별을 금지'한다는 내용을 담고 있다.

법안이 통과될 당시 대학생이었던 린 범(Lynn Baum) 씨는 "저는 시기를 잘못 맞춰 태어난 거죠"라며 아쉬움을 표한다. 하지만 그녀는 대학 운동부 졸업 후 약 20여 년간 코치로 활약하면서 새로운 법이 만들어낸 변화를 그 누구보다 생생히 목격했다. "항상 저희 팀 선수들에게 말하곤 해요. 스스로 얼마나 운이 좋은지 실감하지 못하고 있다고요." 그의 (여성) 제자들은 원하는 만큼 개인 레슨을 받고, 운동 장학금의 기회도 남학생과 공평하게 누린다. 한편, 타이틀 나인의 수혜 세대로, 축구 장학생으로 선발돼 UCLA 대학에 진학한 마티네즈(Martinez)는 "저는 제가 이 시대에 태어난 것이 얼마나 운이 좋은지 알고 있어요."라고 말한다. 이뿐만이 아니다. 그녀의 경험에 의하면, 타이틀 나인은 여자아이들이 동등한 대우를 받고 재능을 마음껏 보여줄 수 있는 환경만 갖추어진다면 사회의 인식도 그에 맞추어 바뀔 수 있다는 것을 보여주었다. "아무도 저에게 '너는 여자라서 축구를 할 수 없어'라고 말하지 않았어요. 최선을 다하면 어떤 운동이든 잘 할 수 있을 거라는 얘기만 들었죠."[16]

미국 연방정부가 70년대에 만든 이 법안의 파급효과는 개인의 경험이나 세대를 뛰어넘어 이어지고 있다. 앞의 두 사람처럼 목격자이거나 타이틀 나인 키즈인 이들이 체육 각계의 운영자와 교육자로 자리 잡으면서, 기울어진 운동장의 균형을 보다 섬세하

---

12 　전미여자프로야구리그(All American Girls Professional Baseball League). 세계2차 대전 당시 메이저리거들이 대거 징집되어 시즌 개막이 불가능해지자, 그 경제적 손실을 메우고자 했던 기업들이 만든 최초의 여자 프로야구 리그이다.

13 　김성진, 「여학생 체육활동 참여의 활성화를 위한 법제도 마련」 『스포츠와 법』 제17권 제4호, 2014, p.64-65.

14 　같은 해 남학생 참여자 수는 449만 명.

15 　이정규, 「학교체육의 양성평등 실현방안에 관한 연구」 『스포츠엔터테인먼트와 법』 제18권 제3호, 2015, p.116.

16 　Potkey, Rhiannon. MacClatchy, "Title IX changed sports landscape; but more work to do", <Tribune Business News; Washington>, 2011.04.10.

게 맞추려는 노력을 이어가고 있기 때문이다. 펜실베니아 대학에 교수로 재직 중인 나다 퀴즐리(Narda Quigley)가 창단한 필라델피아 여자 야구 리그(PWBL. Philadelphia Womens's Baseball League)도 그중 하나다. 세 개의 팀으로 구성된 필라델피아 리그는 야구가 하고 싶은 여성이라면 나이에 상관없이 입단할 수 있고, 타지역의 여자팀들과 주기적으로 토너먼트 경기를 한다.[17] 오늘날 이 리그에 입단하는 어린 학생들은 다양한 연령대의 여성이 함께 야구하는 모습을 자연스럽게 보고 자라는 셈이다. 타이틀 나인 이후의 세대가 가진 '당연함'의 감각은, 그 변화과정을 목도한 세대와는 또 다르다. 이 아이들이 성인이 되었을 때 다시 한 번 재정립될 사회의 가치관을 상상해본다면, 타이틀 나인의 효과를 단순하게 '교육 기회의 평등'뿐이라고 규정지을 수는 없을 것이다.

## 기회를 만날 기회, "만들어라, 그러면 참여할 것이다."

"세상이 변하고 있어요. 저도 맞춰가야겠죠."
- 브라이언 헬걸런드 감독, <42(2013)>

사실, 타이틀 나인이 처음부터 스포츠 프로그램을 섬세하게 고려한 법안은 아니었다. 1972년에 통과된 초안에는 체육 교과와 관련된 내용이 따로 없었기 때문이다. 하지만 성별에 따른 불평등이 가장 뿌리 깊은 분야가 다름 아닌 스포츠였기 때문에, 남녀 차별 금지법인 타이틀 나인이 제정되자마자 곧바로 사설 스포츠 클럽과 학교 운동부 관련 이슈들이 고발되기 시작했다. 구체적인 경험을 바탕으로 한 부당한 사례들이 끊임없이 제보되자, 곧 '건강 교육 복지부'는 운동과 관련된 프로그램도 타이틀 나인 적용 대상에 포함해야 한다는 의견을 내놓았다. 반면, 전미대학스포츠협회를 포함한 스포츠 교육계는 이에 대응해 체육은 '남녀차별 금지'영역에서 열외로 해야한다는 입장을 발표한다. 이 둘을 주축으로 한 끊임없는 찬반 토론과 줄다리기가 이어진 끝에 마침내 1975년, 교실뿐만

---

17    John DeBenedictis, 『Baseball Is for the Ages』 AuthorHouse, 2015, Leslie A. Heaphy, 『More than a Man's Game : Pennsylvania's Women Play Ball』 「Pennsylvania Legacies」 University of Pennsylvania Press, 2007, pp.22-25, 27.

아니라 '운동장'이 적용 범위에 포함된 타이틀 나인 세부 시행규칙이 발표되었다.

　　연방정부는 교육 기관들이 '남녀차별 금지'라는 새로운 규정을 충분히 이해하고 준수할 수 있도록 1978년까지 약 3년의 유예기간을 주었다. 그럼에도 불구하고 스포츠 관련 부서와 기관들은 혼란을 피할 수 없었는데, 당시 미국 대학과 고등학교의 운동부에서 여성이 차지했던 비율은 각각 15%, 7%로 매우 저조했기 때문이다. 3년 만에 '평등'에 가까운 균형을 맞추기에는 기존의 참여율 격차가 너무 컸다. 또한, 그동안 학교 예산에서 가장 큰 파이를 가져갔던 미식축구부, 야구부 등을 주축으로 '역차별'이라는 불만이 어김없이 터져 나왔다. 새삼스럽게 예산을 '공평하게' 나눠야 하는 한다는 규칙이, 그들로서는 늘 자신들에게 보장되어 있던 몫을 '잃는' 셈이었기 때문이다.

　　그렇게 여러 출처의 불만이 엉켜 혼란이 가중된 채로 유예기간이 끝난 1979년, 연방정부는 스포츠 교육계의 반발에 주춤하지 않고 '3가지 검사(Three-Part Test)'라는 더 날카롭고 예리한 기준을 제시했다. 오히려 더 섬세한 가이드라인을 제시함으로써 교육 기관들의 준수·위반 여부를 명확히 판단하고 타이틀 나인의 법적 구속력을 강화하겠다는 취지였다. 그 세 가지 항목을 살펴보면 미국이 도달하고자 했던 학교 운동장의 기울기가 무엇인지 명료하게 알 수 있다.

<연방정부가 제시한 '3가지 검사'>
첫째, "여학생에게 남학생과 동등한 체육 활동 기회를 제공할 것"
둘째, "남학생에게 해당하는 체육 장학금은 여학생에게도 동일하게 적용할 것"
셋째, "경기장, 코치진 등의 운동부 혜택 및 서비스를 남녀팀에 동등하게 제공할 것"

　　이 중 객관적 판단이 어려운 첫 번째 항목을 평가하기 위해서는 추가로 세 가지 하위 기준을 두었는데, 이 중 하나라도 충족된다면 교육 기관이 여학생에게 남학생과 동등한 기회를 주기 위해 노력하고 있다고 판단했다.

첫째, "여학생에게 남학생과 동등한 체육 활동 기회를 제공할 것"

- 비례(Proportionality) : 운동부 구성 성비는 전체 남녀 학생 성비에 비례해야 한다
- 증진(Progress) : 그동안의 경험 제한을 보상하기 위해 여학생 팀을 지속해서 확대한다
- 흥미 충족(Satisfied interest) : 여학생들의 종목별 관심과 흥미를 주기적으로 조사하고, 이 데이터는 학교 및 기관이 스포츠부를 신설할 시 먼저 고려되어야 한다

이러한 명확한 기준을 통해 교육 기관의 타이틀 나인 법안 준수 여부는 공정하고 정확하게 판단될 수 있었고, 연방정부는 이를 위반할 시 재정지원을 중단한다는 강력한 처벌을 적용했다. 위의 '3가지 검사'는 타이틀 나인의 상징적이고도 실질적인 뼈대로서, 오늘날까지 각 교육구의 학교들을 관리하고 관련 소송을 처리하는 주요한 법 해석 근거로써 활용되고 있다.

## 타이틀 나인과 야구

> "난 야구를 사랑하네.
> 사랑하는 야구의 심장부에 부당함이 자리 잡고 있었는데 난 묵인한 거야."
> – 브라이언 헬걸런드 감독, <42(2013)>

그렇다면 남녀에게 '동등한 기회'를 보장하겠다는 상식적이고도 획기적인 법안의 등장과 함께, 미국의 정수와 맞닿아있는 야구도 여학생들을 순순히 받아들였을까? 결론은 "아니오"이다. 마운드는 여성에게 쉽게 열리지 않았다. 야구는 어떻게 강력한 법적 구속력을 갖는 타이틀 나인을 피해갈 수 있었을까?

> "연방 정부의 지원을 받는 스포츠 프로그램이 한쪽 성별만으로 팀을 운영하고 다른 성별의 팀을 운영하고 있지 않다면, 반드시 그 배제된 성별의 참여자에게 테스트를 받을 수 있는 기회를 제공해야 하는데, 이 방침은 '신체 접촉 스포츠'가 아닌 경우에 해당한다."
> – <타이틀 나인 시행규칙(1975)>

야구가 더 오래 마운드를 잠가놓을 수 있었던 건, '타이틀 나인' 세부 시행 규칙 안

에 '신체접촉 스포츠 예외(contact sport exemption) 조항'이 있었기 때문이다. 이는 신체 접촉이 경기의 중요한 요소로 작용하고 또 빈번히 일어난다고 판단되는 스포츠의 경우, 그 위험성을 고려해 여학생 배제를 용인해주겠다는 내용이다.

　　이와 관련해서 두 가지 의문이 든다. 우선, 타이틀 나인의 궁극적인 의도는 여학생들이 남학생 팀에서 함께 뛸 수 있어야 한다는 것이 아니라, '여성팀'에서 뛸 환경이 충분히 보장되어야 한다는 것이었다. 그렇다면, 같은 여성 간의 경기가 진행된다고 전제할 때 설령 신체 접촉이 중요한 요소라고 하더라도 이것이 과연 큰 문제가 되는 것일까? 자발적으로 스포츠 활동을 선택했음에도 여성 운동 선수를 여전히 '부상을 피하고' '보호되어야 할' 대상으로 여긴다는 것은 구시대가 요구하던 여성성을 아직 완전히 탈피하지는 못한 것으로 해석할 수 있다. 여전히 '운동선수'보다 '여성'에 방점이 찍힌 시선이 잔류했던 것이다.

　　또한, 당시 '신체 접촉 스포츠'의 예시로 언급되었던 종목들을 보면 복싱, 레슬링, 럭비, 풋볼 등으로, 해당 조항이 말하는 접촉의 정도가 꽤 격렬한 몸싸움임을 알 수 있다. 그렇다면, 야구는 이 종목들과 함께 과연 '신체 접촉 스포츠'로 묶일 수 있을까? 바로 이 지점에서 보다 결정적인 맹점이 발생한다. 구체적인 해당 종목을 명시해두지 않았기에, 어떤 스포츠든 자의적 판단으로 '신체 접촉 스포츠'라고 스스로 주장할 수 있었던 것이다. 실제로, 이 조항은 야구와 같은 폐쇄적인 성격의 스포츠들이 타이틀 나인을 위반하지 않으면서도 여학생들을 합당하게 거절할 수 있는 빌미를 주게 된다.

　　전문가들은 기회의 평등이 주요 안건인 법안에서조차 예외조항을 통해 '그들만의 리그'를 합법적으로 남겨놓는 것은, 스포츠가 관례적으로 남성의 영역이라는 주인의식을 드러내는 태도라고 해석한다. 타이틀 나인의 취지도 알고 보면, 순수하게 여성과 남성의 동등한 권리를 존중하는 것이라기보다는 '인도적 차원의 배려와 양보'라는 관념이 깔려있다고 보는 것이다. 당시 건강 교육 복지부 장관이었던 캐스퍼 와인버거(Casper Weinberger)가 '신체 접촉 스포츠'라는 중립지대의 창조 배경에 관해 설명한 맥락을 보면 이러한 의식이 적나라하게 드러난다.

　　"학교 체육을 포함한 스포츠 교육의 세계에서 무의식적으로 만연해 온 명백한 차별들은 근절될 필요가 있습니다. 동시에, 우리는 미국적 삶의 큰 부분을 차지하고 있는 대학의 전통과 고등교육의 세계가 변질되거나 붕괴되는 것 또한 막아야 합니다."

야구의 경우를 바탕으로 타이틀 나인의 한계를 연구했던 서재철, 김방출 교수는, 와인버거 장관의 이 발언은 미국적이고 남성적인 스포츠를 '성역'으로 남겨두고자 하는 모순된 태도라고 꼬집는다. 미국의 여학생들에게 스포츠 참여의 기회를 제공하여 여성의 권리를 신장시키고 촉진하는 것은 중요하지만, 동시에 "남자다움의 문화를 소중히 만들고 가꾸어 온 미국적 전통의 (신체-접촉) 스포츠 세계를 보존하고 계승하는 것 또한 중요하다고 하는 것"이라고 말이다.[18]

예외 조항이 포함된 세부시행규칙이 발표된 후로 한동안 신체 접촉 스포츠 적합·부적합 여부를 둘러싼 소송들이 줄을 이었다. 그중 야구와 관련된 소송들이 가장 '먼저' 그리고 가장 '많이' 제기되었는데, 여학생 팀을 별도로 꾸릴 수 있을 때까지는 시간이 필요했으므로 초기의 소송은 대부분 여학생이 남학생 팀에서라도 우선 뛰게 해달라는 내용이었다. 하지만 스스로 '신체 접촉 스포츠'라고 주장하는 야구에 이의를 제기하기 위해서는 예외 조항을 품고 있는 '타이틀 나인'에만 그 법리를 의지할 수는 없었다. 때문에 '스포츠 내 평등한 기회 보장'을 주장하기 위해 제기된 대부분의 소송은 또 다른 법적 근거로써 미국 수정헌법 14조의 '평등보호조항'[19]을 인용했다. 이는 교육과 스포츠를 포함해 어떤 경우에든 미합중국 시민의 권리를 차등하거나 재단할 수 없다는 내용의 포괄적인 권리 보호법이었다. 1970년대 신체 접촉 스포츠 관련 소송의 판결문들을 연구한 콜로라도 덴버 대학의 교수 사라 필드(Sarah K. Fields)는, 향후 야구와 관련된 중요한 판례로 사용되는 4개의 주요 사례가 모두 '타이틀 나인'이 아닌 '평등보호조항'에 근거한 판결이었다고 말한다. '신체 접촉 스포츠'에 있어서만큼은 타이틀 나인은 그냥 '이빨 빠진 호랑이'에 불과했다는 것이다.[20]

학교 야구부와 지역 리그들은 '평등보호조항'을 바탕으로 제기된 소송에서조차 야구가 '신체 접촉 스포츠'임을 강조하며, 그만큼 여학생에게 위험한 스포츠라는 것을 입단 거절 근거로 내세웠다. "야구를 하면서 다칠 것이다", "여자아이들은 야구를 하기에 신체적으로 연약하다" 등은 실제로 판례에 기록된 리그측의 의견들인데, 필드 교수는 그들이 이렇게 야구의 위험성을 강조했던 것은 매우 모순적인 태도였다고 꼬집는다. 같은 시기에 남자 아이들을 모집하기 위해서는 자체 조사한 1967년도의 보고서까지 예로 들며 "리틀리그 선수들의 부상률이 1.96%에 불과할 만큼 야구는 매우 안전한 스포츠"임을 주장했기 때문이다. 그 외에도 당시 여학생의 입단을 거절했던 근거로는 "여학생에게 부상 및 응급 처치가 필요한 경우, 남자 코치들이 대응하기에 곤란하다", "여자 아이들에 대한 코칭 시간의 배분으로 인해 미래에 프로로 진출해야할 남자 아이들 지도가 소홀해질 것이다" 등이 있었다.[21] 오늘날 여자 야구가 배제되는 논리들과도 아주 동떨어지지 않는다는 점이 씁쓸함을 준다.

야구팀과 리그들뿐만 아니라, 당시 사회 분위기 자체가 '야구하는 여성'에 대해 얼마나 큰 거부감을 가졌는지 보여주는 사례도 있다. 1973년에 뉴저지주 연방 법원이 지역 유소년 리그에서 부당하게 퇴출당한 11세 소녀의 손을 들어주자, 무려 뉴저지주 의회가 나서서 여학생들의 야구 활동을 금지하는 법을 청원한다며 약 5만 명의 서명을 받았던 것이다. 그리고 이는 단 '3표' 차이로 부결되었다.[22]

이렇게 야구가 여학생들의 입단을 받아들일 것인지조차 결정하지 못하고 대문 앞을 서성이는 동안, 소프트볼은 여학생들 내에서 빠르게 확산되었다. 대학들이 타이틀 나인이 요구하는 여학생 참여 증진 기준을 충족시키기에 유리한 소프트볼을 적극적으로 활용했던 것이다. 여학생들은 남자 야구팀에서 (때로는 법정 소송을 불사하며) 유일한 여

18    서재철, 김방출, 「Title IX을 '탈-신화화'하는 스포츠문화사 관점의 논의 : 1970년대 미국 여학생들의 야구 참여 관련 법정 소송 사례를 중심으로」 『한국스포츠교육학회지』 2020, p.127-128.

19    "미국합중국에서 출생 또는 귀화하고, 합중국의 관할권에 속하는 모든 사람은 합중국 및 그 거주하는 주(州)의 시민이다. 어떠한 주도 합중국 시민의 특권과 면책권을 박탈하는 법률을 제정하거나 시행할 수 없다. 어떠한 주도 적법절차에 의하지 않고는 어떤 사람의 생명, 자유 또는 재산을 박탈할 수 없으며, 그 관할권 내에 있는 어떠한 사람에 대해서도 법률에 의한 평등한 보호를 거부하지 못한다."

20    Sarah K. Fields, 『Female Gladiators: Gender, Law, and Contact Sport in America』 University of Illinois Press, 2005, 서재철, 김방출, 「Title IX을 '탈-신화화'하는 스포츠문화사 관점의 논의 : 1970년대 미국 여학생들의 야구 참여 관련 법정 소송 사례를 중심으로」 『한국스포츠교육학회지』 2020, p.129-135 재인용.

21    Ibid.

22    Ibid.

자 선수가 될 것인지 소프트볼 선수가 될 것인지 선택의 갈림길에 서야 했고, 그 기울어진 밸런스 게임의 결과는 뻔했다. 아이러니하게도, 스포츠 내의 '동등한 기회'를 추구했던 타이틀 나인은 본의 아니게 여학생들에게 소프트볼을 장려하는 배경이 되었고, 야구가 성중립적인 스포츠가 되는 속도를 지연시키고 만다.

이렇듯 타이틀 나인은 예외조항이라는 허점으로 인해 전통적으로 남성 중심적이었던 몇몇 스포츠들 앞에서는 유명무실해지고 말았다. 70년대의 미국 여학생들이 야구, 미식축구, 농구 등에 대한 참여 기회를 얻을 수 있었던 것은 '평등보호조항'을 위반했다고 내려진 판결들 덕분이었으며, 타이틀 나인은 한동안 의미 있는 결과를 내지 못했다. 1999년에 이르러서야 '신체 접촉 스포츠'에도 여학생들이 참여 할 수 있어야 한다는 판결에 일부 간접적으로 활용되었을 뿐이다.[23]


## 리스크가 없는 개혁이 가능할까?

20세기에 태어난 타이틀 나인은 21세기에도 계속해서 보완되어 가는 중이다. 2011년에 발표된 자료에 의하면 이 법안과 관련해 접수되는 컴플레인은 여전히 연평균 약 90건에 달하며, 그중 약 3분의 1이 교육부로 넘어가 세세한 검토를 받고 있다.[24] 하지만 지난 50여 년 동안, 사회의 가치관은 이미 눈에 띄게 달라졌다. 이제 여학생들에게 돌아가야 할 공평한 기회가 의심받는 경우는 거의 없으며, 관련된 문의들 역시 오히려 규정을 위반한 교육 기관을 좀 더 섬세하게 보호할 수 있는 안전망이 필요하다는 내용이 많다. 법적 제재가 워낙 강력하기 때문이다.

1999년, 로드아일랜드주의 프로비던스 대학은 당시 여학생의 구성비가 59%인데 반해 여학생 장학금 비중이 47%라는 이유로 타이틀 나인에 부합하는 구조 조정을 취할 것을 권유받았다. 문제를 해결할 방안은 남학생에게만 해당되는 예산 중 큰 몫을 차지하는 야구부를 없애는 것뿐이었는데, 대학 측은 이 문제를 법정으로 가져갈 것인지 고심하지만 결국 포기하고 만다. 불과 얼마 전, 같은 주에 있는 브라운 대학이 교육부를 상대로 한 법정 소송에서 패소하면서 7백만 달러의 벌금을 물어야 했기 때문이다.[25]

놀라운 점은, 다소 투박한 법률로 인해 일부 부작용을 불가피하게 감수해야 하는 상황에서도 타이틀 나인의 취지가 옳다는 점에는 모두가 동의한다는 사실이다. 프로비던스 대학의 학생들 모두 야구부 해체와 같은 극단적 대처만이 문제를 해결할 수 있는 빡빡한 기준에 대해 이의를 제기하면서도, 타이틀 나인을 관통하는 큰 틀의 논리에 대해서는 옳다는 공감대를 형성하고 있었다. 학생들의 인터뷰를 보면 "타이틀 나인은 옳지만-", "여학생들에게 동등한 기회가 주어져야 한다는 것에는 전적으로 동의하지만-"과 같은 표현이 자주 등장한다. 야구부 해체 당시 팀 코치를 맡고 있었던 찰리 히키(Charlie Hickey)의 인터뷰 또한 인상 깊다. 그는 자신의 비통함을 표현하면서도 이내 이렇게 말한다. "저는 한 발 뒤로 물러나 바라보려고 해요. 왜냐하면 저에겐 네 명의 여자 형제가 있거든요. 그들 대부분은 학생일 때 스포츠 활동을 할 기회를 충분히 누릴 수 있었는데, 그건 아마 타이틀 나인 없이는 불가능했을 겁니다."[26]

타이틀 나인의 기준은 분명 엄격하다. 하지만, 이러한 융통성 없는 법안을 약 50여 년간 고수했을 때에야 비로소 '영점'이 맞춰지는 심각한 기울어짐이 태초에 존재했다는 점이 더욱 중요하다. 전통과 환경은 우리보다 훨씬 더 나이 든 것이기에, 우리는 사회의 균형을 무의식중에 덥석 신뢰하는 경향이 있다. 과연 이 균형은 영점에 맞춰져 있는 것일까? 타이틀 나인의 조치를 차별이라고 인지했던 70년대 미국의 미식축구부, 야구부에게는 학교 예산의 가장 큰 몫을 자신들이 가져가는 것이 당연한 균형이었다.

익숙함과 공정함을 분별하는 가장 좋은 방법은 입장이 뒤바뀐 평행세계를 생생하게 그려보는 것이다. 60세에 미연방 대법관에 임명되었던 루스 베이더 긴즈버그는 생전에 "9명의 대법관 중 여성이 몇 자리를 차지해야 평등하다고 생각하는가?"라는 질문에 "9명 전원."이라고 답했다고 한다. "오랜 시간 9명 전원이 남성일 때는 아무도 의문을 제

---

23    *Ibid*.

24    Potkey, Rhiannon.McClatchy, "Title IX changed sports landscape; but more work to do", <Tribune Business News; Washington>, 2011.04.10.

25    "Baseball; The Other Side of Title IX : Baseball", <New York Times>, 1999.05.19.

26    John Altavilla, Lori Riley, "The victim ; providence college baseball ; title ix : the 35th anniversary", <Hartford Courant>, 2007.06.17.

기하지 않았기 때문"이라는 것이 그녀의 설명이다. 양팔 저울의 한쪽을 오래 누르고 있다가 손을 떼면, 평형대가 곧바로 요동을 치기 시작한다. 기울어져 있던 상태에 대한 반작용으로 인해 평형대는 꽤 여러 번 반대쪽으로 넘어가는데, 이는 모두 수평을 찾아가는 과정이다. 사회의 영점도 마찬가지다. 하지만 우리는 평형대가 역으로 넘어가는 찰나에만 '기울어졌다'는 감각을 새삼스레 인지한다. 우린 기울어진 땅을 밟고 태어나, 그것이 완벽한 평형이라고 믿어온 것이 아닐까?

## "원래 그런 것"은 없다 : 운동 권하지 않는 사회의 추가적인 숙제

> "자신이 원형(prototype)이라고 주장할 수 있고, 자신이 표준(standard)이라고
> 세상에 보여줄 수 있어요. 하지만, 결정권자들이 마음을 바꾸기 전까진
> 당신은 그저 비정상, 괴물, 유니콘일 뿐이죠."
> – 콜린 캐퍼닉, 에바 듀버네이 감독, <콜린, 흑과 백의 인생(Colin in Black & White)(2021)>

타이틀 나인은 학생의 성비와 기회의 성비가 1:1로 비례해야 한다는 획기적인 원칙이 적용된 법안이었다. 전례 없는 수학적 공평함은 직관적이었고, 이 공식을 따르지 않으면 재정 지원을 끊어버렸던 연방정부의 의지는 확고했다. 비록 '신체 접촉 스포츠 예외 조항'이라는 허점이 있었지만, 이는 오히려 스포츠사에서 가장 진일보한 정책에서조차 미묘하게 주변인으로 남아있던 여성의 입지를 명료하게 되짚어주며 현대를 사는 우리에게도 유의미한 경종을 울린다. 2013년 미국이 통계로 확인한 변화는 약 40여 년 만의 쾌거라고 해석할 수도 있지만, 관점에 따라 정부의 적극적 개입이 최소 반세기 동안 지속되고 나서야 얻은 결과라고 볼 수도 있다. 여전히 1970년대의 미국과 크게 다르지 않은 체육 교육 환경을 가지고 있는 한국은, 학교 운동장을 너무 오래 방치하고 있는 것이 아닐까?

여학생 참여율이 1100%, 670% 증가했다는 비교 통계 자료가 2013년에 발표된 후, 많은 국가들이 자국의 스포츠 교육 환경을 개선하겠다며 미국의 사례를 주목했다. 비슷한 시기에 한국에서도 타이틀 나인을 표본 삼아 학교 체육 현장을 바꾸어야 한다는 연구들이 다수 등장한다.[27] 기존의 학교체육진흥법, 양성평등기본법 등을 실효성 있게 수정

해 활용하자는 의견이다. 장기적인 마스터 플랜을 위해서는 제도가 밑그림을 수정하는 역할을 맡아주어야 하고, 한국은 지금까지 이렇다 할 체육 교육 개혁을 시도한 적이 없다는 점에서 미국의 선례를 참고해야 할 필요성에 동의한다. 하지만 시대적·문화적 배경이 다른 경우인 만큼, 단순하게 행정적 조치를 복사해 붙여넣기만 할 것이 아니라 그 기반 조건들의 차이 또한 사전에 충분히 고려되어야 할 것이다. 따라서, 이 장에서는 추후에 제도 개편을 가정하고 70년대 미국과 현재 한국의 상황을 비교해보고자 한다. 여기서 도출되는 현대 한국의 특이점들은 우리가 추가로 해결해야 할 숙제라고 볼 수 있을 것이다.

우선 미국의 경우, 연방정부가 타이틀 나인이라는 제도를 통해 교육 현장에 개입한 시점이 '70년대'였다는 점에서 크게 두 가지 이득을 보았을 것으로 생각된다. 첫 번째, 당시 스포츠 내 여학생에 대한 기회의 불평등은 주로 기득권자들과 결정권자들에 의해 거리낌 없이 답습되었으므로, 문제의 인과관계가 상대적으로 명쾌했다. 원인이 단순하면 대응 방안도 간단해진다. 두 번째, 매우 노골적이었던 사회적 여성스러움에 대한 강압이 오히려 여성들의 스포츠 참여 욕구를 폭발적으로 끌어올리는 기폭제로 일부 작용했을 수 있다. 당시의 스포츠란 현재보다 더 적나라한 남성의 성역이었다는 점에서 여성의 시대적·집단적 욕구 불만이 형성되었을 수 있다는 것이다. 압력이 높을수록 터지는 힘 또한 큰 법이므로, 이는 타이틀 나인 공표 이후의 폭발적인 호응으로 이어지게 된다. 이러한 두 가지 조건으로 인해 이 문제에 가장 효과적으로 개입할 수 있는 주체는 공권력이었으며, 연방정부가 주도한 타이틀 나인은 매우 직접적인 처방이 될 수 있었다. 잠긴 문을 직접 열어줄 결심을 한 정부의 손과, 역사상 처음 활짝 열린 대문으로 꾸준히 밀려들어 온 참여가 시너지를 발휘해 성공적인 예시가 만들어질 수 있었던 것이다. 타이틀 나인은 현재까지도 전례 없이 매우 공평하고 획기적인 법안이지만, 그 실효성의 완성은 등장 시점이에 있었던 셈이다.

---

27  김성진, 「여학생 체육활동 참여의 활성화를 위한 법제도 마련 : 미국의 타이틀 나인을 중심으로」, 『스포츠와 법』 제17권 제4호, 2014 ; 주종미, 「학교체육에서의 양성평등 실현을 위한 법정책적 제안 : 미국 타이틀 나인의 응용」, 『스포츠 와 법』 제18권 제1호, 2015 ; 이정규, 「학교체육의 양성평등 실현방안에 관한 연구 : 타이틀 나인의 3가지 검사에 대한 활용」, 『스포츠엔터테인먼트와 법』 제18권 제3호, 2015 등.

반면, 오늘날 한국의 경우는 좀 더 복잡하고 미묘하다. 70년대 미국과 대조하면 시대의 흐름에 따른 평균적인 진보로 인해 기회의 차별이 아주 노골적이지는 않은 것 같고, 스포츠를 하고자 하는 학생들이 아주 적극적으로 배제되는 것처럼 보이지도 않는다. 하지만 여전히 여학생들의 체육 활동 참여율은 높지 않다. 즉, 언뜻 보면 기회는 꽉 막혀있지 않으며 여학생들은 스포츠를 '못' 하는 것이 아니라 '안' 하는 것으로 비치는 것이다. 이는 그 어느 문제도 70년대의 미국처럼 단편적으로 존재하지 않고 또 다른 요소와 입체적으로 얽혀있기 때문에 발생하는 착시 현상이다. 21세기의 사회 문제는 대개 훨씬 복합적이므로 20세기 기준의 납작한 시선으로 바라보아서는 안 된다. 결국, 2020년대를 살아가는 우리에게는 다양한 상관관계를 더듬어 문제를 제대로 파악하는 일부터 하나의 사전 과제로 요구된다고 볼 수 있다.

그 시작은 여학생들의 저조한 체육 활동 참여율을 해석하는 것에서부터 시작된다. 한국 사회는 지금까지 이 문제를 줄곧 "여자는 원래 운동을 안 좋아해"라는 선천적 기질로 해석해왔다. 책임을 회피하기에 좋은 겉핥기 방식이다. 과연 한국 여자아이들 대다수가 유별나게 체육 활동을 싫어하는 성격을 타고 나는 것이 가능할까? 운동에 대한 흥미와 관심이 선천적 요소라면 체육 활동 참여 양상은 국가와 같은 사회적 단위가 아닌 인종 등 유전적 조건에 따라 그 추이가 구분되어야 하지만 그렇지 않다. 예를 들어, 비슷한 또래의 한국에서 나고 자란 한국인과 한국계 미국인을 직접 비교한다면, 이 둘이 스포츠에 대해 느끼는 친밀감과 필요성의 정도는 같을 수 없을 것이다. 앞선 강효람 선수의 인터뷰에서도 비슷한 맥락의 예시가 언급됐다. "저희 조카가 미국에 사는데 걔가 타고난 운동신경이 진짜 없거든요. 그런데 테니스로 저를 이기고 다른 운동으로도 다 이기는 거예요. 잘하건 못하건 일상에서 애들이 운동을 항상 접하니까요."[28] 강효람 선수의 조카는 한국인이지만 타이틀 나인 이후에 체육 활동 비중이 커진 미국 교육과정을 밟은 영향으로 스포츠와 밀착된 관계를 형성하고 있다. 결국, 운동에 대한 기호와 참여도는 어떤 환경에서 성장하는가에 달려있다고 보아야 한다. 한국 여학생들의 체육 기피 역시 사회에 초점을 맞춰 해석해보자. 만약 이것이 자발적 회피가 아니라 하나의 구조적 결과라고 본다면 어떨까?

한국 여학생의 운동 부족 현상은 통계적으로도 매우 심각한 수준이다. 2016년 세계보건기구(WHO)가 발표한 세계 146개국 11-17세 남녀 신체 활동량 보고서에 의하면, 무려 97.2%의 한국 여성 청소년이 신체 활동을 하지 않는 것으로 분석됐다.[29] 조사대상이었던 146개국 중 꼴찌에 해당하는 운동량이다. 그에 비해 체중은 적게 나갔다. 통계청의 2017년도 자료에서[30] 한국 여학생의 비만율은 14.1%로 OECD 국가 중 가장 낮은 수치를 보였고, 오히려 남학생의 비만율이 26.4%로 OECD 평균보다 높았다.[31] 하지만, 자신을 과체중으로 보는 체중 인식 왜곡은 남학생이 아닌 여학생들에게서 두드러지게 나타났다. 2021년 5월 부산대학교 식품영양학과 류호경 교수팀이 발표한 연구에 따르면, 한국의 여자 청소년은 남자 청소년에 비해 스스로를 '약간 뚱뚱(37.1%)'하거나 '매우 뚱뚱(41.6%)'하다고 보는 비율이 높다고 나왔기 때문이다.[32] 세 가지 통계를 모두 연결시켜보면, 한국의 여학생들은 평균적으로 마른 체형을 가지고 있음에도 자신을 과체중이라고 인식해 우려하는 경향이 있으며 이러한 걱정이 만연한 것에 비해서는 체육 활동 참여 수준이 높지 않다. 즉, 운동 없이 적은 체중을 유지하고 싶어 한다.

한국 사회에서는 '여성' 청소년에게서만 유독 이러한 체형 강박 현상이 두드러진다. 그리고 이는 사회의 암묵적인 문법과 관련되어 있다. 특히, 한국의 미적 기준은 매우 편협해서 청소년들이 건강한 몸보다는 마른 몸을 선호하게 만들고, 그 결과 여학생들은 스스로를 충분히 날씬하지 않다고 생각하지만 동시에 근육이 발달할 우려가 있는 체육 활동을 기피한다. 미국의 역사학자 레슬리 히피 역시 남성다움과 여성다움은 문화적인 정의이며, 우리는 이 기준에서 자유로울 수 없다고 얘기한다. 남성성은 권력과 힘, 근육을 의미하게 된 반면에 여성성은 허약함, 수동성, 우아함을 뜻하게 되었으며, '지나치게' 근육질인 여자는 사회로부터 여성성이 덜하다고 여겨지는 일이 많다는 것이다.[33] 앞서 남

28    본 단행본 강효람·강효선 인터뷰 중 발췌, p.232.

29    이인아, "한국 청소년 94% 운동부족, '세계 최악'", <신아일보>, 2019.11.22.

30    통계개발원, 『한국의 사회동향 2017』, 2017.12.01.

31    정현수, "엇갈리는 청소년 비만율··· 男 '통통' 女 '날씬'", <머니투데이>, 2017.12.12.

32    유태선, "[연구] 여자 청소년 41.6%, "난 매우 뚱뚱해"", <대한급식신문>, 2021.05.27,
      이한솔, "체중인식 왜곡··· 남학생 "덜 뚱뚱" 여학생 "더 뚱뚱"", <메디컬투데이>, 2017.08.02.

33    에릭 브론슨 외, 『소크라테스, 야구장에 가다』, 미다스북스, 2013, p.335.

상우 박사가 이야기했던 남학생들의 '드러냄 문화', 여학생들의 '울타리 문화'와도 일맥 상통하는 부분이다. 여성 청소년들은 근육 없이 마른 몸이 여성의 경쟁력이 되는 사회 분위기를 자연스럽게 체득한다. 이것이 곧 그들에게 '내재적 제동'으로 더해져, 70년대 미국 여성 청소년들보다 '외재적 제동'이 상대적으로 덜한 환경임에도 불구하고 체육 활동의 기회를 스스로 기피하게끔 하는 기제로서 작동한다.

이에 더해, 미디어와 밀착된 생활 환경 또한 한국 여성 청소년들의 '체형 강박'을 심화시킨다. 50여 년 전의 미국 청소년들과 달리 현대의 한국 청소년들은 인터넷의 발달과 스마트폰 사용으로 인해 미디어 의존도가 눈에 띄게 높아졌는데, 기하급수적으로 늘어난 각종 매체와 플랫폼에 비례하여 자극적인 시청각 자료들이 역시 범람하고 있다. 청소년기의 아이들은 시각화된 이미지를 통해 자신이 원하는 이상향을 선택하는 경향이 있는 만큼, 그 위력을 우습게 여겨서는 안 된다.

특히 국내에 활성화되어 있는 아이돌 시장이 여학생들의 '내재적 제동'을 강화하는 역할을 할 가능성이 있다. 여자 아이돌들이 보여주는 모습은 앞서 레슬리 히피가 언급한 문화적으로 왜곡된 여성성(허약함, 수동성, 우아함)을 그대로 좇는 경향이 크기 때문이다. "당신의 소년(소녀)에게 투표하세요."라는 문구를 앞세워 대국민 문자 투표를 통해 미성년자 연습생들을 아이돌로 데뷔시키는 포맷이었던 모 프로그램이 가장 대표적이다. 성별 별로 시즌이 나뉘었던 해당 콘텐츠에서, 남자 연습생들의 단체 단체곡은 "오늘 밤 주인공은 나"라고 자신감 있게 어필하지만 여자 연습생들의 노래는 "pick me(저를 뽑아주세요)"라고 시청자들에게 부탁한다. 최근 들어 주체적인 태도를 보여주는 여자 아이돌 컨셉이 늘어나고 있다고는 하지만, 이마저도 획일화된 미적 기준을 크게 벗어나지는 못하는 모습이다.

아이돌 문화를 간과해서는 안 되는 또 하나의 이유는, 아이돌이 청소년들의 '또래'라는 점에서 그들의 사고나 태도에 강력한 영향을 미친다는 점이다. 대중음악 평론가 최지선은 그의 저서 『여신은 칭찬할까?』에서 아이돌이 통과의례처럼 거치는 교복과 학교 컨셉이 청소년에게 이상적인 학교와 학교생활, 소년성과 소녀성을 생성해낸다고 말한다. 또한, 같은 컨셉 안에서도 남자 아이돌과 여자 아이돌의 노선은 다른 성격을 띤다는 점을 지적한다. 남자 아이돌에게 교복은 "불량 청소년의 반항과 일탈을 재현할 수 있는" 수단이지만, 여자 아이돌의 학교 컨셉은 "아련함, 수줍음, 그리움 같은 감정을 소녀 정서의 원형으로 삼으며, 소녀를 부서지고 사라질 수 있는 취약한 존재로, 순간적인 존재"로 설정한다. 저자에 의하면, 아이돌이 생산하는 어떤 이미지는 현재의 우리 사회가 기대하는 것을 시장 논리에 따라 착실하게 반영한 결과다.[34] 그리고 청소년들은 이렇게 문화콘텐츠를 통해서 '사회가 나에게 기대하는 것'을 흡수하게 된다.

마름이 '우상(Idol)'의 조건이 되는 사회의 한켠에서, 청소년들은 여성 운동 선수들이 사회의 편협한 미적 기준에 의해 무차별하게 재단되는 현장 또한 목격한다. 이는 구시대의 관성을 버리지 못한 미디어들에게 마땅히 책임론이 돌아가야 할 부분이다. '성평등 올림픽'이라는 타이틀을 얻었던 2020 도쿄올림픽에서조차 선수들의 스포츠 정신이 무색해지는 성차별 중계는 화두에 올랐고(그 이전은 말할 것도 없다)[35], 여성 선수를 다루는 기사의 헤드라인은 여전히 외모에 집중된 수식어가 붙는 것이 일상적이다. 성과에 대한 관심은 외모로 귀결되고("여자 축구선수 수입 1위, '실력+미모' 지닌 ○○○"[36]), 외모가 출중할 경우 실력이 가려지는 식이다("딱 봐도 모델인데⋯ 유럽 제패한 미모의 우크라이나 유도 선수"[37]). 이는 직업과 무관하게 '사회적 여성성' 수행 정도를 여성에 대한 우선적 평가 기준으로 삼는 관행이 여전하다는 얘기다. 그 단조로운 미적 기준 안에 예쁜데 운동도 잘하는 여성은 있을지 몰라도 "용기·결단력으로 꿈 향해 도전하는 ○○○"[38]은 없다. 앞서 '드러냄 문화'와 '울타리 문화'를 언급했던 남상우 박사는, 한국의 여자 운동선수들이 남자 선수들보다 유독 실력과 '외모'를 겸비하려는 성향을 보이는 것이 자발적 선택으로 비치기 쉽지만 사실은 구조적 문제임을 명확히 직시해야 한다고 강조한다.

34  최지선, 『여신은 칭찬일까?(여성 아이돌을 둘러싼 몇 가지 질문)』, 산디, 2021, p.165-180.
35  강주희, "'태극낭자'가 웬말?⋯성차별 구태 못 벗은 올림픽 보도", <아시아경제>, 2021.07.28,
    김지혜, "'태극낭자', '얼음공주', '여우같다'⋯올림픽 낡은 중계, 더는 용납 못해요", <경향신문>, 2021.07.27.
36  김용일, "여자 축구선수 수입 1위, '실력+미모'지닌 美 알렉스 모건", <스포츠서울>, 2015.06.26.
37  이용수, "딱 봐도 모델인데⋯ 유럽 제패한 미모의 우크라이나 유도 선수", <스포츠 서울>, 2018.09.29.
38  남성 선수에게 쓰인 헤드라인이다.

"사회학에서 나오는 구조적 억압이 바로 거기에 해당하죠. 그 누구도 여자 선수들에게 성형하고 꾸미라고 대놓고 강요하지는 않았어요. 그런데 여자 선수들은 자신들이 여자라는 이유만으로 괴로워합니다. […] 누구도 공식적으로 강요하지는 않았지만, 전반적이고 암묵적인 분위기 탓에 '여자 선수는 예뻐야 한다'고 억압받는 거죠. 이런 걸 '개인적 환원주의'라 합니다. 개인 탓으로 돌리는 거예요. 실제는 구조 탓인데."[39]

## 학교 운동장은 사회의 축소판

편협한 '여성스러움'의 기준이 가장 크게 충돌하는 지점 중 하나가 운동하는 여성이라는 것은, 역으로 한국 사회에서 스포츠가 여전히 '남성적 영역'으로 굳어져 있다는 것을 의미한다. 특히, 야구, 축구 등 남성 지배 이데올로기가 강한 스포츠를 하는 여성에게 가해지는 시선은 여전히 노골적이다. 외인구단 리부팅 인터뷰에 참여한 한 선수는 아직도 지하철을 타면 여자 야구선수에 대한 불편한 시선을 느낀다고 토로한다. "우리나라는 지금도 쳐다봐요. 저희가 배트를 들고 다녀야 하잖아요? 그러면 그걸 되게 쳐다봐요. 그리고 겉으로도 말해요. "남자야 여자야?""

권기남, 권순용 교수는 여전히 격렬한 스포츠를 하는 것이 곧 여성성을 포기하는 것이라고 보는 한국 사회에서는 "여성이자 운동선수라는 역할은 양립 불가능하다"고 보기도 하였다.[40] 이렇듯 사회가 부여한 여성의 정상성에 몸을 부딪히는 스포츠 혹은 팀 스포츠가 배제되어 있는 이상, 여학생들의 운동에 대한 심리적 허들은 낮아지기 힘들다. 몸의 기능에 대한 개념이 처음 정립되는 학교 운동장은 사회의 부분집합이고, 애초에 그 기준을 제시했던 사회는 학교 운동장의 연장선일 따름이다. 플랫폼의 발달로 미디어의 시각화 권력은 더욱 강해졌기에 청소년이 주체적으로 자신의 몸을 발견하고 이를 다양하게 기능해 보고 정의할 기회가 그 어느 때보다 요구된다. 그만큼 유일한 공공재적 신체 활동이라고 볼 수 있는 체육 교육은 제도적 마지노선으로서의 책임을 다해야 하지 않을까? 여성 스포츠에 대한 새로운 인식을 쌓기 위해서는 일상적으로 다양한 운동을 하는 여성이 더욱 많이 필요하고, 그 당락은 학교 운동장에서 결정된다.

2020년 11월, 미식축구 대학 리그 '파워 5'에 여성 선수인 새라 풀러(Sarah Fuller)가 출전한 것이 화제가 되었다. 미식축구 필드에 여성이 등장한 것은 세 번째였지만, '파워 5'는 최상위 엘리트 리그 중 하나이기에 미국인들에게 이 사건의 의미는 더욱 실감 나게 와닿았을 것이다. 야구보다도 신체 기량의 영향을 훨씬 많이 받고 때문에 보다 공고하게 남성의 전유물로 여겨졌던 종목의 벽을 허문 1999년생의 등장으로, 타이틀 나인의 효력을 재조명하는 기사들도 속속 등장했다. 그중 미국이 다음 도약을 준비하고 있다는 느낌을 주는 기사들이 눈에 띄었다.[41] 성별과 무관하게 동등한 스포츠 인프라가 제공된 시간이 쌓이면서 우수한 여성 선수들이 다수 배출되고 있는 만큼, 앞으로 남성 리그에서 뛰는 여성들을 볼 기회도 더 많아질 수 있다는 것이 요지다. 이는 종목 중심의 팀 개발이라는 새로운 세계가 열리기 시작했음을 뜻한다. 혼성팀 확장이 과연 여성 리그의 입지를 탄탄하게 다지는 역할을 동시에 수행할 수 있을지는 앞으로 두고 볼 일이다. 하지만 확실한 것은 미국이 학교 운동장에 대한 논의를 충분히 나누고 사회적 합의를 구하는 단계를 마쳐간다는 데에 있다.

미식축구 필드에 섰던 새라 풀러의 헬멧 뒤쪽에는 '소녀처럼 경기하라(Play Like a Girl)'라는 문구가 적혀있었다. 소녀처럼 경기한다는 의미가 미식축구 필드에서 전력을 다해 킥을 날리는 모습을 자연스럽게 연상시키고, 마운드에서 온 힘을 다해 공을 던지고 배트를 휘두르는 모습을 당연하게 떠올리게 할 날이 멀지 않았다. 그날을 함께 맞이하기 위해 한국은 지금 어떤 고민을 해야 할까?

---

39    이은경, 『여자가 운동을 한다는데』 클, 2020, p.183.

40    권기남, 권순용, 「여자축구선수들의 성 정체성 갈등에 관한 근거이론적 접근」 『한국체육학회지』 제51권 제3호, 2012, p.40.

41    Andrew Pistone, "Sarah Fuller: Will We See More Non-Male Athletes Playing On Men's Teams?", <GMTM>, 2020.12.06 ; Anna Litwin, "Gender and Sex Discrimination in Sports: Good News for Sarah Fuller", 2021.02.01.

## 시선은 가장 미시적인 형태의 권력

　메이저리그 총재를 역임한 바트 지아마티는 "한 사회의 여건과 가치관을 이해하는 방법은 일하는 방식을 조사하기보다 놀이와, 여가의 활용, 레저를 즐기는 방식을 연구하는 것이다"라고 했다. 이는 두 가지 주요 쟁점을 내포한다. 첫째, 생산성과는 무관한 여가 시간의 양과 질이야말로 사회가 권장하는 삶의 모습을 잘 보여준다. 둘째, 그만큼 사회가 각 계층을 대상으로 코딩해 놓은 구조를 가장 적나라하게 보여주는 기준 또한 여가 인프라다.

　지아마티가 이야기한 여가의 사회적 성격으로 볼 때, 아직도 여자 야구'선수'가 없다는 것- 야구가 여전히 여성에게 '직접 하기'에는 낯선 운동이라는 사실은 무엇을 의미할까? 이는 미술사학자 린다 노클린의 연구와도 이어진다. 그는 1971년에 쓰인 논문 「왜 위대한 여성 예술가는 이제껏 없었는가?」에서 우리가 역사적으로 위대한 여성 예술가를 보기 힘들었던 이유를 개별적인 천재성의 유무에서 찾아서는 안 된다고 말했다. 이는 사회의 제도와 교육이 특정 계층과 집단에게 무엇을 금지하고 또 무엇을 장려하는지에 달려있다는 것이다. 예체능 생태계의 유사성으로 인해, '여성 예술가'라는 주체를 '여성 야구선수'로 치환해도 이 문법은 그대로 성립된다.

　린다 노클린의 말대로 메인 필드(체육의 경우 프로 리그)의 제도 의존도가 유난히 높은 예술과 체육에서 "원래 그런 것"은 존재할 수 없다. 모든 현실과 현상은 알고리즘과 긴밀하게 연결되어 있고, 구조가 거대하고 견고할수록 그 안의 허점은 무의식 속에 생태계의 순리로 잘못 읽히기 쉽다. 구체적으로 야구도 그렇다. 미국에서부터 남성의 스포츠로 보이기 위해 부단히 노력한 야구는 한 세기를 거치며 그 목적을 성취했다. 그렇게 남성의 스포츠로 프레이밍 된 야구를 수입해온 한국에 '여자' 야구 선수가 없다는 것은 태초의 진리처럼 대수롭지 않게 느껴질 가능성이 높다.

　『외인구단 리부팅』은 이런 현실을 새삼스럽게 낯설게 만들고자 던지는 회심의 질문이다. 영화 <야구소녀(2019)>를 보고 난 후 스친 "우리는 왜 여자 야구선수의 부재를 미처 자각하지 못했을까?"라는 단순한 의문을 단단하게 붙잡아, 야구사에 남아있는 여성들의 흔적을 찾는 긴 여정을 시작했다. 그리고 리서치를 거듭할수록, 선별되어 남겨진 기록이 제도라는 뉴런의 신호를 전달하는 시냅스처럼 기능한다는 것을 실감했다. 그 도착지는 우리라는 세포다. 보고 자라는 것이 곧 인식의 뼈대를 엮어내니까.

때문에 매우 적은 양의 기록만 남아있는 한국 여자 야구사에 대해서도 곱씹어 볼 만하다. 우선, 연구에 직접적으로 도움이 된 자료는 최영금 연구자의 안향미 선수에 대한 논문 「최초 여자야구선수 안향미의 생애사(2009)」가 유일했다. 여성과 야구를 키워드로 검색되는 자료들은 매우 많았으나 그 대부분이 여성을 프로 야구 마케팅 대상으로만 상정하고 있어 연구에 사용할 수 없었다. 이는 양질의 자료가 많아 그중 필요한 자료를 무려 선별할 수 있었던 미국 여자 야구사 연구 과정과 대조되면서 더욱 씁쓸함을 안겨주었다. 안향미 선수의 인터뷰 중 한국은 유독 여자 야구의 과거와 현재가 단절되어 있다는 대목이 자연스럽게 떠오른다.

미국의 경우, 1992년 개봉한 영화 <그들만의 리그>가 여자 야구의 부재에 대한 자각과 충격을 안겨주면서 자국의 여자 야구사에 대한 연구가 급증했다. 그뿐만 아니라 스포츠가 신체적, 체육학적인 얕은 범주를 넘어 사회학, 역사학 등과 다채롭게 엮여 연구된 자료들이 많아 시대적으로 야구에 부여된 기능과 의미에 관해 해석이 가능했다. 반면 한국은 보다 대중적인 남자 야구도 신체성과 마케팅에만 한정된 자료가 주를 이루고 있었기에, 고교 야구와 프로야구 출범 과정 연구에서도 참고할 수 있는 자료가 매우 제한적이었다. 남자 야구를 바라보는 시각조차 이와 같이 단편적이라는 특징은, 한국 사회가 여자 야구를 바라보는 깊이가 얼마나 얕고 납작할지 짐작할 수 있는 가늠자 역할이 되어주기도 했다. 갈 길이 멀다는 이야기다.

여자 야구 연구 자료에 관한 아쉬움이 많아 이 지면을 빌려 후속 연구 제안을 남겨놓는다. 우선, 한국 여자 야구가 진일보하기 위해 참고할 수 있는 대표적인 사례인 일본과 대만에 관한 연구가 진행되길 기대한다. 일본은 여자 야구가 오랜 시간을 두고 착실하게 발전한 사례로, 현재 세계 최고 수준의 인프라를 자랑하고 있다. 여자 프로 리그를 만드는 시도를 가장 먼저 실행한 것 역시 미국이 아닌 일본이었다. 물론 남자 야구보다는 뒤떨어져 있지만, 그 격차가 크지 않다는 점이 눈여겨볼만하다. 더불어, 2001년에 시작되어 비교적 한국 여자 야구와 비슷한 연혁을 가지고 있는 대만 여자 야구의 발전 사례를 참조해 볼 필요가 있다. 2004년 월드 시리즈에 참가했던 선수들이 당시 '그나마 해볼 만한 상대'라고 기억했던 대만은, 학교 클럽 야구 등 유소녀 육성을 활성화시켜 현재 일본은 위협하는 세계 랭킹 2위로 성장했다. 제도의 우선적 도입이 성과와 인식을 견인한다는 대표적인 예다.

이 책에 담은 길고 긴 이야기는 결국 '사회의 인식'이라는 우리가 살고 있는 '집'에 관한 것이다. 이 집의 기본 골조는 이전 세대가 추구했던 이상향에 맞춰 설계되어 있다. 과거의 생활방식에 맞게 지어진 견고한 집에 우리가 입주하기 위해서는 적절한 리모델링이 불가피하다. 집은 시대에 맞게 정비될 필요가 있다.

삶을 주체적으로 살고 싶은 이라면 이러한 집 고치는 사람의 자세가 필요하다. 그 과정에서 '시선'은 가장 미시적인 행위지만 또, 가장 정치적인 행위다. 어떤 렌즈를 투영해 사물을 바라볼지, 어떤 벽을 어떤 연장으로 허물지 결정하는 가장 처음의 행위이기 때문이다. 우리의 첫 번째 리모델링은 마운드였다. 남성의 공간이라는 공고한 인식 안에서 '여자 야구'에게 적절한 자리를 주려는 시도! 그러나 이 책의 역할은 관심의 기폭제쯤이고 야구장 리모델링에 참여할 것인지 결정하는 것은 턱을 괸 독자들에게 있다. 이 책은 고치는 사람을 위한 안내서다.

# 외인구단 리부팅 : 야구장 속 여성의 자리는 어디인가

**1판 1쇄 인쇄**  2022년 2월 12일
**1판 1쇄 발행**  2022년 2월 26일


**지은이**  턱괴는여자들
**발행처**  후주
**발행인**  송근영 정수경
**디자인**  김지윤
**인쇄**  아레스트
**출판등록**  2021년 10월 14일 제 2021-000291호
**주소**  서울시 마포구 신촌로2길 19 마포출판문화진흥센터 PLATFORM-P 303호
**이메일**  team.tuck@daum.net
**인스타그램**  @tuck_on_hand
**ISBN**  979-11-977651-0-0

- 이 책은 연구 과정에서 서울문화재단 'RE:SEARCH' 연구지원사업의 후원을 받았습니다.
- 이 책은 제작 과정에서 한국문화예술위원회ARKO의 텀블벅 크라우드펀딩 매칭지원 사업의 도움을 받았습니다.
- 이 책은 인쇄 과정에서 크라우드펀딩 플랫폼 텀블벅tumblbug을 통해 출판에 필요한 비용을 후원받아 제작되었습니다.
- 이 책은 마포출판문화진흥센터PLATFORM-P의 후원을 받았습니다.